La société du mépris

Du même auteur

« La dynamique sociale du mépris. D'où parle une théorie critique de la société ? », *in* C. Bouchindhomme et R. Rochlitz, *Habermas. La raison, la critique*, Cerf, 1996.

La Lutte pour la reconnaissance, Cerf, 2000, 2002, 2007.

La Réification. Petit essai de théorie critique, Gallimard, Paris, 2007.

Les Pathologies de la liberté. Une réactualisation de la philosophie du droit de Hegel, Editions La Découverte, 2008.

Axel Honneth

La société du mépris

Vers une nouvelle Théorie critique

Édition établie par Olivier Voirol

*Textes traduits de l'allemand
par Olivier Voirol, Pierre Rusch
et Alexandre Dupeyrix*

La Découverte / Poche
9 *bis*, rue Abel-Hovelacque
75013 Paris

Cet ouvrage a été précédemment publié en 2006 aux Éditions La Découverte dans la collection « Armillaire ».

Si vous désirez être tenu régulièrement informé de nos parutions, il vous suffit de vous abonner gratuitement à notre lettre d'information bimensuelle par courriel, à partir de notre site **www.editionsladecouverte.fr**, où vous retrouverez l'ensemble de notre catalogue.

ISBN 978-2-7071-5381-4

Note sur l'édition française

« Les pathologies du social. Tradition et actualité de la philosophie sociale ». Publié initialement en allemand sous le titre « Pathologien des Sozialen. Tradition und Aktualität der Sozialphilosophie », in Axel HONNETH (dir.), *Pathologien des Sozialen. Die Aufgabe der Sozialphilosophie*, Fischer, Francfort, 1994, p. 9-69 ; reproduit dans Axel HONNETH, *Das Andere der Gerechtigkeit*, Suhrkamp, Francfort, 2000, p. 11-69. C'est cette seconde version qui a servi au présent recueil. Traduit de l'allemand par Alexandre Dupeyrix.

« Une pathologie sociale de la raison. Sur l'héritage intellectuel de la Théorie critique ». Publié initialement en allemand sous le titre « Eine soziale Pathologie der Vernunft. Zur intellektuellen Erbschaft der Kritischen Theorie », in Christoph HALBIG, Michael QUANTE (dir.), *Axel Honneth : Sozialphilosophie zwischen Kritik und Anerkennung*, Münsteraner Vorlesungen zur Philosophie, Bd. 5, LIT Verlag, Münster, 2004, p. 9-31. Traduit de l'allemand par Olivier Voirol.

« La critique comme mise au jour. La *Dialectique de la raison* et les controverses actuelles sur la critique sociale ». Publié initialement en allemand sous le titre « Über die Möglichkeit einer erschliessenden Kritik. Die *Dialektik der Aufklärung* im Horizont gegenwärtiger Debatten über Sozialkritik », Axel HONNETH, *Das Andere der Gerechtigkeit*, Suhrkamp, Francfort,

2000, p. 70-87. Publié précédemment en francais dans Emmanuel RENAULT, Yves SINTOMER, *Où en est la Théorie critique ?*, La Découverte, Paris, 2003, p. 59-73. Traduit de l'allemand par Emmanuel Renault.

« La Théorie critique de l'École de Francfort et la théorie de la reconnaissance ». Entretien conduit les 5 et 8 octobre 2001 à Francfort. Traduit de l'allemand par Olivier Voirol.

« La dynamique sociale du mépris. D'où parle une théorie critique de la société ? ». Publié initialement en allemand sous le titre « Die soziale Dynamik der Missachtung. Zur Ortbestimmung einer kritischen Gesellschaftstheorie », in *Leviathan. Zeitschrift für Sozialwissenschaft*, Jg. 22(1), 1994, p. 78-93. Publié précédemment en français dans Rainer ROCHLITZ, Christian BOUCHINDHOMME (dir.), *Habermas, la raison, la critique*, Cerf, Paris, 1996, p. 215-238. Traduit de l'allemand par Rainer Rochlitz avec la collaboration de Christian Bouchindhomme.

« Conscience morale et domination de classe. De quelques difficultés dans l'analyse des potentiels normatifs d'action ». Publié initialement en allemand sous le titre « Moralbewusstsein und soziale Klassenherrschaft. Einige Schwierigkeiten in der Analyse normativer Handlungspotentiale », in *Leviathan. Zeitschrift für Sozialwissenschaft*, 9(3-4), 1981, p. 556-570 ; reproduit dans Axel HONNETH, *Das Andere der Gerechtigkeit*, Suhrkamp, Francfort, 2000, p. 110-132. Traduit de l'allemand par Pierre Rusch.

« Invisibilité. Sur l'épistémologie de la reconnaissance ». Publié initialement en allemand sous le titre « Unsichtbarkeit : zur Epistemologie von Anerkennung », in *Unsichtbarkeit. Stationen einer Theorie der Intersubjektivität*, Suhrkamp, Francfort, 2003, p. 10-27. Publié précédemment en français dans une traduction de l'anglais dans la *Revue du Mauss*, n° 23, 2004, p. 136-150 et dans une traduction de l'allemand dans *Réseaux*, 2005, n° 129-130, p. 39-57. C'est cette seconde version qui est reprise dans ce recueil. Traduit de l'allemand par Olivier Voirol.

« La reconnaissance comme idéologie ». Publié initialement en allemand sous le titre « Anerkennung als Ideologie », in *WestEnd. Neue Zeitschrift für Sozialforschung*, n° 1, 2004, p. 51-70. Traduit de l'allemand par Olivier Voirol.

« Les paradoxes du capitalisme : un programme de recherche ». Publié initialement en allemand sous le titre « Paradoxien des Kapitalismus. Ein Forschungsprogramm », in *Berliner Debatte Initial*, n° 15, 2004, p. 4-17. Traduit de l'allemand par Olivier Voirol.

« Capitalisme et réalisation de soi : les paradoxes de l'individuation ». Publié initialement en allemand sous le titre « Organisierte Selbstverwirklichung. Paradoxien der Individualisierung », in Axel HONNETH (dir.), *Befreiung aus der Mündigkeit. Paradoxien des gegenwärtigen Kapitalismus*, Campus, Francfort, 2002, p. 141-158. Traduit de l'allemand par Pierre Rusch.

« Théorie de la relation d'objet et identité postmoderne. À propos d'un prétendu vieillissement de la psychanalyse ». Publié initialement en allemand sous le titre « Objektbeziehungstheorie und postmoderne Identität. Über das vermeintliche Veralten der Psychoanalyse », in *Unsichtbarkeit. Stationen einer Theorie der Intersubjektivität*, Suhrkamp, Francfort, 2003, p. 138-161. Traduit de l'allemand par Pierre Rusch.

Préface

Olivier Voirol

Au cours de ces dernières années, les travaux du philosophe et sociologue allemand Axel Honneth ont suscité un intérêt toujours plus marqué dans l'univers francophone de la philosophie et des sciences sociales. La publication en français en 2000 de *La Lutte pour la reconnaissance* [1] a largement contribué à placer cet auteur au centre du débat sur les questions de la reconnaissance. Si l'apport de ses travaux à cette discussion en cours est très largement pris en compte et considéré à sa juste mesure, le projet intellectuel global de cet auteur contemporain passe par contre quelque peu inaperçu. Pourtant, une grande partie des textes d'Axel Honneth ne porte pas seulement sur la reconnaissance mais aussi sur la reconstruction patiente et systématique d'une perspective critique s'inscrivant dans la tradition de la philosophie sociale de la théorie critique de l'École de Francfort. Le projet de ce recueil est par conséquent de présenter cette œuvre dans sa complexité et sa diversité, au-delà de l'angle exclusif de la thématique de la reconnaissance.

Les textes qui composent le présent ouvrage sont pour la plupart de facture récente, ayant été publiés au cours des cinq dernières années. Ils correspondent cependant à des préoccupations différentes, ne se situent pas tous au même niveau d'analyse et

1. *La Lutte pour la reconnaissance* (trad. P. Rusch), Cerf, Paris, 2000.

renvoient à des axes de réflexion distincts dans le travail philosophique de l'auteur. En langue allemande, ils ont paru séparément, parfois dans des ouvrages dont l'économie générale a fortement imprégné le contenu. Du coup, il se pourrait que l'unité thématique de la mosaïque qu'ils composent échappe au premier regard. Par conséquent, cet éparpillement appelle quelques clarifications introductives. Trois partitions thématiques majeures ont présidé à l'élaboration de ce recueil : la reconstruction de la Théorie critique de l'École de Francfort, les « déformations » de la reconnaissance et, enfin, les « pathologies » et les « paradoxes » des sociétés capitalistes contemporaines.

Vers une nouvelle Théorie critique ?

Ces trois thématiques recoupent les principaux axes de développement de la pensée d'Axel Honneth depuis la publication, en 1992, de son ouvrage *Kampf um Anerkennung* (*La Lutte pour la reconnaissance*)[2]. Cet ouvrage était lui-même l'aboutissement d'un cheminement philosophique, commencé dix ans auparavant, au cours duquel l'auteur s'est abondamment confronté aux principales contributions de la philosophie sociale[3]. C'est surtout la discussion critique qu'il engage avec l'héritage de l'École de Francfort – et, plus généralement, du marxisme – qui constitue l'essentiel de sa réflexion au cours de cette première période. Ces discussions sont les premiers jalons d'une entreprise de reformulation d'une théorie critique de la société inscrite dans le prolongement de l'École de Francfort, qui le conduira à l'élaboration d'une « nouvelle » version de la Théorie critique à partir du concept de reconnaissance. Ce parcours passe par une discussion systématique des travaux de Max Horkheimer, de Theodor W. Adorno et de Jürgen Habermas, dont il convient ici de rappeler quelques-unes des articulations majeures. Ceci d'autant plus que le projet philosophique de

2. *Ibid.*

3. Les principaux textes de cette époque ont été publiés dans *Die zerrissene Welt des Sozialen*, Suhrkamp, Francfort, 1990.

l'auteur s'est largement construit au fil d'une discussion méthodique avec cet héritage intellectuel et qu'il acquiert davantage de clarté lorsque son examen est restitué.

Axel Honneth entreprend très tôt de rediscuter les fondements de la Théorie critique, dont le projet apparaît le plus clairement dans les écrits de Max Horkheimer du début des années 1930 (à l'époque où il reprend la direction de l'Institut de recherche sociale). Honneth conteste alors ses résidus « fonctionnalistes » influencés par un économisme marxiste largement répandu à cette époque. Ce réductionnisme économiste se traduit, selon lui, par un « déficit sociologique » et une incapacité à rendre compte du « social » dans ce qu'il a de spécifique [4]. À ses yeux, les premiers Francfortois ont renvoyé avec trop d'empressement les dimensions psychologiques individuelles et les phénomènes culturels aux principes fonctionnels de la structure économique. Aussi n'ont-ils guère laissé de place à une activité sociale autorisant la formation indépendante de convictions morales et d'orientations normatives. Pour Honneth, en renonçant à concevoir une forme de reproduction sociale différente des impératifs fonctionnels, le jeune Horkheimer a très vite perdu de vue le domaine du « social », c'est-à-dire ce domaine dans lequel des sujets individuels et collectifs développent des actions communes par le biais de la communication, entrent en conflit sur des interprétations divergentes autant que sur la distribution des ressources matérielles.

Dans son examen de la tradition francfortoise, Axel Honneth accorde une place prépondérante à Theodor W. Adorno, figure majeure de cette école. Il voit à l'œuvre chez ce dernier une « philosophie négative de l'histoire », incapable à ses yeux non seulement de faire une place à ce domaine propre du « social », mais aussi de renouer avec une idée de théorie critique en lien avec une pratique d'émancipation « intramondaine ». Adorno, souligne-t-il, a substitué à la conception positive de l'histoire à l'œuvre dans l'hégélianisme de gauche, qui postule la formation progressive d'une conscience éclairée dans l'histoire, une

4. Axel HONNETH, « Horkheimers ursprüngliche Idee. Das soziologische Defizit der Kritischen Theorie », in *Kritik der Macht. Reflexionstufen einer kritischen Gesellschaftstheorie*, Suhrkamp, Francfort, 1986, p. 12-42.

conception négative soulignant l'universalité du processus de réification [5]. En considérant l'accomplissement de la domination de la raison instrumentale, Adorno opère une double restriction dont les conséquences sur l'avenir de la Théorie critique sont de premier ordre. D'une part, il écarte le domaine du « social » d'où pourraient émerger de nouvelles formes de résistance et de conflits ; d'autre part, il rompt le lien de la théorie critique avec une pratique effective guidée par des motifs d'émancipation. Adorno rejette en effet l'idée d'un développement historique du capitalisme déployant une raison émancipatrice, pour voir à l'œuvre dans ce développement le seul achèvement d'une conscience instrumentale gouvernée par un principe de domination. La réification universelle pointée par Adorno est d'autant plus redoutable qu'elle empêche la transformation de l'expérience de l'oppression en conscience réflexive pouvant se traduire dans une pratique émancipatrice orientée par la raison. Axel Honneth souligne combien une conception de ce type rompt le lien antérieur de la Théorie critique avec le processus politique inscrit dans le mouvement pratique de l'histoire. Elle laisse cette dernière aux prises avec un problème redoutable : non seulement elle ne peut plus s'appuyer sur des pratiques extra-théoriques pour fonder son point de vue critique mais, en plus, depuis l'effondrement du sujet de l'émancipation incarné jusque-là par le prolétariat, elle se trouve dépourvue de destinataires au sein de la réalité sociale [6].

Pour Axel Honneth, la relance la plus sérieuse de la tradition de Francfort émane de la théorie de la communication de Jürgen Habermas [7]. Ce dernier est le seul à ses yeux à avoir développé

---

5. Axel Honneth, « Adornos Theorie der Gesellschaft. Eine endgültige Verdrängung des Sozialen », in *Kritik der Macht, op. cit.*, p. 70-111.

6. *Cf.* notamment : Axel Honneth, « Von Adorno zu Habermas. Zum Gestaltwandel kritischer Gesellschaftstheorie », *in* Wolfgang Bonß, Axel Honneth (dir.), *Sozialforschung als Kritik*, Suhrkamp, Francfort, 1982, p. 87-126.

7. À noter que, dans cet examen de la Théorie critique, l'auteur entrevoit davantage d'ouvertures intellectuelles chez les figures situées à sa « périphérie » (Benjamin, Fromm, Neumann, Kirchheimer) que chez ses figures « centrales » (Horkheimer, Adorno, Marcuse, Löwenthal) en raison de leur distance à l'égard de ce « réductionnisme économiciste ». Cette différenciation entre différentes postures par rapport au programme initial de la Théorie cri-

une approche permettant de « redécouvrir le social », de reconnecter le point de vue théorique à une pratique effective et de reprendre, sur de nouvelles bases, le projet d'identifier des processus destructeurs inhérents à la modernisation capitaliste. Honneth souligne que, pour ce faire, Habermas est contraint de prendre ses distances face aux constats de la *Dialectique de la raison* d'une emprise universelle de la rationalisation à des fins de domination. Habermas révèle en effet une sphère d'entente intersubjective gouvernée par des normes et des processus de communication irréductibles à la seule emprise de la raison instrumentale. Par conséquent, l'action des sujets socialisés ne saurait être dirigée exclusivement vers les fins de la domination et du contrôle de la nature extérieure car elle poursuit également les fins de la compréhension mutuelle au moyen du langage. Pour Habermas, les sujets sociaux définissent en commun les orientations normatives et les convictions morales à travers leurs capacités d'agir par des actes communicationnels, et transforment ainsi sans relâche l'horizon signifiant du monde social.

Axel Honneth voit, dans ce déplacement habermassien vers une théorie de la communication, un tournant majeur impulsé à la tradition de Francfort. Outre qu'il relance l'investigation sur une sphère du « social » négligée par ses prédécesseurs,

---

tique est à l'origine de sa distinction entre « cercle interne » et « cercle externe » de l'École de Francfort. Il aperçoit chez Walter Benjamin, Erich Fromm ou encore Franz Neumann des contributions originales propres à relancer cette tradition de pensée sur des bases différentes de celles des auteurs du « cercle interne ». Tout en partageant les grandes lignes d'un programme de recherche théorique, ces auteurs ont gardé leur indépendance devant le constat, partagé par Adorno et Horkheimer, d'une domination universelle de la réification dans le capitalisme « monopolistique ». La théorie du compromis politique de Neumann permet ainsi de concevoir le droit comme un espace conflictuel opposant des groupes sociaux entre eux et moins comme l'expression immédiate de la structure de classe. La psychanalyse de Fromm permet quant à elle une conception de la socialisation selon les termes d'une individuation du sujet par la communication. Enfin, les analyses de Benjamin envisagent les processus culturels comme une expérience collective et non comme une simple manifestation de la dégradation commerciale et industrielle de l'art à l'époque des « masses ». Sur tous ces points, voir notamment : Axel HONNETH, « Kritische Theorie. Vom Zentrum zur Peripherie einer Denktradition », in *Die zerrissene Welt des Sozialen. Sozialphilosophische Aufsätze*, Suhrkamp, Francfort, 1999 (1990), p. 25-72.

Habermas met au jour une instance pratique commune à tous les sujets sociaux, où se manifeste une forme de rationalité émancipatrice [8]. Car l'activité de la communication la plus ordinaire préjuge de la possibilité d'une entente intersubjective entre des sujets dotés de compétences langagières. La compréhension mutuelle implique, de la part des sujets sociaux, l'usage public de la raison dans une argumentation et dans la quête d'un accord sur des préoccupations partagées. Et cette pratique ordinaire de la compréhension au moyen du langage incorpore les exigences normatives de l'entente mutuelle au sein d'un monde social qui s'auto-organise. Elle opère contre la domination, dont le propre est de court-circuiter les processus collectifs de formation de la volonté politique.

Il va de soi, pour Habermas, que ce mode d'organisation politique par la légitimation collective des orientations normatives incarne en même temps des intérêts à l'émancipation. La capacité collective de s'autodéterminer par la discussion publique est ainsi l'incarnation pratique d'un processus d'émancipation – inscrit dans les structures normatives des démocraties modernes. Honneth souligne combien, chez Habermas, ce principe d'entente ordinaire par la communication est essentiel pour offrir un référent pour une théorie critique soucieuse de fonder son point de vue normatif dans une pratique sociale effective. Et de retrouver, du coup, une articulation entre théorie et pratique que l'École de Francfort avait perdue dès la *Dialectique de la raison.*

En outre, Habermas est à ses yeux le seul à pouvoir indiquer l'instance pratique qui est menacée par des évolutions de la société contemporaine qu'il peut, de manière fondée, qualifier de « pathologiques ». Sont « pathologiques » les processus qui menacent ou qui détruisent les pratiques dont la théorie peut prouver le caractère constitutif pour l'existence même du « social ». C'est ainsi qu'il convient de comprendre l'opposition habermassienne entre une forme de coordination sociale au moyen de la communication et une forme de coordination sociale fonctionnelle qui court-circuite l'entente intersubjective : les sociétés capitalistes contemporaines sont divisées selon Habermas entre le « monde vécu » et le « système ». Dans la

8. Axel HONNETH, *Kritik der Macht*, *op. cit.*, chap. 8 et 9, p. 265-307.

Théorie de l'agir communicationnel, il montre que l'incursion de formes de régulation systémiques dans le domaine jusque-là intact de la pratique communicationnelle constitue une pathologie déterminante de notre temps. La « colonisation du monde vécu » par le « système » (du pouvoir et de l'économie) menace la sphère du social, dont le socle est l'entente au moyen de la communication. Le processus de rationalisation au sein de sociétés modernes prend ainsi un double aspect, à la fois de libération et de restriction de la communication : il ouvre un mouvement d'émancipation collective grâce à l'autodétermination démocratique en même temps qu'il comporte des tendances négatives menaçant ce processus. Honneth soutient que la théorie habermassienne de la communication est la seule à pouvoir établir un diagnostic des sociétés contemporaines qui soit capable de préserver une composante critique « négativiste » (présente chez Horkheimer et Adorno) tout en l'articulant à des potentiels effectifs d'émancipation par la raison communicationnelle.

Si Axel Honneth partage amplement ces conceptions, synthétisées par Habermas dans la *Théorie de l'agir communicationnel*, c'est essentiellement pour deux raisons. Tout d'abord, parce qu'elles accordent une place éminente au projet d'identification des « pathologies sociales » de la modernité capitaliste – ce qui, on le verra, constitue à ses yeux la tâche même de la philosophie sociale depuis son apparition à la fin du XVIIIe siècle. C'est ensuite parce qu'elles reprennent, selon lui, les fondements d'une tradition de la critique sociale, héritée de Hegel, qui associe au diagnostic des processus négatifs une attention aux potentiels d'émancipation immanents au projet de la modernité. Autrement dit, l'approche habermassienne articule une conception normative de l'émancipation à une prise en compte des processus destructeurs de ces potentiels. Axel Honneth voit, dans cette approche double du processus de modernisation, l'empreinte de toute une tradition qui remonte à Hegel et à Marx. À ses yeux d'ailleurs, s'il est un héritage philosophique du marxisme qui reste des plus déterminants de nos jours, c'est précisément sa conception de cette articulation.

Plus qu'aucun autre philosophe pratique, souligne Honneth, Marx est parvenu à articuler dans un même cadre conceptuel une conception de l'émancipation humaine et de sa négation par le capitalisme [9]. Honneth montre en effet que Marx a développé un concept clé pour sa philosophie, le concept de travail, qui permet d'articuler en lui-même une conception positive de l'accomplissement humain et une conception négative de l'aliénation de l'être humain. Selon lui, si Marx peut asseoir une critique du capitalisme, c'est parce qu'il dispose d'une conception préalable de l'instance pratique, constitutive pour les sujets sociaux – soit le travail dans sa dimension expressive –, qui est mise à mal par l'aliénation et l'exploitation engendrées par le capitalisme. Le concept marxiste de travail combine en effet les exigences d'une théorie normative de l'émancipation à celles d'une analyse socio-économique méthodique des processus destructeurs caractéristiques du capitalisme. Ce qui est ici déterminant, pour Honneth, c'est que Marx offre des critères permettant, d'un même geste, de critiquer le capitalisme et de discerner une socialisation réussie d'une socialisation déficiente [10]. Sa conception de l'agir humain fournit une base normative à la critique du capitalisme, dont le référent pratique s'inscrit dans l'expérience vécue de l'aliénation et de l'exploitation, autant qu'elle invite à l'examen rigoureux du fonctionnement du système capitaliste. D'ailleurs, lorsque le concept marxien de travail a commencé de perdre sa centralité dans les sciences sociales, les approches critiques ont dû faire face au problème d'articuler à nouveau dans un seul cadre théorique un concept d'émancipation ancré dans des pratiques à un examen des processus sociaux qui le mettent à mal [11]. Pour Axel Honneth, c'est là une difficulté majeure sur laquelle bute toute théorie sociale à vocation critique : « Un

9. Axel HONNETH, « Zur Logik der Emanzipation. Zum philosophischen Erbe des Marxismus », *in* Hans-Leo KRÄMER, Claus LEGGEWIE (dir.), *Wege ins Reich der Freiheit. André Gorz zum 65. Geburtstag*, Rotbuch, Berlin, 1989, p. 86-106.

10. *Ibid.* ; voir aussi sur ce point, Axel HONNETH, « Arbeit und instrumentaler Handeln. Kategoriale Probleme einer kritischen Gesellschaftstheorie », *in* Axel HONNETH, Urs JAEGGI, *Arbeit, Handlung, Normativität*, Suhrkamp, Francfort, 1980, p. 185-233.

11. Pour une discussion plus récente sur ce problème voir notamment : Nancy FRASER, Axel HONNETH, *Umverteilung oder Anerkennung ? Eine politisch-philosophische Kontroverse*, Suhrkamp, Francfort, 2003.

problème central aujourd'hui pour une théorie critique de la société est de savoir comment doit être élaboré le cadre conceptuel d'une analyse pour pouvoir comprendre à la fois les structures de la domination sociale et les ressources sociales de son dépassement pratique [12]. » Là encore, Axel Honneth confère un rôle majeur à la théorie habermassienne de la communication, qui a elle aussi embrassé dans le même geste une pratique émancipatrice et une critique des développements négatifs du temps présent.

Si Honneth rejoint donc amplement le paradigme de la communication développé par Habermas au sein de la Théorie critique, les points de désaccord avec son prédécesseur n'en restent pas moins importants. Plusieurs textes de ce recueil attestent de cette prise de distance. Les principales objections qu'il formule à l'encontre de Habermas apparaissent déjà dans son texte « Conscience morale et domination de classe [13] ». Axel Honneth montre que la théorie habermassienne, en se focalisant exclusivement sur les règles formelles de la communication réussie, reste aveugle aux expériences morales de l'injustice. Pour Habermas, c'est la violation des procédures de l'entente au moyen du langage qui incite les sujets dotés de compétences communicationnelles à réaffirmer les conditions normatives de la discussion publique. En s'appuyant sur la sociologie des classes dominées, Honneth montre au contraire que les dynamiques de protestation trouvent moins leur origine dans la violation des règles de l'entente langagière que dans une expérience de l'offense liée à la violation de principes intuitifs de la justice. À la différence de Habermas, pour qui l'intégration des classes sociales dans le système consensuel de légitimation du capitalisme avancé est un processus abouti, Honneth insiste sur la

12. Axel HONNETH, « Nachwort », in *Kritik der Macht, op. cit.*, p. 381-382.

13. Ce texte, publié initialement en 1981, laisse par ailleurs apparaître les principaux axes de la pensée sociale d'Axel Honneth. Il a été récemment reproduit dans un recueil en langue allemande (*Das Andere der Gerechtigkeit*, Suhrkamp, Francfort, 2000) avec cette mention de l'auteur : « Malgré les nombreuses insuffisances que présente ce texte, je me suis décidé à le republier parce qu'il contient, certes d'une manière qui peut sembler naïve, beaucoup de motifs qui m'ont conduit plus tard à travailler sur une théorie normative de la reconnaissance » (p. 8).

permanence, au sein de ces groupes sociaux, des attitudes conflictuelles nourries par des sentiments d'injustice non formulés publiquement dans des systèmes de valeurs cohérents. Les attentes morales à l'œuvre dans ces groupes sociaux démontrent qu'il subsiste des exigences d'un ordre social « juste et bon » qui sont préservées de manière négative dans le sentiment d'injustice. Honneth montre ainsi que les sociétés capitalistes avancées sont toujours traversées par des dynamiques conflictuelles, même si leur existence morale reste souvent en marge de l'espace public politique. La forme même de la discussion publique compte d'ailleurs parmi les contraintes symboliques qui empêchent ces exigences normatives d'accéder à l'expression politique. Or la théorie de la communication de Habermas se montre incapable de restituer philosophiquement ces expériences morales des sujets lésés dans leurs attentes morales. Non seulement elle passe à côté d'une expérience négative porteuse d'exigences de transformation de l'ordre social, mais elle met la Théorie critique dans l'impossibilité de contribuer à la formulation d'une expérience effective de l'injustice – alors que c'est précisément son rôle, depuis Horkheimer.

Cette négligence du caractère conflictuel du « social » est une objection majeure d'Axel Honneth envers la théorie habermassienne de la communication. Ce même motif est d'ailleurs à l'origine de sa critique de la distinction entre « système » et « monde vécu », qui conduit selon lui à une illusion théorique. Cette conception à deux étages des sociétés contemporaines présuppose une différence radicale entre, d'une part, un monde vécu structuré par les normes de l'entente langagière et de la discussion sans contrainte et, d'autre part, un univers systémique intégralement traversé par la contrainte fonctionnelle et par les rapports de pouvoir. Pour Honneth, une théorie du conflit social eût par contre permis d'éviter cette opposition tranchée, en concevant simultanément des rapports conflictuels dans la sphère de la communication et des formes d'institutionnalisation des normes du monde vécu dans l'univers fonctionnel du « système » [14].

---

14. Axel HONNETH, *Kritik der Macht*, *op. cit.*, p. 328-334.

À l'issue de sa discussion critique du modèle habermassien de la communication et de sa reconstruction de l'histoire de la première Théorie critique, Axel Honneth aboutit à la conviction qu'une théorie du conflit social fondée sur le paradigme de la communication fait cruellement défaut à la Théorie critique. Il va alors concevoir sa propre contribution philosophique comme un correctif apporté à la théorie habermassienne de la communication en vue de développer une conception fondée du conflit social. Mais une conception du conflit dont le soubassement est une expérience pratique effectivement vécue par les sujets sociaux et porteuse d'exigences morales. Car il est essentiel, dans la tradition de l'hégélianisme de gauche auquel Honneth se rattache, de trouver dans une pratique sociale effective les exigences normatives dont la théorie doit restituer l'existence et sur lesquelles il peut s'appuyer pour mener sa critique des évolutions « pathologiques » de la société existante. On s'en doute, la tâche est ardue, d'autant plus qu'une conception du conflit social adossée à des principes moraux ne fait pas florès dans les sciences sociales et dans la philosophie politique, où domine une conception du conflit réduit à des jeux de pouvoir guidés par des fins stratégiques. Une réflexion en vue de développer une conception non instrumentale de conflit social exige du coup un travail de reconstruction philosophique sur d'autres bases « anthropologiques ».

La lutte pour la reconnaissance

C'est en se référant au modèle de la lutte pour la reconnaissance développé par le jeune Hegel qu'Axel Honneth esquisse une alternative au modèle de la « lutte pour l'existence » qui prédomine dans la philosophie sociale depuis Hobbes et Machiavel. Il parcourt ainsi les traces d'une « tradition fragmentaire de la philosophie sociale moderne » pour laquelle la lutte vise moins la préservation « atomiste » de soi que l'établissement de relations de reconnaissance.

L'idée fondamentale de la démarche s'inspire du jeune Hegel (avant la *Phénoménologie de l'esprit* de 1807), pour qui la réalisation de l'être humain dépend de l'existence de relations éthiques, aux différents niveaux de l'amour, du droit et de la « vie éthique » (*Sittlichkeit*), dont l'établissement procède uniquement d'un développement conflictuel marqué par la lutte pour la reconnaissance. Honneth développe cette idée en s'appuyant sur les acquis de la philosophie sociale, des sciences sociales et de la psychanalyse, pour souligner combien la possibilité même de la formation de l'identité de la personne est tributaire de relations de reconnaissance dont la constitution est forcément de nature intersubjective. Plus précisément, la réalisation de soi comme personne individuée et autonome dépend à ses yeux de l'établissement de la reconnaissance mutuelle au sein de trois sphères normatives distinctes : de l'amour, du droit et de la « solidarité ». C'est seulement lorsque les personnes sont effectivement reconnues comme porteuses de besoins affectifs, comme sujets égaux dans une communauté juridique auxquels reviennent des droits, et, enfin, comme détenteurs d'aptitudes pratiques contribuant à la reproduction de la vie commune, qu'elles peuvent développer un rapport pratique à elles-mêmes nourri des qualités positives de l'autoréalisation. Celle-ci prend alors la forme de trois types distincts de rapport à soi, relatifs aux sphères normatives de la reconnaissance : la confiance en soi, le respect de soi et l'estime de soi [15]. On a ainsi « un réseau de différentes relations de reconnaissance, à travers lesquelles les individus peuvent à chaque fois se savoir confirmés dans l'une et l'autre des dimensions de leur autoréalisation [16] ».

L'établissement effectif de ces différentes modalités de la reconnaissance ne va cependant pas de soi puisque des situations de déni de reconnaissance sont très courantes. Elles prennent des formes différentes selon les sphères : les personnes peuvent être atteintes dans leur intégrité physique, être exclues des droits ou encore se sentir niées dans leur valeur sociale. Ces différentes atteintes à la reconnaissance entraînent une expérience du mépris qui affecte négativement le rapport à soi des personnes concernées. On assiste alors à la dissolution de la confiance en soi en tant que personnes dignes d'affection, à la

---

15. Sur ces questions, voir plus largement Axel Honneth, *La Lutte pour la reconnaissance*, *op. cit.*, chap. 5, p. 113-159.

16. *Ibid.*, p. 210.

perte du respect de soi comme membres d'une communauté d'égaux en droits, et à la perte de l'estime de soi comme sujets contribuant par leurs pratiques à la vie commune [17]. De telles privations de la reconnaissance sont à l'origine d'expériences morales négatives puisque les sujets concernés se voient refuser les conditions d'une formation positive de leur identité. Dans bien des cas, ces expériences du mépris deviennent des motifs de luttes visant à retrouver des relations de reconnaissance sous une forme « pleine et entière ». À la différence de la tradition utilitariste de la « lutte pour l'existence », ce modèle du conflit saisit les motifs de résistance sociale et de révolte à l'aune des expériences morales découlant de la violation des règles implicites de la reconnaissance. Loin de constituer une menace pour l'ordre social comme dans la tradition hobbesienne, le conflit est au contraire le médium même de l'intégration sociale [18]. C'est par les multiples luttes pour la reconnaissance sans cesse rejouées qu'une collectivité peut accroître les chances de réunir les conditions nécessaires à l'autoréalisation de ses membres.

Outre qu'il offre une alternative forte au modèle utilitariste dominant, ce modèle des luttes pour la reconnaissance n'est pas sans conséquences sur la manière de concevoir les fondements normatifs d'une théorie critique de la société. Avec un tel projet, Axel Honneth entend en effet prolonger la tradition critique qui, depuis Hegel – en passant notamment par Marx et l'École de Francfort –, a ancré sa critique de la société établie dans une expérience pratique effective plutôt que dans une construction intellectuelle abstraite dépourvue de référent intramondain [19]. Cette perspective se distingue néanmoins de la première Théorie

---

17. *Ibid.*, chap. 6, p. 161-170.

18. Cette critique de la tradition hobbesienne se distingue cependant de celle de Durkheim ou de Parsons en ce qu'elle se concentre sur la question de la « réalisation de soi » et non sur celle de l'ordre social. Voir notamment sur cette question : Axel Honneth, *Desintegration. Bruchstücke einer soziologischen Zeitdiagnose*, Fischer, Francfort, 1994. L'intégration sociale est vue comme le fruit d'une lutte entre les sujets sociaux, pour la reconnaissance de leur identité, pour que tous les individus et tous les groupes acquièrent une chance égale de prendre part à l'organisation de la vie commune.

19. Axel Honneth distingue sur ce point la critique « constructive » de la critique « reconstructive » : la première esquisse des conditions de la justice de

critique de Francfort (de la décennie 1930), dont le référent pratique puisait dans les exigences d'émancipation de la *praxis* productive portée par le prolétariat. Elle se démarque tout autant de la posture habermassienne, dont l'entente intersubjective inhérente à l'interaction langagière fournit le point d'appui pratique de la critique normative. Axel Honneth situe l'instance pratique intramondaine de justification des prétentions normatives de la critique théorique dans le sentiment d'injustice émanant de l'expérience négative que font les sujets sociaux lorsque leurs attentes de reconnaissance sont meurtries, et dans leurs efforts pour accéder aux conditions de la reconnaissance.

Tout en partageant le geste de la première École de Francfort visant à exprimer dans la théorie un processus pratique d'émancipation, il va cependant au-delà de cette seule posture « expressive ». Il souligne la nécessité pour toute Théorie critique de fonder une posture normative explicitant les contours que doit prendre une collectivité pour permettre à tous ses membres de disposer des conditions d'une réalisation de soi « réussie ». Cette conception offre ainsi un standard de la « normalité sociale » à l'aune duquel les évolutions « fausses » ou « pathologiques » peuvent être identifiées et soumises à la critique systématique. Aussi Honneth établit-il une « ébauche formelle de la vie éthique » comprise comme un standard normatif critique qui doit être à la fois suffisamment universel pour s'abstraire d'idéaux de vie particuliers et suffisamment concrets « pour mettre en lumière les structures générales d'une vie réussie, au-delà d'un simple renvoi à l'autodétermination individuelle [20] ». Cette conception formelle de la vie éthique doit en quelque sorte se

---

manière spéculative, élaborant abstraitement une situation de justice idéale à l'aune de laquelle les conditions existantes peuvent être soumises à la critique si elles contredisent ces principes de justice. C'est par exemple l'orientation de la philosophie politique de John Rawls. La seconde, en revanche, n'est pas fondée sur une construction strictement théorique des critères de justice mais sur une reconstruction des attentes implicites, à partir de l'expérience de l'injustice que font des sujets sociaux ou des groupes. Sur cette distinction, voir notamment : Axel HONNETH, « Rekonstruktive Gesellschaftskritik unter genealogischem Vorbehalt. Zur Idee der Kritik in der Frankfurter Schule », *Deutsche Zeitschrift für Philosophie*, n° 48, 2000/5, p. 729-737.

20. Axel HONNETH, *La Lutte pour la reconnaissance*, *op. cit.*, p. 209.

situer « entre Aristote et Kant[21] », en évitant le caractère trop « massif » de l'éthique néo-aristotélicienne incarnée aujourd'hui par le courant communautarien et le caractère trop « maigre » de la morale néo-kantienne – dont les philosophies politiques de John Rawls et de Jürgen Habermas sont actuellement les expressions les plus abouties.

Pathologies et paradoxes

On l'a dit, la plupart des textes figurant dans ce recueil sont ultérieurs à la rédaction de *La Lutte pour la reconnaissance* et témoignent de l'évolution de la pensée de l'auteur depuis cet ouvrage fondateur. Au risque de simplifier une pensée complexe allant sans cesse en s'approfondissant, quelques lignes majeures dans les orientations prises par la réflexion du philosophe allemand peuvent néanmoins êtres tracées. On retiendra, tout d'abord, une attention accrue aux « pathologies du social », comme correctif à une philosophie politique exclusivement focalisée sur une théorie de la justice ; un approfondissement du concept de reconnaissance, notamment à la lumière des modalités de sa « déformation » et, enfin, un réexamen de l'idée classique d'ambivalence du progrès en termes, cette fois-ci, de « paradoxes » du capitalisme contemporain.

Les « pathologies du social »

Au cours des dernières décennies du XXe siècle, une conception démocratique et libérale de la justice s'est largement imposée dans la philosophie politique[22]. Ses critères normatifs

---

21. C'est le titre d'un texte de l'auteur : Axel Honneth, « Zwischen Aristoteles und Kant. Skizze einer Moral der Anerkennung », in *Das Andere der Gerechtigkeit. Aufsätze zur praktischen Philosophie*, Suhrkamp, Francfort, 2000, p. 171-192.

22. Ce renouveau de la pensée kantienne s'est notamment opéré sous l'influence de la *Théorie de la justice* de John Rawls et de ses divers prolongements (*cf.* John Rawls, *Théorie de la justice*, trad. C. Audard, Seuil, Paris, 1987). À sa suite, Habermas opère un tournant, au milieu des années 1980, qui l'éloigne des sciences sociales au profit exclusif d'une approche « éthique » qui

servant à désigner l'injustice sont construits de manière purement théorique, en tournant le dos aux sciences sociales dont les modes d'identification de l'injustice procèdent par l'observation de situations sociales effectives. Mais surtout, les critères normatifs d'une « vie sociale réussie » s'élaborent uniquement à l'aune du principe de la justice sociale. Aux yeux de l'auteur, cet intérêt exclusif porté aux questions de la justice sociale est une restriction dont la conséquence est de déconnecter la théorie de l'analyse des conditions sociales effectives. Par contraste, Axel Honneth met en évidence le parcours d'une tradition philosophique dont la principale préoccupation n'était pas de pointer les injustices sociales mais d'analyser « les évolutions manquées ou les perturbations » dans les transformations en cours. Selon lui, c'est la philosophie sociale qui a assumé cette tâche spécifique de réfléchir sur les évolutions problématiques du temps présent.

La philosophie sociale se distingue à la fois de la philosophie politique et de la philosophie morale par sa réflexion spécifique sur les critères de la « vie sociale réussie » et son attention systématique aux « évolutions sociales pathogènes ». C'est Jean-Jacques Rousseau qui apparaît ici comme « le fondateur de la philosophie sociale moderne » par le nouveau genre de réflexion qu'il initie. Celle-ci ne porte pas sur le caractère justifié de la forme de vie « moderne » mais sur les « limites structurelles » qu'elle impose à l'être humain « dans sa quête de réalisation de soi ». Le mode de réflexion initié par Rousseau se prolonge cependant bien au-delà, pour se retrouver dans les philosophies de Hegel, Marx, Nietzsche, Lukács, Arendt, l'École de Francfort, Habermas, Foucault, ou encore Taylor. Un des propos de tous ces philosophes est d'identifier, à leurs manières respectives et selon leurs termes propres, les évolutions « pathologiques » du développement social. Qu'ils se réfèrent aux concepts d'« aliénation », de « réification », de « séparation », etc., ces auteurs ont tous en commun de critiquer « un état de la

se préoccupe majoritairement de fonder de manière satisfaisante une conception normative de la justice sans intégrer de manière systématique les apports de la recherche sociale.

société, ressenti comme aliéné, dépourvu de sens, réifié ou même malade[23] ».

Il semble donc aller de soi que le terme de « pathologie » renvoie à des développements ou à des « états anormaux » dont l'identification exige inévitablement une « représentation de la normalité qui se rapporte à la vie sociale dans son ensemble ». Autrement dit, la critique des perturbations ou des évolutions manquées va de pair avec la présupposition d'une vie sociale « normale » ou « saine ». Honneth souligne en effet qu'on ne peut « parler d'une "pathologie" de la vie sociale que si l'on dispose de certaines hypothèses sur les conditions de l'autoréalisation de l'être humain[24] ». Et ces « hypothèses » relèvent de critères d'appréciation nourris par une « représentation éthique de la normalité sociale » capable d'énoncer les conditions sociales susceptibles de contribuer à la réalisation de soi des êtres humains[25]. Aucune philosophie sociale cherchant à pointer les évolutions manquées de la société, sous la forme de l'aliénation, de la réification ou de la domination, n'échappe à l'exigence de disposer, même implicitement, de critères esquissant les contours normatifs de la « vie bonne ».

Plusieurs courants de pensée, dans lesquels on compte notamment Richard Rorty, Michel Foucault et aujourd'hui, à sa suite, Judith Butler, soutiennent cependant que « toute norme transcendant son contexte » est en quelque sorte l'expression d'un rapport de pouvoir[26]. Pour Butler par exemple, toute formulation de normes ou de principes éthiques est déjà une forme de violence et le signe d'un pouvoir à l'œuvre. À l'inverse, Axel Honneth se

---

23. *Cf.* « Les pathologies du social », [voir chapitre 1, p. 86].

24. *Ibid.*, p. 87.

25. Axel Honneth fait de la réalisation de soi le critère de la « normalité » sociale, soit les conditions qu'une société doit pouvoir garantir à ses membres pour assurer une forme de vie réussie. Ce critère est selon lui à l'œuvre dans la philosophie sociale dès sa fondation avec Rousseau : les formes d'organisation idéales sont celles qui garantissent aux sujets sociaux un véritable développement de soi. En cela, il se distingue d'une tradition de pensée dans laquelle figurent Hobbes, Parsons et d'autres, dont le critère de réussite d'une société est d'assurer le maintien de l'ordre social.

26. Richard RORTY, *Objectivité, relativisme et vérité* (trad. J.-P. Cometti), PUF, Paris, 1994 ; Judith BUTLER, *Trouble dans le genre ; pour un féminisme de la subversion* (trad. C. Kraus), La Découverte, Paris, 2005.

rattache ici à une tradition de pensée pour laquelle la mise en évidence de « fausses » évolutions sociales est une tâche impossible sans disposer de référents normatifs esquissant ce qui doit prévaloir comme conditions indispensables de la réalisation de soi. Et, puisque le fondement de ces critères de la « normalité sociale » ne saurait résider dans des postulats strictement anthropologiques, ils dépendent largement de principes éthiques qu'il convient d'expliciter. Honneth voit aujourd'hui dans la possibilité de « fonder des jugements éthiques concernant les conditions de possibilité de toute vie humaine » l'avenir même de la philosophie sociale. C'est d'ailleurs, on l'a vu, le projet qu'il s'est lui-même donné dans son « ébauche formelle de la vie éthique » esquissée à l'issue de sa reconstruction d'un concept de lutte ancré dans des exigences morales (*cf. La Lutte pour la reconnaissance*).

Son intérêt à revivifier cette tradition philosophique occupée à penser les conditions sociales de la réalisation de soi et ses revers « pathologiques » le conduit à une relecture originale de la Théorie critique de l'École de Francfort [27]. L'idée hégélienne d'un développement historique de la raison et de ses déformations « pathologiques » est à ses yeux au cœur de la Théorie critique, depuis le jeune Horkheimer jusqu'à Habermas. Selon cette « idée éthique », l'autoréalisation de l'être humain dépend de sa relation à une universalité gouvernée par la raison. C'est seulement dans le déploiement d'un agir commun porté par des visées rationnelles universelles qu'une autoréalisation devient possible pour tous les sujets individuels. Pour les membres de l'École de Francfort, ce potentiel rationnel immanent au processus historique est déformé par le capitalisme, par les pratiques et les manières de penser qu'il impose. Le lien du sujet à la collectivité

27. À noter que le projet de l'auteur n'est pas de réhabiliter la tradition philosophique d'identification des pathologies au détriment d'une théorie de la justice, mais d'articuler les deux approches. Sa relecture de la *Philosophie du droit* de Hegel (*Leiden an Unbestimmtheit*, Reclam, Stuttgart, 2001) se comprend précisément comme une tentative de connecter une théorie de la justice à un diagnostic des pathologies sociales. Il montre que Hegel a connecté le développement d'un concept de justice à des considérations sur les pathologies sociales de son temps sans jamais considérer ce concept indépendamment de ces dernières.

est brisé et cette rupture entraîne des souffrances humaines auxquelles seule une pratique effective portée par les sujets sociaux peut remédier. Horkheimer, Marcuse, Adorno et Habermas se sont tous attachés à pointer cet « intérêt émancipatoire » inscrit dans des pratiques vouées à remédier aux « pathologies de la raison », ouvrant ainsi de nouvelles voies émancipatoires.

Le lien que la Théorie critique établit ainsi entre la réalisation de soi et une *praxis* commune excédant les seuls intérêts individuels la différencie fortement de l'approche atomiste du sujet développée par les théories libérales. Car cette coopération commune suppose à ses yeux « un degré d'entente intersubjective plus élevé que ne l'admet le libéralisme ». En outre, la Théorie critique se distingue des théories libérales de la justice par le fait que l'état de « négativité sociale » due à la déformation des potentiels rationnels correspond moins à une violation des principes de la justice sociale qu'à une infraction des conditions d'une « vie bonne ou réussie ». Une autre spécificité de l'École de Francfort réside dans sa tentative d'expliquer le processus de déformation pathologique par le recours à la recherche sociale. Contrairement à une tendance contemporaine dans la philosophie politique dont la critique de la société se contente d'exposer des injustices sociales en se référant à des normes fondées théoriquement, la Théorie critique se réfère aux sciences sociales et à la psychanalyse, autant pour comprendre les processus de déformation de la raison que pour prendre le pouls des dispositions critiques au sein de la société. La recherche sociale a en outre pour but de comprendre comment les processus qui sont à l'origine des « pathologies sociales » ou des « évolutions manquées » parviennent à passer inaperçus.

Axel Honneth montre alors que l'accent mis sur les « pathologies sociales » dans l'École de Francfort a amené ses auteurs à développer une forme de critique sociale irréductible à la critique des injustices sociales. L'ouvrage clé de cette école, la *Dialectique de la raison* de Horkheimer et Adorno, incarne le mieux cette forme de critique dont le propre est de pointer des évolutions sociales « fausses » en tant qu'elles violent les principes de la « vie bonne », et non seulement qu'elles enfreignent des normes de justice. À la différence des jugements relatifs aux situations d'injustice, les jugements normatifs portés sur les pathologies sociales ne peuvent guère procéder d'une argumentation classique. La critique doit emprunter une autre voie que la critique sociale conventionnelle en se donnant les moyens de montrer qu'« une situation sociale ne remplit pas les conditions que nous considérons comme des présupposés nécessaires à la vie bonne [28] ». Au lieu de procéder à la validation normative par l'argumentation systématique, elle cherche davantage à « changer nos convictions axiologiques par l'évocation d'une nouvelle manière de voir le monde social ». Honneth montre ainsi que cette critique qui procède par « mise au jour » entend ouvrir un nouvel horizon sémantique et faire apparaître les activités familières sous un nouvel angle afin de rendre manifeste leur caractère « pathologique ».

La reconnaissance et ses « déformations »

Le deuxième axe de la réflexion d'Axel Honneth correspond à l'approfondissement du concept de reconnaissance. Celui-ci passe à la fois par une confrontation à d'autres conceptions philosophiques de la reconnaissance (Sartre, Margalit, Butler, Cavell, etc.) et par un examen plus poussé de ce que nous pourrions qualifier de « déformation » de la reconnaissance. Alors que, dans *La Lutte pour la reconnaissance*, il opposait la reconnaissance à sa négation, soit le mépris, selon ses différentes modalités en vertu des trois sphères normatives (sous forme de sévices corporels, de déni de droits et de mésestime sociale), son approche des déficiences de la reconnaissance se complexifie. L'auteur montre ainsi que la reconnaissance peut fonctionner comme une idéologie dans certaines situations dont il convient à chaque fois d'examiner les tenants et les aboutissants. Dans la société actuelle, la reconnaissance est d'ailleurs largement mobilisée à des fins stratégiques : dans la sphère du travail par exemple, en encourageant une relation à soi valorisante chez les destinataires d'énoncés valorisants, les conditions sont réunies pour inciter les sujets sociaux à endosser de leur plein gré des tâches nouvelles ou à opter pour des pratiques qu'ils n'eussent jamais effectuées sans ces « invitations ». Comment distinguer

28. « La critique comme mise au jour », [voir chapitre 3, p. 142].

cette « fausse » reconnaissance d'une reconnaissance « véritable » ? Pour Honneth, il convient de disposer de critères de réalité permettant d'identifier une relation de reconnaissance ayant les traits d'une idéologie. On peut ainsi concevoir que la reconnaissance opère comme une idéologie lorsque les conditions réelles et institutionnelles ne comblent pas les promesses faites par les énoncés valorisants à l'adresse des destinataires. C'est par exemple le cas aujourd'hui de l'idéologie managériale, qui feint de reconnaître les salariés en valorisant par le discours leurs compétences et leur « autonomie », sans pour autant assurer les conditions matérielles d'une réalisation effective de ces énoncés valorisants sous forme de véritable reconnaissance de leurs savoir-faire et de leurs aptitudes.

Axel Honneth envisage en outre un type de déformation de la reconnaissance, l'invisibilité sociale, qui correspond à une autre modalité du mépris. Abordant cette question de l'invisibilité, il est amené à préciser le concept de reconnaissance en s'inspirant du concept kantien de « respect » : un acte de reconnaissance suppose une limitation du point de vue égocentrique du sujet, soit une forme de décentrement de soi conférant à l'autre sa « valeur sociale ». Reconnaître revient alors à « attribuer au partenaire autant d'autorité morale sur ma personne que j'ai conscience d'en avoir moi-même en ce que je suis obligé d'accomplir ou de m'abstenir de certains types d'action [29] ». Cette relation de reconnaissance mutuelle requiert des actes et des « gestes expressifs » (gestes corporels, sourires, expressions faciales, etc.) par lesquels le sujet atteste non seulement de la présence physique de son partenaire d'interaction mais également de sa disposition à lui accorder une place valorisée et à rendre justice à sa « valeur ». C'est donc par des gestes expressifs que les sujets humains manifestent la valeur positive de leurs partenaires d'interaction dans une reconnaissance mutuelle ; inversement, l'absence de cette médiation expressive revient à leur signifier leur inexistence sociale et à les rendre invisibles. Rendre ainsi des sujets « transparents », c'est leur refuser cet acte de décentrement de soi vers l'autre qui est le propre de la

29. « Invisibilité : sur l'épistémologie de la "reconnaissance" », [voir chapitre 7, p. 238].

reconnaissance et, par conséquent, les soumettre au mépris. Honneth souligne que « l'invisibilité sociale [...] est le résultat d'une déformation de la capacité de perception des êtres humains à laquelle est liée la reconnaissance ».

Pour préciser, il introduit une distinction entre la « reconnaissance » (*Anerkennung*) et la « connaissance » (*Erkennen*). À la différence de l'acte de reconnaissance qui appelle des gestes expressifs à caractère moral, la « connaissance » se résume à un acte d'identification cognitive. La thèse centrale de Honneth est ici que « la reconnaissance précède la connaissance » car la capacité d'identification cognitive d'un être humain présuppose une aptitude, apprise dès le plus jeune âge, à percevoir les qualités valorisées des partenaires d'interaction. La simple identification cognitive présuppose donc de neutraliser la relation de reconnaissance mutuelle apprise par les êtres humains et qui leur est constitutive [30].

Les paradoxes du contemporain

Le troisième axe de réflexion de l'auteur porte sur les « paradoxes » du capitalisme contemporain. Là encore, Axel Honneth reprend un schéma de pensée propre à la tradition de Francfort mais en propose une réactualisation. Ce schéma comprend les processus de développement des sociétés capitalistes modernes à l'aune de leurs ambivalences ou de leurs contradictions. Les changements intervenus au cours de ces dernières décennies dans les sociétés occidentales sont vus, d'une part, comme des progrès normatifs élargissant les possibilités d'autoréalisation pour les sujets humains ; d'autre part, comme des processus induisant de nouvelles contraintes qui contrecarrent l'extension des formes d'autoréalisation. Ces transformations paradoxales s'observent notamment dans le processus d'individuation. Honneth souligne ainsi combien le dernier quart du XXᵉ siècle a vu se multiplier des

---

30. Cet argument d'une neutralisation de la reconnaissance à travers la « connaissance » est développé davantage par l'auteur dans son ouvrage sur la « réification » comme oubli de la reconnaissance : Axel HONNETH, *Réification. Le point de vue de la théorie de la reconnaissance* (trad. S. Haber), Gallimard, « Essais », Paris, 2007.

aspirations à la réalisation de soi individuelle, accélérant un processus d'individuation entamé au seuil de la modernité dans les sociétés capitalistes occidentales. Avec la diversification des itinéraires biographiques, les progrès de l'éducation, l'extension du temps libre et la multiplication des pratiques de consommation, est apparue une nouvelle forme d'individualisme orientée vers un principe d'épanouissement de soi. C'est alors un nouvel idéal de personnalité qui s'exprime, livrée à la quête de soi-même, à l'expérimentation permanente et à la mise en valeur de soi sur un mode esthétisant. Ces avancées normatives quant aux possibilités effectives de réalisation de soi sont toutefois peu à peu détournées au profit d'une instrumentalisation systématique de ces idéaux. On en veut pour preuve les stratégies managériales post-tayloriennes, qui reprennent à leur compte les idéaux normatifs d'épanouissement individuel pour les transformer en nouvelle force productive du capitalisme. Au point que les aspirations normatives à la réalisation de soi « sont désormais tellement intégrées dans le "profil" institutionnalisé sur lequel se fonde la reproduction sociale, qu'elles ont perdu leur finalité interne et sont devenues un principe de légitimation du système[31] ». Chez les sujets individuels, le principe de réalisation de soi semble aujourd'hui produire plus de souffrance que d'épanouissement, donnant ainsi naissance à de nouvelles pathologies de l'individuation (vide intérieur, sentiment d'inutilité, désarroi et absence de repères, etc.).

Le concept de paradoxe rend compte de ce processus de mutation d'un idéal normatif d'émancipation en impératif idéologique voué à la légitimation de nouvelles contraintes au service du système économique. Dans un texte rédigé avec Martin Hartmann, l'auteur analyse le capitalisme néo-libéral comme un générateur de dynamiques paradoxales. Les dernières décennies du XXe siècle sont ainsi marquées par une avancée des revendications de reconnaissance permettant une intégration normative dans quatre sphères d'activité institutionnalisées : un accroissement des possibilités d'autoréalisation au niveau du processus d'individuation, une extension vers une idée égalitaire de justice au niveau de la régulation juridique, un accès au statut social

31. *Cf.* « Capitalisme et réalisation de soi », [voir chapitre 10, p. 311].

selon les capacités et les performances (*Leistung*) des sujets et moins selon leur origine sociale et, enfin, une idée romantique de l'amour permettant de surpasser émotionnellement les contraintes instrumentales de la vie ordinaire. Or, au moment même où ces idéaux normatifs prenaient effectivement forme, s'est déployée la « révolution néo-libérale », dont l'effet a été en quelque sorte d'inverser ces idéaux pour en faire de nouvelles exigences s'imposant aux sujets sociaux. Des principes orientés initialement vers le progrès se muent ainsi en contraintes initiant de nouvelles formes de souffrances et de « pathologies ». Les auteurs procèdent à une analyse détaillée des conséquences, successivement dans les quatre sphères normatives d'action, de ces paradoxes du capitalisme contemporain.

On l'a vu, l'analyse des paradoxes du temps présent que mène Axel Honneth fait une place tout à fait majeure à la question de l'individuation. Il souligne combien les profonds changements socioculturels survenus dans la seconde moitié du XXe siècle, la multiplication des relations sociales et la délinéarisation des parcours biographiques ont influé sur la formation de l'identité individuelle. Selon les tenants de l'« identité postmoderne », ces mutations ont vu émerger une nouvelle forme de personnalité structurée par des identités multiples. Cette nouvelle donne rendrait obsolète toute approche se montrant incapable de considérer pleinement cette « pluralisation intrapsychique des sujets ». Guidée par un idéal de maîtrise cohérente du réel par un moi unifié, la psychanalyse serait ainsi dépassée dans sa capacité à cerner l'évolution du moi. Elle serait incapable de comprendre le mode de rapport à soi que les sujets développent avec l'effritement des rôles traditionnels et passerait à côté de la « fluidification communicationnelle de l'identité personnelle » en raison de sa conception autoréférentielle de la *psyché*. Fidèle aux apports de la psychanalyse [32], l'auteur montre ici l'inconsistance de

32. On sait que la psychanalyse joue un rôle important dans la démarche d'Axel Honneth – autre élément qui le rattache à la tradition de Francfort –, comme en témoigne sa référence courante aux travaux de Donald Winnicott, Daniel Stern. Ses références à Sigmund Freud sont par contre plus rares et souvent critiques. Dans *La Lutte pour la reconnaissance* (chap. 5, p. 116-132), l'émergence du sujet est largement restituée à travers une relecture de la théorie de Winnicott.

l'argument quant au prétendu « vieillissement » de cette discipline. Mais il accorde toutefois un certain crédit à cette critique qui revendique à juste titre la nécessité de considérer la multiplication des voies de la communication pour les individus dans les conditions socioculturelles contemporaines. Voilà donc le « défi » que la psychanalyse doit relever : développer une conception de la vie psychique différente de celle du moi fort voué à contrôler rationnellement ses pulsions.

Axel Honneth envisage une solution en puisant dans les courants non freudiens de la psychanalyse qui envisagent la vie intérieure comme « un dispositif communicationnel intériorisé ». C'est en particulier dans l'œuvre du psychanalyste américain Hans Loewald et son interprétation de la théorie des pulsions dans une perspective intersubjective qu'il perçoit une ouverture théorique. Pour Loewald, le psychisme individuel ne se développe pas dans un conflit interne mais dans un échange continu avec le monde extérieur. C'est uniquement parce que des schémas d'interaction ont été progressivement intériorisés par le sujet et que ce dernier parvient à organiser ses pulsions dans un espace intrapsychique de communication que le processus d'individuation peut s'opérer. À défaut d'apparaître comme le lieu d'une maîtrise de soi, le psychisme individuel se présente alors comme un espace de communication où les pulsions s'organisent par le dialogue intérieur que les sujets sont aptes à engager. Aussi peut-on comprendre le psychisme humain comme « un dispositif d'interaction intériorisé qui complète le monde vécu de la communication intersubjective où l'individu rencontre l'autre dans divers rôles d'interaction (c'est-à-dire diverses relations de reconnaissance) [33] ». L'individu mature n'est plus celui qui parvient à développer avec succès un « moi fort » mais celui dont la vie psychique est animée par un dialogue intérieur riche. Or, souligne Honneth, « cette idée d'une libération de l'aptitude au dialogue intérieur constitue le meilleur moyen de prolonger les tendances à une fluidisation de l'identité du moi, en respectant toute la complexité de ce processus. Il ne

33. *Cf.* « Théorie de la relation d'objet et identité postmoderne », [voir chapitre 11, p. 345].

peut donc en aucun cas être question d'un vieillissement de la psychanalyse[34]. »

Ce projet visant à préserver un rôle pour la psychanalyse au sein d'une théorie de la société, certes au prix d'un important remaniement conceptuel, est à l'image de la démarche d'Axel Honneth dans son élaboration patiente d'une « nouvelle Théorie critique » nichée au cœur des enjeux sociaux du temps présent. Avec une rigueur peu commune, accompagnée d'un souci éthique et politique constant, il fournit aujourd'hui de précieux outils pour conduire l'analyse de la « société du mépris » et la soumettre à une critique fondée. Cela sans renoncer ni aux apports de la psychanalyse ni à ceux de la recherche sociale. Ancrée dans l'expérience pratique des sujets sociaux mais articulée philosophiquement à une perspective normative fondée, la visée critique acquiert ainsi une vigueur inhabituelle. Par sa description des formes morales du mépris et des exigences de reconnaissance sociale, cette « nouvelle Théorie critique » déploie en outre un vocabulaire moral d'expression des attentes de reconnaissance des sujets lésés et peut, à sa manière, contribuer à enrichir l'horizon des luttes pour la reconnaissance, concourant ainsi à étendre les conditions de l'autoréalisation des sujets humains, contre une « société du mépris » qui progresse à grands pas.

---

34. « Théorie de la relation d'objet et identité postmoderne », [voir chapitre 11, p. 347].

Avant-propos de l'auteur

Le présent ouvrage consiste en un recueil de textes que j'ai publiés à différentes occasions, pour la plupart d'entre eux au cours des dix dernières années ; seules deux contributions sont bien plus anciennes et ont été reprises dans ce volume car elles font ressortir la thématique du projet de fond sous une forme d'autant plus directe qu'elle est encore maladroite.

Concernant ce projet fondamental, il apparaît sans doute le plus clairement dans le premier des textes publiés ici (chapitre 1, « Les pathologies du social »). Il s'agit d'une tentative de faire revivre cette tradition de la critique des pathologies sociales telle qu'elle fut défendue, à partir de Rousseau, par des théoriciens de la société aussi différents que Hegel, Marx et Weber, jusqu'aux membres de l'École de Francfort. Contre la tendance à réduire toutes les questions normatives concernant l'ordre social au problème de la justice, ces auteurs ont insisté sur le fait qu'une société peut aussi échouer dans un sens plus global, à savoir dans sa capacité à assurer à ses membres les conditions d'une vie réussie. Je décris comme des pathologies sociales les déficiences sociales au sein d'une société qui ne découlent pas d'une violation des principes de justice communément acceptés mais des atteintes aux conditions sociales de l'autoréalisation individuelle.

Dans le deuxième des textes publiés ici (chapitre 2, « Une pathologie sociale de la raison »), je tente ensuite de clarifier la manière dont cette perspective normative a été mise en œuvre dans la tradition théorique dont je suis moi-même issu. Dans la Théorie critique de l'École de Francfort, de Horkheimer à Habermas en passant par Adorno, il a toujours été tenu pour évident que ces tendances de l'évolution de la société résultant d'une institutionnalisation ou d'une pratique déficientes d'un potentiel de la raison déjà engendré dans l'histoire devaient être critiquées en tant que pathologies sociales. Aussi, celui qui entend encore se rattacher de nos jours à cette tradition théorique doit résoudre au moins deux problèmes sérieux : premièrement, il s'agit de clarifier la manière dont il faut renouveler l'idée d'une raison se réalisant dans l'histoire et contenant aussi potentiellement toujours un « excédent » par rapport à sa réalisation pratique ; deuxièmement, il s'agit de désigner les causes sociales qui empêchent ce potentiel rationnel de se concrétiser adéquatement dans les pratiques et les institutions sociales. Ces deux problèmes, qui doivent en définitive au poids de l'héritage non assumé de la philosophie sociale de Hegel, ne sauraient cependant être résolus avec les mêmes procédés idéalistes qu'il a jadis utilisés dans ses écrits.

Toute théorie critique se trouve ainsi, aujourd'hui comme autrefois, face à la tâche de devoir s'en sortir avec Hegel par-delà Hegel. De ce point de vue, il est possible de faire la lumière sur les objectifs propres aux deux autres parties du présent recueil. Dans les textes de la deuxième partie, je tente d'évaluer dans quelle mesure une théorie de la reconnaissance rattachée à Hegel peut être à même d'offrir un regard sur le potentiel et la dynamique de la raison communicationnelle : lorsque l'agir communicationnel n'est plus interprété selon le modèle de l'entente intersubjective mais selon le modèle d'une lutte pour la reconnaissance, alors se profilent les contours d'une raison morale qui trace son chemin à travers la réalité sociale dans un antagonisme entre des ordres de reconnaissance établis et des exigences de reconnaissance insatisfaites. Cependant, le recours à une telle conception de la reconnaissance exige autant une distinction entre des formes justifiées et non justifiées de reconnaissance (« La reconnaissance comme idéologie ») qu'une élucidation convaincante des raisons pour lesquelles les sujets adressent à la société des attentes de reconnaissance sociale (« Invisibilité »).

Enfin, dans les textes de la troisième partie (« Les paradoxes du contemporain »), je tente de répondre à la question de savoir pourquoi le potentiel d'une raison reconnaissante (*anerkennende Vernunft*) ne joue pas convenablement dans les sociétés capitalistes occidentales contemporaines. À cet effet, dans la tradition de la Théorie critique, mais aussi déjà chez Hegel, Marx et Weber, un modèle d'évolution a été pris comme base pour tenter de parvenir à une explication d'ensemble de la manière dont a pu se produire un tel écart entre la raison et la réalité sociale, entre l'idéal et le réel ; en cela figuraient au premier plan, la plupart du temps, les idées d'un « développement contradictoire » (Marx, Horkheimer) ou d'une « scission tragique » (Hegel) et d'un « désenchantement » (Weber). À la différence de ce type d'approches explicatives, j'utilise ici le modèle des « paradoxes sociaux » visant à signifier que certains idéaux d'émancipation déjà institutionnalisés dans l'histoire ne parviennent pas à se réaliser en pratique dans les sociétés contemporaines car ils ont été entre-temps déformés en leur contraire normatif sous la pression de nouveaux impératifs économiques.

Le présent volume offre ainsi un aperçu sur les réflexions encore ouvertes et expérimentales à l'appui desquelles je souhaite développer mon idée initiale d'une « lutte pour la reconnaissance » en une théorie critique de la société. Je dois la suggestion de ce volume à deux jeunes collègues, Olivier Voirol et Emmanuel Renault, tous deux occupés à élaborer à leur manière une théorie critique de la reconnaissance. Sans leur aide engagée, leurs conseils et leur travail d'intermédiaires, la compilation de mes textes présentée ici n'aurait tout simplement pas vu le jour. C'est pourquoi j'aimerais sur ce point remercier de tout cœur ces deux collègues et amis pour leur aide. Une fois le projet mis en route, Olivier Voirol s'est consacré à sa réalisation avec tact et discernement ; il n'a pas seulement traduit une grande partie des textes mais m'a également conseillé de manière intelligente et compétente dans leur sélection ainsi que dans le choix du titre. Je lui suis donc grandement reconnaissant, ainsi qu'aux deux autres traducteurs, Pierre Rusch et Alexandre Dupeyrix.

Axel Honneth, juin 2006.

1

Les pathologies du social Tradition et actualité de la philosophie sociale

Comme tous les autres champs de la connaissance théorique, la philosophie a été soumise au cours des deux derniers siècles à un processus de différenciation qui a conduit à l'émergence d'une quantité de sous-disciplines et de spécialités. Certes, aujourd'hui encore, les programmes universitaires et les textes de présentation respectent souvent la tripartition classique en philosophie théorique, philosophie pratique et esthétique, mais, dans la pratique, cela fait longtemps que l'activité universitaire répond à une division des tâches qui ne peut plus vraiment correspondre à ce vieux schéma. C'est surtout dans le domaine de la philosophie pratique, une discipline qui, à l'origine, englobait seulement l'éthique, la philosophie de l'État et la philosophie du droit, que l'évolution récente a conduit à l'éclosion d'une multitude de disciplines dont les frontières sont de plus en plus floues ; presque plus personne ne peut aujourd'hui dire avec certitude où passent précisément les lignes de démarcation entre la philosophie morale, la philosophie politique, la philosophie de l'histoire ou la philosophie de la culture.

Sur un terrain où l'on manque donc de visibilité, la philosophie sociale a joué, entre-temps, dans l'espace germanophone, le rôle d'une discipline de plus en plus annexe : ne sachant pas très bien quel rapport entretenir avec les domaines scientifiques voisins, elle remplit, selon les besoins, différentes fonctions : soit elle abrite toutes les spécialités orientées vers la pratique, soit elle sert de complément normatif à une sociologie qui procède empiriquement, soit encore elle se propose d'interpréter son époque et d'en faire le diagnostic [1]. En revanche, les pays anglo-saxons se sont forgés depuis les débuts de l'utilitarisme une compréhension de la philosophie sociale très comparable à ce que l'on entend chez nous par « philosophie politique » : ce qui en constitue l'enjeu principal, ce sont les questions normatives qui se posent à chaque fois que la reproduction de la société civile est tributaire des interventions de l'État (questions de propriété, questions pénales, questions de santé, etc.) [2]. Si cette définition conceptuelle présente le grand avantage de poser assez clairement les tâches de la philosophie sociale, elle a aussi nécessairement un inconvénient, celui d'entraîner une relative perte d'identité de la philosophie sociale : celle-ci ne possède plus de domaine ou d'objet qui lui soient propres ni de type de questionnement autonome, mais elle est devenue une sorte d'auxiliaire de la philosophie politique.

Si l'on compare l'évolution de ces deux tendances, il apparaît clairement que la philosophie sociale se retrouve aujourd'hui dans une situation précaire : tandis que, dans l'espace germanophone, elle menace de devenir une discipline qui empiète sur les autres du fait de sa tendance à étendre excessivement son champ de compétences, à l'inverse, dans les pays anglo-saxons, elle a tellement réduit ce champ de compétences, jusqu'à devenir une sous-discipline de la philosophie politique, qu'elle semble presque avoir perdu tout trait distinctif. Afin de contrer cette évolution préjudiciable, je voudrais ici défendre la thèse suivante : l'objet de la philosophie sociale, sa priorité, est de définir et d'analyser les processus d'évolution de la société qui apparaissent comme des évolutions manquées ou des perturbations, c'est-à-dire comme des « pathologies du social ».

---

1. Voir par ex. l'article « Sozialphilosophie », *in* Alwin DIEMER, Ivo FRENZEL (dir.), *Philosophie. Fischer-Lexikon*, Francfort, 1967, p. 301 *sq*.

2. Voir par ex. Joel FREIBERG, *Social Philosophy*, Englewood Cliffs, New Jersey, 1973 ; Gordon GRAHAM, *Contemporary Social Philosophy*, Blackwell, Oxford, 1988 ; dans le domaine germanophone, une analyse des concepts a été conduite par Maximilian FORSCHNER, *Mensch und Gesellschaft. Grundbegriffe der Sozialphilosophie*, Wiss. Buchgesellschaft, Darmstadt, 1989.

J'essaie, dans ce travail, de définir les tâches et les exigences qui correspondent à cette approche de la philosophie sociale afin que les liens qu'elle entretient avec les disciplines voisines apparaissent enfin avec suffisamment de clarté. Je procéderai de la façon suivante : j'esquisserai d'abord, dans un rappel historique, les grandes lignes d'une tradition de pensée au sein de laquelle s'est développée une certaine compréhension de la philosophie sociale qui assigne à celle-ci la tâche de faire le diagnostic des évolutions sociales pathogènes : la critique de la civilisation entreprise par Jean-Jacques Rousseau marque le début d'une réflexion qui relève de la philosophie sociale car, même si le mot n'est pas adéquat, il s'agit déjà bien de cela : des concepts comme ceux de « scission » ou d'« aliénation » n'ont d'autre but que d'expliciter des critères éthiques qui permettent d'appréhender certains processus de développement de la modernité en termes de pathologies (I). Cette tradition de pensée va bénéficier d'un enrichissement significatif grâce à la naissance de la sociologie, dans la mesure où la réflexion philosophique est désormais obligée de tenir compte des résultats de la recherche empirique ; ainsi, en partant des pères fondateurs de la sociologie, j'examinerai dans un deuxième temps la façon dont la philosophie sociale s'est développée au cours de ce siècle, jusqu'à donner ces fameuses tentatives visant à décrypter l'expérience historique du fascisme et du stalinisme (II). Enfin, les résultats de ce rappel historique permettront, dans un troisième temps, de définir dans les grandes lignes l'exigence théorique et le questionnement spécifique de la philosophie sociale : puisque sa tâche première consiste à diagnostiquer, parmi les processus de développement social, ceux qui constituent une entrave pour les membres de la société et réduisent leurs possibilités de mener une « vie bonne », les critères dont elle dépend sont bien de nature éthique. À la différence de la philosophie morale d'une part et de la philosophie politique d'autre part, on peut dès lors comprendre la philosophie sociale comme un modèle de réflexion au sein duquel sont explicités les critères d'une vie sociale réussie (III).

I. De Rousseau à Nietzsche : l'émergence d'un questionnement relevant de la philosophie sociale

Même s'il revient à Hobbes [3] d'avoir baptisé cette discipline au milieu du XVIIe siècle, ce n'est pourtant qu'un siècle plus tard, grâce à Jean-Jacques Rousseau, que la philosophie sociale à proprement parler a vu le jour. Sous le nom de « philosophie sociale », Hobbes s'était intéressé aux conditions juridiques permettant à l'État absolutiste de s'assurer toute la stabilité et l'autorité nécessaires afin de pacifier une situation marquée par la guerre civile religieuse. La seule et unique question qui le guidait et qui justifiait sa proposition d'établir un contrat et de construire le Léviathan était de savoir comment on pouvait tout bonnement garantir la survie de l'ordre étatique dans un contexte social caractérisé par des conflits d'intérêts généralisés.

Lorsque Rousseau se mit à la rédaction de son *Discours sur l'inégalité*, au milieu du XVIIIe siècle, cette préoccupation lui était devenue presque étrangère ; ce qui lui importait le plus, c'était de rechercher les causes de la corruption de la société civile, et non d'analyser les conditions permettant de garantir sa stabilité. Au cours des cent années qui séparent ces deux types de questionnement, le processus de modernisation capitaliste avait fait de tels progrès qu'une sphère civile d'autonomie privée avait pu se développer à l'ombre de l'État absolutiste ; au sein d'un espace public formé par une bourgeoisie émergente, qui comprenait en France les représentants éclairés de la noblesse et qui, par ailleurs, n'avait toujours pas la possibilité d'exercer d'influence politique, on a alors commencé à intégrer les types de comportement qui allaient par la suite fournir le cadre d'un monde vécu tant pour les institutions démocratiques que pour la circulation capitaliste des marchandises [4]. Ainsi est apparue une forme de vie sociale que Hobbes n'avait pas encore pu percevoir en tant que telle : sous la pression croissante de la concurrence économique et sociale, les types d'activités et les motivations fondées

3. Thomas HOBBES, *Léviathan ou Matière, forme et puissance de l'État chrétien et civil* (trad. et introd. G. Mairet), Gallimard, Paris, 2000.

4. Voir Jürgen HABERMAS, *L'Espace public* (trad. Marc B. de Launay), Payot, Paris, 1978 (1962).

sur la tromperie, la dissimulation et l'envie devinrent plus nombreux. C'est cette forme de vie qui a émergé avec de tels modèles de comportement que Rousseau a examinée avec la sensibilité exacerbée d'un homme isolé. Ce qui l'intéressait avant tout, c'était de savoir si dans l'ensemble cette forme de vie contenait encore les conditions pratiques permettant aux êtres humains de mener une vie bonne et réussie. Avec le changement de perspective que Rousseau réalisait par rapport à Hobbes, le projet moderne d'une philosophie sociale était pour la première fois concrètement mis sur les rails ; à la différence de la philosophie politique, elle ne s'interrogeait plus sur les conditions d'un ordre social convenable ou juste, mais elle mettait en évidence les limitations que cette nouvelle forme de vie imposait à la réalisation de soi de l'homme.

Dans un texte paru à Genève cinq ans avant son *Discours sur l'inégalité*, Rousseau s'était déjà laissé guider par ce type de problématique propre à la philosophie sociale ; le sujet proposé pour le prix de l'Académie de Dijon : « si le rétablissement des sciences et des arts a contribué à épurer les mœurs » lui avait donné pour la première fois l'occasion de condenser en un petit traité ses réflexions critiques sur la civilisation [5]. Ce texte, chargé de pathos et à l'argumentation peu convaincante, contient déjà dans une forme brute toutes les observations qui devaient plus tard constituer la matière même de la théorie élaborée par Rousseau : le développement de la civilisation va de pair avec un raffinement croissant des besoins, ce processus rend l'homme dépendant de convoitises créées artificiellement et le prive de plus en plus de sa liberté originelle ; en outre, en perdant la stabilité qu'offrait un comportement au plus près de la nature, les êtres humains voient leurs vertus publiques se corrompre : la division des tâches, devenue socialement nécessaire, accroît le besoin de se distinguer des autres, si bien qu'en fin de compte ce sont l'orgueil, la vanité et l'hypocrisie qui prédominent ; et les arts, tout comme les sciences, n'ont plus d'autre rôle dans ce processus que de renforcer cette tendance à l'individualisme et à la glorification en lui offrant des possibilités d'expression sans

5. Jean-Jacques ROUSSEAU, *Discours sur les sciences et les arts*, Garnier-Flammarion, Paris, 1971.

cesse nouvelles [6]. À vrai dire, la conclusion négative à laquelle Rousseau parvient dans le cadre de ce prix ne contient presque aucune indication sur les critères dont il dispose pour mener à bien son appréciation critique. Certes, le texte montre sans ambiguïté que le degré de moralité de la vie sociale est fonction de l'état dans lequel se trouvent les sphères de la liberté individuelle et de la vertu publique ; mais, quant à savoir comment l'on doit se représenter les formes idéales de ces deux sphères afin de pouvoir affirmer, par comparaison, qu'un processus de « perte » ou de « décadence » s'est enclenché, le texte n'apporte là-dessus aucun éclaircissement.

Bien sûr, le critère de comparaison que Rousseau a sous les yeux dans les passages où il déplore l'affaissement des vertus publiques, c'est cet espace public politique dont il pense, comme nombre de ses contemporains, que la cité antique constituait la forme achevée. Pourtant, partout où il critique le processus d'accroissement des besoins au motif que celui-ci semble entraîner une perte de liberté individuelle, il se réfère à l'idéal d'un état préhistorique dans lequel l'homme est censé avoir vécu dans cette autosubsistance qu'offre la nature. L'opposition qui se trouve alors esquissée a persisté jusqu'à ce que Rousseau expose dans son *Discours sur l'origine de l'inégalité* une version de sa critique de la civilisation profondément élargie et plus riche en arguments théoriques [7]. Dans ce texte, également rédigé pour répondre à une nouvelle question posée par l'Académie de Dijon, la tension entre critères de jugement historiques et critères de jugement anthropologiques disparaît au profit de la seconde option : c'est désormais une forme déterminée, une forme en effet donnée par la nature du rapport de l'homme à soi, qui fonctionne comme point de repère critique dans le diagnostic du mode de vie moderne.

---

6. Voir la très bonne synthèse que Robert Spaemann a faite de ce texte en en soulignant les motifs chrétiens et platoniciens : Robert SPAEMANN, *Rousseau, Bürger ohne Vaterland : Von der Polis zur Natur*, Piper, Munich, 1980, p. 40 *sq.*

7. Jean-Jacques ROUSSEAU, *Discours sur l'origine et les fondements de l'inégalité parmi les hommes* (texte établi, présenté et annoté par J. Starobinski), Gallimard, Folio/essais, Paris, 1996.

Bien que le nouveau libellé de l'Académie invite cette fois-ci à rechercher les causes présumées de l'état d'inégalité parmi les hommes, Rousseau en tire de nouveau prétexte pour développer une critique qui ne se limite pas à l'injustice sociale, mais qui s'étend à une forme de vie prise dans sa totalité. Il suffit d'examiner la construction formelle de son texte pour constater que désormais il rend également compte de façon très nuancée des problèmes méthodologiques que soulève une critique de la civilisation : dans la première partie de son argumentation, il peint, en marquant le trait et en s'appuyant sur des données empiriques, un portrait de l'homme à l'état de nature, dont il se sert ensuite dans la deuxième partie comme d'une toile de fond sur laquelle, par contraste, les pathologies propres à la forme de vie moderne se détachent de façon saisissante. On perçoit ainsi sans difficulté, au seul examen de l'articulation de son texte, que Rousseau veut emprunter les critères de son diagnostic critique à un état qui est censé se situer avant tout développement de la société. Mais, en fait, la construction qu'il a choisie empêche aujourd'hui encore de voir clairement les exigences méthodologiques qui sont liées à cette esquisse de vie à l'état de nature. Vu la quantité de travaux contemporains auxquels son étude fait référence dans la première partie, on peut être tenté d'attribuer à Rousseau l'ambition scientifique de développer une théorie s'appuyant sur un contenu empirique. Mais le tableau sans ambiguïté, même un peu caricatural, auquel il parvient confirme plutôt l'hypothèse, majoritairement admise depuis, qu'il s'agit pour lui de proposer, dans un but méthodologique, une description idéalisée qui permette de faire ressortir en négatif les perturbations de la vie sociale [8]. Dans son tableau de l'homme à l'état de nature, Rousseau met l'accent sur deux qualités originelles dont l'existence ne peut en aucune façon être garantie par les sources qu'il utilise : il fait l'hypothèse que l'homme, avant de sortir de la forme de vie naturelle sous la pression du processus de socialisation, était mû par une

---

8. Voir notamment la notice de Nicholas J. H. Dent, « State of Nature », dans son excellent dictionnaire *A Rousseau Dictionary*, Blackwell, Oxford, 1992, p. 232 *sq.* ; voir également Günter Figal, « Rekonstruktion der menschlichen Natur. Zum Begriff des Naturzustandes in Rousseaus "Zweitem Discours" », *Neue Hefte für Philosophie*, 29, 1989, p. 24-38.

forte tendance à la conservation de soi et par la capacité à éprouver de la pitié. La première de ces qualités, *l'amour de soi*, signifie à peine plus que ce minimum d'autoconservation narcissique indispensable à la survie de l'individu dans un environnement hostile ; en revanche, la seconde de ces qualités, *la pitié*, est censée caractériser la tendance naturelle avec laquelle les êtres humains, et dans une moindre mesure les animaux, réagissent lorsqu'ils voient leurs congénères souffrir. D'après Rousseau, ces deux dispositions se limitent réciproquement dans la mesure où la lutte pour la survie à l'état de nature ne peut prendre que la forme atténuée d'un laisser-faire généralisé : s'opposant à Hobbes, il maintient que la pulsion de pitié impose à chaque fois à l'instinct de survie des chaînes morales, sans pour autant l'étouffer entièrement en le réduisant à une fonction reproductive [9].

Quoi qu'il en soit, ce n'est pas cet aspect d'une moralité reposant sur un instinct que Rousseau retient, dans une perspective éthique, comme la caractéristique essentielle de l'état de nature tel qu'il le reconstruit. Certes, dans sa critique de la civilisation, la pitié joue désormais, sur le plan anthropologique, comme le montre l'usage répété de l'expression « vertu naturelle », le même rôle que jouait sur un plan historique le contexte de vie éthique de la *polis* ; son diagnostic de philosophie sociale s'est entre-temps ancré si profondément dans l'existence préhistorique de l'homme que même les « vertus publiques » sont devenues un fait de la nature. Mais ce que Rousseau place vraiment au centre de son tableau de l'état de nature ne se dévoile qu'à la fin du traité. Là, dans un résumé chargé de pathos, rédigé dans un style magistral, Rousseau mentionne que l'homme aurait vécu, avant le procès de socialisation, « en lui-même [10] ». Cette formulation discrète donne la clé du tableau de l'état de nature peint par Rousseau ainsi que de l'intention éthique qui accompagne sa critique de la civilisation ; car elle esquisse les contours du rapport à soi individuel que Rousseau voit perverti en son contraire dans la société civile de son époque.

---

9. Jean-Jacques ROUSSEAU, *Discours sur l'origine et les fondements de l'inégalité parmi les hommes*, *op. cit.*

10. *Ibid.*, p. 123.

Ce que Rousseau a devant les yeux quand il parle d'une vie humaine accomplie « en elle-même », découle directement de sa prémisse méthodologique selon laquelle l'homme serait à l'état de nature dans une situation de total isolement : c'est parce que l'homme est censé avoir vécu à l'écart de partenaires d'interaction qu'il oriente ses actions uniquement d'après des motifs qui sont sans rapport avec les attentes d'autres personnes. Formulé de façon positive, cela signifie que les individus évoluent à l'état de nature avec l'assurance que leur procure leur libre-arbitre ; aucune visée performative ne les en détourne, ils accomplissent leur vie dans la paisible certitude de ne jamais vouloir que ce que leur prescrivent à chaque fois leurs penchants naturels. Je ne m'étendrai pas davantage sur ce que cet idéal de vie trahit de l'existence personnelle de Rousseau [11]. Ce qui est beaucoup plus important ici, c'est que le modèle d'un rapport à soi parfaitement monologique fournit en fait le critère éthique qui sous-tend l'appréciation que Rousseau fait du processus de civilisation. Il faut d'ailleurs faire la distinction entre la partie superficielle de la critique et ce qui en constitue le noyau le plus intime, relevant d'une philosophie sociale : au premier niveau, pour ainsi dire officiel, où il s'agit de répondre à une question posée pour un concours, Rousseau cerne avec la sagacité d'un pionnier de la sociologie les raisons qui ont fait que l'abandon d'un mode de vie naturel a conduit au développement des inégalités sociales ; mais à un second niveau, qui reste plus ou moins implicite, il interprète ce même phénomène comme le point de départ d'un processus par lequel l'homme est pris dans un rapport d'auto-aliénation. Dans les deux cas, c'est l'émergence d'un rapport à soi monologique qui a ouvert la voie à cette évolution critiquée, mais l'importance de cet événement varie selon la perspective sous laquelle Rousseau entreprend son diagnostic critique.

Sur la base de la description que Rousseau a faite de l'état de nature, il est parfaitement logique qu'il fasse coïncider la fin de cet état avec les premières étapes de la socialisation : en effet, si le mode de vie de l'être humain au sein de la nature est

11. Il est recommandé de lire sur ce sujet Jean STAROBINSKI, *Jean-Jacques Rousseau. La transparence et l'obstacle*, Gallimard, Paris, 1971.

caractérisé par une forme de rapport à soi individuel indépendante de toute orientation intersubjective, ce rapport ne peut plus que se dissoudre à partir du moment où des rapports de communication élémentaires se développent avec la famille ou avec les membres du clan. Même si les explications que Rousseau donne sur le développement de ces premières formes de communautarisation sont insuffisantes, celles-ci mettent bien, à ses yeux, un terme définitif à l'état de nature de l'homme. Les conséquences de cette transformation des conditions de vie sur le comportement de l'individu sont exposées au lecteur en suivant un raisonnement dont les accents négatifs ne sont pas dénués d'affects personnels : dès lors que les sujets sont contraints d'entretenir des relations de réciprocité, comme c'est le cas avec le développement des rapports d'interaction, le point de référence d'après lequel ils orientent leurs actions se déplace nécessairement vers l'extérieur. Au lieu de suivre les prescriptions de leurs propres penchants naturels, ils répondent désormais aux sollicitations et aux attentes de leurs partenaires d'interaction. À l'assurance avec laquelle ils répondaient auparavant à leurs propres désirs succède désormais le trouble que suscite une représentation de soi permanente. Car la crainte de ne pouvoir répondre aux attentes intersubjectives traduit la difficulté à devoir proposer une présentation de soi-même qui promet davantage que ce qu'elle recouvre en réalité. Dès que l'on a atteint ce stade de socialisation, une dynamique sociale s'enclenche dont l'issue se perd dans une spirale de vanité et de quête de prestige : les individus, se rencontrant dans des interactions, n'ont plus d'autre intention que de feindre des talents et des aptitudes qui pourront leur procurer un surcroît de reconnaissance sociale.

Comme par ironie, il semble que Rousseau, en arrivant à cette conclusion, ait simplement renversé le schéma d'évolution de la théorie hobbesienne : alors que chez Hobbes il règne à l'état de nature une situation de peur et de menace réciproques, ce qui domine ici c'est la tranquillité d'un laisser-faire généralisé, et c'est l'entrée dans l'état civil qui conduit à une forme de discorde synonyme de peur que Hobbes pensait justement avoir dépassée grâce à l'établissement d'un contrat social. En réalité, il faut reconnaître que ces deux conceptions ne sont pas du tout comparables parce que Rousseau cherche à répondre à une question entièrement différente de celle à laquelle Hobbes a tenté de répondre avec son projet de contrat : celui-ci examine dans une visée pratique les conditions juridiques qui permettraient que la sortie de l'état de nature débouche sur l'instauration d'un ordre étatique stable ; celui-là veut, en revanche, proposer un diagnostic et s'intéresse aux conséquences qualitatives qui vont peser sur le déroulement de la vie de l'individu du seul fait qu'il vient de quitter l'état de nature. C'est pour cela que le premier point de vue d'après lequel Rousseau aborde les conséquences du processus d'évolution n'a pour lui qu'une importance relative : la lutte généralisée pour le prestige à laquelle conduit la disparition du rapport à soi monologique a nécessairement pour conséquence le développement de l'inégalité sociale, car le besoin, artificiellement entretenu, d'acquérir du prestige personnel, autrement dit l'amour-propre, va de pair avec l'envie irrésistible d'acquérir de la propriété privée, ce qui ouvre la voie à la formation de classes sociales.

Mais Rousseau n'est dans son véritable élément que lorsqu'il aborde son diagnostic critique sous un second point de vue. La question centrale est alors de savoir ce que sa description peut nous apprendre sur les chances de l'homme de parvenir à une vie réussie ou accomplie. Rousseau renvoie de nouveau aux processus de dépravation qu'il avait déjà mentionnés dans son traité sur « les arts et les sciences » pour apporter une caution empirique à ses affirmations critiques ; et, encore une fois, la réponse sur laquelle se clôt son commentaire est sans aucune ambiguïté et possède la même impitoyable clarté que celle qui caractérise le premier discours. Mais, grâce au critère qu'il a trouvé entretemps dans l'idéal d'un rapport à soi monologique, Rousseau dispose désormais du moyen théorique d'affiner son diagnostic critique et de soutenir une seule et unique thèse : quand disparaît le mode d'existence naturel, caractérisé par la satisfaction non problématique des besoins, parce que l'homme entre dans des relations d'interaction régulières il n'a pas d'autre choix que de voir son horizon d'action s'extérioriser ; en se voyant désormais à travers la perspective de ses partenaires d'interaction, il subit la contrainte permanente de devoir montrer une fausse image de lui-même. Dès lors, la perte de liberté qui caractérise la modernité ainsi que la désintégration progressive des vertus ne représentent plus que les deux faces d'un processus qui a son origine dans la structure d'une vie qui s'extériorise : le trouble que suscite la mise en scène de soi conduit, de façon toujours croissante, à la disparition de l'*indépendance individuelle* tout autant qu'à la perte de la vertu originelle de pitié. C'est ainsi que Rousseau peut résumer à la fin de son traité, en une phrase devenue célèbre, la thèse qui sous-tend son diagnostic critique : « Le sauvage vit en lui-même ; l'homme sociable toujours hors de lui ne sait vivre que dans l'opinion des autres [12]. »

Il n'est pas exagéré de dire que Rousseau est devenu, grâce à cette conclusion, le fondateur de la philosophie sociale moderne. Certes, ce n'est pas le contenu même de son diagnostic critique qui a ouvert la voie à cette discipline, ce sont plutôt le type de questionnement et la forme méthodologique de la réponse apportée qui ont permis d'inventer un nouveau genre d'enquête philosophique. En essayant de comprendre la vie sociale de son temps comme quelque chose d'étranger à la forme de vie originelle de l'homme, Rousseau a inventé, sans définir vraiment le concept mais en décrivant la chose, l'idée philosophique d'« aliénation [13] ». Cela a permis de ne plus appréhender une forme de vie sociale sous le seul aspect de sa légitimité politique et morale, mais d'interroger également les limites structurelles que cette forme de vie impose à l'être humain dans sa quête de réalisation de soi. Assurément, une telle entreprise exigeait de trouver un critère qui permette de faire apparaître ce qui constituait une limitation et par conséquent une évolution manquée ; du point de vue de la méthode aussi, Rousseau a très vite fait figure de précurseur. Car, en proposant de considérer l'existence originelle de l'être humain comme un critère de référence, il a ouvert une des rares possibilités qui devaient désormais être

12. Jean-Jacques ROUSSEAU, *Discours sur l'origine et les fondements de l'inégalité parmi les hommes*, *op. cit*, p. 123.

13. Voir Nicholas J. H. DENT, « Alienation », in *A Rousseau Dictionary*, *op. cit.*, p. 27 *sq.* ; en revanche, le concept d'« aliénation », lorsque Rousseau l'emploie dans le bon sens du terme, c'est-à-dire dans son *Contrat social*, signifie la « dénaturation » de l'homme au sens d'une épuration morale de soi. Sur cette idée centrale dans la philosophie politique de Rousseau, voir Jürgen HABERMAS, « Droit naturel et révolution », in *Théorie et Pratique* (trad. G. Raulet), Payot, Paris, 1975.

à disposition de la philosophie sociale. Ainsi, quelle que soit l'ampleur des changements qui devaient affecter les conditions sociales, il y aurait toujours à l'avenir, parmi les tentatives de justification théorique de celles-ci, une alternative consistant à faire référence à une forme idéale d'agir humain censée faire partie des spécificités anthropologiques de l'espèce.

C'est bien sous l'influence de la problématique soulevée par Rousseau que se trouve Hegel lorsqu'il écrit ses premiers textes au tournant du XIXe siècle, tout comme le sera le jeune Karl Marx quarante ans plus tard. Certes, le matériau d'observation empirique sur lequel Hegel puis Marx purent éprouver le malaise que leur inspirait la société bourgeoise a déjà connu, vers le milieu du siècle précédent, des bouleversements considérables. Ce n'est pas seulement à l'événement même que représente la Révolution française et à ses répercussions que Hegel et Marx ont réagi en élaborant leurs projets théoriques, c'est aussi et surtout aux phénomènes qui ont accompagné une industrialisation en plein essor.

Rousseau était parvenu à l'idée centrale de sa philosophie sociale à travers l'expérience douloureuse qu'il avait dû faire de la vie sociale à Paris au sein d'une sphère publique bourgeoise balbutiante. Tout ce qu'il avait vécu là-bas, les rivalités oppressantes, la course au prestige, la recherche de distinction, il l'avait ramené aux deux tendances de l'évolution que sont la perte de liberté et le déclin de la vertu ; et, à l'aide du schéma d'interprétation donné par les notions de « dépravation » et d'« aliénation », il avait de nouveau analysé ces processus comme les conséquences inévitables d'une rupture par rapport à la situation anthropologique de départ. En revanche, pour Hegel, la société de son temps se caractérise par rien moins qu'une perte de liberté subjective. Ce qu'il appréhende comme étant pathologique dans la vie sociale, c'est, à l'exact opposé de Rousseau, l'effet destructeur causé par le processus d'exacerbation de l'individualisme, qui semble ne connaître aucune limite. Les phénomènes empiriques qu'il a alors concrètement sous les yeux sont des phénomènes d'atomisation de la société, d'apathie politique et de paupérisation. Hegel partage toutefois le point de vue de Rousseau selon lequel les évolutions historiques manquées représentent un danger pour la société parce qu'elles restreignent trop fortement les conditions nécessaires pour mener une vie bonne. Considérée du point de vue d'une telle problématique éthique, son œuvre constitue donc également une étape essentielle dans le développement de la philosophie sociale moderne.

Depuis le début, Hegel tient la formation d'une sphère sociale dans laquelle les citoyens ne se rapportent plus les uns aux autres que par le maigre lien des règles juridiques pour le problème central de son époque. Tant son tableau des conséquences induites par la Révolution française que le regard qu'il jette sur la situation politique de l'Allemagne sont empreints de la conviction que l'émancipation juridique des sujets individuels va de pair avec la menace d'une atomisation de toute la communauté : certes, dans la « société bourgeoise », l'individu, doté des droits abstraits constitutifs d'une personne juridique, jouit d'une quantité de libertés subjectives inconnue jusqu'alors ; mais sa définition, uniquement négative, ne conduit plus à aucun lien social susceptible de s'établir par-delà les orientations purement instrumentales. À vrai dire, Hegel fait œuvre de philosophie sociale, au sens où on l'entend ici, dans la mesure où il perçoit dans ce processus de déliquescence de la communauté plus qu'un simple problème d'autorité politique ; ses convictions issues de la philosophie de l'histoire le conduisent rapidement à y voir en même temps une crise qui affecte la vie sociale dans son ensemble [14].

Hegel, comme nombre de ses contemporains, est convaincu qu'avec le développement des processus d'échanges bourgeois c'est une forme de totalité éthique qui est détruite, celle qui est censée avoir existé dans des conditions naturelles ou dans la Grèce antique ; la façon dont l'existence individuelle et les vertus publiques étaient entremêlées au sein de cette totalité donnait à l'individu la chance de se sentir appartenir à un tout qui le dépassait et dont il était un élément constitutif. Dans la mesure où ces

---

14. Parmi l'abondante littérature consacrée à ce sujet, je ne citerai que deux livres très importants : Charles TAYLOR, *Hegel et la société moderne* (trad. P. R. Desrosiers), Cerf, Paris, 1998 ; Michael THEUNISSEN, *Réalisation de soi et universalité. Pour une critique de la conscience actuelle* (trad. H. Pourtois), Cerf, Paris, 1997. Voir également ma brève étude : Axel HONNETH, *Suffering from Indeterminacy. An Attempt at a Reactualization of Hegels's « Philosophy of Right »*, Spinoza Lectures 5, Van Gorkum, Assen, 2001.

conditions déterminent la réussite d'une vie, Hegel peut comprendre l'émergence de la société bourgeoise comme le résultat d'une scission historique dont les conséquences sont bien plus étendues que ne le laisse seulement transparaître l'état de désintégration politique : à partir du moment où les individus, dans la jouissance de libertés nouvellement acquises, commencent à ne plus se rapporter qu'à eux-mêmes, c'est désormais, avec la perte de lien social, le médium universel grâce auquel ils peuvent développer une identité raisonnable qui menace de se dissoudre. La vie sociale que Hegel a sous les yeux est dès lors caractérisée par une perte d'universalité qui engendre des conséquences pathologiques autant pour les sujets que pour la communauté : puisqu'il ne fait plus partie de façon constitutive de la sphère publique, l'individu voit s'affronter en lui le devoir et l'inclination de façon tout aussi abstraite que s'opposent dans la société des membres atomisés et des institutions devenues inertes.

L'expression de « scission », qui sous-tend ce diagnostic de philosophie sociale, montre déjà toute la différence qu'il y a entre Hegel et Rousseau. Pour pouvoir soutenir son affirmation, Hegel doit présupposer un état d'unité sociale susceptible d'éclater en deux parties opposées ; selon son interprétation, le fait que ce qui auparavant formait une totalité se soit brisé en deux moitiés est déjà la marque d'une pathologie sociale. Pour Rousseau, en revanche, l'état idéal originel ne se présente pas sous une quelconque forme de totalité, mais comme la juxtaposition d'individualités isolées ; l'évolution sociale dérape à partir du moment où les entités repliées sur elles-mêmes commencent à perdre leur centre de gravité en se réunissant avec d'autres. Cette différence dans le choix du critère d'appréciation découle naturellement de divergences entre les deux penseurs concernant les conditions sociales qui doivent prévaloir parmi les êtres humains pour qu'une vie réussie soit possible. Pour Rousseau, il est nécessaire que l'individu se trouve dans l'état d'autarcie le plus extrême, tandis que pour Hegel, au contraire, c'est l'engagement pour le bien commun qui est la condition d'une forme de société qui permet à ses membres de se réaliser soi-même. Toute sa vie durant, Hegel s'est efforcé de chercher, à l'instar de

Rousseau dans le *Contrat social*[15], le médium social qui puisse, dans le cadre requis par les principes modernes de liberté, constituer une nouvelle source d'intégration éthique. Sa conception, exposée dans ses écrits de jeunesse, d'une religion populaire empruntée au premier christianisme, le programme éphémère d'une mythologie esthétique, la référence au modèle de la *polis* antique, enfin le concept, élaboré à l'âge mûr, d'une sphère de la vie éthique garantie par l'État constituent les diverses réponses qu'il a formulées tout au long de son œuvre pour résoudre une crise qu'il avait lui-même diagnostiquée[16].

Le tableau que Hegel, dans ses derniers ouvrages, peint de la vie sociale de son époque n'inclut que de façon marginale les phénomènes de paupérisation engendrés par l'économie. Ce n'est qu'avec l'œuvre de son élève Marx qu'ils seront placés au centre de la philosophie sociale. Dans les pays occidentaux les plus développés, le processus d'industrialisation capitaliste a connu entre-temps une telle accélération que les conséquences sur le monde vécu sont devenues imprévisibles ; c'est donc l'expérience de la misère économique et du déracinement social qui va donner l'impulsion au développement de la théorie de Marx. Lui aussi se refuse à voir les phénomènes qui le révoltent dans la société de son temps comme de simples conséquences d'une injustice morale. Comme avant lui Rousseau et Hegel, Marx interprète dès le début les tendances critiquées comme des évolutions sociales qui viennent s'opposer au but de réalisation de soi de l'être humain. Certes, la compréhension téléologique de l'homme qui sous-tend les réflexions de Marx prend maintenant

15. Je ne peux m'étendre ici sur le rapport complexe qui existe chez Rousseau entre son *Contrat social* et ses écrits critiques sur la civilisation ; contrairement à l'idée répandue selon laquelle il y aurait tout simplement entre les deux une contradiction, je considère que l'approche négative de l'intersubjectivité présente dans sa critique de la civilisation se retrouve dans la tendance de ses écrits politiques à aller contre toute forme d'association, et même d'interaction sociales.

16. Dans un essai particulièrement intéressant, Sergio Dellavalle a distingué dans l'œuvre de Hegel « trois modèles et demi » susceptibles de répondre au problème de l'intégration éthique : Sergio DELLAVALLE, « Hegels dreieinhalb Modelle zum Bürger-Staat-Verhältnis », *in* A. ARNDT, K. BAL et H. OTTMANN (éds), *Hegel-Jahrbuch, 1993/94*, Akademie-Verlag, Berlin, 1995, p. 191 *sq.*

une inflexion qui était parfaitement étrangère à Rousseau autant qu'à Hegel : pris dans un contexte qui le rend sensible à la vie économique, ne se défaisant pas non plus tout à fait des influences romantiques auxquelles il avait été soumis dans sa jeunesse, Marx considère que le sujet humain parvient à la réalisation de soi uniquement grâce au processus d'un travail autodéterminé [17]. Le diagnostic critique qu'il s'est proposé d'établir a donc pour tâche d'identifier les conditions structurelles qui empêchent le déploiement de cette forme de travail. Dans ses écrits de jeunesse, Marx donne à cette entreprise la forme d'une critique de l'aliénation sociale.

Pour ce qui est de la méthode, cette critique de l'aliénation est encore largement tributaire du modèle que Rousseau a développé dans ses écrits théoriques sur la civilisation. Pour pouvoir parler d'« aliénation », Marx doit lui aussi décrire tout d'abord un état originel dans lequel l'être humain a pu mener une vie bonne. Puis il lui faut, dans un second temps, montrer dans quelle mesure la situation idéale ainsi définie a été détruite par le développement de la société ou pervertie en son contraire. À vrai dire, Marx fait déjà preuve d'une telle prudence sur le plan théorique qu'il évite toute allusion à un état de nature, même utilisé à des fins qui ne seraient que méthodologiques. Au lieu de cela, il ne parle plus que des potentialités qui sont censées échoir à l'espèce humaine du fait de ses dispositions naturelles. Si l'on prend bien en compte cette différence, on peut alors comprendre l'argumentation des *Manuscrits économiques et philosophiques* [18] parus en 1844 en faisant une analogie formelle avec le *Discours sur l'inégalité* : ce qui constitue la qualité essentielle de l'être humain est sa capacité à s'objectiver dans le produit de son travail ; ce n'est qu'au cours de ce processus d'objectivation que l'individu a la possibilité de faire l'expérience de ses propres forces et donc de parvenir à la conscience de soi ; dès lors, la possibilité d'éprouver

---

17. Voir sur ce thème la synthèse proposée par Axel HONNETH, « Arbeit und instrumentales Handeln », *in* Axel HONNETH et Urs JAEGGI (éds), *Arbeit, Handlung, Normativität. Theorien des Historischen Materialismus 2*, Suhrkamp, Francfort, 1980, p. 185 *sq.*

18. Karl MARX, *Manuscrits de 1844* (trad. J.-P. Gougeon), Garnier-Flammarion, Paris, 1996.

le processus du travail comme une réalisation de soi constitue le présupposé essentiel d'une vie bonne parmi les êtres humains ; mais, lorsque le mode de production capitaliste vient à s'imposer, ce présupposé est détruit parce que, sous la forme du travail salarié, le capitalisme enlève à celui qui agit tout contrôle sur son activité ; dans cette mesure, il représente une forme de vie sociale qui va à l'encontre de l'essence même de l'homme et le prive ainsi de toute perspective de mener une vie bonne.

Selon Marx, les conséquences de cette évolution pour l'individu débouchent sur quatre formes d'aliénation sociale : le sujet n'est pas seulement entravé dans la réalisation de ses qualités spécifiquement humaines, il devient aussi étranger à sa propre personne, au produit de son travail et à tous ses congénères. Dans d'autres écrits datant de la même époque, on trouve des définitions de la situation d'aliénation légèrement modifiées qui, souvent, permettent plutôt de comprendre pourquoi un processus d'objectivation individuelle entravé doit conduire à une distanciation entre les sujets [19]. Mais, au-delà de toutes les différences de détail, le jeune Marx maintient toujours la même perspective : il voit dans la seule misère économique l'expression d'une forme de vie sociale qui aliène l'être humain de son potentiel et de ses capacités – il faut dès lors comprendre le capitalisme comme une pathologie, et pas seulement comme une forme de rapports sociaux injustes.

Marx ne changera rien à cette orientation en termes de philosophie sociale qui caractérise sa critique du capitalisme, même après avoir abandonné la voie d'une théorie de l'aliénation, empruntée dans ses écrits de jeunesse. Certes, en approfondissant sa connaissance de l'économie politique, il voit de plus en plus clairement que le mode de production capitaliste ne peut être critiqué de façon appropriée qu'à la condition que l'on mette en évidence une contradiction structurelle au cœur même de ses lois de

19. Voir par exemple Karl MARX, « Notes aux Éléments d'Économie politique de James Mill » ; sur la critique du modèle d'« extériorisation » (*Entäußerung*) du travail qui se cache derrière la conception de l'« aliénation » (*Entfremdung*) développée par le jeune Marx, voir Ernst Michael LANGE, *Das Prinzip Arbeit : drei metakritische Kapitel über Grundbegriffe, Struktur und Darstellung der « Kritik der politischen Ökonomie » von Karl Marx*, Ullstein, Francfort-Berlin-Vienne, 1980.

développement. Et, en s'alignant de façon plus marquée sur le modèle méthodologique des sciences, il a en outre probablement acquis la conviction que le discours sur l'« aliénation sociale » empruntait beaucoup trop au concept spéculatif de *qualités spécifiques au genre humain*. Toutefois, la transformation de son projet en un programme scientifique de critique de l'économie politique ne le conduit pas pour autant à abandonner, dans son analyse du capitalisme, toute référence à la philosophie sociale. Désormais, en effet, il ne s'agit pas seulement de dégager des lois internes selon lesquelles la logique de valorisation propre au capital produit une crise économique. Il importe surtout de montrer que ce processus représente aussi un développement social perverti, dans la mesure où il empêche de mener une vie satisfaisante parmi les hommes.

À cette fin, Marx recourt dans ce nouveau contexte à la catégorie de « réification ». Grâce à elle, le concept d'aliénation est remplacé par un modèle d'explication qui fait certes un usage plus économe des contenus anthropologiques, mais qui possède une force de suggestion tout aussi grande quand il s'agit de définir les pathologies sociales[20]. Par « réification » Marx comprend le processus suivant : l'obligation de valorisation propre au capitalisme maintient les sujets dans une sorte d'erreur catégorielle permanente vis-à-vis de la réalité : soumis à la pression économique qui contraint à ignorer systématiquement les phénomènes qui n'entrent pas dans une logique de valorisation, ils n'ont au bout du compte pas d'autre choix que de percevoir la réalité dans son ensemble sur le modèle d'entités réifiées. En fait, pour Marx, ce processus est avant tout critiquable parce qu'il entraîne la destruction des conditions qui permettent à l'être humain de parvenir à la réalisation de soi : car, dès que son environnement se réduit à un monde de simples objets, il lui manque la possibilité de faire l'expérience de ses propres forces vives dans le milieu d'une réalité extérieure.

---

20. Voir à ce sujet la reconstruction extrêmement précise proposée par Georg Lohmann, qui met d'ailleurs l'accent sur le concept d'« indifférence » plutôt que sur celui de « réification » : Georg LOHMANN, *Indifferenz und Gesellschaft. Eine kritische Auseinandersetzung mit Marx*, Suhrkamp, Francfort, 1991, voir surtout chap. 1.

Comme le suggère ce dernier raisonnement, le nouveau modèle de critique ne peut bien sûr lui non plus fonctionner sans un lien systématique à des déterminations anthropologiques. Marx est obligé de mettre en avant quelques hypothèses bien solides sur les structures de la réalisation de soi de l'homme pour pouvoir ensuite critiquer le processus de réification au motif qu'il est un obstacle à une vie bonne ; de façon préliminaire, il doit naturellement démontrer que le regard objectivant porté sur la réalité relève d'une sorte d'erreur de catégorie. Quant aux hypothèses substantialistes sur la nature des besoins de l'homme, exigées par le concept d'aliénation, il peut désormais y renoncer ; car les indications sur la structure de la réalisation de soi que son nouveau modèle critique présuppose ne se rapportent pas aux objectifs ou aux finalités de cet accomplissement, mais seulement à ses conditions d'effectuation nécessaires. Cette relative économie dans l'usage d'hypothèses anthropologiques est peut-être la raison pour laquelle le modèle d'une critique de la réification a bénéficié, au cours de notre siècle et jusqu'à aujourd'hui, d'un fort rayonnement. Mais, avant qu'il ne puisse être effectivement perçu comme un concept relevant de la philosophie sociale, il fallait d'abord que s'écoulent les soixante années situées entre le *Capital* de Marx et les œuvres de jeunesse de Georg Lukács ; en effet, ce n'est qu'avec le livre de ce dernier, *Histoire et conscience de classe* [21], que l'on a généralement pris conscience que la critique de l'économie politique renfermait aussi une interprétation du capitalisme issue de la philosophie sociale. En fait, du vivant de Marx, ses écrits sur l'économie n'avaient pas été considérés comme une contribution à la philosophie sociale. Dans les rangs du mouvement ouvrier, on s'intéressait à sa théorie, dans la mesure où elle n'avait pas encore été réinterprétée comme une conception historique objectiviste, avant tout pour ses conclusions politiques et économiques, et peut-être aussi pour ses implications morales. Mais, en dehors des cercles d'obédience socialiste, d'autres phénomènes que la seule misère économique étaient rapidement venus nourrir l'expérience de crise sociale.

---

21. Georg LUKÁCS, *Histoire et conscience de classe. Essais de dialectique marxiste* (trad. K. Axelos et J. Bois), Éd. de Minuit, Paris, 1960 (1923).

Dans la seconde moitié du XIXe siècle, on assiste dans plusieurs pays occidentaux aux premiers pas d'une démocratisation politique. Sous la pression morale exercée par le mouvement ouvrier qui peut dorénavant en appeler à un principe d'égalité largement institutionnalisé, les droits libéraux à des libertés subjectives sont étendus à de nouveaux groupes et complétés dans le même temps par des éléments spécifiquement politiques [22]. Associées au processus d'urbanisation, ces tendances égalitaristes ne tardent pas à déclencher des réactions négatives dans certains cercles de la bourgeoisie ; il ne faut pas longtemps avant que le terme de « massification » ne devienne un leitmotiv qui rassemble sous un seul dénominateur commun toutes les menaces et toutes les peurs [23].

À cela s'ajoute, notamment en Allemagne, un malaise croissant dû aux bouleversements qu'entraîne, dans les habitudes de la vie quotidienne, le processus d'industrialisation : le monde social commun est vécu comme un monde désolé, vidé de tout sens même, car la grandeur et l'originalité véritables semblent l'avoir déserté. Tocqueville avait déjà mis en garde, à l'époque où Marx rédigeait ses *Manuscrits économiques et philosophiques*, contre les dangers d'un appauvrissement culturel qui pourrait résulter d'une égalisation sociale [24]. Moins de trente ans plus tard, c'est au tour de John Stuart Mill de déplorer, dans son texte *De la liberté*, la tendance croissante à un conformisme généralisé [25]. Mais c'est Nietzsche qui, le premier, parvient à adopter dans son œuvre une perspective théorique qui réunisse tous ces phénomènes issus du développement social dans un

---

22. Voir sur ce sujet l'étude très claire de Thomas H. MARSHALL, « Staatsbürgerrechte und soziale Klassen », in *Bürgerrechte und soziale Klassen*, Campus, Francfort-New York, 1992, p. 33 *sq.*

23. Pour une vue d'ensemble se reporter à Henry S. HUGHES, *Consciousness and Society. The Reorientation of European Social Thought 1890-1930*, The Harvester Press, New York, 1977 ; pour approfondir le concept de « masse » sous la République de Weimar, voir Helmuth BERKING, *Masse und Geist. Studien zur Soziologie in der Weimarer Republik*, Wissenschaftliche Autoren-Verlag, Berlin, 1984.

24. Alexis de TOCQUEVILLE, *De la démocratie en Amérique*, tomes I et II, Gallimard, Paris, 1992.

25. John Stuart MILL, *De la liberté* (trad. L. Lenglet), Gallimard, Paris, 1990.

même faisceau, de manière à ce qu'ils apparaissent comme les symptômes culturels d'une seule et même crise globale : ce que ses contemporains désignent comme un avatar de l'égalitarisme ou présentent comme le résultat d'une massification sociale, il le ramène, dans une simplification géniale, à la constellation spirituelle du nihilisme moderne. Se situant à l'exact opposé de Tocqueville et de Mill qui, quel que soit par ailleurs le procès qu'ils font de la culture, ne voient dans les tendances ici décrites que les effets latéraux corrigibles d'un processus de démocratisation qu'ils sont de toute façon déterminés à défendre, Nietzsche perçoit la vie sociale de son temps comme en proie à un profond bouleversement. L'atmosphère nihiliste qui a contaminé le monde moderne, puisque toute orientation en fonction de valeurs d'affirmation de la vie est désormais suspendue à une attitude de réserve et de réflexion, n'est pas pour lui un phénomène qui serait en marge d'un tout social demeuré intact, elle est bien l'expression symptomatique d'une pathologie culturelle [26]. Le diagnostic du temps présent que Nietzsche entreprend devient ainsi un élément constitutif de première importance dans le développement de la philosophie sociale moderne.

À vrai dire, l'angle spécifique sous lequel Nietzsche observe le monde social permet tout autant d'enrichir les orientations prises jusque-là par la philosophie sociale que de s'en démarquer de façon spécifique. Nietzsche ne s'intéresse pas réellement aux problèmes sociaux de son époque, contrairement à Hegel ou Marx ; il y fait plutôt référence en passant, dans ses écrits, pour donner des exemples qui attestent d'un bouleversement dont il entend situer l'origine et le centre de gravité uniquement dans le domaine des orientations culturelles de l'homme. Grâce à ce changement de perspective, il peut donner l'impulsion à une forme de réflexion sur l'histoire qui rompt tant avec les prémisses de l'historisme florissant qu'avec celles d'un

---

26. Je renvoie ici seulement à un texte représentatif de cette pensée : Friedrich NIETZSCHE, *La Généalogie de la morale* (texte et variantes établis par G. Colli et M. Montinari), Gallimard, Paris, 1989. Parmi la littérature critique consacrée à Nietzsche, deux livres sont particulièrement importants dans l'optique de notre questionnement : Karl LÖWITH, *De Hegel à Nietzsche* (trad. R. Laureillard), Gallimard, Paris, 1981, notamment la deuxième partie ; Karl BROSE, *Sklavenmoral. Nietzsches Sozialphilosophie*, Bouvier, Bonn, 1990.

progressisme idéaliste : car il doit justement essayer de dégager de ces systèmes culturels d'interprétation du passé les contenus intellectuels qui ont ouvert la voie aux pathologies spirituelles du présent. En ouvrant cette voie théorique, Nietzsche a lancé le programme d'une analyse généalogique de l'histoire culturelle. Ce programme est resté jusqu'à aujourd'hui, comme le montrent notamment les enquêtes de Michel Foucault, et aussi d'une certaine manière les analyses de Horkheimer et Adorno, un modèle méthodologique pour quiconque entreprend de faire un diagnostic du temps présent en s'appuyant sur la philosophie sociale.

Ce qui en revanche n'a jamais été clair dans l'entreprise de Nietzsche, c'est le critère d'appréciation qui permet de justifier d'une manière ou d'une autre le jugement critique porté sur la culture moderne. Bien sûr, comme chez ses prédécesseurs, ce sont en premier lieu les conditions garantissant une vie bonne qui forment le cœur de l'idéal éthique auquel toute forme de vie culturelle doit être mesurée ; tandis que les présupposés d'une réalisation de soi satisfaisante résidaient chez Rousseau dans un rapport à soi que rien ne devait venir perturber, chez Hegel dans une éthicité vécue par l'ensemble de la communauté et chez Marx dans un processus d'objectivation dans le travail, ils résident chez Nietzsche dans l'existence d'un horizon de valeurs d'affirmation de la vie orienté vers l'action. Mais, contrairement aux trois premiers, avec lesquels Nietzsche a d'ailleurs en commun, jusqu'à un certain point, de partir de considérations anthropologiques, son idéal n'est pas conçu de façon à pouvoir s'appliquer à tous les êtres humains sans distinction. Ce qu'il considère comme l'essence même d'une vie bonne n'est valable que pour un cercle étroit de personnes auxquelles revient, en vertu de talents particuliers, une disposition privilégiée pour affirmer la vie.

Du fait de cette restriction élitiste, pénètre dans la tradition de la philosophie sociale un particularisme éthique qui lui était jusque-là parfaitement étranger ; l'idéal d'une vie bonne, qui doit permettre de mesurer les pathologies sociales, ne doit plus nécessairement être adapté aux besoins de tous les êtres humains, mais peut tout à fait n'exprimer que les intérêts d'un groupe particulier. Et d'ailleurs, on peut désormais se rendre compte que, à l'inverse, les idéaux de vie de Rousseau, Hegel ou Marx n'étaient pas si universalistes que ceux-ci l'avaient laissé paraître dans leurs théories. Derrière chaque universalisme éthique peuvent se cacher une conviction, un jugement de valeur qui ne sont que l'expression d'une vision du monde particulière, ainsi que la théorie de Nietzsche le montre de façon abrupte. Le siècle qui, avec la critique hégélienne du monde moderne, avait commencé dans une si grande conscience de soi, s'achève dès lors avec une philosophie sociale qui concentre déjà tous les problèmes auxquels le siècle suivant allait être confronté.

II. Entre anthropologie et philosophie de l'histoire : la philosophie sociale après la naissance de la sociologie

Alors que la philosophie sociale du XIXe siècle devait beaucoup à la critique de la civilisation entreprise par Rousseau, elle est, au tournant du XXe siècle, entièrement sous l'influence de la constellation intellectuelle définie par Nietzsche et Marx. Il n'est guère de problèmes, de thèmes dont elle traite, qui ne soient la réélaboration d'une tension entre les deux penseurs. Certes, le centre de gravité de cette confrontation intellectuelle a entretemps délaissé son lieu de naissance et s'est déplacé sur un autre terrain : ce n'est plus au sein de la philosophie ou de l'un de ses domaines extra-universitaires que sont traitées les pathologies du monde moderne, mais au sein d'une nouvelle discipline : la sociologie. Comme cela est fréquent au cours de son développement, la philosophie sociale donne une nouvelle fois, ponctuellement, l'impulsion décisive à l'émergence d'une science empirique.

En fait, à ses débuts la sociologie est en quelque sorte bien placée pour prendre le relais de la philosophie sociale car elle suit tout naturellement un questionnement éthique, contrairement à ce qu'elle fera dans son développement ultérieur. Les pères fondateurs de cette nouvelle science sont tous sans aucune exception intimement convaincus que la société moderne vit sous la menace d'un effritement moral qui ne manquera pas de causer d'énormes bouleversements dans le processus de reproduction de la société : selon le diagnostic général, en passant d'un ordre social traditionnel à un ordre moderne le système des valeurs sociales a perdu cette force éthique constitutive qui permettait jusque-là à l'individu d'interpréter sa vie et de lui donner un sens en fonction d'une finalité sociale. La sociologie peut dès lors être considérée comme une réponse donnée à cette évolution pathologique : elle est en effet unanimement comprise, loin de tout esprit de spécialisation, comme une entreprise de « science morale » ou « culturelle » ; sa tâche consiste, en explicitant les raisons de sa genèse, à tenter de remédier concrètement à cette crise éthique, ce que ni Tönnies, ni Simmel, Weber ou Durkheim n'ont jamais contesté. Si jusque-là le programme des sociologues de la première génération est encore tout à fait comparable aux objectifs que Hegel s'était lui aussi fixés dans sa philosophie, il s'en distingue de façon essentielle ne serait-ce que par les définitions de fond qui sont avancées pour spécifier le danger qui menace : il ne s'agit plus en effet d'interpréter le processus à l'œuvre dans la crise éthique du temps présent comme une atomisation et une scission croissantes, mais comme une perte d'orientations morales.

Tant Nietzsche que Marx ont marqué de leur empreinte théorique ce nouveau tableau, selon des voies qu'il est certes aujourd'hui difficile de reconstituer. Dans leur jeunesse, tous les sociologues cités, à l'exception de Durkheim pour qui Bergson a vraisemblablement exercé une influence comparable, avaient été profondément influencés par le diagnostic de nihilisme fait par Nietzsche. Ils lui avaient nécessairement emprunté l'idée selon laquelle le déclin des systèmes de valeurs établis entraînait un effondrement de ces finalités éthiques qui permettaient jusque-là d'orienter la vie des sujets et de lui donner un sens [27].

---

27. Concernant l'influence de Nietzsche sur Simmel, voir par ex. Klaus LICHTBLAU, « Das Pathos der Distanz – Präliminarien zur Nietzsche-Rezeption bei Georg Simmel », *in* H. J. DAHME, O. RAMMSTEDT (éds), *Georg Simmel und die Moderne*, Suhrkamp, Francfort, 1984, p. 231 *sq.* ; sur l'influence de Nietzsche sur Max Weber, voir notamment Wilhelm HENNIS, *La Problématique de Max Weber* (trad. L. Laroche-Gurcel), PUF, Paris, 1996, chap. 4. Voir aussi Detlev J. K. PEUKERT, « Die *letzten Menschen.* Beobachtungen zur Kulturkritik im Geschichtsbild Max Webers », *Geschichte und Gesellschaft*, n° 4, 12/1986, p. 425 *sq.* Enfin, sur l'influence de Nietzsche sur Tönnies, voir Jürgen ZANDER, « Ferdinand Tönnies und Friedrich Nietzsche. Mit einem Exkurs :

En même temps, la théorie économique de Marx avait également exercé une influence déterminante sur cette première génération d'universitaires sociologues ; en généralisant son analyse du capitalisme, on avait pu comprendre dans quelle mesure le nouveau type d'organisation économique menait à une forme de rapports humains qui, au lieu de reposer sur des liens personnels, dépendaient de calculs rationnels par rapport à une fin [28]. Dès lors, il ne restait qu'un pas à faire pour fondre ces deux schémas d'interprétation dans un seul modèle d'explication et soutenir une thèse qui allait dominer le diagnostic fait par la sociologie au début du XXe siècle : les causes institutionnelles de ce manque croissant de repères dans le domaine éthique, autrement dit les causes du nihilisme, sont à chercher dans l'imposition du modèle d'économie de marché capitaliste. Cette affirmation fut d'une façon ou d'une autre au cœur des différents schémas d'interprétation alors invoqués pour expliquer le passage à un ordre social moderne : que Simmel parle de la dépersonnalisation des relations humaines, que Tönnies envisage la dissolution des liens sociaux communautaires, que Weber porte son attention sur le désenchantement radical du monde ou que, pour finir, Durkheim examine la constitution des différents types de solidarité organique, ce dont il est à chaque fois question, c'est le processus historique qui a conduit, en même temps qu'à l'établissement d'un nouvel ordre économique, à l'épuisement moral du monde vécu social [29].

Nietzsches *Geburt der Tragödie* als Impuls zu Tönnies *Gemeinschaft und Gesellschaft* », *in* Lars CLAUSEN, Franz URBAN PAPPI (éds), *Ankunft bei Tönnies*, Mühlau, Kiel, 1981, p. 185 *sq.*

28. La forte influence de Marx sur Weber est incontestable ; l'étude de Karl LÖWITH est toujours de première importance : « Max Weber und Karl Marx », in *Sämtliche Schriften*, vol. 5, Stuttgart, 1988, p. 324 *sq.* ; voir aussi Anthony GIDDENS, « Marx Weber und die Entwicklung des Kapitalismus », *in* C. SEYFARTH, W. M. SPRONDEL (éds), *Seminar : Religion und gesellschaftliche Entwicklung*, Suhrkamp, Francfort, 1973, p. 65 *sq.* ; sur la réception de Marx par Tönnies, voir : Günther RUDOLPH, « Ferdinand Tönnies und die Lehre von Karl Marx. Annäherung und Vorbehalt », *in* Lars CLAUSEN, Carsten SCHLÜTER (éds), *Hundert Jahre « Gemeinschaft und Gesellschaft ». Ferdinand Tönnies in der internationalen Diskussion*, Leske und Budrich, Opladen, 1991, p. 301 *sq.*

29. Voir respectivement Georg SIMMEL, *Philosophie de l'argent* (trad. S. Cornille et P. Ivernel), PUF, Paris, 1987 ; Ferdinand TÖNNIES, *Communauté*

La réorientation de la philosophie sociale d'après les prémisses d'une sociologie tout juste naissante n'allait certes pas sans quelques conséquences touchant notamment au statut méthodologique du jugement porté sur les pathologies sociales. Les quatre scientifiques cités n'avaient pas hésité à définir le processus de transformation comme une « fatalité » (Weber) ou une « anomie » (Durkheim), au sens où il risquait de ruiner les conditions d'une vie réussie parmi les hommes. Mais, pour deux raisons qui étaient liées à l'exigence et au résultat de leurs propres recherches, les problèmes théoriques que posait une telle caractérisation devaient leur apparaître bien plus clairement que cela n'avait été le cas pour Hegel ou Marx par exemple. D'une part, le lien étroit que la philosophie sociale avait entretenu jusque-là avec une pensée relevant de la philosophie de l'histoire n'apparaissait que maintenant, dès lors que l'obligation d'examen empirique requis par le rattachement à la sociologie commençait à s'imposer : depuis Rousseau en effet, l'affirmation selon laquelle toute nouvelle forme de pratique humaine ne peut être qu'aliénée et donc « pathologique » n'était au fond que le dernier maillon d'un raisonnement qui se rapportait dans son ensemble au déroulement de l'histoire humaine. Mais, en s'insérant dans le cadre de la philosophie de l'histoire, le sens évaluatif du diagnostic d'aliénation demeurait entièrement caché derrière des éléments de signification de type descriptif ; le fait qu'en se référant à une pathologie sociale on puisse parvenir à une appréciation des buts de la vie s'était, d'une certaine manière, perdu dans les développements narratifs de la théorie. Imposé par Nietzsche, ce voile de la philosophie de l'histoire devait toutefois tomber à partir du moment où la philosophie sociale se retrouvait sous la dépendance de la recherche sociologique, au point d'être soumise de façon durable au contrôle empirique des faits. En effet, contraint d'éprouver les analyses historiques sur le matériau concret légué par l'Histoire, on avait désormais besoin d'isoler tous les éléments théoriques non

et société. Catégories fondamentales de la sociologie pure (trad. J. Leif), Retz-C.E.P.L., Paris, 1977 ; Max Weber, *L'Éthique protestante et l'esprit du capitalisme* (trad. I. Kalinowski), Champs/Flammarion, Paris, 2000 ; Émile Durkheim, *De la division du travail social*, PUF, Paris, 1986 (1893).

descriptifs de sorte que leur signification évaluative puisse être révélée sans être déformée. Quiconque prétendait examiner les causes d'un fléau social ou d'une pathologie devait dorénavant démontrer, d'une manière ou d'une autre, le bien-fondé de son critère d'appréciation.

Mais, arrivés à ce point, les sociologues devaient se heurter à un obstacle méthodologique qui ne pouvait d'ailleurs apparaître comme tel qu'une fois obtenus les résultats de leurs propres recherches. Car, si en prolongeant le diagnostic culturel de Nietzsche on pouvait partir de l'idée que la société se trouvait dans un état nihiliste de vide éthique, il devenait à l'inverse quasi impossible de revendiquer et de justifier une validité objective pour ses propres critères d'appréciation ; toute tentative de caractériser les buts de l'existence, qui nécessitait un diagnostic des pathologies sociales, s'apparentait au contraire à un jugement éthique aussi arbitraire que tous les autres. Personne n'a été plus conscient, dans sa démarche théorique, de la difficulté immanente qui en découle pour une sociologie ayant des prétentions de philosophie sociale que Max Weber. Comme il avait suivi l'analyse que Nietzsche avait faite de la culture jusqu'à reconnaître la relativité de tous les jugements de valeur, il s'était vu contraint, d'un point de vue méthodologique, de retirer aux sciences toute forme de prise de position axiologique ; mais, d'autre part, il apparaissait, dans ses écrits sur la sociologie de la religion, encore bien trop sous les traits du critique de son époque pour ne pas savoir qu'interdire de façon générale tout jugement de valeur ne pouvait pas avoir beaucoup de sens pour la sociologie. Weber n'a réussi à se dégager de cette position ambiguë qu'en proposant, à l'aide de la catégorie de « lien axiologique » (*Wertbindung*), une interprétation des sciences qui attribue toute la dimension du jugement éthique à leurs présupposés transcendantaux : ainsi, si l'on suit à la fois Nietzsche et Kant, un domaine d'étude relève de la science dans la mesure où il contient, élucidé à la lumière de valeurs déterminées, une signification à chaque fois spécifique. Dès lors, la liberté d'émettre des jugements de valeur ne pouvait plus être comprise que comme une invitation à rendre consciencieusement des comptes pour ses propres liens axiologiques, sans que l'on sache comment l'on pouvait au juste fonder la validité de ces jugements de valeur [30].

Les solutions proposées par les contemporains de Weber pour résoudre ce problème étaient moins ambitieuses dans leurs exigences méthodologiques, et tout aussi peu tranchées : Tönnies et Durkheim se sont également attachés toute leur vie à l'exigence d'objectivité de la sociologie, mais ne se sont en aucun cas laissé détourner de la nécessité de se référer, sur un plan normatif, aux formes réussies de la socialisation de l'être humain ; quant à Simmel, malgré la compréhension qu'il avait du caractère empirique de sa propre discipline, il a une nouvelle fois proposé des figures de pensée relevant de la philosophie de l'histoire pour pouvoir justifier son discours sur la « tragédie » du développement social [31]. Quelles que soient les différences entre ces approches, elles ont toutes en commun de n'avoir pu vraiment venir à bout de cette difficulté : se heurtant, après Nietzsche, au problème du relativisme éthique, elles n'ont été capables de concilier l'exigence d'objectivité scientifique avec le projet d'un diagnostic critique de leur époque qu'au prix d'une tension manifeste.

Ces contradictions internes montraient avec évidence que la philosophie sociale était entrée dans une crise méthodologique dont elle ne pourrait pas sortir facilement : d'une part, elle ne pouvait nullement renoncer, au risque de se vider de son contenu, à caractériser d'un point de vue normatif des formes déterminées

30. Sur le lien entre la critique de la science de Nietzsche et la doctrine de la science de Weber, voir Georg STAUTH, « Kulturkritik und affirmative Kultursoziologie. Friedrich Nietzsche, Max Weber und die Wissenschaft von der menschlichen Kultur », *in* Gerhard WAGNER, Heinz ZIPPRIAN (éds), *Max Webers Wissenschaftslehre*, Suhrkamp, Francfort, 1994, p. 167 *sq.* ; sur la conception du rapport aux valeurs en particulier, voir Guy OAKES, « Rickerts Wert/Wertungs-Dichotomie und die Grenzen von Webers Wertbeziehungslehre », *ibid.*, p. 146 *sq.*

31. Chez Tönnies, c'est le caractère discriminant de la langue qui, dans *Communauté et société*, traduit la tendance à faire la distinction entre des évolutions normales et pathologiques ; concernant Durkheim, voir les efforts répétés pour justifier une distinction comparable, *in* Émile DURKHEIM, *Les Règles de la méthode sociologique*, PUF, Paris, 1990 ; pour Georg SIMMEL, voir « Der Begriff und die Tragödie der Kultur », in *Das individuelle Gesetz : philosophische Exkurse*, Suhrkamp, Francfort, 1968, p. 116 *sq.*

de l'existence humaine, car ce n'était que de cette manière que l'on pouvait trouver des critères capables de définir les pathologies sociales ; d'autre part, on savait désormais grâce à Nietzsche que tout idéal de vie était forcément suspect de n'être que l'expression d'une vision du monde particulière et donc de ne posséder qu'une validité relative. Comment dès lors continuer à déterminer et à analyser des évolutions sociales problématiques s'il n'était plus possible de disposer de critères de jugement universels ?

Cette question contribua plus que d'autres à replacer petit à petit la philosophie sociale sur son terrain originel. Les premières années de la sociologie, extrêmement productives, avaient certes accouché d'une série de modèles d'interprétation capables d'expliquer les pathologies sociales du capitalisme en expansion de façon si pénétrante et en tenant si bien compte de la réalité empirique qu'ils ne perdirent presque rien, au cours des décennies suivantes, de leur force de stimulation ; la théorie de la rationalisation défendue par Weber devait même rapidement devenir, dans l'espace germanophone, la référence incontournable pour tous les travaux de philosophie sociale, comme la sociologie de la religion de Durkheim l'a de son côté été en France. Mais les nouvelles tendances qui émergeaient en recourant à ces modèles d'interprétation sociologiques s'inscrivaient de nouveau dans le cadre traditionnel de la philosophie. Elle seule en effet semblait encore offrir des moyens méthodologiques qui puissent opposer quelque chose au défi croissant du relativisme éthique et promettent un ancrage dans des prémisses universalistes. En fait, dans la période qui s'ouvrait après la Première Guerre mondiale, seules deux approches philosophiques pouvaient être concernées par une telle tâche. D'un côté, on avait assisté, avec l'anthropologie philosophique, à l'éclosion d'une nouvelle école théorique, désireuse de clarifier, en intégrant à ses études des recherches empiriques, la question déjà posée par Rousseau, Herder et Humboldt : par quelles qualités universelles l'homme se distingue-t-il de l'animal [32] ? D'un autre côté,

---

32. Pour une vue d'ensemble sur la tradition allemande de l'anthropologie philosophique, voir Axel HONNETH, Hans JOAS, *Soziales Handeln und menschliche Natur*, Campus, Francfort, 1980 ; voir aussi Karl-Siegbert REHBERG,

un nouvel intérêt, né certainement des doutes causés par la guerre mondiale, s'était développé pour cette forme de pensée relevant de la philosophie de l'histoire qui pourtant était considérée depuis longtemps comme dépassée par l'historisme. Depuis toujours, comme on pouvait le voir, des figures fondatrices de l'anthropologie et de la philosophie de l'histoire avaient joué un rôle important au sein de la philosophie sociale ; mais ce n'était que maintenant, dans les années 1920, que se formaient des courants théoriques qui tentaient de s'appuyer explicitement sur l'une ou l'autre de ces deux formes de pensée, pour pouvoir revenir sur la terre ferme des prémisses universalistes.

Chez Rousseau, caractérisations anthropologiques et philosophie négative de l'histoire s'articulaient de façon cohérente, dans un même mouvement argumentatif : en partant d'une esquisse de l'état présocial de l'homme, il s'agissait de montrer comment le processus de socialisation conduit inévitablement à une dénaturation qui débouche sur une lutte de chacun contre tous pour les honneurs et le prestige. En faisant de l'histoire humaine le vecteur du progrès, Hegel rompait déjà l'équilibre méthodologique en prenant parti pour le second élément : chez lui, la philosophie de l'histoire prévaut sur l'anthropologie car les véritables caractéristiques de l'être humain sont censées advenir non plus dans une origine naturelle, mais dans un terme historique. Enfin, au début du XXe siècle, les deux formes de pensée étaient déjà tellement dissociées l'une de l'autre qu'elles en vinrent à s'opposer comme des alternatives incompatibles ; l'écart entre les deux correspond alors à un positionnement différent de l'universalité de l'homme : tandis que l'anthropologie philosophique vise à établir un concept général de forme de vie humaine en revenant à une situation naturelle de départ, la philosophie de l'histoire forge ce concept en recourant à un état final du développement humain compris comme un but nécessaire [33].

« Philosophische Anthropologie und die Sozialisierung des Wissens vom Menschen », *in* Rainer LEPSIUS (éd.), *Soziologie in Deutschland und Österreich 1918-1945*, hors-série n° 23 de la *Kölner Zeitschrift für Soziologie und Sozialpsychologie*, Opladen, p. 160 *sq.*

33. Voir entre autres Odo MARQUARD, « Des difficultés avec la philosophie de l'histoire », in *Des difficultés avec la philosophie de l'histoire* (trad. O. Mannoni), Éd. de la Maison des sciences de l'homme, Paris, 2002.

Les deux modèles se présentent à leur manière comme des solutions susceptibles de dépasser la situation de crise parce qu'à travers elles toute référence à des normes éthiques semble conservée et le danger du relativisme peut être évité en amont : lorsque la philosophie sociale s'appuie sur la première forme de pensée afin de dégager des critères généraux qui permettent de définir des pathologies sociales, elle est uniquement tributaire d'une description assez complexe de la situation originelle de l'homme ; en revanche, lorsqu'elle tente de s'appuyer, pour poursuivre le même objectif, sur la seconde forme de pensée, il lui suffit d'anticiper et de décrire l'état de la société qui constituera nécessairement le terme de l'histoire humaine. Les deux ouvrages au sein desquels ces deux formes opposées de philosophie sociale ont trouvé à s'exprimer de façon exemplaire ont été publiés à seulement une année d'écart : en 1923, Georg Lukács publie *Histoire et conscience de classe*, puis suit en 1924 l'étude importante, quoique restée longtemps dans l'oubli, de Helmuth Plessner, « Die Grenzen der Gemeinschaft » (*Les Frontières de la communauté*) [34].

Ces deux livres représentent, tant pour le type de fondation sur laquelle ils reposent que pour les thèmes qu'ils se proposent d'aborder, les deux extrêmes sur le spectre de la philosophie sociale de l'époque. Dans son étude, Plessner se concentre sur l'analyse d'une pathologie sociale qui ne découle pas, selon lui, du processus même de l'industrialisation capitaliste, mais qui est avant tout le résultat d'une politique dirigée contre celle-ci. Il est en effet convaincu que la protestation antibourgeoise, émanant tout autant de la droite que de la gauche, a causé des transformations sociales qui ont conduit à l'émergence, à la place de la sphère publique libérale constituée auparavant, de nouvelles formes de constructions communautaires. En fait, son examen critique n'entre dans le domaine de la philosophie sociale qu'à partir du moment où il l'enrichit d'une thèse supplémentaire : les transformations structurelles engendrées à un niveau politique

34. Georg LUKÁCS, *Histoire et conscience de classe*, *op. cit.* ; Helmuth PLESSNER, « Die Grenzen der Gemeinschaft », in *Gesammelte Schriften*, vol. 5, Suhrkamp, Francfort, 1981, p. 7 *sq.*

sont globalement incompatibles avec les conditions de construction de l'identité de l'homme ; Plessner affirme ainsi qu'en revenant à un type d'interaction communautaire on porte atteinte aux présupposés élémentaires qui permettent à l'être humain de se réaliser sans contrainte [35].

Le jeune Lukács aurait déjà pu, à cet endroit, élever une objection décisive ; car ses écrits prémarxistes étaient déjà profondément marqués par la conviction que la pathologie propre à la modernité capitaliste réside justement dans la destruction des conditions sociales qui rendent possible une construction communautaire [36]. Mais c'est seulement dans le recueil d'essais *Histoire et conscience de classe* que ses premières intuitions, encore empreintes de romantisme, prennent une forme systématique, ce qui permet d'y reconnaître une critique anticipée du diagnostic de la société fait par Plessner : en suivant de façon ingénieuse à la fois Marx et Weber, Lukács est arrivé à défendre la thèse que la « réification » possède dans la société capitaliste une « réalité tellement immédiate [...] pour tout être humain [37] » que les conditions d'une libre réalisation de soi sont systématiquement détruites. Ce qui se manifeste comme une opposition concrète entre une critique de la communauté et une critique de la réification se retrouve encore une fois au niveau méthodologique dans l'écart entre des procédés de fondation relevant de l'anthropologie et des procédés relevant de la philosophie de l'histoire. Certes, cette alternative ne donne pas de façon décisive l'orientation que doit prendre une critique menée du point de vue de la philosophie sociale, mais elle permet tout de même de bien voir les possibilités qui sont à sa disposition dans une perspective universaliste.

---

35. Concernant l'influence de la philosophie sociale sur le texte de Plessner, voir Joachim FISCHER, « Plessner und die politische Philosophie der zwanziger Jahre », in *Politisches Denken, Jahrbuch 1992*, Stuttgart, 1993, p. 53 *sq*.

36. J'ai essayé de faire une synthèse des intuitions du Lukács prémarxiste concernant la philosophie sociale *in* Axel HONNETH, « Eine Welt der Zerrissenheit. Zur untergründigen Aktualität von Lukács Frühwerk », *Die zerrissene Welt des Sozialen*, Suhrkamp, Francfort, 1990, p. 9 *sq*.

37. Georg LUKÁCS, *Histoire et conscience de classe*, *op. cit.*

Afin de ne pas être suspect d'incarner une préférence axiologique purement subjective, Plessner étaie son diagnostic critique sur des considérations anthropologiques portant sur la formation de l'identité de l'être humain. Ce qui constitue le point de départ de sa démonstration, aujourd'hui encore pertinente, c'est un constat auquel il était parvenu un peu plus tôt en menant des études sur l'organisation sensorielle de l'homme [38] : ce qu'il avait alors montré, c'est que les êtres humains, à la différence des animaux, peuvent adopter une perspective « excentrée » par rapport à leurs activités, ce qui les contraint tout autant à vivre en dehors de leur « enveloppe charnelle » (*Leib*) qu'à disposer d'elle comme d'une simple « mécanique corporelle » (*Körper*). Cette ambivalence a des implications considérables sur le rapport à soi de l'individu, comme le montre Plessner dans son diagnostic de philosophie sociale : en raison de sa « position excentrée », l'être humain possède une identité individuelle si instable qu'il doit multiplier les expériences pour découvrir la forme de vie individuelle qui lui est appropriée ; mais il ne peut accomplir librement ce type de recherche sur soi que tant que la sphère publique sociale permet de garder une certaine distance par rapport aux autres, de se dissimuler et de cacher ses véritables intentions ; si cet espace de liberté institutionnalisée est détruit et remplacé par des formes de « communauté de sang » ou de « valeurs », les attentes d'authenticité, de plus en plus pressantes, obligent à réduire l'identité de l'individu à un aspect bien précis et étriqué ; Plessner en arrive donc à la conclusion que l'émergence de communautés sociales fait disparaître toute chance de parvenir à une réalisation de soi autonome. Ce qui apparaît clairement, c'est que le critère sur lequel repose cette critique ne relève pas d'une appréciation éthique sur les buts de la vie humaine, mais qu'il est fondé sur une analyse des présupposés normatifs de la constitution de l'identité : toute évolution de la société qui contredit les conditions d'une réalisation de soi autonome est considérée comme une pathologie sociale, comme chez Rousseau, mais selon une approche désormais purement

38. Voir Helmuth Plessner, *Die Einheit der Sinne. Grundlinien einer Esthesiologie des Geistes*, 1923, in *Gesammelte Schriften*, vol. 3, Suhrkamp, Francfort, 1980, p. 7 *sq*.

empirique. Que ce type de fondation, soi-disant neutre axiologiquement, puisse être rapidement soupçonné de ne représenter lui aussi qu'une vision du monde particulière n'a pas échappé à Plessner. C'est pourquoi, dans une série de textes méthodologiques, il a développé, en engageant une discussion critique avec Heidegger et Dilthey notamment, la proposition suivante : il s'agit d'atteindre un point de vue qui soit le plus possible détaché de tout lien axiologique particulier, en procédant à un jeu de corrections mutuelles entre des hypothèses de départ empiriques et des préférences axiologiques [39].

Même si on peut douter aujourd'hui de l'apport réel de ces réflexions, Plessner a tout de même pu, grâce à elles, conserver pour son entreprise de philosophie sociale la possibilité d'être réfutée par des objections empiriques. Si l'on compare son approche avec le chemin méthodologique que Lukács a suivi dans sa philosophie sociale, la différence entre les deux saute aux yeux : tandis que chez Plessner l'analyse des pathologies sociales reste scientifiquement contrôlable, elle est chez Lukács entièrement soustraite à toute forme de vérification générale. Fonder un diagnostic de l'époque présente en s'appuyant sur la philosophie de l'histoire a nécessairement pour corollaire de renvoyer le critère de la critique dans un avenir qui n'est plus accessible à aucune falsification, quelle qu'elle soit.

Lukács aimerait lui aussi que sa critique de philosophie sociale soit comprise comme une entreprise détachée de tout jugement éthique ; en fait, il considère déjà le fait de se référer à des valeurs comme le symptôme d'une pathologie sociale dont il importe de prendre conscience. Selon la lecture qu'il fait de Marx, en s'appuyant aussi sur Max Weber, la contrainte de calcul rationnel impliquée par le type capitaliste d'échanges de marchandises produit un processus de rationalisation qui transforme progressivement tous les phénomènes en objets mis à disposition de l'économie : qu'il s'agisse de sujets humains et de leurs rapports intersubjectifs, de développements organiques naturels et de leurs productions, ils prennent tous la forme réifiée

39. Une contribution parue un peu plus tard (1932) est à ce sujet particulièrement éclairante : Helmuth PLESSNER, « Macht und menschliche Natur », in *Gesammelte Schriften*, vol. 5, *op. cit.*, p. 135 *sq.*

de simples objets, dans le sens où ils semblent perdre ce qu'il y a de vivant et de parfaitement imprévisible en eux ; et même ce que l'on comprend dans la pensée contemporaine comme un « fait » empirique ou comme une « valeur » éthique relève au bout du compte de ce type d'abstraction qui conçoit toute réalité dans une dimension processuelle. Mais, si Lukács critique cette évolution sociale parce qu'elle apparaît comme une pathologie, c'est-à-dire comme un processus de « réification », il n'entend pas pour autant lui opposer des conditions de vie propres à un état de nature ; il préfère situer le critère de sa critique dans la perspective adoptée dans l'avenir par la classe du prolétariat au moment où elle se sera examinée comme le sujet du processus historique dans son ensemble : le fait que la vie sociale du présent soit dominée par une fausse abstraction ne devient évident que du point de vue de l'acte de libération à partir duquel on fait retour sur le passé.

Il y a tant d'hypothèses plus ou moins problématiques qui entrent dans ce raisonnement qu'il n'est pas possible d'en rendre compte ici. Mais ce qui importe avant tout, c'est que Lukács conçoit sa construction non pas comme un pronostic fondé sur des faits empiriques, mais comme la prédiction d'une nécessité objective : il ne peut envisager de circonstances historiques ni d'argument sociologique qui pourraient remettre en question le fait que l'instant, jusqu'ici anticipé, où sera détruite toute forme de réification adviendra effectivement dans le futur. Le motif qui amène Lukács à défendre une construction aussi métaphysique de l'histoire est au fond le même que celui auquel Plessner recourt en partant de présupposés anthropologiques : tous deux veulent dissocier le critère qui doit permettre la définition de pathologies sociales de toute composante normative afin d'éviter ainsi l'écueil du relativisme éthique. Mais la voie empruntée par Lukács pour parvenir à cette fin conduit tout droit dans la direction opposée : le critère qui sous-tend sa philosophie sociale est si clairement ancré dans une construction téléologique de l'histoire qu'il se soustrait à toute vérification sur le long terme et exige nécessairement une validité absolue. Dès lors que cette approche était considérée comme un vestige intenable d'une philosophie de l'histoire métaphysique, la critique de la réification de Lukács devait perdre de son importance ; car, quelles que fussent ses répercussions sur les décennies suivantes, elle n'a pas réussi à se maintenir jusqu'à nos jours.

Ce qui importe en fait pour le développement de la philosophie sociale dans les années 1920 et 1930, c'est qu'elle reprend largement les possibilités ouvertes par l'alternative entre les stratégies de fondation relevant de l'anthropologie et celles relevant de la philosophie de l'histoire. Bon nombre des tentatives engagées à l'époque pour prendre la mesure des pathologies sociales présupposent comme critère d'appréciation critique une définition empirique du mode de vie naturel de l'homme. Il ne s'agit pas seulement d'approches qui se nourrissent directement du courant théorique de l'anthropologie sociale, mais aussi de différentes entreprises motivées par une tout autre compréhension de la nature humaine. Ainsi, l'étude de Freud *Malaise dans la culture* [40] s'est appliquée, dans le champ de la psychanalyse, à faire émerger une forme de diagnostic du temps présent relevant de la philosophie sociale et ayant également une teneur anthropologique ; une lignée d'auteurs, d'Erich Fromm à Alexander Mitscherlich en passant par Herbert Marcuse, s'appuiera ensuite sur des connaissances psychanalytiques concernant la structure pulsionnelle de l'homme pour mettre en évidence les effets corrupteurs de l'organisation capitaliste du travail [41]. En France, la grande enquête de Durkheim sur la religion donne une impulsion au développement d'une philosophie sociale fondée sur l'anthropologie ; radicalisée par Georges Bataille [42] qui l'aborde sous l'angle d'une théorie du capitalisme, son analyse des fonctions sociales du sacré constituera plus tard l'horizon théorique du Collège de philosophie [43]. Enfin, aux États-Unis, les études

40. Sigmund Freud, *Malaise dans la culture* (trad. P. Cotet, R. Lainé et J. Stute-Cadiot), PUF, Paris, 1948, 1995.

41. Voir les ouvrages suivants : Erich Fromm, *La Peur de la liberté* (trad. C. Janssens), Buchet-Chastel, Paris, 1963 ; Herbert Marcuse, *Eros et Civilisation. Contribution à Freud* (trad. J.-G. Nény et B. Fraenkel), Éd. de Minuit, Paris, 1991 (1955) ; Alexander Mitscherlich, *Vers la société sans pères. Essai de psychologie sociale* (trad. M. Jacob), Gallimard, Paris, 1981.

42. Georges Bataille, « La structure psychologique du fascisme » (1933), in *Œuvres complètes*, Gallimard, Paris, 1970, vol. 2.

43. Voir Denis Hollier (éd.), *Le Collège de sociologie (1937-1939)*, Gallimard, Paris, 1979.

menées par John Dewey sur une base pragmatiste, dans lesquelles il critique les imperfections et les insuffisances de la modernité capitaliste, constituent des témoignages comparables de cette tradition de philosophie sociale [44].

À ces différentes approches d'un diagnostic du temps présent fondé sur l'anthropologie s'opposent, certes moins nombreuses, des tentatives s'inscrivant dans une perspective de philosophie de l'histoire. La construction marxiste que Lukács avait choisie pour pouvoir juger son époque historique depuis la perspective anticipée d'une humanité qui serait émancipée dans le futur, n'en était qu'une parmi de nombreuses autres ; une œuvre comme celle d'Oswald Spengler, *Le Déclin de l'Occident* [45], aussi douteuse soit-elle, mais relevant bien de prémisses de philosophie de l'histoire, a su capter une plus grande attention et trouver une plus grande résonance. Comme on sait, Spengler part de la thèse, qui n'est que pure spéculation, que l'histoire du monde est une répétition cyclique de périodes au cours desquelles les cultures qui sont à chaque fois les plus développées et les plus influentes de leur époque passent, à l'instar de la vie humaine, par des phases de développement dynamique, de maturité progressive et de déclin final ; enserrée dans ce schéma rigide, la civilisation européenne se trouve déjà, selon lui, depuis le siècle précédent dans une phase de vieillissement accéléré, de sorte que ses formes de vie, ses productions, ses pratiques politiques et ses créations artistiques ne méritent plus que d'être considérées comme l'expression d'une décadence civilisationnelle.

Aujourd'hui, on ne peut plus comprendre le succès phénoménal que Spengler a alors remporté avec sa critique de la civilisation qu'en pointant l'état d'esprit défaitiste qui avait déjà saisi une grande partie de la bourgeoisie devant l'instabilité politique et la crise économique imminente. La confirmation par la

---

44. Voir par exemple John DEWEY, *Le Public et ses problèmes*, Farrago/Léo Scheer, 2003 ; concernant cette période dans l'évolution théorique de Dewey, voir Robert B. WESTBROOK, *John Dewey and The American Democracy*, Ithaca/Londres, 1991, 3e partie, p. 231.

45. Oswald SPENGLER, *Le Déclin de l'Occident* (trad. M. Tazerout), Gallimard, Paris, 1948.

philosophie de l'histoire que l'Europe était en train d'atteindre le point de non-retour de décadence culturelle permettait à la bourgeoisie de comprendre, dans de telles circonstances, la situation qui était la sienne, mais aussi de la laisser espérer en l'avènement d'une nouvelle et grande époque. Quelques années seulement séparent le débordement d'enthousiasme autour de Spengler de ce moment historique où le fascisme allemand déferle sur les pays d'Europe. Avec lui, on assiste à un changement radical, sinon d'orientation méthodologique, du moins de la thématique même de la philosophie sociale.

Jusqu'à ces transformations brutales, le champ de perception de la philosophie sociale est encore largement déterminé par les modèles d'interprétation développés par les pères fondateurs au tournant du siècle. Au cœur de ces diagnostics du temps présent, en général très variés, on retrouve ainsi régulièrement, si l'on fait abstraction de penseurs isolés comme Helmuth Plessner, le problème de ces atteintes portées à la réalisation de soi de l'homme, censées aller de pair avec la modernisation capitaliste : qu'il s'agisse de réification, de perte du sens de la communauté, d'appauvrissement culturel ou d'augmentation de l'agressivité, la perspective sociale à partir de laquelle est menée l'analyse est toujours celle de la poussée rationalisatrice exercée par l'économie capitaliste. Mais la prise du pouvoir par les nationaux-socialistes en Allemagne et la révélation de l'extension de la terreur en Union soviétique ont apporté à ce tableau une profonde modification : ce qui devient peu à peu central, c'est la convergence qui semble exister entre la dictature fasciste et le système totalitaire stalinien. Bien vite, il n'y eut presque plus une seule théorie portée vers la philosophie sociale qui ne vît dans un totalitarisme potentiel le germe de toutes les pathologies sociales de la société moderne. En arrière-plan, le mode d'organisation capitaliste de l'économie apparaît comme un facteur déterminant ; au premier plan, c'est l'état du monde contemporain dans son ensemble qui joue le rôle essentiel. Pourtant, ce nouvel éclairage ne modifie en rien l'orientation méthodologique de la philosophie sociale : les deux livres qui se sont appliqués avec le plus d'acuité à démontrer la convergence historique du fascisme et du stalinisme, *La Dialectique de la raison* d'Adorno et Horkheimer et l'étude de Hannah Arendt sur le totalitarisme[46], recourent une fois de plus à des procédés de fondation relevant soit de l'anthropologie soit de la philosophie de l'histoire.

Lorsque l'Institut de recherches en sciences sociales de Francfort commence ses travaux au début des années 1930 sous la direction de Max Horkheimer, le cadre commun est encore largement marqué par une foi dans le progrès, nourrie par la philosophie de l'histoire. Comme chez Lukács, mais dans une démarche empirique, le capitalisme, interprété à partir d'une lecture de Marx, est compris comme un rapport de réification sociale qui trouvera son terme dans la contre-réaction révolutionnaire du prolétariat. Certes, la collaboration interdisciplinaire de l'Institut cherche à trouver une réponse à la question épineuse de savoir comment on a pu, contre toute attente rationnelle, en arriver à l'intégration sociale de la classe ouvrière ; mais, au-delà des divergences entre les membres, bien peu de doutes viennent sérieusement remettre en cause la perspective d'un bouleversement émancipateur. Dix ans plus tard, forcé de s'exiler en Amérique à cause de la situation en Allemagne, le groupe de recherche change totalement son orientation, dominée jusque-là par la philosophie de l'histoire. Devant l'idée que le fascisme et le stalinisme constituent en fait un même système totalitaire, tous les espoirs de changement révolutionnaire se sont évanouis et ont laissé la place à un pessimisme fondé sur une critique culturelle[47]. Le livre dans lequel cette nouvelle orientation a su trouver une expression durable est celui rédigé conjointement par Horkheimer et Adorno, *La Dialectique de la raison* ; avec ce livre, l'histoire de la philosophie sociale arrive à un seuil où le thème qui domine tous les autres est celui de la possibilité historique du totalitarisme.

Que l'horizon de pensée de Horkheimer et Adorno se soit ainsi déplacé tient déjà au fait qu'ils veulent retrouver les causes

---

46. Theodor W. ADORNO, Max HORKHEIMER, *La Dialectique de la raison* (trad. E. Kaufholz), Gallimard, Paris, 1974 (1944) ; Hannah ARENDT, *Les Origines du totalitarisme*, Seuil, Paris, 1995.

47. Concernant cette évolution théorique, voir Helmut DUBIEL, *Wissenschaftsorganisation und politische Erfahrung*, Suhrkamp, Francfort, 1978, partie A.

du totalitarisme en remontant jusqu'aux débuts de l'histoire humaine : la pathologie sociale qui se manifeste dans le système de domination fasciste est si profonde qu'elle ne peut être expliquée de façon appropriée que si on la comprend comme la conséquence d'un développement manqué du processus civilisationnel dans son entier. Ce n'est pas un hasard si cette idée centrale ressemble dans sa forme à la prémisse qui avait déjà guidé Rousseau dans sa critique de la civilisation : car il y avait déjà chez celui-ci la conviction que l'aliénation perçue à son époque témoignait d'un trouble du comportement humain qui remontait bien loin dans le temps et qui l'avait motivé à recourir au schéma de l'état de nature. En outre, il y a, entre les deux approches, des similitudes évidentes sur la question de savoir quelle dimension méthodologique cette description des débuts de la civilisation doit revêtir. Ainsi, de même qu'on ne sait pas très bien si l'esquisse de l'état de nature correspond dans l'esprit de Rousseau à quelque chose de fictif ou d'empirique, on ignore également comment Horkheimer et Adorno ont voulu que soient comprises leurs digressions sur les débuts de l'histoire de l'humanité ; leur texte contient certes une quantité d'allusions discrètes à des résultats de recherches ethnologiques et anthropologiques, mais les conclusions sont si tranchées et partiales qu'on peut penser que cette description était conçue en fin de compte comme une pure fiction.

Toutefois, en établissant ces convergences méthodologiques, on met d'autant plus clairement en évidence ce qui différencie objectivement ces deux approches. Tandis que Rousseau avait situé l'origine de l'échec du processus civilisationnel dans la communication interhumaine, Horkheimer et Adorno le situent déjà dans le premier acte d'une utilisation rationnelle des processus naturels. En renversant complètement l'interprétation positive qui avait jusqu'ici prévalu dans la tradition marxiste, les deux penseurs ne perçoivent plus du travail humain que l'aspect qui relève d'une domination instrumentale : dans l'effort que commande le travail, le sujet développe son aptitude à contrôler rationnellement ses penchants naturels et, à l'inverse, l'environnement naturel est réduit, sous le coup de l'activité laborieuse, à un simple champ d'intervention soumis aux finalités des êtres humains [48]. Mais les deux hypothèses permettent une interprétation dans laquelle le processus civilisationnel est réduit à une logique de décadence croissante d'une manière non moins unilatérale que dans la critique de la civilisation de Rousseau : le premier acte de la domination instrumentale par lequel l'être humain apprend à s'affirmer vis-à-vis de la nature se poursuit progressivement par la domestication de sa vie instinctive, l'appauvrissement de sa richesse sensitive et le développement de relations de domination avec ses semblables. Là où, chez Rousseau, on trouvait au terme du processus de décadence une lutte sans frein de tous contre tous pour acquérir des positions de prestige, ce même processus débouche finalement chez Horkheimer et Adorno sur une domination totalitaire du présent ; la spirale historique de la réification atteint ici son paroxysme parce qu'elle crée au sein de la société une nouvelle forme de relation avec la nature dans laquelle les individus entièrement vidés psychiquement sont livrés sans défense à des grandes organisations qui opèrent selon une rationalité par rapport à une fin, comme ils étaient livrés dans la préhistoire à des forces naturelles irrésistibles.

L'explication que donnent Horkheimer et Adorno de l'avènement du totalitarisme moderne en s'appuyant sur une philosophie de l'histoire s'inscrit manifestement dans le sillage d'une réappropriation marxiste de la thèse wébérienne de la rationalisation [49] : même la dictature exercée par un système de pouvoir totalitaire doit encore pouvoir être comprise comme l'incarnation, sur le plan social, du processus cognitif qui parcourt l'histoire de l'humanité depuis ses débuts sous la forme d'une augmentation méthodologique des savoirs disponibles. À vrai dire, ce dont il faut s'accommoder quand on se concentre de la sorte sur la logique de développement de la raison instrumentale, ce sont deux limitations du champ théorique dont les effets négatifs se font sentir sur le diagnostic du totalitarisme. D'une part, tous les facteurs influents qui ne sont pas plus ou moins

48. Voir à ce sujet la synthèse présentée dans Axel HONNETH, *Kritik der Macht. Reflexionsstufen einer kritischen Gesellschaftstheorie*, Suhrkamp, Francfort, 1986, chap. 2, p. 43 *sq.*

49. Voir Jürgen HABERMAS, *Théorie de l'agir communicationnel* (trad. J.-M. Ferry et J.-L. Schlegel), Fayard, Paris, 1987 (1981), vol. 1, chap. 4.

directement en rapport avec le processus de rationalisation technique sont écartés du processus de développement historique ; Horkheimer et Adorno ont beau intégrer à leurs réflexions le développement des médias de masse et s'efforcer de prendre en compte les dispositions psychiques qui sont à la base des comportements, l'analyse qu'ils font de ces processus reste toujours soumise à une condition restrictive : il faut pouvoir les interpréter à chaque fois comme les diverses manifestations d'une raison devenue totalitaire.

En ce qui concerne la tâche de la philosophie sociale, le second inconvénient que nous avons mentionné pèse assurément plus lourd encore : puisque la dictature totalitaire est considérée comme le point d'aboutissement d'un processus de rationalisation qui remonte aux débuts de l'histoire du genre humain, la place bien particulière qu'elle occupe à un moment précis de l'histoire de la civilisation est au fond occultée. Ce n'est plus la réalité sociale du totalitarisme lui-même, mais le processus de civilisation dans son ensemble qui représente une forme de pathologie sociale. Comme Rousseau à son époque, Horkheimer et Adorno se voient obligés de généraliser à l'infini le soupçon de pathologie : dès lors que le processus historique est vu comme l'amplification progressive d'une perturbation prenant sa source au tout début de l'histoire, il n'est plus possible de percevoir les progrès effectivement accomplis au niveau des libertés juridiques, de la démocratisation des décisions politiques ou de l'élargissement des marges d'action individuelles : et ce n'est pourtant que par rapport à ces progrès que les pathologies sociales peuvent se détacher et apparaître comme des développements ratés historiquement situés [50]. On a l'impression que c'est précisément ce point faible de la *Dialectique de la raison* que Hannah Arendt avait en tête lorsqu'elle a rédigé sa propre étude sur le totalitarisme ; car la naissance de la dictature totalitaire est comprise chez elle comme la conséquence d'une pathologie sociale qui n'a pu se développer qu'au cœur de sociétés modernes.

---

50. Voir Jürgen HABERMAS, *Le Discours philosophique de la modernité* (trad. C. Bouchindhomme et R. Rochlitz), Gallimard, Paris, 1988, chap. 5.

Dans l'analyse que Hannah Arendt propose du totalitarisme, on retrouve un type de philosophie sociale qui partage avec le diagnostic que le jeune Hegel a fait de son temps la tendance suivante : faire apparaître les raisons justificatrices de la critique sous la forme voilée d'une idéalisation historique. Toute sa vie, Hannah Arendt a en effet été convaincue que l'on pouvait reconnaître les perturbations du monde social à certaines évolutions menaçant de saper les présuppositions communicationnelles des discussions publiques politiques. Mais, au lieu d'étayer cette idée fondamentale en recourant à l'anthropologie et de la fonder sur des preuves empiriques, elle a toujours essayé de la justifier en empruntant la voie d'une description idéalisante de la cité antique. Si l'on gomme après coup toutes les références historiques des parties de son œuvre qui servent cette intention, ce qui ressort ce sont les affirmations anthropologiques qu'elle utilise en fait pour établir son diagnostic de philosophie sociale : les sujets humains sont, par nature, destinés à être appréhendés et reconnus dans une sphère publique car ce n'est qu'ainsi qu'ils peuvent acquérir la stabilité psychique et la conscience de soi nécessaires pour surmonter des risques et des problèmes existentiels ; en outre, le sujet n'est en mesure de faire l'expérience de soi-même comme d'un être libre que lorsqu'il apprend à s'engager activement dans les discussions publiques à caractère politique. En prenant en compte ces deux présuppositions, on peut parvenir à la conclusion systématique suivante, que Hannah Arendt présente tantôt sous la forme d'une description normative de la cité antique, tantôt sous la forme d'une réhabilitation philosophique du concept aristotélicien de praxis : la liberté individuelle et la praxis publique sont si étroitement mêlées chez l'homme que seule l'existence d'une sphère sociale de publicité politique peut lui offrir une chance de mener une vie réussie.

C'est l'idéal de société impliqué par cette thèse que Hannah Arendt utilise en même temps comme critère afin de pouvoir définir le système de domination sociale du totalitarisme comme une pathologie. Pour ce faire, elle procède en deux étapes, non pas au sens d'un ordre chronologique de ses écrits, mais au sens d'une construction systématique de sa philosophie sociale : tout d'abord, elle affirme que la société industrielle moderne se caractérise par une tendance générale à l'aliénation dont le système de domination totalitaire est censé représenter dans un second temps une forme achevée spécifique. Dans une étude intitulée, dans la version allemande, « *Vita activa* » [51], Hannah Arendt a proposé une analyse des types de comportements sociaux qui forment le cœur de l'aliénation moderne : selon elle, les formes d'activité technique que sont la fabrication et le travail exercent, dans un contexte d'industrialisation croissante, une telle emprise sur la société qu'elles risquent de refouler entièrement la pratique de délibération et de communication politiques, génératrice de liberté ; et c'est précisément parce que cette sphère d'action, qui est la seule où l'individu puisse établir une relation de confiance avec soi-même, ses congénères et le monde dans son ensemble, est limitée que le triomphe de la technique va nécessairement de pair avec l'exacerbation d'une aliénation généralisée [52].

Hannah Arendt pense que ce sont ces processus de développement qui ont, sur un plan socioculturel, préparé la voie à l'avènement du totalitarisme. Comme elle le montre dans sa minutieuse étude sur les *Origines du totalitarisme* [53], la perte de repères de l'homme moderne est utilisée, dans la dictature nazie, à des fins de manipulation des masses : coupés, du fait de la désagrégation de l'espace public, de toute interaction génératrice de sens, ne pouvant plus s'en remettre dans une large mesure qu'à eux-mêmes, et étant de moins en moins sûrs de leur identité, les individus ne trouvent plus de formes d'organisation appropriées à la défense de leurs intérêts que dans les mouvements totalitaires. Mais ces organisations de masse n'acquièrent de stabilité que si elles développent en même temps une idéologie collective qui dirige toute l'agressivité au-dehors et la concentre sur un ennemi extérieur afin de susciter à l'intérieur un sentiment de menace et de responsabilité communes. Au bout du compte se développe un cercle vicieux fatal et mortifère dans lequel les mouvements totalitaires ne peuvent maintenir leur domination

51. Hannah ARENDT, « *Vita activa* », in *Condition de l'homme moderne* (trad. G. Fradier), Presses Pocket, Paris, 1988.

52. Voir à ce sujet l'ouvrage particulièrement éclairant de George KATEB, *Hannah Arendt. Politics, Conscience, Evil*, Totowa, N. J., 1984, chap. 5, p. 149 *sq.* ; sur l'analyse du totalitarisme, voir le chap. 2, p. 52 *sq.*

53. Hannah ARENDT, *Les Origines du totalitarisme*, *op. cit.*

qu'en convertissant progressivement leur idéologie en une pratique de destruction de masse.

Comparée à l'approche historiciste de Horkheimer et Adorno, cette analyse du totalitarisme se révèle modeste dans ses prétentions critiques, pauvre en distinctions psychologiques et trop naïve vis-à-vis du type d'influence des médias de masse modernes. Mais, pour expliquer comment un pouvoir totalitaire est possible socialement, comment il se développe à partir d'un contexte de pathologie sociale, l'approche de Hannah Arendt est plus pertinente : la thèse selon laquelle la mise en œuvre croissante de types d'activités techniques constitue une limitation pour la sphère d'action garantissant la liberté et entraîne la décomposition de l'espace public politique de sorte qu'en fin de compte le pouvoir totalitaire ne se voie plus imposer aucune limite, cette thèse ne se rapporte pas seulement à des phénomènes historiques observables, de façon bien plus concrète que toutes les réflexions que l'on trouve dans *La Dialectique de la raison* ; elle permet surtout de jeter un éclairage sur une forme d'évolution sociale défectueuse et de formuler un diagnostic qui garde toute sa pertinence et son actualité dans nos sociétés modernes, même après que le national-socialisme eut été défait et que l'appareil de pouvoir stalinien eut largement perdu ses traits terroristes.

C'est pourquoi il n'est pas vraiment surprenant que ce soit la théorie de Hannah Arendt et non par exemple *La Dialectique de la raison* qui, dans les années 1950 et 1960, ait inspiré les principales tentatives dans le domaine de la philosophie sociale. Aucun des auteurs qui se sont essayés dans ce laps de temps à donner une interprétation philosophique de leur époque n'a vraiment échappé à l'influence des écrits de Hannah Arendt. Qu'il s'agisse du concept de discussion exempte de domination chez Jürgen Habermas, de la notion de praxis révolutionnaire chez Cornélius Castoriadis ou de l'idée d'un espace public garantissant la liberté chez Charles Taylor, on retrouve à chaque fois, au début de leur analyse critique, le diagnostic qu'avait fait Hannah Arendt : la prédominance de types d'activités menés d'un point de vue instrumental risque de dissoudre la sphère de l'agir communicationnel.

III. Fonder le diagnostic de pathologie sociale : l'état actuel de la philosophie sociale

Quand, dans les années 1960 et 1970, une nouvelle forme de philosophie sociale commence à se développer sous l'impulsion des travaux de Habermas, Taylor ou Castoriadis, qui tous doivent leurs principales inspirations à l'œuvre de Hannah Arendt, ce ne sont bien sûr pas uniquement les circonstances politiques qui ont profondément changé. Sous l'influence croissante de la philosophie analytique du langage, les exigences méthodologiques intervenant dans la fondation de thèses philosophiques, même sur des terrains plutôt éloignés, se sont entre-temps accrues. La discussion qui a eu lieu pendant cette période au sein même de la philosophie sociale n'est donc pas épargnée par cette évolution ; ici aussi, les commentaires se concentrent alors sur la question de savoir comment l'on peut justifier méthodologiquement des thèses portant sur les pathologies sociales. Mais, avant de clore cette présentation historique en évoquant la philosophie sociale aujourd'hui, je voudrais tout d'abord reprendre sous la forme d'une rétrospective systématique ce concept de philosophie sociale, qui jusqu'ici n'a été qu'esquissé. Ce n'est qu'ensuite que l'on pourra en effet déterminer en quoi consistent les problèmes centraux de fondation de cette discipline eu égard au type de connaissance qu'elle cherche à obtenir.

Quand on regarde à quelle époque est née cette discipline que l'on appelle aujourd'hui « philosophie sociale », on peut être amené à penser qu'elle a en quelque sorte pris la relève d'un problème philosophique qui, pour des raisons méthodologiques, avait été éliminé de la pensée moderne. Hobbes, par exemple, n'hésite pas à congédier la tradition classique de la philosophie politique, qui remonte à Aristote, en abandonnant ses innombrables prétentions cognitives et en se concentrant sur une seule et unique question : il ne s'agit plus de savoir comment une communauté peut garantir à ses membres une vie qui soit à la fois bonne et juste, tout ce qui le préoccupe c'est de savoir comment elle peut être en mesure de construire un ordre qui reçoive un assentiment général. Ce resserrement de la problématique met déjà en évidence une distinction, au sein de la philosophie politique, entre la morale et l'éthique, que Kant fondera plus tard officiellement pour sa philosophie morale : la philosophie n'est censée apporter de réponse qu'aux problèmes relatifs à l'institution de rapports sociaux justes ; quant aux conditions qui garantissent une vie bonne, elles sont si peu accessibles à une définition générale qu'elles doivent rester en dehors du cadre de la philosophie. Dans ses écrits critiques sur la civilisation, Rousseau défend la position suivante : certes, la question éthique ne peut être facilement mise de côté, au moins en ce qui concerne l'idée de communauté sociale, mais, compte tenu des exigences de rationalité scientifique, il faut désormais la formuler différemment. Naturellement, il ne souhaite, pas plus que Hobbes avant lui ou Kant après lui, se contenter de réactiver la perspective aristotélicienne selon laquelle l'État serait le but *a priori* de toute autoréalisation de l'être humain, au contraire, il interroge l'organisation de la vie sociale et se demande si elle est structurée et conditionnée de façon à ce qu'une vie réussie soit possible parmi les êtres humains. Deux modifications théoriques ont permis à Rousseau de reformuler cette question éthique : d'un côté, le point de vue aristotélicien est à ce point formalisé qu'il n'est plus question de la finalité naturelle de l'autoréalisation de l'être humain, mais seulement de ses conditions de possibilité les plus générales ; d'un autre côté, ce n'est plus l'État, mais la société qui commence à s'en détacher peu à peu, qui doit répondre aux questions sur les conditions nécessaires à l'épanouissement de l'être humain. Ainsi, la philosophie sociale incarne-t-elle une perspective éthique sur un territoire nouveau, celui de la société en voie de constitution.

Cela dit, ce regard sur les conditions d'émergence de la philosophie sociale ne donne qu'une ébauche de sa structure et de sa fonction. Ce qui fait l'intérêt de cette nouvelle discipline ne se dévoile entièrement que lorsqu'on prête attention à une autre particularité, déjà observable dans la critique de la civilisation de Rousseau et plus évidente encore dans les tentatives de ses successeurs. Nulle part, que ce soit chez Marx ou Nietzsche, chez Plessner ou Hannah Arendt, la philosophie sociale n'apparaît comme une théorie positive ; il s'agit toujours avant tout de la critique d'un état de la société, ressenti comme aliéné, dépourvu de sens, réifié ou même malade. Le lien entre cette intention critique et la perspective d'une éthique formelle se retrouve dans ce concept dont la philosophie est, depuis le début, plus ou moins directement tributaire. On ne peut véritablement parler d'une « pathologie » de la vie sociale que si l'on dispose de certaines hypothèses sur les conditions de l'autoréalisation de l'être humain.

Le concept de « diagnostic » comme celui de « pathologie », très étroitement liés à l'intérêt de connaissance de la philosophie sociale, relèvent du domaine de la médecine. Sous le terme de « diagnostic », il faut tout d'abord comprendre le fait de déceler et de déterminer avec précision une maladie qui affecte l'organisme humain. Le critère qui permet de mesurer ces phénomènes anormaux est alors donné par une présentation clinique de ce qu'est un état de santé, lequel est généralement fonction, par souci de simplicité, de l'efficacité fonctionnelle du corps [54]. Le concept de « pathologie » vient compléter ce concept de « diagnostic ». Au début, il ne désignait que la connaissance théorique des maladies, désormais il renvoie avant tout à tous les états anormaux [55]. Ainsi, une pathologie représente précisément le dysfonctionnement organique que le diagnostic doit révéler ou déterminer.

Transposer ces deux concepts dans le domaine des troubles psychiques pose toutefois de grandes difficultés, car jusqu'à présent on n'a pas vraiment réussi à établir au sein de la recherche clinique des normes claires censées régir la vie psychique de l'être humain ; il y a d'ailleurs actuellement, au sein de la psychologie clinique et de la psychanalyse, une vaste discussion portant sur la formulation possible d'un concept de santé psychique

---

54. Sur l'histoire de ce concept, voir Fridolf KUDLIEN, « Diagnose », in *Historisches Wörterbuch der Philosophie*, vol. 2, notamment p. 162 *sq.* ; sur cette problématique, voir Georg LOHMANN, « Zur Rolle von Stimmungen in Zeitdiagnosen », *in* Hinrich FINK-EITEL, Georg LOHMANN (éds), *Zur Philosophie der Gefühle*, Suhrkamp, Francfort, 1993, p. 266 *sq.*

55. Sur l'histoire de ce concept, voir Peter PROBST, « Pathologie », 4e partie, in *Historisches Wörterbuch der Philosophie*, vol. 7, notamment p. 187 *sq.* ; sur cette problématique, voir Jürgen HABERMAS, « Überlegungen zur Kommunikationspathologie », in *Vorstudien und Ergänzungen zur Theorie des kommunikativen Handelns*, Suhrkamp, Francfort, 1984, p. 226-232.

qui ne soit pas ambigu ou qui soit du moins plausible [56]. Quant à transposer ces deux concepts aux phénomènes sociaux, le seul fait que l'individu ne puisse plus aussi facilement constituer le point de référence montre bien que cela pose des difficultés plus nombreuses encore. Pour pouvoir parler d'une pathologie sociale qui, sur le modèle de la médecine, puisse faire l'objet d'un diagnostic, on a avant tout besoin d'une représentation de la normalité qui se rapporte à la vie sociale dans son ensemble. Mais les problèmes posés par une telle prétention sont immenses, comme l'atteste l'échec des différentes tentatives conduites par les sciences sociales pour déterminer les exigences fonctionnelles des sociétés selon un point de vue uniquement externe : puisque ce qui est reconnu comme un but de développement à atteindre ou un exemple de normalité dans tel contexte social est toujours défini culturellement, il n'est possible de déterminer les différentes fonctions, ainsi que les perturbations qui les affectent, que par une approche herméneutique d'introspection et d'autocompréhension de la société [57]. Il est donc en ce sens possible de parler, d'un point de vue défensif, de pathologies du social en recourant à un concept culturaliste de normalité ; ce concept implique que nous nous limitions uniquement à une description empirique de ce qu'une culture donnée considère comme une perturbation. Mais, comme cela ne suffit pas à répondre à toutes ses exigences, la philosophie sociale a, depuis le début, choisi la voie qui va dans la direction d'une éthique formelle : ce qui doit prévaloir et former le cœur même de la normalité d'une société, indépendamment de toute culture, ce sont les conditions qui garantissent aux membres de cette société une forme inaltérée de réalisation de soi.

---

56. Pour une approche philosophique, voir Ernst TUGENDHAT, *Probleme der Ethik*, Reclam, Stuttgart, 1987 ; pour une approche psychanalytique, voir Lawrence KUBIE, « The fundamental distinction between normality and neurosis », in *Symptom and Neurosis. Selected Papers*, International Universities Press, New York, 1978.

57. Voir Jürgen HABERMAS, *Logique des sciences sociales et autres essais* (trad. R. Rochlitz), PUF, Paris, 1987 ; sur la difficulté à établir un critère pour apprécier les pathologies sociales, voir Klaus EDER, *Geschichte als Lernprozeß ? Zur pathogenese politischer Modernität in Deutschland*, Suhrkamp, Francfort, 1985, p. 30 *sq*.

Avant de poursuivre l'examen des difficultés que soulève cette alternative, il faut expliquer brièvement en quoi, en évoluant dans cette direction, la philosophie sociale après Rousseau a fait un choix approprié. Les différentes approches que nous avons présentées sont en fait à chaque fois des tentatives de critique de situations sociales ressenties comme absurdes, réifiées ou même malades. Le dysfonctionnement social mis en évidence ne relève donc pas simplement d'une atteinte portée aux principes de justice ; il s'agit plutôt de critiquer les perturbations qui partagent avec les maladies psychiques la caractéristique de restreindre ou d'altérer des possibilités de vie présupposées « normales » ou « saines ». Pour atteindre cet objectif, la philosophie sociale dispose de concepts qui désignent, sur le plan de la vie sociale, exactement les mêmes phénomènes que ceux auxquels renvoie, au niveau du psychisme individuel, le terme de « pathologie » : dans une première phase, comme nous l'avons vu, nous avons affaire à des catégories comme celles de la « scission », de la « réification », de l'« aliénation » ou du « nihilisme » ; puis, avec la naissance de la sociologie, viennent s'ajouter des concepts plus marqués empiriquement, comme ceux de « perte de communauté », de « désenchantement », de « dépersonnalisation » ou de « marchandisation » ; enfin, plus récemment, Sartre a même directement utilisé le concept de « névrose collective [58] ».

Mais si l'on recherche ce que ces diverses représentations de la normalité sociale ont en commun, normalité à laquelle tous ces concepts renvoient indirectement, il est nécessaire de choisir un point de référence très abstrait afin de n'en exclure aucune : les situations idéales implicitement présupposées par chacune de ces représentations ne sont par exemple pas toutes caractérisées par l'existence d'une forme de totalité ; quelques-unes se définissent selon un certain type de naturalité ; d'autres encore semblent inclure une plus grande intensité ou sensibilité sociale. On peut bien examiner ces caractéristiques une par une, elles se situent en fait sur un plan très concret qui empêche de trouver une propriété commune qui soit en quelque sorte spécifique à tous les concepts

58. Jean-Paul SARTRE, *L'Idiot de la famille. Gustave Flaubert de 1821 à 1857*, Gallimard, Paris, 1988.

énumérés. En revanche, cette caractéristique commune apparaît dès que l'on ne cherche plus du côté du *comment* de chacune de ces situations idéales, mais du côté du *pourquoi* ; les différents concepts négatifs renvoient en effet, tous sans exception, indirectement aux conditions sociales nécessaires pour permettre aux individus de vivre une vie meilleure, plus accomplie, en d'autres termes une vie réussie. C'est donc la représentation éthique de la normalité sociale, laquelle dépend de la possibilité de parvenir à la réalisation de soi, qui fournit le critère d'appréciation des pathologies sociales.

Cet arrière-plan éthique est formel dans la mesure où seules les conditions sociales de la réalisation de soi sont censées recevoir une élucidation normative, et non les buts mêmes liés à cet accomplissement. Il y a bien chez Hegel et Marx certaines tendances qui vont dans le sens d'un perfectionnisme éthique et qui conduisent à attribuer à l'être humain un *telos* spécifique, sur le modèle aristotélicien. De la même façon, Nietzsche et Hannah Arendt n'échappent pas à la tentation de postuler des buts bien spécifiques quand ils essaient de décrire des exemples de vie humaine réussie. Pourtant, si l'on interprète ces tendances contraires avec un peu de bonne volonté, on peut les comprendre de la manière suivante : au-delà des malentendus qu'elles suscitent en prescrivant à l'homme les buts qu'il doit atteindre dans sa vie, elles cherchent tout simplement à donner des avis sur les conditions sociales qui seules permettent aux hommes de parvenir à leur épanouissement. C'est ainsi que, pour Marx, le travail désaliéné ne représente pas forcément un but éthique pour l'être humain, mais semble seulement constituer une condition indispensable pour pouvoir développer un rapport à soi satisfaisant[59] ; de la même façon, on peut affirmer à propos de Hannah Arendt qu'elle a accordé une valeur éthique à la participation active à la formation démocratique de la volonté avant tout parce que cette praxis permet aux individus de parvenir à la conscience de leur propre liberté. L'erreur commise par ce genre d'approches ne réside pas dans le fait qu'elles aient prescrit certains buts à la vie humaine et donc imposé un perfectionnisme

---

59. Voir notamment Andreas WILDT, *Die Anthropologie des frühen Marx*, cours par correspondance proposé par l'Université de Hagen, 1987.

impossible à fonder ; ce qui s'est révélé plus dommageable, c'est plutôt cette tendance à considérer que des formes d'activité qui relèvent souvent d'idéaux de vie extrêmement sélectifs et généralement conditionnés par l'époque puissent constituer des conditions universelles de la réalisation de soi de l'être humain. Ainsi, même si telle n'a pas été forcément l'intention initiale des auteurs, la méthodologie propre à la philosophie sociale suggère qu'elle est ancrée depuis ses débuts dans une perspective éthique selon laquelle l'explicitation de ce qui est « bon » dépend d'exigences uniquement formelles.

Cela dit, il faut encore confronter cette thèse à deux autres spécificités apparues dans la description que nous avons faite du développement de la philosophie sociale. D'une part, il n'est pas évident de comprendre comment les diverses tentatives sont censées se ramener à un unique principe éthique alors qu'elles ont produit des représentations de la normalité sociale très différentes les unes des autres. Il a suffi de donner un aperçu des concepts clés de la philosophie sociale pour constater que le spectre des idéaux normatifs s'étend de modèles radicalement individualistes à des modèles plutôt communautaristes : tandis que Rousseau ou Plessner tiennent pour normale une forme de vie sociale qui crée entre les hommes la plus grande distance possible, Hegel, Durkheim ou Arendt considèrent au contraire que l'existence de liens d'appartenance communautaire forts est une condition de toute normalité sociale. Pour bien comprendre ces divergences, il est nécessaire d'avoir à l'esprit, encore une fois, la structure formelle des diagnostics proposés par la philosophie sociale. Le point commun de toutes ces tentatives qui visent à fournir un critère de normalité des rapports sociaux, réside dans les conditions de vie sociale du sujet individuel : les formes d'organisation du social que l'on qualifie de réussies, d'idéales ou de « saines » sont toujours celles qui permettent à l'individu une réalisation de soi sans entrave. C'est pourquoi le concept formel de bon, qui traverse la philosophie sociale comme une référence critique, concerne d'une certaine manière le bien-être de l'individu dans la mesure où il entre dans le cadre de possibilité de la société.

La simple question de l'étendue de cette responsabilité sociale suscite de profondes divergences parmi les différentes approches : selon l'influence que l'on attribue à la vie sociale sur le bien-être individuel, la situation idéale esquissée prendra des traits plutôt individualistes ou plutôt collectivistes. Une fois que l'on a défini en ces termes les deux extrêmes du spectre, il reste entre les deux toute une série de différences qui se mesurent aux présuppositions concrètes que l'on considère séparément comme nécessaires pour la réalisation de soi ; la question centrale, c'est ensuite de savoir si c'est par exemple une forme communautaire d'éthicité ou une sphère publique au sein de laquelle les sujets se tiennent à distance les uns des autres, un travail désaliéné ou un rapport mimétique avec la nature qui doivent permettre à l'individu de mener, au sein de la société, une vie réussie. Pour résumer, on peut dire que la définition des pathologies sociales n'est pas possible sans un examen des conditions sociales susceptibles de contribuer à la réalisation de soi ; l'extrême diversité des critères de jugement qui s'offrent à nous lorsque l'on compare les différentes approches ne tient pas à des divergences d'ordre éthique et formel, mais à une compréhension à chaque fois différente du concept d'autoréalisation.

Cette dernière remarque met en évidence l'autre trait spécifique qui saute aux yeux lorsque l'on considère l'histoire de la philosophie sociale ; il nous fait entrer dans les problèmes de méthode sur lesquels la discussion se concentre essentiellement aujourd'hui. Si l'on regarde de plus près comment, dans les différentes approches, les conditions sociales de la réalisation de soi ont été à chaque fois établies, on s'aperçoit que l'on a au fond recouru à deux figures de pensée opposées : ce dont l'être humain a besoin de la part de la société pour réussir sa vie, il devrait le trouver soit en revenant à son état de nature originel, soit en anticipant un savoir dont il disposera dans un avenir probable ; la première possibilité prend forme, d'un point de vue méthodologique, chez Rousseau et atteint son expression la plus achevée dans la tradition allemande de l'anthropologie philosophique ; la seconde possibilité a été préparée par Hegel et trouve dans l'écrit de Lukács *Histoire et conscience de classe* sa forme paradigmatique. Il convient de remarquer que cette alternative n'aurait pas acquis la fonction méthodologique que nous lui attribuons souvent aujourd'hui si Nietzsche ne s'était trouvé au milieu. Tant Rousseau que Hegel sont convaincus que les cultures sont tout aussi anciennes les unes que les autres, si bien qu'ils ne mettent pas sérieusement en doute le contenu universaliste des assertions philosophiques – le premier aurait certes pu modifier son jugement grâce à Vico, le second grâce à Herder[60] ; ils partent donc naturellement du principe que leur compréhension des présuppositions de la liberté individuelle peut s'appliquer à tous les hommes sans distinction. Mais, après que Nietzsche eut déduit du pluralisme des cultures un perspectivisme radical, la philosophie sociale ne pouvait plus rester rivée à de telles certitudes : il fallait dorénavant défendre méthodiquement toute assertion sur ce qui est typiquement humain ou sur ce qui relève de lois sociales contre l'argument du relativisme culturel. C'est ainsi que s'est développée une situation théorique dans laquelle des figures de pensée relevant de l'anthropologie ou de la philosophie de l'histoire entreprennent de justifier l'exigence universaliste de diagnostics établis par la philosophie sociale : il s'agit de montrer, en recourant à la nature de l'homme ou en anticipant un futur savoir, que la vie individuelle dépend, au-delà de toutes les barrières culturelles, de présupposés sociaux qui, formant le cœur de l'idéal social, constituent le critère de toute critique.

Dès lors, le doute s'est peu à peu radicalisé et a amené une discussion qui détermine aujourd'hui la situation de la philosophie sociale. Il n'a pas fallu longtemps pour comprendre que l'argumentation d'*Histoire et conscience de classe* partageait avec toutes les autres formes de philosophie de l'histoire le présupposé d'un jugement de valeur en soi infondé. En effet, s'il était possible de ramener, dans une visée téléologique, le développement historique à une fin unique, c'était uniquement parce que l'on avait auparavant adopté tacitement une perspective normative qui permettait à un matériau hétérogène de s'organiser et de prendre sens dans une grande narration[61]. Et ce qui devait

---

60. Sur la fondation du pluralisme culturel par Vico et Herder, voir Isaiah Berlin, *Vico and Herder : Two Studies in the History of Ideas*, Hogarth Press, Londres, 1976.

61. Voir par ex. Arthur C. Danto, *Analytische Philosophie der Geschichte*, Suhrkamp, Francfort, 1974 ; Hans Michael Baumgartner, *Kontinuität und Geschichte. Zur Kritik und Metakritik der historischen Vernunft*, Suhrkamp, Francfort, 1972.

s'imposer pour la philosophie de l'histoire se révéla rapidement tout aussi fondé pour l'anthropologie philosophique : pourquoi ses données empiriques de départ ne seraient-elles pas aussi le produit d'une culture déterminée qui projette ses valeurs soustraites à la réflexion sur les dispositions naturelles de tout être humain ?

Sous la pression de ce type de questionnement, la discussion s'est concentrée de façon plus aiguë sur le problème méthodologique suivant : tout diagnostic de philosophie sociale n'est-il pas fondé en fin de compte sur un jugement éthique sur ce qui doit prévaloir comme la condition indispensable de l'autoréalisation de l'être humain ? Pourtant, on ne dispose plus d'aucun critère externe pour défendre la tentative de définition des pathologies sociales contre l'objection selon laquelle elle ne serait que l'expression parmi d'autres d'une conception conditionnée par une culture particulière. Mais, avant d'en venir à ce dernier degré de problématisation, la philosophie sociale a continué sa progression dans les années 1960 sur la base d'hypothèses anthropologiques : on a déjà dit que Hannah Arendt appuyait sa critique du monde industriel sur des prémisses qui affirmaient la dépendance naturelle de l'homme vis-à-vis des pratiques de la liberté communicationnelle ; à la même époque, Arnold Gehlen a proposé un diagnostic de tendance conservatrice, clairement fondé sur les résultats de son grand ouvrage d'anthropologie [62] ; enfin, Jürgen Habermas est lui aussi parti de constatations empiriques pour définir les intérêts constitutifs de l'être humain et donner ainsi un fondement universaliste à sa critique de la technicisation du monde social [63].

Ces diverses approches partagent toutes la conviction très profonde que l'accélération de la croissance industrielle remet en cause une exigence fonctionnelle de la société qui compte pourtant parmi les conditions de possibilité essentielles de toute vie

---

62. Arnold GEHLEN, *Die Seele im technischen Zeitalter. Sozialpsychologische Probleme in der industriellen Gesellschaft*, Rowohlt, Hambourg, 1957 ; Gehlen s'appuie sur son livre *Der Mensch : Seine Natur und seine Stellung in der Welt*, Aula-Verlag, Wiesbaden, 1986.

63. Jürgen HABERMAS, « La technique et la science comme idéologie », in *La Technique et la science comme idéologie* (trad. J.-R. Ladmiral), Gallimard, Paris, 1973.

humaine. Selon l'interprétation qui est faite de ces présuppositions, on observe toutefois des divergences d'appréciation tant sur le caractère du processus considéré comme la cause des pathologies sociales que sur les formes sous lesquelles ces pathologies se manifestent. Pour Hannah Arendt, l'extension croissante des types d'activité techniques non seulement détruit la pratique intersubjective de l'entente politique, mais ruine également la confiance que les sujets avaient dans leur monde environnant ; pour Gehlen, en revanche, qui anticipe d'ailleurs sur ce point la critique de la culture proposée par exemple par Daniel Bell [64], cette industrialisation rapide stimule aussi de façon croissante les envies de consommation, ce qui finit par solliciter les êtres humains à un point tel que la stabilité des institutions sociales, pourtant vitale, s'en trouve affectée ; quant à Habermas, il considère que le processus de technicisation signifie une autonomisation des systèmes d'action orientés vers une fin rationnelle, ce qui réduit la sphère d'entente communicationnelle dont dépend fondamentalement la reproduction de l'espèce humaine. Si l'on ajoute à ces esquisses de tableaux du temps présent les approches anthropologiques qu'Agnes Heller et György Márkus [65] ont développées dans le sillage de l'ontologie sociale du dernier Lukács, on peut dire que les fondements méthodologiques de la philosophie sociale ont fait l'objet, dans les années 1960, d'un large consensus : les tentatives qui ont été faites pour analyser les pathologies sociales de l'époque se rapportent toutes, d'une manière ou d'une autre, à la situation naturelle initiale de l'être humain. C'est pourquoi l'ébauche d'une philosophie sociale tentée dans ces mêmes années par Michel Foucault, qui partage avec Nietzsche non seulement un vif intérêt pour les phénomènes de pouvoir mais aussi une forte prévention contre l'universalisme, a dû être ressentie comme une provocation d'autant plus grande. Même si la justification méthodologique

64. Daniel BELL, *Les Contradictions culturelles du capitalisme* (trad. M. Matignon), PUF, Paris 1979.

65. Agnes HELLER, *Everyday Life* (trad. G.L. Campbell), Routledge & Kegan, Londres-New York, 1984 (1970) ; György MÁRKUS, « Der Begriff des menschlichen Wesens in der Philosophie des jungen Marx », *in* András HEGEDÜS (*et alii*), *Die neue Linke in Ungarn*, Merve-Verlag, Berlin, 1976, vol. 2, p. 41 *sq*.

que Foucault donne de sa critique de la société disciplinaire reste opaque, les arguments qu'il avance à l'encontre de tout concept trop général et anhistorique de l'homme semblent convaincants.

Tout comme la philosophie sociale de Nietzsche, celle de Foucault consiste en grande partie uniquement en enquêtes historiques censées élucider le lien interne entre des types déterminés de savoir humain, des modèles correspondants de discipline sociale et des formes de conduite de vie individuelle. Plus Foucault se détache de ses prémisses relevant de l'histoire des sciences, plus la structure des rapports de pouvoir modernes apparaît clairement comme le centre de gravité de ses recherches : pour ainsi dire en accord à la fois avec Weber et Adorno, il est convaincu que les sociétés développées modernes n'ont pu se maintenir que parce qu'un réseau très dense d'institutions de contrôle veille à imposer une discipline croissante au corps humain afin que les sujets s'en tiennent à une conduite de vie organisée sur un mode rationnel par rapport à une fin et que toute forme de résistance soit ainsi étouffée dans l'œuf [66]. Cela dit, certains aspects de ce diagnostic restent obscurs, notamment la question de savoir dans quelle mesure les processus qui organisent cette emprise croissante du pouvoir sont censés correspondre à des formes de perturbations sociales ; car, pour Foucault, tout type de savoir ou de connaissance est si étroitement lié à des rapports de pouvoir déterminés qu'il ne peut plus y avoir de perspective transcendante à partir de laquelle on pourrait appréhender des processus sociaux comme des déviations par rapport à un idéal. Certes, on peut trouver dans ses derniers écrits, qui tentent de définir une esthétique de l'existence fondée sur le modèle de praxis antiques [67], des références à un concept transcendant de réalisation de soi de l'être humain, que l'on doit

---

66. Voir l'ouvrage de référence de Michel FOUCAULT, *Surveiller et punir*, Gallimard, Paris, 1994. Sur les liens entre Foucault et Adorno, je renvoie à mon essai « Foucault et Adorno. Deux formes d'une critique de la modernité », *Critique*, n° 471-472, août-sept.1986 ; sur les liens entre Foucault et Weber, voir Axel HONNETH, *Desintegration. Bruchstücke einer soziologischen Zeitdiagnose*, Fischer, Francfort, 1994, p. 61 *sq.*

67. Michel FOUCAULT, *Histoire de la sexualité. Le souci de soi*, Gallimard, Paris, 1997, vol. 3 ; voir aussi la synthèse de Hinrich FINK-EITEL, *Foucault zur Einführung*, Junius, Hambourg, 1989.

aussi comprendre rétrospectivement comme un critère pour son diagnostic des rapports de pouvoir modernes ; mais, dans l'ensemble, ses critères normatifs sont si opaques et rendus en outre si obscurs par son perspectivisme issu de la théorie de la connaissance, qu'il est souvent plus facile de saisir la direction normative que Foucault imprime à sa critique du pouvoir en prêtant attention à ses déclarations publiques plutôt qu'en se fiant à ses ouvrages. C'est justement grâce à ce perspectivisme, c'est-à-dire en soutenant la thèse selon laquelle la vérité de prétentions cognitives se mesure seulement et exclusivement au degré de leur application sociale, que Foucault a initié tout un mouvement philosophique. De Richard Rorty à Judith Butler s'étend toute une lignée d'auteurs qui à leur tour défendent l'idée que dans toute norme transcendant son contexte, et encore davantage dans toute référence à une prétendue nature humaine, il ne faut rien voir d'autre qu'une construction exprimant un rapport de pouvoir [68].

Le problème se pose donc aujourd'hui de la manière suivante : puisque la philosophie sociale est tributaire, conformément à son intérêt de connaissance, de critères généraux sur ce qu'est la normalité de la vie sociale, dont la validité ne peut plus être garantie seulement indirectement par des postulats anthropologiques, son existence à venir dépend désormais entièrement de la possibilité de fonder une éthique formelle. De Rousseau à Plessner et Hannah Arendt en passant par Hegel et Marx, la philosophie sociale a été constamment marquée par des figures de pensée relevant de l'anthropologie ou de la philosophie de l'histoire : celles-ci ont produit des critères éthiques pour saisir les pathologies sociales de façon si peu tranchée qu'il était impossible de les appréhender comme tels ; travaillée de façon décisive par Nietzsche, attaquée une nouvelle fois à notre époque par Foucault, cette enveloppe extérieure de la philosophie sociale s'est entre-temps complètement délitée, laissant apparaître en plein jour son noyau éthique. L'avenir de la philosophie sociale dépend donc aujourd'hui entièrement de la possibilité de fonder des jugements éthiques concernant les conditions de possibilité

---

68. Richard RORTY, *Objectivité, relativisme et vérité*, *op. cit.* ; Judith BUTLER, *Trouble dans le genre. Pour un féminisme de la subversion*, *op. cit.*

de toute vie humaine. Trois voies différentes semblent pour le moment se dessiner, susceptibles d'apporter une solution au problème évoqué.

La première réside dans une tentative de procéduralisation de l'éthique. Dans ses derniers écrits, Habermas développe l'idée que l'élucidation de questions éthiques doit être envisagée sur le modèle de discussions pratiques qui jusque-là étaient réservées aux seules questions de justice [69] : ce que l'on doit considérer comme « normal » ou « idéal » en rapport avec une forme de vie sociale dépendrait donc de la manière dont les membres de la société peuvent parvenir, grâce à une formation de la volonté organisée sur un mode démocratique, à un consensus sur le type d'évolution sociale souhaitable. Certes, pour des discussions éthiques de ce genre, liées à la présupposition d'une communauté de valeurs limitée, d'autres conditions de validité devraient être requises, c'est-à-dire des conditions plus restreintes que pour des discussions pratiques de type traditionnel ; mais, en principe, il semble possible et riche de perspectives de faire dépendre l'élucidation de questions éthiques d'un processus conçu de façon spécifique [70]. Cette solution présente toutefois un inconvénient évident : celui de dissoudre, pour ainsi dire, la philosophie sociale elle-même en tant qu'entreprise théorique ; car sa compétence interprétative serait perpétuellement transférée aux personnes concernées qui, en tant que membres d'une société concrète, décident seules ce qui, dans leur vie sociale, doit valoir comme une « pathologie ».

Comme pour prévenir cet affaiblissement de la philosophie sociale, Habermas a présenté dans son œuvre une autre stratégie de fondation que l'on peut considérer aujourd'hui comme une alternative au problème de la justification des jugements éthiques. Dans la *Théorie de l'agir communicationnel*, c'est en effet à la théorie de la société elle-même qu'il revient d'indiquer le seuil critique au-delà duquel l'intrusion d'impératifs systématiques dans le monde vécu

69. Jürgen HABERMAS, « De l'usage pragmatique, éthique et moral de la raison pratique », in *De l'éthique de la discussion* (trad. C. Bouchindhomme et R. Rochlitz), Cerf, Paris, 1996, p. 95 *sq.*

70. Voir la proposition que fait Henry S. RICHARDSON, *Practical Reasoning about Final Ends*, Cambridge University Press, Cambridge, 1994.

social doit être tenue pour une pathologie de la société ; les arguments avancés pour justifier la distinction entre « normal » et « pathologique » relèvent d'une anthropologie atténuée qui n'est plus que formelle, en ce sens qu'ils sont ancrés dans une pragmatique universelle qui tente de démontrer qu'une forme originaire de praxis discursive parmi les êtres humains constitue une condition nécessaire de la reproduction de la société [71]. La deuxième réponse apportée au problème de fondation des jugements éthiques consiste donc aujourd'hui à faire l'esquisse d'une anthropologie la plus économe possible, qui reconstruise quelques conditions élémentaires de la vie humaine ; on en trouve des exemples très récents dans les derniers ouvrages de Martha Nussbaum [72] et surtout dans les recherches ambitieuses menées par Charles Taylor [73]. On peut considérer à juste titre que ses études sur le monde moderne constituent aujourd'hui, à côté des œuvres de Habermas et de Foucault, la troisième contribution à une philosophie sociale contemporaine. Bien que Taylor parte, dans son anthropologie philosophique, de la thèse selon laquelle l'homme est un être destiné à l'auto-interprétation, dont les formes de vie et les possibilités d'existence se mesurent par conséquent aux systèmes d'interprétation qui ont été à chaque fois produits, il ne veut pas pour autant faire dépendre les jugements éthiques portés sur les pathologies sociales uniquement d'interprétations historiquement situées ; il préfère lier la possibilité d'une auto-interprétation productive et sans contrainte au présupposé d'une série de conditions sociales que l'on peut comprendre comme des composantes essentielles d'une éthique formelle. Le critère d'appréciation qui permet un diagnostic des pathologies sociales découlerait donc pour Taylor

---

71. Jürgen HABERMAS, *Théorie de l'agir communicationnel*, *op. cit.*

72. Martha C. NUSSBAUM, « Menschliches Tun und soziale Gerechtigkeit. Zur Verteidigung des aristotelischen Essentialismus », *in* Micha BRUMLIK et Hauke BRUNKHORST (éds), *Gemeinschaft und Gerechtigkeit*, Fischer, Francfort, 1993, p. 323 *sq.* ; pour une approche critique de cet auteur, voir Christiane SCHERER, « Das menschliche und das gute menschliche Leben. Martha Nussbaum über Essentialismus und menschliche Fähigkeiten », *Deutsche Zeitschrift für Philosophie*, 5/1993, p. 905 *sq.*

73. Voir notamment Charles TAYLOR, *The Ethics of Authenticity*, Cambridge, Mass., 1992 ; *Les Sources du moi. La formation de l'identité moderne* (trad. C. Melançon), Seuil, Paris, 1998.

d'une anthropologie formelle qui définit les conditions générales d'une articulation sans contrainte des idéaux de vie de l'être humain. En fait, cette alternative anthropologique s'oppose, dans l'œuvre même de Taylor, à une autre stratégie de fondation que l'on peut considérer aujourd'hui comme une troisième justification possible de la philosophie sociale [74].

Dans son ouvrage *Les Sources du moi*, Charles Taylor jette en quelque sorte les bases d'une éthique pondérée d'un relativisme historique [75] : car seul le retour herméneutique sur les valeurs éthiques qui guident la modernité dans sa démarche d'autocompréhension culturelle peut nous apprendre quelles évolutions sociales sont pathologiques. C'est ce troisième type de fondation qui est le plus en accord avec le projet de Foucault : le critère de jugement grâce auquel la philosophie sociale diagnostique et discute les dysfonctionnements de la société ne possède qu'une validité historiquement limitée dans la mesure où il ne peut s'appliquer qu'à l'époque historique dont il est obligé d'assumer les présupposés éthiques. Certes, ce type de fondation relativiste ne devrait pas remettre entièrement en cause l'entreprise de philosophie sociale ; on pourrait plutôt la comprendre à l'avenir comme un cadre de réflexion à l'intérieur duquel, en ayant pour référence des valeurs et des idéaux de vie historiquement datés et situés, l'on pourrait discuter des perturbations sociales. Mais l'on en aurait terminé avec la prétention classique de la philosophie sociale qui consistait à juger comme pathologiques certaines évolutions de la vie en société d'après des critères transcendant leur contexte. Ainsi, la philosophie sociale ne pourra survivre sous la forme qui vient d'être exposée dans cette présentation historique que si l'on parvient à l'avenir à justifier avec succès l'exigence d'une anthropologie atténuée et formelle.

---

74. Sur cette opposition, voir Holmer STEINFATH, « Authentizität und Anerkennung : Zu Charles Taylors neuen Büchern *The Ethics of Authenticity* und *The Politics of Recognition* », *Deutsche Zeitschrift für Philosophie*, 3/1993, p. 433 *sq*.

75. Charles TAYLOR, *Les Sources du moi*, *op. cit.*

2

Une pathologie sociale de la raison
Sur l'héritage intellectuel de la Théorie critique

Avec le passage au siècle nouveau, la Théorie critique semble être devenue une figure intellectuelle du passé [1]. Comme si cette apparente césure augmentait à elle seule la distance intellectuelle qui nous sépare des premiers développements théoriques de l'École de Francfort : les noms de ces philosophes qui étaient encore des contemporains des fondateurs de cette école sonnent à présent comme s'ils surgissaient d'une autre époque, de la même manière que les gageures théoriques à partir desquelles les membres de cette école développèrent leurs conceptions menacent aujourd'hui de tomber dans l'oubli. Une génération plus jeune poursuit aujourd'hui le travail de la critique sociale sans pouvoir disposer d'autre chose que d'un souvenir purement nostalgique des grandes années du marxisme occidental.

Plus de trente ans se sont écoulés depuis l'époque où les écrits de Marcuse et de Horkheimer étaient lus comme des ouvrages contemporains. Un air de vieillerie et de désuétude, de quelque chose d'irrémédiablement perdu, entoure les grandes idées philosophiques de la Théorie critique, qui ne semblent plus avoir de résonance dans l'espace d'expérience d'un présent en constant développement. L'abîme qui nous sépare des anciens de la

1. Le texte original de cette contribution a été présenté en avril 2001 sous la forme d'une conférence dans le cadre des « Münsteraner Vorlesungen ».

Théorie critique est sans doute comparable à celui qui séparait la première génération, qui a vécu l'apparition du téléphone et du cinéma, des derniers représentants de l'idéalisme allemand ; le même étonnement un peu irrité avec lequel un Benjamin ou un Kracauer ont peut-être contemplé une photographie du vieux Schelling doit aujourd'hui frapper une jeune étudiante qui, sur son ordinateur, tombe sur une photo du jeune Horkheimer dans un intérieur bourgeois de l'empire wilhelmien.

Comme les traces d'expériences oubliées se reflètent dans la physionomie de visages devenus étrangers, les présupposés de l'époque passée s'imprègnent plus fortement encore dans les prémisses et les constructions de ses idées. La Théorie critique, dont l'horizon théorique s'est largement construit en s'appropriant l'histoire intellectuelle européenne de Hegel à Freud, compte encore sur la possibilité d'une conception de l'histoire gouvernée par la raison. Mais, pour la génération actuelle qui a grandi en ayant à l'esprit la pluralité des cultures et la fin des « grands récits », la fondation de sa critique de la société dans une philosophie de l'histoire a sans doute pour elle un aspect des plus étranges. L'idée d'une raison historiquement effective, à laquelle tous les représentants de l'École de Francfort sont restés attachés, de Horkheimer jusqu'à Habermas, doit susciter une incompréhension là où l'unité d'une seule rationalité n'est plus guère reconnaissable parmi la diversité des convictions légitimes. Et l'idée selon laquelle le progrès de cette raison est entravé ou interrompu par l'organisation capitaliste de la société ne suscitera guère plus qu'un simple étonnement, car le capitalisme ne peut désormais plus être vu comme un système unifié de rationalité sociale. Alors qu'il y a seulement trente-cinq ans, Habermas fondait l'idée d'une émancipation de la domination et de l'oppression dans l'histoire de l'espèce en partant de l'idée d'un « intérêt émancipatoire », il admet lui-même aujourd'hui qu'« une telle forme d'argumentation appartient incontestablement au passé [2] ».

---

2. Jürgen HABERMAS, « Trente ans plus tard : remarques sur *Connaissance et intérêt* », *in* Emmanuel RENAULT et Yves SINTOMER (dir.), *Où en est la théorie critique ?*, La Découverte, Paris, 2003.

Les changements politiques de ces dernières décennies n'ont pas été sans influence sur le statut de la critique sociale. Devant la pluralité des cultures et l'expérience d'une disparité de mouvements sociaux d'émancipation, les attentes quant aux tâches de la critique et à son pouvoir ont considérablement décru. Une conception libérale de la justice prédomine aujourd'hui de manière générale, qui recourt à des critères normatifs d'identification des injustices sociales sans la moindre ambition de chercher à expliquer leur ancrage dans le cadre institutionnel d'un type particulier de société. Et lorsqu'une telle démarche est perçue comme insuffisante, on fait appel à des modèles de critique sociale construits dans l'esprit de la méthode généalogique de Michel Foucault ou dans le style de la critique herméneutique de Michael Walzer [3].

Dans tous ces cas, cependant, la critique n'est plus conçue comme une forme de réflexion d'une rationalité devant être ancrée elle-même dans le processus historique. Au contraire, et dans un sens qui lui est peut-être tout à fait spécifique, la Théorie critique insiste sur la médiation de la théorie et de l'histoire à travers un concept de rationalité socialement effective : le passé historique doit être compris d'un point de vue pratique, comme un processus de développement dont les déformations pathologiques dues au capitalisme peuvent être dépassées uniquement en initiant un processus d'émancipation par la raison (*Aufklärung*) parmi les sujets impliqués. C'est ce modèle de relation de la théorie et de l'histoire qui garantit l'unité de la Théorie critique, en dépit de la variété de ses approches. Que ce soit sous une forme positive avec le jeune Horkheimer, Marcuse ou Habermas, ou sous une forme négative avec Adorno ou Benjamin, on trouve toujours la même conception à l'arrière-plan de ces différents projets : un processus historique de développement est déformé par les relations sociales dans un sens tel que l'on ne puisse y remédier que de manière pratique. Faire appel à l'héritage de la Théorie critique pour le siècle nouveau implique

3. Pour un travail exemplaire de critique sociale dans le sens de Foucault, voir James TULLY, « Political philosophy as critical activity », *Political Theory*, n° 30, 2002, p. 533-555. Sur Michael WALZER, voir ses *Tanner Lectures* publiées sous le titre *Critique et sens commun*, La Découverte, Paris, 1990.

nécessairement de retrouver dans l'idée d'une pathologie sociale de la raison une charge explosive encore susceptible d'être ranimée pour la pensée contemporaine. Contre la tendance à réduire la critique sociale à un projet ancré dans une prise de position normative, locale ou située, il conviendrait de clarifier la relation qui fait reposer la critique sociale sur les exigences d'une raison se développant dans l'histoire.

Dans le propos qui suit, j'aimerais faire un premier pas dans cette direction (I) en faisant ressortir le noyau éthique de l'idée, propre à la Théorie critique, d'une forme déficiente de rationalité sociale. (II) À partir de là, je montrerai ensuite comment le capitalisme peut être compris comme une cause de cette déformation de la rationalité sociale. (III) Dans un troisième temps, enfin, j'établirai le lien avec la pratique, vu dans la visée de dépassement de la souffrance sociale causée par une rationalité déficiente. À chacun de ces trois niveaux, il s'agit de trouver un langage permettant de clarifier, pour le présent, ce que la Théorie critique concevait pour le passé. En cela, je devrai souvent me contenter, au mieux, de suggestions quant à l'orientation que devrait prendre une actualisation des arguments de la première Théorie critique.

I

Bien qu'il soit difficile de trouver une unité méthodologique dans la multiplicité des formes de la Théorie critique, le négativisme théorique peut cependant faire office de point de départ offrant un premier nœud de convergence [4]. Tant les membres du cercle interne que ceux du cercle externe de l'Institut de recherche sociale [5] perçoivent la situation sociale sur laquelle ils

4. Sur le concept de « négativité » et surtout sur la distinction entre négativisme orienté vers le contenu et négativisme méthodologique, voir Michael THEUNISSEN, *Das Selbst auf dem Grund der Verzweiflung : Kierkegaards negativistische Methode*, Hain, Berlin, 1999 ; *cf.* aussi : « Negativität bei Adorno », *in* Ludwig VON FRIEDEBURG, Jürgen HABERMAS (dir.) *Adorno-Konferenz 1983*, Suhrkamp, Francfort, 1983, p. 41-65.

5. Sur la distinction entre centre et périphérie dans la Théorie critique, voir mon texte « Kritische Theorie. Vom Zentrum zur Peripherie einer Denktradi-

entendent agir comme un état de négativité sociale. En cela, il y a aussi un accord largement partagé sur le fait que cette négativité ne doit pas être évaluée étroitement, comme un manquement envers des principes de la justice sociale, mais dans un sens plus large, comme une violation des conditions d'une vie bonne ou réussie [6]. Toutes les expressions utilisées par les membres de ce cercle pour caractériser l'état de la société proviennent d'une terminologie théorique fondée sur la distinction basique entre des relations « pathologiques » et des relations « intactes », non pathologiques. Horkheimer parlait au début d'une « organisation irrationnelle » de la société, Adorno plus tard d'un « monde administré », Marcuse utilisait des concepts tels que « société unidimensionnelle » ou « tolérance répressive », enfin Habermas utilisait la formule « colonisation du monde vécu [7] ».

De telles formulations présupposent toujours normativement une constitution des relations sociales qui serait intacte dans la mesure où elle offrirait à tous les membres de la société la possibilité d'une réalisation de soi réussie. Mais il ne suffit pas uniquement d'indiquer les différences avec le discours de l'injustice sociale propre à la philosophie morale pour expliquer la spécificité de cette terminologie ; bien plutôt, la particularité de ces expressions se révèle seulement lorsque sont mis au jour les liens obscurs supposés exister entre une pathologie sociale et une rationalité déficiente. Tous les auteurs mentionnés ci-dessus partent du principe que la cause de l'état négatif de la société se situe dans un déficit de rationalité sociale ; ils supposent un lien interne entre les relations pathologiques et la constitution de la

---

tion », in *Die zerrissene Welt des Sozialen. Sozialphilosophische Aufsätze*, Suhrkamp, Francfort, 1999, p. 25-72. [Voir aussi, sur ce point Préface, p. 12, note 7].

6. Sur cette distinction, voir chapitre 1, p. 39.

7. *Cf.* Max HORKHEIMER, « Théorie traditionnelle et Théorie critique », in *Théorie traditionnelle et Théorie critique* (trad. C. Maillard et S. Müller), Gallimard, Paris, 1974 (1936), p. 15-92 ; Theodor W. ADORNO, « Critique de la culture et société », in *Prismes. Critique de la culture et société* (trad. G. et R. Rochlitz), Payot, Paris, 1986 (1955), p. 7-26 ; Herbert MARCUSE, *L'Homme unidimensionnel. Études sur l'idéologie des sociétés avancées* (trad. M. Wittig), Éd. de Minuit, Paris, 1968 (1964) ; Jürgen HABERMAS, *Théorie de l'agir communicationnel* (trad. J.-M. Ferry et J.-L. Schlegel), Fayard, Paris, 1987 (1981), tome II, chap. 8, p. 331-444.

rationalité sociale, ce qui explique leur intérêt pour le processus historique de réalisation de la raison. Par conséquent, toute tentative de rendre à nouveau féconde la tradition de la Théorie critique pour le temps présent doit commencer par actualiser cette conjonction conceptuelle – fondée sur une idée éthique dont les racines sont à trouver dans la philosophie de Hegel.

La thèse selon laquelle les pathologies sociales doivent être comprises comme le produit d'une rationalité déficiente est en fin de compte redevable à la philosophie politique de Hegel. Dans sa *Philosophie du droit*, Hegel partait de l'hypothèse que son époque voyait se manifester une multiplicité de tendances au déclin du sens pouvant uniquement s'expliquer par une appropriation insuffisante d'une raison déjà possible « objectivement »[8]. Le présupposé de ce diagnostic de l'époque contemporaine de Hegel reposait sur une conception globale de la raison établissant un lien entre le progrès historique et l'éthique : la raison se déploie dans l'histoire en recréant à chaque nouvelle étape des institutions « éthiques » universelles dont les prises en considération permettent aux individus de concevoir leur vie en accord avec des objectifs socialement reconnus, et leur permettent ainsi de faire une expérience sensée de la vie. Quiconque refuse que sa vie se définisse par de tels objectifs rationnels souffre des conséquences de l'indéterminité et développe les symptômes d'une perte d'orientation. En transposant cette conception éthique à l'horizon du processus social de l'ensemble de la société, le diagnostic de Hegel qui est au fondement de la *Philosophie du droit* se dégage sous forme d'ébauche : Hegel voyait émerger à son époque la prépondérance de ces systèmes de pensée et de ces idéologies qui, en empêchant les sujets de percevoir une vie éthique déjà établie, faisaient apparaître à large échelle des symptômes de perte de sens. Hegel était ainsi convaincu que les pathologies sociales devaient être comprises comme le résultat d'une incapacité des sociétés à

---

8. *Cf.* Axel HONNETH, *Leiden an Unbestimmtheit. Eine Reaktualisierung der Hegelschen Rechtsphilosophie*, Reclam, Stuttgart, 2001 ; Michael THEUNISSEN, *Réalisation de soi et universalité : pour une critique de la conscience actuelle* (trad. H. Pourtois), Cerf, Paris, 1997.

exprimer adéquatement le potentiel rationnel déjà inhérent à leurs institutions, à leurs pratiques et leurs routines quotidiennes.

Une fois extraite du contexte particulier dans lequel Hegel l'a placée, cette conception aboutit à la thèse générale selon laquelle une forme réussie de société est uniquement possible si les normes de rationalité les plus élevées sont maintenues. Hegel justifie cette relation présumée à travers la prémisse éthique selon laquelle seule l'instance d'universalité rationnelle peut fournir aux membres de la société les orientations qui leur permettent d'organiser leur vie de manière sensée. Un élément de cette conviction fondamentale est sans conteste à l'œuvre chez les représentants de la Théorie critique lorsqu'ils affirment, dans leurs différentes approches, que la cause de la pathologie de la société capitaliste se situe dans un manque de rationalité sociale. Sans une telle présomption éthique, déjà implicite chez Hegel, on ne peut justifier l'établissement d'une telle relation : on ne doit pouvoir dire des membres de la société qu'ils peuvent mener en commun une vie réussie et non déformée que si tous s'orientent en fonction de principes ou d'institutions qu'ils peuvent eux-mêmes comprendre comme des fins rationnelles de leur autoréalisation. Toute déviation par rapport à cet idéal ne peut que mener à une pathologie sociale, dans la mesure où les sujets éprouvent manifestement de manière douloureuse le déficit de finalités communes et universelles.

Cependant, ce noyau éthique de l'hypothèse initiale, commun aux différents projets de la Théorie critique, demeure la plupart du temps caché sous des prémisses anthropologiques. L'universel rationnel supposé fournir la garantie d'une forme « intacte » de vie sociale est conçu comme le potentiel d'une modalité invariante de capacité humaine. On trouve cet élément chez Horkheimer dans sa conception du travail : la domination humaine sur la nature est dirigée de manière « immanente » vers l'objectif d'une constitution de la société dans laquelle les contributions individuelles se complètent mutuellement de manière transparente [9]. On peut dire ici avec Marx que l'émergence de pathologies sociales dépend des conditions d'une organisation

9. Max HORKHEIMER, « Théorie traditionnelle et Théorie critique », *op. cit.*, p. 45.

effective de la société en retrait par rapport aux normes de rationalité déjà incorporées dans les forces de production. Dans le cas de Marcuse, l'instance d'universalité rationnelle se déplace progressivement dans ses derniers écrits vers la sphère d'une praxis esthétique apparaissant comme le médium d'une intégration sociale dans laquelle les sujets peuvent satisfaire leurs besoins sociaux dans une coopération non coercitive [10] ; par conséquent, la pathologie sociale intervient ici dès le moment où l'organisation de la société commence à réprimer le potentiel rationnel issu du pouvoir d'imagination ancré dans le monde vécu.

Chez Habermas enfin, l'idée hégélienne d'une universalité rationnelle est maintenue au moyen du concept d'entente communicationnelle, dont les présupposés idéalisants doivent faire en sorte que, à chaque nouvelle étape du développement de la société, le potentiel de rationalité discursive retrouve une validité universelle. Ainsi, on peut parler d'une pathologie sociale lorsque la reproduction symbolique de la société n'est plus soumise à ces normes de rationalité inhérentes à la forme de l'entente communicationnelle la plus développée [11]. Toutes ces approches de la Théorie critique reprennent, selon différentes définitions de la praxis humaine originale, la même idée hégélienne quant à la nécessité constante d'une universalité rationnelle pour rendre possible, pour les sujets, une manière entière de s'autoréaliser dans la société. Comme avec le concept de « travail humain » chez Horkheimer ou l'idée d'une vie esthétique chez Marcuse, le concept d'entente communicationnelle chez Habermas sert avant tout à spécifier la forme de la raison dont le développement fournit le médium d'une modalité non seulement rationnelle mais aussi satisfaisante d'intégration de la société. C'est la référence à une telle instance de la praxis rationnelle qui permet aux auteurs de poser leur analyse de la société comme un diagnostic des pathologies sociales guidé par une

10. Herbert MARCUSE, *Essai sur la libération. Au-delà de l'homme unidimensionnel* (trad. J.-B. Grasset), Éd. de Minuit, Paris, 1970.

11. Jürgen HABERMAS, *Théorie de l'agir communicationnel*, *op. cit.*, tome II, chap. 6 ; voir aussi sur ce point : Maeve COOK, *Language and Reason : A Study of Habermas's Pragmatics*, MIT Press, Cambridge, Mass., 1994, en particulier chap. 5.

théorie de la raison : les déviations par rapport à l'idéal à atteindre avec la réalisation sociale de l'universalité rationnelle peuvent être décrites comme des pathologies sociales parce qu'elles s'accompagnent d'une perte douloureuse des possibilités d'autoréalisation intersubjective.

Au cours du développement de la Théorie critique, de Horkheimer à Habermas, cette idée d'universalité rationnelle s'est bien sûr transformée, non seulement dans son contenu, mais aussi dans sa forme méthodique. Alors que Horkheimer relie encore à son concept de travail un potentiel rationnel devant directement servir aux sujets comme objectif d'autoréalisation coopérative dans une « communauté d'hommes libres [12] », Habermas ne conçoit plus l'idée d'une entente communicationnelle comme un objectif rationnel mais plutôt comme une forme raisonnable de modalité réussie de socialisation. Chez Habermas, l'idée selon laquelle seule une rationalité accomplie garantit une vie commune réussie pour les membres de la société est radicalement traduite en un sens procédural, au point que la rationalité qui donne lieu à une action orientée vers l'entente peut assurer uniquement les conditions d'une autoréalisation autonome et non pas son accomplissement [13].

Toutefois, cette formalisation ne saurait masquer le fait qu'une idée éthique se cache sous un propos anthropologique portant sur un mode originel de l'action humaine. Le concept d'agir communicationnel dont la rationalité exerce une contrainte invariable sur les êtres humains, contient toujours de manière indirecte cette représentation d'une vie sociale réussie que les concepts de travail chez Horkheimer ou de praxis esthétique chez Marcuse contenaient de manière directe. Comme Hegel, les membres de la Théorie critique sont convaincus que l'autoréalisation du sujet individuel réussit uniquement lorsqu'elle se combine avec l'autoréalisation de tous les autres

---

12. Max HORKHEIMER, « Théorie traditionnelle et Théorie critique », *op. cit.*, p. 50-51 (*NdT* : traduction modifiée : dans l'ouvrage figure « collectivité » à la place de « communauté »).

13. L'objectif de traduire sous forme de procédures l'idée hégélienne d'une universalité rationnelle est particulièrement évidente dans le texte de Jürgen HABERMAS, « On Social Identity », *Telos*, n° 19, 1974, p. 91-103.

membres de la société, au moyen de principes ou de finalités acceptés universellement. On peut en effet aller plus loin et prétendre que l'idée d'une universalité rationnelle contient le concept de bien commun sur lequel les membres d'une société ont dû s'entendre de manière rationnelle pour pouvoir se rapporter mutuellement à leur liberté individuelle. Les différents modèles de praxis dont se servent Horkheimer, Marcuse ou Habermas sont les extensions particulières de cette idée première selon laquelle la socialisation des êtres humains ne peut réussir que dans les conditions d'une liberté coopérative. Quelle que soit la manière dont l'idée anthropologique prend forme chez chacun de ces auteurs, en fin de compte ils défendent tous l'idée éthique consistant à insister sur une forme de pratique commune dans laquelle les sujets peuvent, ensemble ou en coopération, parvenir à l'autoréalisation [14].

On trouve un reflet de cette première prémisse de la Théorie critique y compris dans les écrits qui semblent s'être le plus éloignés de ses fondements éthiques. Dans *Minima Moralia*, Adorno conteste radicalement toute possibilité d'une théorie morale universelle, parce que les « dommages » de la vie sociale ont conduit désormais à une telle fragmentation du comportement individuel que toute orientation vers des principes supérieurs n'est, de manière générale, plus guère possible. Au lieu de cela, la réflexion doit mettre en évidence, et ce uniquement dans des cas singuliers et aphoristiques, quelles sont les vertus éthiques et intellectuelles ayant survécu pour résister aux exigences instrumentales à travers une insistance opiniâtre sur les manières de faire désintéressées. Mais ce ne sont pas seulement les modèles auxquels Adorno mesure les atteintes aux formes d'interaction sociale qui trahissent le maintien d'un idéal d'autoréalisation coopérative dans laquelle seule la liberté du sujet

14. Cette perspective éthique constitue à mon sens un point de rencontre entre la Théorie critique et le pragmatisme américain. Il est étonnant de voir que c'est seulement avec Habermas qu'une réception productive du pragmatisme s'est opérée, alors que les réactions de la première génération envers le pragmatisme allaient principalement du scepticisme au refus. Sur l'histoire de cette réception, voir Hans JOAS, « Die unterschätzte Alternative und die Grenzen der "Kritischen Theorie" », in *Pragmatismus und Gesellschaftstheorie*, Suhrkamp, Francfort, 1992, p. 96-113.

singulier rend possible celle d'autres sujets, car le texte évoque aussi à plusieurs reprises la genèse historique des dommages sociaux en se référant directement à la perte d'une « bonne universalité [15] ». Adorno fonde également ses réflexions sur un concept de praxis qui, en suivant l'exemple de Hegel, rattache les principes éthiques à un présupposé de rationalité : on ne peut avoir des formes réussies de socialisation que là où se sont établies des manières communes d'agir pouvant valoir comme objectifs rationnels d'autoréalisation aux yeux de tous les sujets individuels. Si Adorno a en vue, avant tout, le modèle d'une communication « désintéressée » ou « sans finalité », telle qu'il l'a décrite à l'aide de l'exemple paradigmatique de l'amour ou du don exempt d'égoïsme et de finalité [16], c'est qu'il partage avec Marcuse une prémisse d'ordre esthétique : les formes d'action mutuelles les plus appropriées à la réalisation de soi sont celles dans lesquelles la nature humaine peut se manifester sans coercition en satisfaisant des besoins sensoriels dans une interaction avec l'autre.

L'idée d'une universalité rationnelle d'autoréalisation coopérative à laquelle tous les membres de la Théorie critique adhèrent fondamentalement procède de manière critique face au libéralisme, autant que cette tradition intellectuelle contemporaine qui est qualifiée de « communautarisme ». Si un certain rapprochement des doctrines libérales s'est récemment manifesté chez Habermas en raison du poids accru qu'il accorde à l'autonomie juridique du sujet individuel, ce rapprochement ne va toutefois pas jusqu'à renoncer à toute distinction entre les prémisses socio-ontologiques du libéralisme et celles de la Théorie critique. Au contraire, comme Marcuse, Horkheimer et Adorno, Habermas reste convaincu que la réalisation de la liberté individuelle est liée à une praxis commune qui dépasse le seul produit de la coordination des intérêts particuliers.

Tous les concepts de praxis rationnelle utilisés dans la Théorie critique sont conçus, dans leur définition même, pour

15. Theodor W. ADORNO, *Minima Moralia*, *op. cit.*, Aphorismes 11 (p. 27-28), 16 (p. 32-34).

16. Sur ce point voir Martin SEEL, « Adornos kontemplative Ethik. Philosophie. Eine Kolumne », *Merkur*, nº 638, 2002, p. 512 *sq.*

des actions dont l'élaboration requiert un degré d'entente intersubjective plus élevé que ne l'admet le libéralisme : pour coopérer sur une base égale, pour agir ensemble esthétiquement, pour pouvoir s'entendre sans contrainte, il est nécessaire de disposer d'une conviction pratique accordant de la valeur à chacune de ces activités afin de justifier la mise au second plan des intérêts individuels. À cet égard, la Théorie critique présuppose un idéal normatif de société qui est incompatible avec les prémisses individualistes de la tradition libérale. Son orientation vers un idéal d'autoréalisation coopératrice implique au contraire que les sujets ne peuvent parvenir à une vie réussie en société tant qu'ils n'ont pas reconnu un noyau de convictions communes quant à des valeurs situées en arrière-plan de leurs intérêts individuels respectifs. L'idée d'une « communauté d'hommes libres » déjà formulée par Horkheimer dans son essai « Théorie traditionnelle et Théorie critique [17] » constitue le motif normatif central de la Théorie critique, même lorsque le concept de « communauté » est rigoureusement évité en raison de l'abus idéologique dont il est l'objet.

À suivre ce raisonnement, on pourrait aisément avoir l'impression que les exigences normatives de la Théorie critique sont les mêmes que celles du « communautarisme [18] ». Mais, autant qu'elle se distingue du libéralisme par son orientation vers un « universel » de l'autoréalisation, la Théorie critique se détache de l'idée communautariste d'une mise en suspens de l'universel par rapport à la raison. Aucun auteur appartenant à la Théorie critique n'a jamais renoncé à l'idée hégélienne selon laquelle la praxis coopérative et les valeurs liées à cette dernière doivent posséder un caractère rationnel. C'est précisément le cœur même de l'approche de la Théorie critique que de concevoir l'autoréalisation individuelle dans son lien avec la condition d'une praxis commune ne pouvant être que le résultat d'une réalisation de la raison. Loin de comprendre le lien avec des valeurs

---

17. Max HORKHEIMER, « Théorie traditionnelle et Théorie critique », *op. cit.*, p. 51.

18. Sur le communautarisme, voir Axel HONNETH (éd.), *Kommunautarismus. Eine Debatte über die möglichen Grundlagen moderner Gesellschaften*, Campus, Francfort, 1993.

communes comme une fin en soi, la constitution d'un contexte de coopération a pour fonction d'élever la rationalité sociale – autrement, on ne comprendrait pas pourquoi les formes de pratiques respectivement identifiées doivent toujours être le résultat d'une rationalisation de la société, pas plus qu'on ne saisirait en quoi l'état négatif du temps présent devrait forcément être l'expression d'un déficit de rationalité. À la différence du communautarisme, la Théorie critique soumet l'universel aux critères de la fondation rationnelle, universel qui doit à la fois prendre corps et se réaliser dans la coopération sociale. Aussi différents que puissent être les concepts de raison utilisés dans la Théorie critique, de Horkheimer à Habermas, ils aboutissent tous à la même idée selon laquelle l'orientation vers une praxis de coopération libératrice ne doit pas résulter de liens affectifs d'appartenance ou d'harmonie mais d'un examen rationnel.

La tradition de la Théorie critique se distingue du libéralisme et du communautarisme par un perfectionnisme éthique de nature tout à fait particulière. À la différence de la tradition libérale, elle soutient en réalité que la finalité normative des sociétés devrait consister à rendre l'autoréalisation mutuellement possible, mais elle conçoit la recommandation en vue de réaliser cet objectif comme le résultat fondé d'une analyse précise des processus de développement de l'être humain. Comme chez Hegel, les frontières se brouillent entre description et prescription, entre pure description et fondation normative ; l'explication des circonstances entravant ou limitant le processus de réalisation de la raison doit posséder en soi la force de conviction rationnelle pour créer une praxis sociale coopérative. Selon une conception commune à tous les membres de la Théorie critique, la perfection de la société qu'ils entrevoient doit être le résultat d'une raison acquise par l'analyse. Cependant, l'interprétation qu'ils offrent à cette fin n'est plus rédigée dans le langage de la philosophie de l'esprit de Hegel ; bien plutôt, il y a un consensus général autour de la nécessité d'une « sociologisation » du cadre de référence catégoriel pour pouvoir mener une telle analyse. La seconde particularité de la Théorie critique tient dans sa tentative d'expliquer sociologiquement le processus de déformation pathologique de la raison. Cette particularité mérite aujourd'hui autant de place dans l'héritage de la Théorie critique que l'idée d'autoréalisation coopérative.

II

Il y a aujourd'hui une tendance croissante à exercer la critique de la société sous une forme qui se passe de toute composante d'explication sociologique. Cette évolution vient du fait que l'on considère la plupart du temps comme largement suffisant de présenter certaines situations d'anomie sociale (*soziale Mißstände* [19]) sur la base de valeurs ou de normes bien fondées. Dès lors, la question de savoir pourquoi les principaux concernés ne problématisent pas ou ne combattent pas eux-mêmes un tel mal moral n'entre plus dans le domaine de compétence d'une telle critique de la société. Cependant, la coupure introduite ainsi s'effrite de partout lorsqu'une relation causale est établie entre l'existence de carences sociales et l'absence de réactions publiques : cette situation d'anomie sociale aurait alors, entre autres, pour propriété de causer par elle-même précisément ce mutisme ou cette apathie dont l'absence de toute réaction publique est la conséquence.

Ce présupposé est au fondement de la plupart des approches de la Théorie critique. Bien que l'influence de Marx sur chacune d'entre elles varie à différents degrés, elles partagent presque toutes, sur ce point précis, une prémisse centrale de son analyse du capitalisme : les conditions sociales produisant la pathologie des sociétés capitalistes ont pour spécificité structurelle précisément de dissimuler les faits qui devraient tout particulièrement occasionner la critique publique la plus massive. On trouve ici la conception esquissée chez Marx dans sa théorie du

19. En allemand, « *soziales Mißstand* » signifie littéralement « situation sociale fausse » ou « déficiente ». Dans le vocabulaire de l'auteur, cela renvoie à des situations sociales dont les anomalies sont irréductibles aux questions de la justice sociale et recoupe davantage un concept tel qu'« anomie » dans la tradition durkheimienne. Dans le présent ouvrage, l'expression a été traduite, selon les contextes, par « situations d'anomie sociale », plus rarement par « carences sociales » (*NdT*).

« fétichisme » ou de la « réification [20] » et chez les auteurs de la Théorie critique dans des concepts tels que « relation d'aveuglement » (*Verblendungszusammenhang*), « unidimensionnalité » ou « positivisme » [21] : dans tous les cas, ces concepts dépeignent un système de convictions et de pratiques dont la propriété paradoxale est de dérober toute information sur les conditions sociales au travers desquelles ce système a lui-même été simultanément produit.

Pour le type de critique de la société que pratique la Théorie critique, ce constat aboutit à élargir les tâches qu'elle doit remplir. À la différence des approches qui sont devenues largement dominantes aujourd'hui, elle doit relier la critique des situations d'anomie sociale à une explication des processus ayant contribué à leur dissimulation. C'est seulement lorsque ce type d'analyse explicative parvient à convaincre les destinataires qu'ils se trompent effectivement sur le caractère factuel de telles situations sociales que leur illégitimité se manifeste publiquement avec quelques chances d'être reconnue. Aussi, dans la Théorie critique, la critique normative doit être complétée par un élément d'explication historique parce qu'elle établit un lien de cause à effet entre l'existence de situations d'anomie sociale et l'absence de réactions publiques. Le déficit d'universalité rationnelle qui est à l'origine de la pathologie sociale du temps présent doit être expliqué de manière causale par un processus historique de déformation de la raison, lequel rend intelligible en même temps l'absence de thématisation publique des situations d'anomie sociale.

---

20. Karl MARX, *Le Capital*, Garnier-Flammarion, Paris, 1986 (1867), Livre I. Pour une excellente analyse, voir Georg LOHMANN, *Indifferenz und Gesellschaft. Eine kritische Auseinandersetznng mit Marx*, Campus, Francfort, 1991, en particulier le chap. 5.

21. *Cf.* selon cet ordre : Max HORKHEIMER, Theodor W. ADORNO, *La Dialectique de la raison* (trad. E. Kaufholz), Gallimard, Paris, 1974 (1944) ; Herbert MARCUSE, *L'Homme unidimensionnel. Études sur l'idéologie des sociétés avancées*, *op. cit.* ; Theodor W. ADORNO, « Introduction », *in* Theodor W. ADORNO, Karl POPPER, *De Vienne à Francfort. La querelle allemande des sciences sociales*, Éditions Complexe, Bruxelles, 1979 ; Jürgen HABERMAS, *La Technique et la science comme idéologie* (trad. J.-L. Ladmiral), Gallimard, Paris, 1973 (1968).

Depuis le début, il y a un accord au sein de la Théorie critique sur le fait que ce processus historique de déformation de la raison peut uniquement être expliqué dans un cadre de référence sociologique. Même si cette intuition éthique propre à toute l'entreprise se nourrit en fin de compte de l'idée hégélienne d'une universalité rationnelle, ses protagonistes sont tout autant les héritiers des classiques de la sociologie, de sorte qu'ils ne peuvent plus guère s'appuyer sur le concept idéaliste de raison dans l'explication de l'écart par rapport à cette universalité. Les processus déformants ayant contribué à un déficit de rationalité sociale, à la formation d'une « rationalité particulière [22] », sont au contraire analysés, de Horkheimer à Habermas, dans un cadre catégoriel résultant d'une synthèse théorique entre Marx et Weber. Marx avait lui-même déjà remis Hegel « sur ses pieds » en reliant l'extension de la connaissance légitime à l'accomplissement d'une praxis sociale permettant aux sujets d'améliorer progressivement les conditions de leur reproduction matérielle. Dès lors, ce ne sont plus les forces internes de l'esprit mais les défis externes de la nature qui engendrent un processus d'apprentissage ancré dans l'expérience scientifique et qui justifient le discours sur la réalisation de la raison.

Mais les membres de la Théorie critique ne pouvaient guère se satisfaire de l'épistémologie anthropologique de Marx pour véritablement donner une interprétation sociologique du processus historique que Hegel avait décrit dans sa philosophie comme un processus d'auto-épanouissement de l'esprit. C'est seulement en reprenant les principaux concepts de Max Weber, dont la réception était au début largement influencée par la lecture particulière qu'en a faite Lukács [23], que le tableau se complète finalement et que se clarifie le lien entre des processus d'apprentissage liés à la pratique et des processus d'institutionnalisation sociale. C'est en fusionnant Weber et Marx que les

22. Theodor W. ADORNO, « Critique de la culture et société », *op. cit.*

23. Georg LUKÁCS, « La réification et la conscience du prolétariat », in *Histoire et conscience de classe* (trad. K. Axelos et J. Bois), Éd. de Minuit, Paris, 1960 (1923), p. 109-256. Sur le rôle de l'analyse lukácsienne de la réification pour la première Théorie critique, voir Jürgen HABERMAS, *Théorie de l'agir communicationnel*, *op. cit.*, tome I, chap. 6.

membres de l'École de Francfort sont arrivés à la conviction partagée que le potentiel rationnel de l'être humain se déploie dans des processus historiques d'apprentissage dans lesquels des solutions rationnelles sont indissolublement liées à des conflits quant au monopole du savoir. Face aux défis objectifs chaque fois renouvelés qui se présentent aux sujets à chaque étape de la nature et de l'organisation sociale, ils réagissent en améliorant constamment leur savoir pratique, mais ce savoir est tellement enchâssé dans des conflits sociaux à propos du pouvoir et de la domination que c'est seulement au prix d'une exclusion de certains groupes sociaux qu'il prend forme durablement dans des institutions. Par conséquent, il est tout à fait clair pour la Théorie critique que la réalisation hégélienne de la raison doit être comprise comme un processus d'apprentissage conflictuel à multiples facettes et dans lequel une connaissance potentiellement universalisable se fait jour progressivement au cours de résolutions de problèmes qui apportent des améliorations, ceci contre la résistance des groupes dominants.

Cette idée fondamentale a bien sûr été soumise à une révision constante dans la Théorie critique. Au début, chez Horkheimer, le processus d'apprentissage, avec tous ses aspects sociaux conflictuels, ne renvoyait qu'à la seule dimension de la transformation de la nature, si bien qu'on ne voit guère comment des améliorations rationnelles pouvaient s'opérer aussi dans l'organisation de la vie sociale [24]. Adorno élargit déjà le spectre en présumant, dans la lignée de la sociologie de la musique de Weber, une rationalisation du travail sur le matériau artistique servant d'extension de la souveraineté calculatrice sur la praxis esthétique [25]. Dans l'œuvre de Marcuse, on trouve des allusions permettant à juste titre de supposer un processus collectif d'apprentissage dont les revers se manifestent par une formation

---

24. Max HORKHEIMER, « Théorie traditionnelle et Théorie critique », *op. cit.* ; sur cette problématique, voir mon livre, *Kritik der Macht*, Suhrkamp, Francfort, 1986, chap. 1.

25. Theodor W. ADORNO, « Ideen zur Musiksoziologie », in *Gesammelte Schriften*, Bd. 23, Suhrkamp, Francfort, 1977, p. 9-23.

du pouvoir également dans le domaine de l'appropriation de la nature interne[26].

Seul Habermas est parvenu à une différenciation systématique des différents processus d'apprentissage, fondée sur l'effectivité de différents rapports au monde de l'être humain par la praxis langagière. Il défend l'idée selon laquelle le potentiel humain de rationalité se développe selon au moins deux directions, la première tournée vers une connaissance croissante du monde objectif, la seconde vers une juste résolution des conflits de l'interaction[27]. Le gain en termes de différenciation se paie cependant ici au prix du renoncement à pouvoir penser conjointement le processus historique d'accroissement de la rationalité et ces conflits sociaux, que les premiers représentants de la Théorie critique avaient encore clairement à l'esprit, en suivant la sociologie de la domination de Max Weber. Dans l'œuvre de Habermas, il y a un fossé entre la dimension, que Bourdieu a par exemple étudiée en termes de processus de monopolisation culturelle[28], et les processus d'apprentissage rationnels, fossé qui est fondamentalement incompatible avec les aspirations initiales de la tradition. Pourtant, dans la mesure où la Théorie critique a besoin d'une version postidéaliste de la thèse de Hegel esquissée dans son idée de réalisation de la raison, elle ne peut se passer d'une approche des degrés de différenciation, à l'image de celle fournie par le concept habermassien de rationalité. Pour pouvoir comprendre dans quelle mesure la connaissance socialement institutionnalisée s'est elle-même rationalisée, au point de manifester un degré de réflexivité croissant dans les manières de venir à bout des problèmes sociaux, il convient de différencier autant d'aspects de la rationalité qu'il y a de défis socialement perceptibles dans la reproduction sociale redevable d'un consentement.

À la différence de l'approche habermassienne qui opère une différenciation de ce type en s'appuyant sur une particularité

---

26. Herbert MARCUSE, *Eros et Civilisation. Contribution à Freud* (trad. J.-G. Nény et B. Fraenkel), Éd. de Minuit, Paris, 1968 (1955).

27. *Cf.* Jürgen HABERMAS, *La Technique et la science comme idéologie*, *op. cit.* ; *Théorie de l'agir communicationnel*, *op. cit.*, tome II, chap. 6.

28. *Cf.* Pierre BOURDIEU, Jean-Claude PASSERON, *La Reproduction. Éléments d'une théorie du système d'enseignement*, Éd. de Minuit, Paris, 1970.

structurelle du langage humain, on pourrait envisager un concept supérieur reliant plus étroitement les aspects de la rationalisation sociale, au sens d'un réalisme interne, au potentiel de révélation des problèmes que des valeurs sociales établies présentent. Dès lors, ce ne seraient plus les aspects immuables de validité de l'entente langagière qui guideraient le processus dans lequel s'opère la rationalisation du savoir social mais les points de vue de validité historiquement constitués dans des sphères sociales de valeur. Le concept de raison avec lequel la Théorie critique tente de saisir le surcroît de rationalité dans l'histoire humaine est soumis à la pression d'une incorporation de points de vue étrangers et nouveaux, en particulier non européens. Dès lors, il n'est guère étonnant que le concept de rationalité sociale doive sans cesse s'élargir et se différencier, afin de pouvoir prendre en compte la multiplicité des processus d'apprentissage. Quoi qu'il en soit, c'est désormais une version postidéaliste de l'idée hégélienne de réalisation de la raison qui sert de cadre nécessaire à l'idée qui, de Horkheimer à Habermas, pourrait bien constituer le noyau fondamental de toute la tradition de la Théorie critique. Selon cette dernière, le processus de rationalisation sociale, à travers des structures sociales spécifiques au seul capitalisme, s'est interrompu ou déformé d'une manière telle que les pathologies accompagnant le déclin de l'universalité rationnelle deviennent inévitables.

La clé de cette thèse qui rassemble tous les éléments traités jusqu'ici séparément forme un concept de capitalisme équipé d'une théorie de la rationalité. On voit clairement désormais que la Théorie critique a abouti à cette conception moins à travers une réception de l'œuvre de Marx qu'au travers des impulsions issues de la théorie initiale de Lukács. Avec *Histoire et conscience de classe* [29], on pouvait concevoir pour la première fois son idée selon laquelle la réalité institutionnelle du capitalisme moderne laisse entrevoir une forme d'organisation de la société structurellement liée à un type donné et restreint de rationalité. Pour Lukács, qui était lui-même fortement influencé par Max Weber et Georg Simmel, la spécificité de cette forme de rationalité résulte de la contrainte exercée sur les sujets par un

---

29. Georg LUKÁCS, *Histoire et conscience de classe*, *op. cit.*

type de praxis qui les transforme en « spectateurs impuissants [30] » devant des événements coupés de leurs besoins et de leurs intentions. Le travail parcellisé et mécanisé ainsi que l'échange marchand exigent une forme de perception qui fait apparaître les autres êtres humains comme des choses, des êtres dépourvus de sentiments ; l'interaction sociale est ainsi dépouillée de cette attention aux qualités qui lui confèrent une valeur.

Dans un vocabulaire plus proche des représentations contemporaines, on pourrait présenter l'analyse de Lukács en disant que le capitalisme fait prédominer une forme de praxis qui astreint à l'indifférence envers la valeur d'autres êtres humains : au lieu de se rapporter les uns aux autres en se reconnaissant mutuellement, les sujets se perçoivent comme des objets identifiés suivant leurs propres intérêts [31]. En tout cas, c'est ce diagnostic de Lukács qui fournit à la Théorie critique le cadre catégoriel au sein duquel il est possible de parler d'une interruption ou d'une déformation du processus de réalisation de la raison. Avec comme fondement le processus d'apprentissage historique, les forces structurelles de la société que Lukács met en relief dans le capitalisme moderne se présentent elles-mêmes comme des obstacles à un potentiel de rationalité présent de manière latente dès les premiers moments de la modernité : la forme d'organisation des relations sociales dans le capitalisme empêche toute application à la vie pratique de ces principes rationnels dont les potentiels cognitifs sont d'ores et déjà disponibles.

En revanche, il faut évidemment dire que ce schéma explicatif à l'œuvre dans la Théorie critique varie en fonction des différentes conceptions du processus historique de rationalisation et de son déroulement. On trouve ainsi chez Horkheimer, en raison même de ses prémisses, l'idée selon laquelle l'organisation capitaliste de la production porte en elle une opposition des intérêts individuels qui empêche l'exploitation des « moyens intellectuels et matériels qui permettraient de dominer la

30. *Op. cit.*, p. 118.

31. Voir mon texte « Invisibilité : sur l'épistémologie de la "reconnaissance" », [voir chapitre 7, p. 225].

nature [32] ». Horkheimer élargira plus tard sa réflexion avec Adorno, au travers de l'hypothèse, peu plausible, selon laquelle une rationalité émotionnelle serait inhérente aux modes d'interaction de la famille bourgeoise au XIXe siècle, dont le potentiel serait réfréné en raison du durcissement de la compétition et du monopole [33]. L'œuvre d'Adorno, en particulier *Minima Moralia*, regorge de telles spéculations, toujours sur le mode d'un diagnostic quant à l'impossibilité croissante d'une forme d'amour qui, au sein de la famille, avait pu réconcilier sans contrainte l'individuel et l'universel : dans la société capitaliste, le privilège accordé aux idées utilitaristes et rationnelles en finalité entrave le développement d'une universalité rationnelle non législatrice, ancrée structurellement dans les relations privées sous la forme de l'affection mutuelle et du pardon [34].

En reprenant dans les grandes lignes les *Lettres sur l'éducation esthétique* de Schiller, Marcuse décrit le processus d'accroissement de la sensibilité esthétique comme s'achevant avec le capitalisme moderne, une forme de société décrite, à l'instar de Lukács mais sur le modèle de Heidegger, comme une relation complexe de mise à disposition généralisée de la connaissance [35]. Chez Habermas enfin, on trouve l'idée selon laquelle on ne peut pas séparer le potentiel de rationalité communicationnelle dans les conditions capitalistes parce que les impératifs de l'exploitation capitaliste envahissent eux-mêmes les sphères du monde vécu social. Bien que la famille et l'espace public politique se soient émancipés depuis longtemps de leurs bases traditionnelles de légitimation, les principes de la communication rationnelle ne peuvent pas y être mis en valeur car ils

32. Max HORKHEIMER, « Théorie traditionnelle et Théorie critique », *op. cit.*, p. 46.

33. Marx HORKHEIMER, « Autorität und Familie in der Gegenwart », in *Kritik der instrumentellen Vernunft*, Francfort, 1967, p. 167 *sq.* ; Horkheimer développe le même motif avec des nuances religieuses évidentes dans « Die verwaltete Welt kennt keine Liebe. Gespräch mit Janko Muselin », *Gesammelte Schriften*, Bd. 7, *op. cit.*, p. 358-367.

34. Theodor W. ADORNO, *Minima Moralia*, *op. cit.*, Aphorismes 10 (p. 27), 11 (p. 27-28), 107 (p. 157-158), 110 (p. 161).

35. Herbert MARCUSE, *Eros et Civilisation*, *op. cit.*, chap. 4 ; *cf.* également Johann P. ARNASON, *Von Marcuse zu Marx*, Neuwied, Berlin, 1971, chap. 5.

sont de plus en plus infiltrés par des mécanismes de régulation systémiques [36].

Aussi différentes que puissent être ces tentatives d'explication, le schéma de base de la critique du capitalisme commun à chacune d'entre elles reste le même. Comme Lukács, mais de manière plus nuancée et sans cette emphase sur le prolétariat ancrée dans une philosophie de l'histoire, les théoriciens critiques perçoivent le capitalisme comme l'organisation dans laquelle prédominent des pratiques et des manières de penser qui entravent le déploiement d'une rationalité rendue possible par le processus historique. Cette obstruction morale soulève en même temps un défi moral ou éthique car elle empêche l'orientation vers une universalité rationnelle dont les impulsions ne pourraient que venir d'une rationalité pleinement réalisée. Quant à savoir si l'on peut reprendre actuellement le concept de capitalisme ancré dans une théorie de la rationalité qui fonde l'interprétation de l'histoire esquissée ici, cela reste sans aucun doute une question ouverte. Les possibilités d'organiser l'activité de l'économie capitaliste semblent trop variées, mais aussi trop mélangées à d'autres modèles d'action non rationnels en finalité, pour que les attitudes des acteurs impliqués soient réduites à un seul mode d'action instrumentale. À vrai dire, de nouvelles recherches suggèrent que, dans les sociétés capitalistes, les attitudes ou les orientations les mieux récompensées par des succès sociaux sont celles dont l'ancrage dans des intérêts individuels contraint à une relation purement stratégique avec soi-même et avec les autres sujets [37]. Par conséquent, nous ne pouvons pas exclure que le capitalisme puisse être interprété comme le produit institutionnel d'un style de vie culturel ou d'un imaginaire social [38] dans lequel prédomine en pratique un type de rationalité restrictif et « réifié ».

---

36. Jürgen HABERMAS, *Théorie de l'agir communicationnel*, *op. cit.*, tome II, chap. 8.

37. *Cf.* par exemple Anthony GIDDENS, *Modernity and Self-Identity. Self and Society in the Late Modern Age*, Cambridge, 1991, p. 196 *sq.*

38. Dans ce contexte, les études réalisées à la suite de Max Weber (Wilhelm HENNIS, *Max Webers Fragestellung*, Mohr, Tübingen, 1987) sont particulièrement importantes, ou encore les écrits de Cornélius CASTORIADIS, *L'Institution imaginaire de la société*, Seuil, Paris, 1975. Pour une étude plus récente voir :

Mais les points communs au sein de la Théorie critique dépassent également cette question. Ses principaux représentants ne partagent pas seulement le schéma formel d'un diagnostic du capitalisme comme une relation sociale qui entrave ou limite la rationalité, mais aussi la conception du procédé thérapeutique approprié : les forces capables de contribuer au dépassement de la pathologie sociale doivent précisément prendre racine dans cette rationalité dont la réalisation est justement obturée par le type d'organisation sociale propre au capitalisme. Comme dans les autres éléments de la théorie, une figure classique de la pensée moderne joue, ici aussi, un rôle déterminant : la même importance qui revenait à Hegel, Marx, Weber et Lukács pour le contenu central de la Théorie critique est conférée à la psychanalyse de Freud. C'est à elle que la Théorie critique emprunte l'idée selon laquelle les pathologies sociales s'expriment toujours dans une souffrance qui maintient un intérêt dans le pouvoir émancipateur de la raison.

III

La question de savoir comment venir à bout en pratique des conditions productrices d'injustice n'entre en général plus dans le domaine des tâches de la critique sociale. À l'exception des approches inspirées par Foucault, qui comprennent la transformation de la relation de l'individu à lui-même comme une condition de la critique [39], la question de la relation entre théorie et pratique est exclue des réflexions contemporaines. On considère que l'explication des causes pouvant être responsables du mutisme sur les situations d'anomie sociale (*soziale Mißstände*) est tout aussi peu l'affaire de la critique sociale que l'élaboration de perspectives permettant la conversion de la théorie en pratique. Une telle perspective requiert une théorie du sujet ou une psychologie sociale qui expliquent pourquoi les individus,

---

Luc Boltanski, Ève Chiapello, *Le Nouvel Esprit du capitalisme*, Gallimard, Paris, 1999.

39. Voir par exemple Judith Butler, *La Vie psychique du pouvoir*, Léo Scheer, Paris, 2002, chap. 2, 3 et 4.

pris dans les conditions de la domination d'une manière particulière de penser et d'agir, doivent pouvoir être encore réceptifs au contenu rationnel de la théorie. Il convient d'expliquer d'où proviennent les forces subjectives qui, en dépit de la relation d'aveuglement, de l'unidimensionnalité ou de la fragmentation, garantissent une possibilité de convertir la théorie en pratique. Aussi hétérogène que puisse être aujourd'hui le champ de la critique sociale, il est symptomatique qu'aucune approche, ou presque, ne conçoive une telle définition comme faisant partie de ses tâches. La question concernant l'état motivationnel des sujets, qui devrait être ici au centre, est au contraire largement délaissée car on n'attend plus de la critique une réflexion sur les conditions de conversion de la théorie en pratique.

À l'inverse, depuis ses débuts la Théorie critique est à ce point redevable de la tradition de l'hégélianisme de gauche [40] qu'elle considère l'initiation d'une pratique critique capable de contribuer au dépassement de la pathologie sociale comme une composante essentielle de ses tâches. Même là où prévaut chez ses auteurs un certain scepticisme quant à la possibilité d'une application pratique de la raison, la question émerge dans toute sa gravité devant la nécessité présumée d'assumer de manière interne une continuité entre théorie et pratique [41].

Toutefois, la Théorie critique ne conçoit plus l'élaboration de cette médiation entre théorie et pratique comme une tâche pouvant être entreprise au moyen de la seule réflexion philosophique. Au lieu de recourir à une philosophie spéculative de l'histoire qui, pour un Marx ou un Lukács, était de l'évidence même, la Théorie critique se fie au nouvel outil qu'offre la recherche sociale empirique pour s'informer sur les dispositions critiques du public [42]. Le fruit de cette réorientation méthodologique, qui constitue un autre trait singulier de la Théorie critique,

40. Voir aussi Karl LÖWITH, *Von Hegel zu Nietzsche. Der revolutionäre Bruch im Denken des 19. Jahrhunderts*, Kohlhammer, Stuttgart, 1950, partie I, chap. 2.

41. Voir le texte symptomatique de Theodor W. ADORNO, « Resignation », in *Gesammelte Schriften*, Bd. 10, *op. cit.*, p. 794-799.

42. *Cf.* Erich FROMM, *Arbeiter und Angestellte am Vorabend des Dritten Reiches. Eine sozialpsychologische Untersuchung*, Deutsche Verlags-Anstalt, Stuttgart, 1980.

est une appréciation désenchantée de l'état de conscience du prolétariat : contrairement à ce que suppose la frange marxiste de l'hégélianisme de gauche, la classe ouvrière ne développe pas automatiquement, à mesure que s'impose le travail mécanisé et parcellisé, la disposition révolutionnaire permettant une conversion du contenu critique de la théorie en une pratique de transformation sociale [43]. C'est ainsi que disparaît la possibilité pour la Théorie critique d'établir un lien entre théorie et pratique en se contentant d'en appeler à un destinataire prédéfini. Toutes les réflexions qui prennent désormais sa place aboutissent à l'idée qu'une conversion de la théorie en pratique sera effective précisément à travers cette rationalité que la pathologie sociale a déformée sans l'avoir complètement éliminée. À la place du prolétariat, dont la situation sociale en faisait jusqu'alors le destinataire du contenu critique de la théorie, doit désormais émerger une capacité rationnelle enfouie dont les motivations sont en principe partagées de manière identique par tous les sujets.

Ce changement de perspective requiert pour tout dire un raisonnement complémentaire, car on ne voit guère, à première vue, pourquoi la motivation de la praxis critique exigerait la même rationalité qui est, selon les données de la théorie, altérée au plus haut point. Comment les auteurs de la Théorie critique pourraient-ils être convaincus de trouver suffisamment de dispositions rationnelles pour une conversion de la théorie en pratique si la rationalité pratiquée dans la société devait être limitée ou défigurée de manière pathologique ?

La réponse à cette question se trouve dans un domaine théorique placé sur un continuum entre la psychanalyse et la psychologie morale ; il s'agit en permanence de mettre au jour les racines motivationnelles qui entretiennent des dispositions à la connaissance morale chez les sujets individuels, malgré toutes les entraves rationnelles. Il convient ici de distinguer deux moments dans l'argumentation, ceci même si les auteurs de la Théorie critique n'ont pas toujours établi une séparation très claire entre eux. Puisque le déficit de rationalité sociale conduit à

43. *Cf.* Helmut Dubiel, « Theorie und Politik », *Wissenschaftsorganisation und politische Erfahrung. Studien zur frühen kritischen Theorie*, chap. 5, Suhrkamp, Francfort, 1978.

des symptômes de pathologie sociale, on en déduit que les sujets souffrent de l'état de la société : aucun individu ne peut éviter, soit de se concevoir lui-même comme diminué, soit de devoir être décrit comme étant diminué par les effets d'une déformation de la raison, parce que la perte de l'universalité rationnelle signe aussi l'effondrement des possibilités d'une réalisation de soi subordonnée à la coopération mutuelle.

La Théorie critique s'est incontestablement servie de la psychanalyse freudienne comme modèle méthodologique pour, dans une première étape, établir un lien entre la rationalité déficiente et la souffrance individuelle. On trouve à vrai dire un lien similaire dans la critique du romantisme menée par Hegel, dont l'influence sur l'École de Francfort n'est pas des moindres. Mais l'élan consistant à relier la catégorie de la « souffrance » aux pathologies de la rationalité sociale vient avant tout de l'idée freudienne selon laquelle les maladies névrotiques résultent d'une limitation de l'ego rationnel et débouchent forcément sur une souffrance individuelle. L'application systématique de cette idée fondamentale de la psychanalyse au domaine d'analyse de la société n'est pas un aspect théorique que Habermas a introduit dans la Théorie critique [44]. Déjà dans ses premiers essais, Horkheimer décrit l'irrationalité de la société selon des concepts issus des enseignements de Freud car ils évaluent le degré de pathologie sociale selon l'ampleur de l'effet des forces étrangères à l'ego [45]. Et partout où Adorno parle d'une souffrance individuelle ou sociale résonne un élément de la conception freudienne selon laquelle les sujets souffrent d'une limitation névrotique de leurs véritables capacités rationnelles. Cela signifie par conséquent, dans la *Dialectique négative*, que cette souffrance contient une forme de réflexion intérieure : « le moment corporel annonce à la connaissance que la souffrance ne doit pas être, que cela doit changer [46] ». L'utilisation d'un tel concept de

44. Jürgen HABERMAS, *Connaissance et intérêt* (trad. G. Clémençon), Gallimard, Paris, 1976 (1968).

45. Max HORKHEIMER, « Geschichte und Psychologie », in *Kritische Theorie*, Suhrkamp, Francfort, 1968, p. 9-30.

46. Theodor W. ADORNO, *Dialectique négative* (trad. groupe du Collège de philosophie), Payot, Paris, 1978 (1966), p. 197.

« souffrance », qui émerge ici comme une instance de l'expérience de l'interaction entre des forces physiques et intellectuelles, a été malheureusement largement négligée jusqu'ici dans la réception de la Théorie critique [47] ; une analyse plus précise montrerait sans doute que, comme chez Freud, la souffrance exprime le sentiment de ne pas pouvoir supporter la « perte de l'ego (capacités) [48] ». De Horkheimer à Habermas, la Théorie critique s'est laissé guider par l'idée que la pathologie de la rationalité sociale conduit à des entraves qui se manifestent avant tout dans l'expérience douloureuse de la perte des capacités rationnelles. En fin de compte, cette idée aboutit à la thèse forte, anthropologique, selon laquelle les sujets humains ne peuvent pas rester indifférents devant une limitation de leurs capacités rationnelles : puisque leur autoréalisation est liée aux conditions d'une activité rationnelle de coopération, ils sont condamnés à souffrir psychiquement de cette déformation. Cette conception d'une relation interne entre un état psychique intact et une rationalité non déformée est peut-être l'impulsion la plus forte que la Théorie critique a reçue de Freud ; toute recherche qui tend aujourd'hui dans la même direction avec de meilleurs moyens va au-devant des mêmes exigences.

Mais c'est seulement à l'aide de la seconde étape, qui s'est effectuée plutôt de manière implicite dans la Théorie critique, que l'on peut extraire de cette thèse un moyen de rétablir dans la théorie la relation rompue avec la pratique. Et c'est encore Freud qui fournit la suggestion définitive en prétendant, dans le prolongement de la première étape, que le poids de la souffrance pousse à la guérison au travers des mêmes forces rationnelles dont les fonctions sont entravées par la pathologie. On présuppose en cela avant tout ce qui, en général, est une évidence lorsqu'on entreprend un traitement psychanalytique : l'individu souffrant subjectivement d'une maladie névrotique porte en lui le désir de se libérer de cette souffrance.

47. Une exception à cette généralisation se trouve chez Josef FRÜCHTL, *Mimesis. Konstellation eines Zentralbegriffs bei Adorno*, Konigshausen & Neumann, Würzburg, 1986, chap. 3.2.

48. Theodor W. ADORNO, « Bemerkungen über Politik und Neurose », in *Gesammelte Schriften*, Bd. 8, *op. cit.*, p. 434-439.

Les auteurs de la Théorie critique ne répondent pas toujours clairement à la question de savoir si ce poids de la souffrance qui pousse à la guérison peut être conçu seulement au sens d'une expérience subjective ou également au sens d'un événement « objectif ». Alors qu'Adorno parle de la souffrance comme d'une « impulsion subjective » et semble avoir à l'esprit la première alternative, Horkheimer recourt souvent à des formulations dans lesquelles la souffrance sociale est traitée comme un agrégat de sensations imputables de manière objective. Chez Habermas en revanche, sa *Théorie de l'agir communicationnel* comporte suffisamment d'indications qui suggèrent l'alternative subjective [49], alors que chez Marcuse les deux possibilités de l'alternative sont envisagées à tour de rôle.

Dans tous les cas, la Théorie critique présuppose que cette souffrance vécue subjectivement ou attribuable objectivement par les membres de la société mène au même désir de guérison, de libération des maux sociaux, que le psychanalyste doit présupposer de ses patients : l'intérêt dans sa propre guérison doit se manifester par une disposition à réactiver, contre ses résistances, ces forces rationnelles déformées par une pathologie individuelle et sociale. Tous les auteurs du cercle interne de la Théorie critique tablent sur un intérêt latent, chez leurs destinataires, à disposer d'explications ou d'interprétations rationnelles, car le désir de se libérer de la souffrance ne peut être assouvi que dans le recouvrement d'une rationalité non abîmée. Ce présupposé audacieux permet d'établir un lien entre théorie et pratique qui diffère de la tradition marxiste : les défenseurs de la Théorie critique ne partagent pas avec leurs destinataires un espace d'objectifs communs ou de projets politiques mais plutôt un espace de raisons potentiellement communes, préservé par les pathologies contemporaines, pour une possible transformation à travers des visées rationnelles.

Ici aussi, il convient de prendre en considération les différences qui prévalent entre les membres de l'École de Francfort ; elles se

---

49. Voir par exemple les réflexions sur Marx dans : Jürgen HABERMAS, *Théorie de l'agir communicationnel*, *op. cit.*, tome II, chap. 8. Habermas hésite ici toutefois entre un usage spécifique au monde vécu et un usage fonctionnel de l'idée de pathologie sociale.

mesurent avant tout aux hypothèses sociopsychologiques ou anthropologiques avec lesquelles se démontre la thèse d'une persistance de la disposition individuelle à formuler des arguments rationnels, en dépit des déformations de la vie sociale. Chez Horkheimer, on trouve sur ce point l'idée que le souvenir de situations de sécurité émotionnelle dans la première enfance maintient l'intérêt d'un dépassement de ces formes de rationalité attachées à une disposition purement instrumentale. Mais ses réflexions ne nous disent pas dans quelle mesure une telle force motrice psychique doit disposer aussi, simultanément, d'un pouvoir rationnel intact et non limité. Si on y associe les réflexions éparses d'Adorno sur ce sujet, on a quelque raison de penser qu'il faut voir dans l'« intuition mimétique » (*mimetisches Gespür*) plus qu'une simple impulsion de transformation devant l'objet menacé ; bien davantage, il faut y voir les restes non abîmés d'un désir de saisir l'autre intellectuellement d'une manière à le préserver dans son existence singulière [50]. Chez Marcuse, on sait que de telles définitions se trouvent dans une théorie des pulsions qui compte sur les penchants érotiques d'une pulsion de vie dont la réalisation esthétique exige également un « effort conscient de libre rationalité [51] ». Toutefois, ce projet a souvent été remis en cause dans sa capacité à offrir effectivement des garanties suffisantes pour un concept élargi de rationalité sociale [52].

Enfin, Habermas avait initialement présupposé dans le genre humain, dans une sorte d'anthropologie épistémologique, un « intérêt émancipatoire » propre à l'expérience d'une praxis langagière structurellement attachée à l'égalité et à l'absence de contraintes [53]. Ce concept a entre-temps cédé sa place à une théorie de la communication à présent dépourvue de toute prétention anthropologique, même si elle maintient l'idée d'une pratique d'argumentation langagière dans laquelle l'individu est toujours

50. *Cf.* Josef FRÜCHTL, *op. cit.*, chap. 5.3.

51. Herbert MARCUSE, *Eros et Civilisation*, *op. cit.*, p. 194.

52. *Cf.* Jürgen HABERMAS, Silvia BOVENSCHEN, *Gespräche mit Marcuse*, Suhrkamp, Francfort, 1978.

53. Jürgen HABERMAS, *Connaissance et intérêt*, *op. cit.*, chap. 3.

réceptif à de meilleures raisons [54]. Ces réflexions sont autant de réponses à la question de savoir quels sont les expériences, les pratiques ou les besoins qui permettent de maintenir, chez l'être humain, un intérêt à la pleine réalisation de la raison, malgré les déformations ou les limitations de la rationalité sociale. Par conséquent, aussi longtemps que la théorie peut compter sur de telles impulsions rationnelles pour se fonder, elle peut se rapporter de manière réflexive à une praxis potentielle dans laquelle les explications qu'elle offre sont mises en œuvre pour se libérer de la souffrance. À l'avenir, la Théorie critique ne pourra continuer à exister sous la forme qu'a prise son développement, de Horkheimer à Habermas, que si elle continue de faire la preuve d'un tel intérêt. Sans un concept réaliste d'« intérêt émancipatoire » présumant, à des fins critiques, un noyau indestructible de disposition rationnelle chez les sujets, ce projet théorique n'aura aucun avenir.

Avec ces dernières idées, le déploiement du motif constitutif du contenu central de l'héritage de la Théorie critique aboutit à une conclusion réaliste. L'enchaînement des idées systématiques développées précédemment forme une unité théorique dont on ne peut retirer un élément sans que cela ne porte à conséquence ; aussi longtemps que nous maintenons l'idée de comprendre la Théorie critique comme une forme de réflexion d'une raison effective dans l'histoire, on ne pourra renoncer purement et simplement aux motifs normatifs d'une universalité rationnelle, d'une idée de pathologie sociale de la raison et, enfin, du concept d'intérêt émancipatoire. On a vu par ailleurs qu'aucun de ces trois éléments théoriques ne peut être maintenu aujourd'hui dans la forme développée initialement par les membres de l'École de Francfort. S'ils veulent encore pouvoir assurer la fonction pour laquelle ils étaient initialement pensés, ces éléments théoriques requièrent tous une reformulation conceptuelle ainsi que la médiation de l'état actuel de nos connaissances. C'est ainsi que s'esquisse le champ des tâches qui se présentent aux héritiers de la Théorie critique au XXIe siècle.

---

54. Jürgen HABERMAS, « Encore une fois : retour sur le rapport entre théorie et pratique », in *Vérité et justification* (trad. R. Rochlitz), Gallimard, Paris, 2001 (1999), p. 247-262.

3

La critique comme « mise au jour »
La Dialectique de la raison et les controverses actuelles sur la critique sociale

La Dialectique de la raison appartient manifestement à cette classe d'ouvrages qui tendent à nous devenir toujours plus étrangers avec l'âge ; plus la distance temporelle qui les sépare du présent est grande, plus se dissipent les effets rhétoriques de tels livres, plus laborieuse apparaît la conduite de leur argumentation [1]. Rien ne distingue véritablement une relecture de *La Dialectique de la raison* de l'expérience que nous faisons, et dont il est aujourd'hui aisé de comprendre la signification, lorsque nous relisons des textes comme les *Lettres sur l'éducation esthétique* de Schiller : ce qui enflamma le cœur des contemporains ne laisse plus en nous qu'un sentiment d'émotion impuissante parce que les efforts passionnés de l'époque sont aujourd'hui définitivement périmés. Cependant, une confrontation avec *La Dialectique de la raison* et son inimitable synthèse de narration et d'argumentation n'a rien perdu de son actualité : nous avons toujours et encore affaire à une modernité qui se définit, comme

1. Le verbe « *erschließen* » signifie entre autres : ouvrir, révéler. C'est cette double dimension sur laquelle Honneth joue dans ce texte, en associant dans un même mouvement critique la saisie des significations cachées ou non avouées du monde social et l'ouverture de la possibilité d'une autre vie sociale, la mise à jour et la remise à jour. Suivant les cas, nous traduisons « *erschließen* » par mettre au jour, mettre à nu, découvrir, dévoiler ou ouvrir. Les intertitres ont été ajoutés par le traducteur (*NdT*].

dans *La Dialectique de la raison*, par une rationalisation technique s'exerçant sur l'intégralité de la vie et dont les effets croissants méritent d'être interprétés et évalués. Ce n'est donc pas vraiment le contenu de l'ouvrage qui est à l'origine du sentiment désagréable d'avoir définitivement perdu contact avec lui. Ce sentiment réside plutôt dans le type de procédure théorique mise en œuvre dans *La Dialectique de la raison* afin d'aborder dans une perspective critique des questions qui restent, aujourd'hui comme hier, explosives.

Si l'on se tourne vers l'histoire de la réception de l'ouvrage, on perçoit aisément la succession par laquelle les différentes couches de l'argumentation furent progressivement soumises à une critique intransigeante. Cela commença par une mise à distance historique qui visait à mettre en lumière, avec les instruments de la sociologie de la connaissance, à quel point l'entreprise était emprisonnée dans une philosophie de l'histoire conditionnée par l'époque de la convergence du fascisme et du stalinisme [2]. La réception critique prit ensuite la forme d'une série de travaux qui cherchèrent à montrer, à propos de l'expérience de l'histoire qui sous-tend l'ouvrage, à quel point les types d'explications sociologiques ou psychologiques mis en œuvre étaient insuffisants : dans *La Dialectique de la raison*, les processus intrapsychiques de transformation des pulsions et le processus social de mise en place de la domination ne sont pas interprétés sous une forme suffisamment compatible avec les standards des disciplines correspondantes pour donner au propos toute sa force persuasive [3]. À cette étape de la discussion, il était encore hors de doute que la perspective philosophique pouvait être assumée d'un point de vue systématique, mais cette dernière certitude fut elle aussi contestée dans un troisième temps. De la

2. Helmuth Dubiel, *Wissenschaftsorganisation und politische Erfahrung. Studien zur frühen kritischen Theorie*, Suhrkamp, Francfort, 1978.

3. Voir, pour une revue d'ensemble de ces problèmes, Wolfgang Bonß, Axel Honneth (dir.), *Sozialforschung als Kritik. Das sozialwissenschaftliche Potential der kritischen Theorie*, Suhrkamp, Francfort, 1982 ; pour une analyse plus détaillée, voir Jessica Benjamin, « The End of Internalization : Adorno's Social Psychology », *Telos*, 1977, n° 32, p. 42 *sq.*, ainsi que la première partie de Axel Honneth, *Kritik der Macht. Reflexionsstufen einer kritischen Gesellschaftstheorie*, Suhrkamp, Francfort, 1986.

question purement immanente qui consiste à se demander si une critique de la société peut être développée de façon cohérente lorsqu'elle met en doute les moyens discursifs de l'argumentation a rapidement surgi le soupçon plus général qu'une entreprise comme *La Dialectique de la raison* développe une forme de critique qui ne peut être justifiée d'un point de vue théorique et qui est, en outre, politiquement dangereuse [4].

Depuis, c'est bien sur ce dernier point que s'est concentrée pour l'essentiel la discussion philosophique de *La Dialectique de la raison*. Aujourd'hui, la question de savoir si une forme de critique sociale qui trouverait ses critères dans des valeurs « extérieures », et non dans les idées « immanentes » du bien ou du juste, pourrait conserver un sens, est particulièrement débattue. En effet, on soupçonne généralement que l'application de critères transcendants conduit à un point de vue qui reste trop extérieur et étranger à la société critiquée pour trouver en elle une quelconque application. Il en résulterait qu'une telle forme de critique sociale aurait nécessairement des conséquences totalitaires : sous la forme narrative d'interprétations historiques apocalyptiques ou eschatologiques, on prendrait en définitive congé des intuitions morales du plus grand nombre (des personnes concernées) au profit d'une conception de la vie bonne qui n'attendrait plus que d'être malencontreusement utilisée par une élite de privilégiés. Il peut certes sembler injuste, voire cynique, d'adresser de tels reproches à *La Dialectique de la raison* alors que son contenu critique est au plus haut point marqué par l'expérience du totalitarisme. Cependant, on trouve aujourd'hui dans la réception de l'ouvrage des tendances qui semblent confirmer la pertinence d'un tel jugement : d'un côté, un nombre croissant de voix s'élèvent pour voir dans *La Dialectique de la raison* une forme de critique apocalyptique qui n'est pas sans danger, d'un autre côté, on admet de plus en plus que l'ouvrage

4. On trouve déjà un exemple d'une telle critique, sans l'arrière-plan politique, chez Jürgen HABERMAS, *Le Discours philosophique de la modernité*, Gallimard, Paris, 1988, p. 128-156. On trouve aujourd'hui dans différentes publications néo-conservatrices l'idée qu'un type de critique comme celui de *La Dialectique de la raison* aurait des conséquences totalitaires.

doit être intégralement étudié comme une œuvre d'art poétique [5]. C'est la même conviction qui s'impose dans ces deux tendances, opposées sur bien des plans mais qui convergent néanmoins dans l'intention d'exclure *La Dialectique de la raison* du domaine de la critique sociale pouvant être prise au sérieux philosophiquement, intention qui s'exprime soit dans le dénigrement politique, soit dans une forme de sauvetage par esthétisation. La première stratégie procède d'une confusion entre la critique conservatrice de la culture et la théorie critique de la société et n'arrive pas à distinguer entre Oswald Spengler et Theodor W. Adorno, la seconde stratégie procède d'une assimilation de la théorie critique de la société avec l'art de la mise à nu et passe à côté de ce qui sépare Samuel Beckett et Theodor W. Adorno. Dans les deux cas, il semble bien qu'il n'y ait aucune place pour *La Dialectique de la raison* dans la sphère des critiques sociales dotées de conséquences pratiques significatives.

Dans ce qui suit, je voudrais engager une confrontation critique avec ces tendances complémentaires qui caractérisent la réception actuelle de l'ouvrage ; je procéderai cependant de façon indirecte puisque je chercherai simplement à montrer que *La Dialectique de la raison* représente un type particulier de critique, procédant par mise au jour du monde et irréductible à la critique de la culture comme à la fiction littéraire. Je commencerai par reconstruire les arguments philosophiques qui sont aujourd'hui opposés au type de critique transcendante que contient l'étude de Horkheimer et d'Adorno. On montrera dans un second temps qu'il existe deux types de carences sociales qui peuvent légitimement faire l'objet d'une critique sociale. Le second, que j'appelle « pathologie » pour le distinguer du premier, l'injustice sociale, justifie d'après moi de transcender l'horizon des valeurs existant au moyen d'une mise au jour critique. Après avoir établi ce point, il me faudra montrer brièvement dans un dernier temps que *La Dialectique de la raison* satisfait les exigences méthodologiques d'un tel type de critique : elle ouvre un nouvel horizon de signification à la lumière duquel

5. C'est dans cette direction que s'oriente Bert VAN DEN BRINK, « Gesellschaftstheorie und Übertreibungskunst. Für eine alternative Lesart der "Dialektik der Aufklärung" », *Neue Rundschau*, n° 1, 1997, p. 37-59.

il est possible de faire apparaître à quel point les rapports sociaux en vigueur ont un caractère pathologique.

I. Les arguments en faveur d'une critique sociale immanente

C'est aujourd'hui de deux côtés que s'élèvent les objections contre une critique reposant sur des critères forts transcendant les contextes historiques et culturels. On affirme dans les deux cas que toute critique normative des pratiques sociales présuppose toujours déjà une certaine affirmation de la culture morale en vigueur dans la société critiquée. Sans une telle adoption de l'horizon de valeur de la culture critiquée, le critique ne serait pas en mesure d'identifier quelque chose comme une carence sociale susceptible d'être considérée comme une injustice par ses contemporains. Au contraire, une critique sociale qui tenterait de mettre entre parenthèses ou de transcender l'horizon de valeur régnant localement en se référant à des critères externes adopterait nécessairement une perspective trop distante pour pouvoir être comprise par ses destinataires ; elle succomberait donc toujours au risque consistant à revendiquer un savoir particulier élitiste qui peut lui-même être utilisé à des fins manipulatrices.

Si les deux positions refusant aujourd'hui l'idée d'une critique sociale forte qui transcende les contextes s'accordent sur ces objections générales, de notables différences apparaissent dans la manière dont elles les développent. Ces deux positions s'engagent dans des directions qui diffèrent aussi bien du point de vue des arguments destinés à justifier la nécessité d'une critique sociale située, ancrée localement, que du point de vue des conséquences programmatiques qui en résultent. Richard Rorty, qui peut être considéré comme le représentant de la première orientation, appuie son raisonnement sur des arguments épistémologiques dont il déduit une division du travail entre découverte privée du monde et pratique réformiste publique ; à l'opposé, Michael Walzer, qui peut être considéré comme le représentant de la seconde position, mobilise dans son raisonnement des arguments de philosophie morale, dont les conséquences pour la critique sociale sont fortement contextualistes [6].

La première position, représentée par Rorty, tire son argument principal de la thèse épistémologique suivant laquelle aucune vérité ne peut être donnée, excepté dans des jeux de langages ou dans des schèmes d'interprétation locaux, alors que c'est sur un dépassement de ce type de vérité que repose le projet d'une critique rationaliste transcendant les contextes. Il existe bien entendu un monde et une réalité « *out there* », mais nous ne pouvons pas nous rapporter à eux comme à un fait indépendant de toute interprétation qui serait susceptible de fournir un critère objectif permettant de distinguer les propositions vraies des propositions fausses. C'est la raison pour laquelle une critique soucieuse d'éviter les dangers du rationalisme élitiste et despotique qui sont inhérents à la quête métaphysique de l'objectivité s'orientera résolument vers l'affirmation des critères axiologiques de sa propre culture. Ce que nous pouvons faire, afin de critiquer des pratiques déterminées dans notre société sans pour autant nous transformer en métaphysiciens potentiellement despotiques, c'est corriger progressivement des carences et des problèmes sociaux à la lumière des normes communément considérées comme valables [7]. Rorty est certes parfaitement conscient que l'alternative à la démarche métaphysique ne consiste pas uniquement à mettre en œuvre une procédure réformiste à l'intérieur d'un vocabulaire normatif, mais qu'elle pourrait aussi consister en une refonte d'un tel vocabulaire ; et il n'est d'ailleurs pas étranger à l'idée suivant laquelle le vocabulaire d'une communauté sociale déterminée n'est pas en mesure de rendre compte des différentes expériences de la cruauté. Il en résulte que, en sus de la justification intellectuelle du réformisme, la critique doit s'acquitter d'une seconde tâche :

6. Pour une vue d'ensemble, Jonathan ALLEN, « The Situated Critic or the Loyal Critic ? Rorty and Walzer on Social Criticism », *Philosophy and Social Criticism*, n° 6, 1998, p. 25 *sq.*

7. Richard RORTY, « Intellectuals in Politics : Too Far Out ? », *Dissent*, n° 4, 1991, p. 483 *sq.* et *Contingence, ironie et solidarité*, Armand Colin, Paris, 1993.

contribuer, par une refonte créatrice, à élargir le vocabulaire partagé au sein d'une forme de vie culturelle déterminée, afin que les formes spécifiques de l'expérience de la dégradation psychique deviennent énonçables. Mais il réserve cette tâche aux « romanciers, poètes et journalistes », qui, contrairement aux philosophes, ne sont pas à la recherche d'une fondation rationnelle de la « nature humaine » ou de la « réalité objective ». Pour sa part, la recherche philosophique de la possibilité d'un dépassement des vocabulaires existants n'est préservée qu'en étant restreinte à la sphère privée individuelle ; ainsi conçue comme l'instrument de nouvelles découvertes sur soi, la philosophie ne peut plus provoquer de dommages collectifs puisque ses prémisses métaphysiques ne suscitent plus les fausses attentes relatives à une nature humaine commune.

L'idée d'une telle division du travail entre philosophie privée, politique réformiste publique et littérature sensibilisatrice n'est pas le modèle qui commande la réfutation des formes de critique sociale fortes chez Walzer, l'avocat le plus résolu de la seconde position. C'est plutôt au modèle du « juge local » qu'il se réfère lorsqu'il tente de décrire la manière dont devrait être constituée une critique philosophique non élitiste qui se comporterait de façon justifiable à l'intérieur d'une société déterminée [8]. Le point de départ de ses réflexions ne réside pas dans une thèse épistémologique, mais dans une thèse de philosophie morale : dans l'entreprise de justification des principes moraux sur lesquels se fonde toute forme de critique sociale, la prétention à la validité universelle constitue une voie erronée parce qu'elle conduit à prendre trop de distance avec l'horizon où entrent en jeu les normes pratiques et les convictions. En appeler à des procédures ou des principes décontextualisés ne signifie rien d'autre que de se transposer dans une « *view from nowhere* » où il n'est plus possible de retrouver les manières de voir considérées comme valables au niveau local. À partir de cette réserve générale émise à l'encontre des procédures de fondation

8. Michael WALZER, *Critique et sens commun : essai sur la critique sociale et son interprétation* (trad. J. Roman), La Découverte, Paris, 1990 ; *La Critique sociale au XXe siècle : solitude et solidarité* (trad. S. McEvoy), Métailié, Paris, 1996.

universalistes, Walzer en vient dans un second temps à la conséquence que les formes d'opposition intellectuelle qui cherchent leurs critères hors du contexte herméneutique de la culture critiquée sont contestables. Dès que l'intellectuel, ou le théoricien critique, adopterait une telle perspective extérieure, il serait nécessairement transformé en un « étranger sans passion » ou un « indigène aliéné » qui n'est plus capable de déchiffrer la puissance normative contenue dans le domaine moral des conventions locales. À l'inverse, s'il adopte la démarche de l'interprétation radicalisante avec laquelle il se lie de façon immanente aux normes morales locales afin d'en proposer de nouvelles interprétations permettant de critiquer des situations particulières, le critique social adopte la figure du « juge local » : celui-ci est assez immergé dans son monde social vécu pour jouer de façon plausible le rôle d'un critique loyal « qui, passionnément et sans répit, souvent au prix d'un risque personnel élevé [...], fait valoir des réclamations, proteste et adresse des objections ».

Walzer cherche à donner une image vivante de ce type de critique procédant de façon immanente, en l'illustrant par l'activité intellectuelle d'auteurs comme Alexandre Herzen, George Orwell ou Albert Camus. Si ceux-ci ne furent jamais contraints de prendre des distances avec les convictions morales qu'ils avaient très tôt acquises dans leur culture d'origine, ils surent en donner de nouvelles interprétations, et c'est par des confrontations internes à un espace culturel local qu'ils purent contribuer à l'élargissement de notre compréhension de la liberté et de la dignité. Walzer explique de façon suggestive que les critiques sociaux qui ont recours à des représentations normatives externes dans leurs diagnostics sont poussés au contraire à des conclusions élitistes, même si c'est contre leur gré : Michel Foucault, Antonio Gramsci ou Herbert Marcuse sont restés tellement étrangers à leur propre société que leurs diagnostics critiques portent les traces d'une présomption qui est dangereuse en ce qu'elle est stratégiquement utilisable [9].

---

9. Pour ces portraits intellectuels dans lesquels Michael Walzer fait passer implicitement sa propre évaluation *cf. La Critique sociale au XXe siècle*, *op. cit.* J'ai proposé une première mouture de la critique de la distinction élaborée par

Ainsi Michael Walzer et Richard Rorty s'accordent-ils finalement, même s'ils y parviennent par des chemins différents, pour promouvoir un type de critique sociale qui consiste en une correction immanente des carences sociales. Il est vrai que Rorty attribue à la littérature qui ouvre le champ des significations une véritable fonction morale dans une culture dont le langage n'est pas suffisamment sensible à la cruauté et à la souffrance. Cependant, tout comme Walzer, il ne désire pas que la philosophie, dans l'espace public, ait un rôle plus fort que d'être l'un des instruments permettant de justifier des projets politiques réformistes. Il n'est donc pas surprenant que ces deux auteurs s'emploient à souligner les dangers élitistes ou despotiques d'une critique sociale ayant rompu les attaches avec l'horizon moral de sa propre culture ; et il ne dépend que de la conjoncture des modes intellectuelles que *La Dialectique de la raison* n'apparaisse pas en toute première place dans leur liste des formes problématiques de critique sociale. Je voudrais maintenant montrer que la valeur normative de cette forme de critique loyale ou immanente n'est fondée que pour un seul des deux types de carences sociales. Or, si l'on admet que même les sociétés libérales ne connaissent pas seulement des violations des normes de justice (c'est-à-dire des injustices sociales), c'est toute une série d'arguments en faveur du second type, « externe », de critique sociale qui surgissent.

II. Injustices et pathologies

Dans leurs attaques contre les formes fortes de critique sociale, les deux positions que nous venons de présenter partent d'une même prémisse, qui leur semble trop aller de soi pour qu'elles estiment utile de la justifier : de telles critiques ne sauraient avoir pour objet que des situations sociales caractérisées par une injustice. Même si nous ne nous restreignons pas à ces deux positions et si nous prenons en compte l'intégralité des débats sur la critique sociale, cette prémisse reste la plupart du

---

Walzer *in* « Universalismus und Kulturelle Differenz. Zu Michael Walzer Modell der Gesellschaftskritik », *Merkur*, n° 512, 1991, p. 1049-1055.

temps une présupposition non explicitée. En effet, on part en général du principe que la tâche de la critique sociale est de dévoiler quelles sont les situations sociales dont on peut raisonnablement soupçonner qu'elles sont en contradiction avec des critères de justice. C'est pourquoi la formulation des critères à la lumière desquels les propriétés formelles d'une critique sociale peuvent être définies contient généralement trois types d'affirmation : on commence par considérer comme légitimes certains intérêts, revendications et préférences de groupes sociaux ou d'individus, puis on montre qu'ils ne peuvent être satisfaits d'une manière qui corresponde à nos représentations générales de la justice sans un ensemble de facteurs clairement déterminés comme des pratiques et des règles institutionnelles. Cet ensemble argumentatif – premièrement, l'introduction de revendications et de préférences légitimes, deuxièmement, la justification de critères de justice, troisièmement, certaines situations sociales qui peuvent être considérées comme injustes à la lumière de ceux-ci – comporte une série d'alternatives qui nourrissent depuis longtemps des conflits théoriques. S'agissant du premier type d'affirmation, il est difficile de déterminer si les revendications et les intérêts légitimes doivent être attribués aux individus ou aux groupes. S'agissant du troisième type d'affirmation, il y a matière à controverse pour savoir si une situation injuste ne peut provenir que de règles institutionnelles déterminées ou si elle peut découler d'obstructions provenant du comportement de certains groupes sociaux. Cependant, dans les discussions actuelles, les questions jugées dignes d'intérêt se rapportent principalement au deuxième type d'affirmation, proprement normatif : comme nous l'avons vu, ce qui est le plus discuté est ici de savoir si les critères de justice que présuppose la critique sociale doivent être justifiés sous la forme d'une interprétation herméneutique ou d'une fondation rationnelle – en un mot, si les normes impliquées dans la critique doivent provenir de la culture locale ou correspondre à des principes universels transcendant les contextes [10].

10. Sur la vaste discussion qui se développe aujourd'hui sur cette question, je me contente de renvoyer à deux contributions particulières qui sont exemplaires par la clarté de leurs démarches : voir J. R. WALLACH, « Liberals,

Toutes ces réflexions portant sur les questions normatives sont tributaires de la présupposition, largement infondée, que seuls les états d'injustice sociale peuvent être légitimement considérés comme l'objet de la critique sociale. Mais cette prémisse restrictive est loin d'être acceptable, comme en témoigne le fait que les sociétés libérales elles-mêmes peuvent faire l'expérience de problèmes qui concernent des situations de nature totalement différente : nous pouvons tout à fait soutenir que ce n'est pas seulement le mode de satisfaction de nos revendications qui est « faux », mais que celles-ci peuvent d'une certaine manière être elles aussi considérées comme « fausses » ; de même, nous pouvons être convaincus que le mécanisme par lequel nos revendications et nos désirs sont produits doit lui-même être mis en question [11]. La prétention à la validité qui s'exprime dans de telles réactions critiques se situe encore en deçà du seuil normatif sur lequel reposent les jugements moraux quant au caractère juste ou non d'un ordre social déterminé ; car ici, c'est le contenu et la direction même des intérêts et des revendications qui sont interrogés, alors qu'ils ne peuvent être que présupposés au sein du complexe argumentatif qui sert à diagnostiquer les situations d'injustice sociale. En raison de

---

Communautarians and the Tasks of Political Theory », *Political Theory*, n° 4, 1987, p. 581 *sq.* ; G. WARNKE, « Social Interpretation and Political Theory : Walzer and its Critics », *in* Michael KELLY (dir.), *Hermeneutics and Critical Theory in Ethics and Politics*, MIT Press, Cambridge, 1990, p. 204 *sq.*

11. On trouve des réflexions dans cette direction chez Harry FRANKFURT (*Some Thoughts about Caring*, Manuscrit, 1997) : « La philosophie politique se consacre principalement à des questions concernant la liberté, la justice, les droits des individus, le domaine propre de l'autorité gouvernementale et la distribution du pouvoir et de la santé. Pourtant, une société dans laquelle ces questions auraient été réglées adéquatement et effectivement pourrait rester un cadre fort peu agréable à vivre [...]. Je soutiens qu'une société équitable et bien ordonnée peut être extrêmement désagréable parce que les personnes qui vivent souffriraient de déficiences endémiques quant à certains traits de caractère individuels. Cela signifie que les individus habitant cette société – et qui tout à la fois la forment et sont formés par elle – pourraient souffrir de limitations socialement pertinentes qui dériveraient d'une inadéquation, ou de difformités, dans les conceptions personnelles qu'ils se font de ce qui est important pour eux. » J'ai tenté de développer le point de vue normatif qui est présupposé par ce type de critique sociale (« Pathologien des Sozialen », in *Das Andere der Gerechtigkeit*, Suhrkamp, Francfort, 2000, p. 11-69).

prétentions à la validité différentes, le prédicat « faux » doit nécessairement être entendu de façon différente suivant le type de jugement auquel il est associé : alors que dans le premier cas il est synonyme d'« injuste » et désigne une violation de certains principes de justice, dans le second cas il signifie plutôt quelque chose comme « insupportable », ou « vicié », ce qui semble présupposer, à titre de critère, l'idée d'une sorte de perfection sociale. C'est pourquoi la prétention à la validité qui s'élève dans le second type de critique sociale est d'un type bien plus exigeant que celle qui est contenue dans la critique sociale conventionnelle. Quand nous affirmons que les désirs et les intérêts caractéristiques d'une société prennent une mauvaise direction, ou que nous mettons en question les mécanismes suivant lesquels ils sont produits, nous défendons implicitement la thèse qu'une situation sociale ne remplit pas les conditions que nous considérons comme les présupposés nécessaires de la vie bonne. Le concept général permettant de décrire les développements défectueux qui sont critiqués dans de tels jugements me semble correspondre au terme de « pathologie [12] ».

Ces quelques remarques montrent d'elles-mêmes à quel point il semble peu pertinent aujourd'hui de s'engager dans une entreprise visant à donner une quelconque fondation rationnelle à cette seconde forme de critique sociale. En effet, quelle que soit la manière dont le diagnostic critique est conçu dans le détail, il repose toujours sur des présupposés normatifs dont l'accès est conditionné par des hypothèses métaphysiques. L'idée de perfection sociale ou de vie bonne que présupposent nécessairement les jugements portant sur les pathologies sociales ne peut en fait être justifiée que par deux voies qui, pour des raisons différentes, semblent toutes les deux impraticables. D'une part, les objections épistémologiques adressées à l'affirmation objectiviste d'une nature humaine interdisent de parler sans plus de justification des conditions universelles de la vie bonne ; d'autre part, s'agissant du bien, le constat d'un pluralisme croissant des valeurs nous empêche de nous appuyer dans une perspective herméneutique sur les convictions socialement partagées. Une forme de critique sociale cherchant à diagnostiquer des

12. Pour une justification de ce choix conceptuel, voir Axel HONNETH, *ibid.*

pathologies plutôt que des injustices sociales semble donc ne représenter qu'un vestige de ce passé où l'on pouvait encore parler de la nature humaine avec insouciance [13].

D'un autre côté, il est difficile de concevoir une culture libérale qui ne comporterait pas en elle une instance d'autocritique thérapeutique analogue à celle qui est contenue dans de telles formes de critique sociale. En effet, les préférences communes peuvent tout à fait se développer dans une direction qui peut sembler, au moins à certains d'entre nous, comme incompatible avec les présupposés d'une vie bonne, même lorsque sont remplies les conditions institutionnelles qui assurent l'autonomie de l'individu et qui garantissent dans cette mesure un pluralisme des valeurs. Il ne peut d'autre part, pas être exclu par principe que nous ayons laissé se développer au nom de la liberté institutionnelle des mécanismes dont l'influence sur nos intérêts et nos revendications n'est pas bonne. Un dilemme crucial pour la critique sociale surgit lorsque l'on prend en compte cette possibilité : d'un côté, aucune voie ne semble ouverte pour procéder à une justification rationnelle et publique des jugements normatifs portant sur les pathologies potentielles des sociétés ; de l'autre, ce type de diagnostic critique semble répondre à un besoin évident car c'est seulement grâce à lui que l'on peut espérer procéder à l'autocritique thérapeutique qui peut rendre possible une compréhension adéquate de nos modes de vie. La thèse que je soutiens est précisément que *La Dialectique de la raison* résout de façon appropriée et convaincante ce dilemme parce qu'elle procède au diagnostic des pathologies sous la forme d'une mise au jour critique : en raison du renoncement aux hypothèses métaphysiques, le jugement normatif sur les pathologies n'est pas justifié rationnellement ; dans une certaine mesure, il n'est intentionnellement que suggéré au lecteur, mais son évocation conduit à une reformulation si radicale de la description des conditions de la vie sociale qu'elle confère subitement à toute chose la signification nouvelle d'une situation pathologique.

La procédure employée dans une critique sociale de ce type est en quelque sorte fondée par la thèse actuellement défendue

13. Sur cette problématique en général, voir Bernard WILLIAMS, *L'Éthique et les limites de la philosophie* (trad. M.-A. Lescourret), PUF, Paris, 1990.

par Hilary Putnam lorsqu'il soutient qu'il existe une dépendance réciproque entre le monde effectif et nos valeurs : la manière dont nous pouvons percevoir la réalité dépend de nos convictions axiologiques, de même qu'inversement ces convictions axiologiques ne peuvent se former indépendamment de la manière dont nous percevons factuellement le monde [14]. Il résulte de cette dépendance réciproque que deux voies méthodologiques sont en principe ouvertes au point de vue critique pour présenter une forme de vie sociale comme « fausse » ou « problématique » au regard d'une idée de la vie bonne : il est possible soit d'assumer directement la prétention à la validité normative par laquelle une conception alternative de la vie bonne est esquissée et défendue dans le diagnostic à l'aide d'arguments éthiques, soit de n'assumer qu'indirectement la prétention à la validité normative en s'appuyant sur le fait qu'une description radicalement nouvelle est susceptible de changer notre perception de la réalité sociale au point que nos convictions axiologiques n'en restent pas indemnes [15]. En raison des arguments épistémologiques qui excluent le premier type de démarche, je réserve au second type de démarche l'idée de critique sociale procédant par mise au jour. Ce type de critique sociale se définit par deux caractéristiques méthodologiques qui éclairent les instruments théoriques utilisés dans *La Dialectique de la raison*.

Premièrement, une critique sociale procédant par mise au jour qui tente de modifier nos convictions axiologiques par l'évocation de nouvelles manières de voir peut difficilement utiliser le vocabulaire de la fondation argumentative. En effet, elle ne peut produire ses effets que lorsqu'elle applique des moyens discursifs qui permettent, par condensation ou transfert des significations, de faire apparaître dans la réalité sociale des faits qui étaient jusque-là restés inaperçus. L'exposition narrative comme la construction de métaphores suggestives comptent parmi les figures rhétoriques qui rendent possibles de tels effets ouvrant de

14. Hilary PUTNAM, *Raison, vérité et histoire* (trad. A. Gerschenfeld), Éd. de Minuit, Paris, 1984.

15. Les considérations qui suivent sont tout particulièrement redevables à l'article de James BOHMAN « Welterschließung und Radikale Kritik », *Deutsche Zeitschrift für Philosophie*, n° 3, 1993, p. 563-574.

nouveaux ensembles de signification ; dans un cas comme dans l'autre, on tente d'ouvrir un nouvel horizon de sens par la concentration sur un ensemble de relations choisies qui font apparaître sous un nouveau jour l'ensemble de nos activités. L'application de telles formes d'expression langagières a bien entendu lieu dans les limites étroites qui résultent de l'objectif supplémentaire que cette forme de critique sociale doit atteindre : il faut que les nouveaux faits mis au jour soient tels qu'ils puissent en même temps avoir une fonction dans le cadre d'explications qui se rapportent à la reproduction sociale. Ainsi s'explique la différence entre une critique sociale procédant par mise au jour et une œuvre d'art. Alors que l'exposition esthétique procède sans contrainte à l'ouverture de nouveaux ensembles de significations, la critique sociale reste prise dans les limites que lui tracent les contraintes effectives de la reproduction sociale.

Une seconde spécificité de la critique sociale procédant par mise au jour résulte du caractère indirect qu'elle entretient avec la vérité potentielle des nouvelles manières de voir qu'elle suggère. Pour clarifier ce point, il convient ici de porter la plus grande attention à la manière dont James Bohman discute du lien interne de l'ouverture du monde avec la vérité dans le cadre d'une confrontation critique avec Heidegger. Si la fonction d'une critique sociale procédant par mise au jour est bien de changer nos convictions axiologiques par l'évocation d'une nouvelle manière de voir le monde social, ses affirmations ne peuvent élever directement une prétention à la vérité car les paraboles, métaphores et narrations par lesquelles elle doit ouvrir de nouveaux contextes de pertinence peuvent difficilement être dites vraies ou fausses, étant donné que nous mesurons leurs effets en suivant le modèle de la persuasion rhétorique et non pas en suivant celui de la conviction rationnelle. Il semble donc plus approprié de concevoir ce type de critique sociale comme une tentative visant à changer les présupposés qui sous-tendent les discours évaluatifs sur les buts de l'agir collectif dans une société donnée. Par l'effet rhétorique de la condensation et du déplacement, de nouveaux faits doivent devenir visibles dans la réalité sociale. Les destinataires de cette critique ne peuvent s'entendre sur la « vérité » de ces faits qu'après avoir évalué leurs conséquences pour le développement de la société à la lumière de convictions axiologiques concurrentes. Puisque les deux spécificités méthodologiques qui permettent d'éclairer le statut de la théorie sociale propre à *La Dialectique de la raison* sont à présent précisées, il est possible d'en tirer une série de conséquences importantes quant aux problèmes soulevés au début de notre discussion.

III. Les usages rhétoriques dans *La Dialectique de la raison*

C'est seulement lorsque la philosophie de l'histoire qui fournit le cadre de *La Dialectique de la raison* est conçue comme une construction métaphysique reposant sur l'idée d'une déformation pathologique de la « nature » humaine que l'ouvrage peut être perçu comme une forme illégitime de critique sociale. Mais cette interprétation est hautement improbable si l'on tient compte des réflexions élaborées que Horkheimer et Adorno, en accord sur ce point, ont consacrées à l'échec inévitable de l'anthropologie métaphysique. Il semble plus judicieux de comprendre la philosophie de l'histoire qu'ils ont construite comme le moyen approprié d'une condensation rhétorique dont une critique sociale procédant par mise au jour peut faire usage afin d'évoquer de nouvelles manières de voir le monde social. La démarche argumentative de *La Dialectique de la raison* n'a donc pas pour objectif de proposer une nouvelle interprétation de l'histoire de l'espèce humaine. Elle a plutôt pour but de provoquer un changement dans la perception des éléments visibles et familiers du monde dans lequel nous vivons afin d'en rendre perceptible le caractère pathologique.

À la lumière d'une telle hypothèse interprétative, on voit aisément apparaître la série d'instruments rhétoriques par lesquels Horkheimer et Adorno tentent d'atteindre le but visé par leur critique radicale [16]. Il convient bien entendu de mentionner en tout premier lieu les métaphores narratives qui sont contenues dans l'utilisation constante du mythe de l'*Odyssée* : l'identification aux héros tragiques dans des récits portant sur divers contextes

16. Le manuscrit de Hans Marius HANSTEEN, *Adornos philosophische Rhetorik oder « wie es zu lesen sei »*, 1998, m'a été sur ce point très utile.

historiques doit nous pousser à percevoir des processus qui nous sont normalement familiers comme monstrueusement étrangers, et à saisir de ce fait leur non-sens. C'est notamment ainsi que toute l'autodiscipline contraignante que nous nous imposons quotidiennement et qui semble aller de soi au terme de l'évolution historique perd son caractère d'évidence au moment où l'on comprend ce qu'elle a d'analogue avec les efforts faits par Ulysse en s'attachant au mât pour se protéger de la séduction fatale des sirènes [17]. En son principe, ceci vaut de toutes les ruses qu'Ulysse emploie contre les Dieux pour se maintenir en vie lors de son odyssée. Une comparaison avec les pratiques sociales qui sont celles de notre culture capitaliste est toujours évoquée, afin de faire apparaître toute l'étendue de la violence brutale et primaire qui la sous-tend et que nous n'avions pas perçue. Dans le cadre d'une telle interprétation, il est tout aussi évident que les deux auteurs ne veulent pas établir un trait d'équivalence entre les deux niveaux de l'exposition, celui du mythe de l'*Odyssée* et celui des processus disciplinaires du monde social. Le récit impose sur les pratiques familières les traces de nouvelles significations qui ont seulement pour objectif de projeter une lumière contrastée, presque trop crue, sur ce qui pour nous va de soi depuis longtemps.

La fonction du deuxième instrument rhétorique que l'on rencontre constamment dans *La Dialectique de la raison* est analogue. Avec la figure du « chiasme », du croisement de deux mots ou membres de phrase, il s'agit de jeter brusquement une nouvelle lumière sur l'ensemble des significations mises en jeu afin qu'elles perdent toute leur familiarité. Les exemples qu'il convient tout particulièrement de mentionner ici concernent les expressions qui réunissent en une même formulation deux mots dont les significations sont couramment opposées : le célèbre concept d'« industrie culturelle » suggère ainsi une manière de voir dans laquelle l'espace idéal des créations culturelles est soudainement rapproché si près des productions industrielles que le contexte de signification mis en jeu est anéanti d'un seul coup. Il en va de même avec le concept d'« histoire naturelle », qui réunit

17. Theodor W. Adorno, Max Horkheimer, *La Dialectique de la raison*, Gallimard, Paris, 1974 (1944), p. 71 *sq.*

lui aussi en une seule formule deux termes qui sont couramment opposés dans les philosophies de l'histoire : alors que, dans le contexte de l'herméneutique et de l'historicisme, le processus de l'histoire humaine est conçu comme l'archive des facultés créatrices des humains, il acquiert à l'improviste une nouvelle signification qui rend visibles ses éléments bruts et quasiment naturels.

Enfin, il importe de mentionner en troisième lieu l'utilisation esthétique de l'outrance. Adorno a témoigné lui-même, en différentes parties de son œuvre, de toute l'importance qu'il lui accordait [18]. Il faut entendre ici par outrance le procédé esthétique consistant à exagérer certaines propriétés jusqu'au déplaisant ou au grotesque, afin de faire apparaître dans une situation un aspect qui restait dissimulé par l'ensemble de signification mis en jeu. Il suffit ici d'évoquer un exemple assez révélateur de leur façon de penser dans *La Dialectique de la raison* : Horkheimer et Adorno ont tendance à décrire des sujets socialement dominés suivant le modèle d'êtres réagissant encore de façon totalement instinctive. Le fait que le comportement social des humains soit décrit comme le comportement des animaux doit être considéré comme une outrance destinée à leur faire apparaître jusqu'à quel point leurs comportements quotidiens consistent en réactions standardisées. Un autre exemple de cet instrument rhétorique est fourni par la tentative visant à faire comprendre les conséquences de la conscience morale bourgeoise en prenant l'exemple du Marquis de Sade. Les auteurs ne présupposent naturellement pas que l'application de l'impératif catégorique conduit en fait de plein droit à la légitimation d'une conception réduisant les autres personnes à de purs objets de jouissance. Une fois encore, ce qu'ils ont en vue est bien plutôt que la présentation outrancière d'une implication possible du principe moral kantien fait apparaître ce qui est tendanciellement contenu dans les abstractions de la compréhension bourgeoise de la morale.

Si nous considérons l'ensemble de ces trois instruments rhétoriques, nous voyons bien à quel point le type de critique sociale mis en œuvre dans *La Dialectique de la raison* est conforme au modèle de la mise au jour évaluative : par l'illustration narrative,

---

18. Theodor W. ADORNO, *Modèles critiques : interventions, répliques* (trad. R. Rochlitz), Payot, Paris, 1984.

par le chiasme et par l'art de l'outrance, il s'agit de donner une description de situations de la culture capitaliste devenues familières qui nous les fasse apparaître sous un jour totalement nouveau. L'objectif est de découvrir notre monde comme un contexte de vie sociale dont les orientations et les réalisations peuvent être considérées comme « pathologiques » puisqu'elles apparaissent, une fois abandonnés nos encombrants préjugés, en complète contradiction avec les conditions de la vie bonne. Il demeure cependant que même si *La Dialectique de la raison* est interprétée de cette manière, la question reste ouverte de savoir quel type de prétention à la vérité il faut lui accorder. En effet, elle ne suggère rien moins qu'une nouvelle et inhabituelle manière de voir le monde social sans établir pour autant à l'aide d'une théorie sociale que les choses se passent effectivement ainsi. C'est pourquoi la prétention à la vérité de *La Dialectique de la raison* sera mesurée dans l'avenir par le fait qu'un jour les membres de la société qu'elle décrit s'entendront ou non pour accepter ses nouvelles descriptions et pour changer en conséquence les pratiques de leur vie sociale.

4

La Théorie critique de l'École de Francfort et la théorie de la reconnaissance[1]

Axel Honneth et Olivier Voirol

La fondation normative d'une théorie critique de la société

Olivier Voirol : Vous êtes depuis 1996 professeur de philosophie à l'Université de Francfort, à la chaire occupée auparavant par Jürgen Habermas, et vous êtes devenu, en avril 2001, directeur de l'Institut de recherche sociale. Ce sont là deux postes importants dans l'histoire de la Théorie critique de l'École de Francfort. Vous avez consacré de nombreux textes à la Théorie critique, une théorie que vous avez beaucoup discutée, mais aussi critiquée et reformulée. On peut dire que vous en êtes un des représentants contemporains les plus importants. Est-ce que vous pensez que l'on peut parler aujourd'hui d'une tradition de pensée de la Théorie critique ? Y a-t-il même une tradition de pensée qui a été renouvelée et réactualisée ? Et, pour peu qu'elle existe, quelle est la situation actuelle de cette tradition de pensée ?

Axel Honneth : En un sens trivial, je dirais qu'il y a bien sûr une tradition de pensée qui continue d'exister de nos jours de manière relativement vivante. Par « trivial », je veux dire que l'on prend alors uniquement comme point de repère le fait

1. Entretien réalisé en langue allemande à l'Institut de recherche sociale les 5 et 8 octobre 2001. Traduit de l'allemand par Olivier Voirol.

qu'une tradition constituée de penseurs différents peut être comprise comme une entité significative et qu'il existe des travaux et des recherches qui s'y réfèrent. Les deux existent et sont pratiqués, non seulement à Francfort, mais aussi dans beaucoup d'autres endroits en Allemagne. Il y a une multiplicité de gens, de gens jeunes aussi, qui se rattachent à cette tradition de pensée appréhendée comme une unité et qui cherchent à la prolonger. Je pourrais vous citer toute une série de groupes de chercheurs qui – moins à Francfort que dans d'autres villes en Allemagne – pensent poursuivre cette tradition avec leurs travaux. En ce sens trivial, il existe donc toujours une tradition de la Théorie critique, et elle est même relativement vivante.

Mais la question n'est vraisemblablement pas du tout posée dans un sens empirique, à savoir s'il existe effectivement des travaux qui se comprennent eux-mêmes comme un prolongement de la tradition, mais dans un autre sens. Il s'agit de savoir si l'on peut parler, de manière cohérente, d'une tradition de pensée de la Théorie critique qui continuerait d'exister. Il est à mon avis beaucoup plus difficile de répondre à cette question. On bute déjà sur un problème quand on cherche à savoir si le projet habermassien lui-même, soit la théorie de l'agir communicationnel et la recherche sur la théorie du droit, peut véritablement être compris comme un prolongement de cette tradition de pensée. Ce qui revient à répondre à la question des critères nécessaires à la poursuite effective de cette tradition, ceci non seulement au sens positiviste ou empirique mais en un sens plus exigeant. Et là, malgré quelques hésitations, je répondrais tout de même par l'affirmative.

Des hésitations parce que la tradition de la Théorie critique a bien sûr incarné une certaine attitude, une atmosphère et une expérience historique particulières. L'expérience historique était celle du national-socialisme et la Théorie critique était conçue de manière générale pour étudier et comprendre le national-socialisme, autant dans la période antérieure à son accès au pouvoir qu'après la rupture de civilisation qu'il a provoquée. Tout ce qui vient après cela est en ce sens une autre théorie, dans la mesure où elle ne se penche plus sur l'étude et la compréhension de cette expérience historique. Sous cet aspect, Habermas n'apparaît déjà plus que dans un sens très faible comme un continuateur de cette tradition. On peut bien sûr parler de prolongement car il reprend à son compte le motif fondamental de l'ensemble de la tradition, à savoir la compréhension du processus de modernisation comme un processus de rationalisation incomplet.

Quant à savoir si la Théorie critique existe encore aujourd'hui dans un sens cohérent, la question est beaucoup plus difficile à traiter. Je m'efforce personnellement d'établir une certaine continuité avec cette tradition mais, sous certains aspects, les présupposés ainsi que les possibilités me manquent pour effectivement prolonger cette orientation fondamentale de manière productive ; c'est-à-dire l'orientation fondamentale pour développer une analyse contemporaine de notre société comme traversée par une forme de rationalité clivée ou incomplète : je ne fais pas cela, parce que je n'élabore pas mes propres moyens théoriques dans les termes d'une théorie de la rationalité.

La réponse est compliquée. Mais, si je voulais répondre en une phrase, je dirais que je m'efforce – mais je ne suis pas le seul – de prolonger la Théorie critique dans un sens conséquent, de manière à lui conférer des tâches théoriques consistant à faire ce que Habermas a lui-même tenté, à savoir développer des moyens théoriques appropriés pour soumettre notre situation contemporaine à une forme fondée de critique.

OLIVIER VOIROL : Cette question de la fondation normative joue un grand rôle dans votre travail. Dans votre livre, *La Lutte pour la reconnaissance* [2], vous cherchez à établir les fondements normatifs solides d'une théorie de la société. Sur ce point, votre travail est d'un apport majeur. Vous identifiez un déficit dans la première Théorie critique en ce qui concerne sa fondation normative et vous êtes d'avis qu'il faudrait justifier ces fondements de manière plus conséquente. Pourquoi est-ce que la fondation normative de la Théorie critique vous paraît si importante ?

AXEL HONNETH : Je pense pour ma part que l'erreur décisive de la première Théorie critique n'est pas tant son manque de fondements normatifs que son déficit sociologique. La première Théorie critique, tant dans son stade antérieur au national-socialisme que dans son stade ultérieur de traitement du national-socialisme, n'a jamais été en mesure de développer une conception cohérente du

2. *La Lutte pour la reconnaissance*, trad. P. Rusch, Cerf, Paris, 2000.

social. C'est ce que j'ai tenté de montrer dans ma thèse de doctorat, intitulée *Critique du pouvoir*[3]. Ce déficit sociologique me paraît bien plus problématique que le déficit normatif de la première Théorie critique.

En outre, c'est aussi la raison pour laquelle je me suis tant intéressé à la tradition française de la théorie sociale : je pense que, notamment dans la tradition de Durkheim, la singularité du social y a été traitée bien plus tôt. Cela a évidemment ensuite beaucoup changé avec Habermas, qui a conçu au fond toute sa théorie comme une explication du cœur normatif du social, soit l'entente communicationnelle. Mais la Théorie critique antérieure à Habermas se caractérise à mon sens par un déficit sociologique. Ce déficit sociologique se combine à mes yeux au déficit normatif, parce que les premiers auteurs de l'École de Francfort n'étaient pas en mesure de démontrer, dans la sphère même du social, les principes normatifs susceptibles d'être invoqués pour une justification interne de la critique.

À partir de là, et également à la suite de Habermas, j'ai conçu mon propre travail comme une tentative de développer, à partir d'une théorie du social, les critères pour mener une critique des tendances pathologiques du social ou, pour ainsi dire, de ses réalisations incomplètes. La piste que j'ai proposée pour entreprendre ce projet est celle de la théorie de la reconnaissance. L'idée est que le principe de reconnaissance constitue en quelque sorte le cœur du social. C'est là, par conséquent, que réside le lien entre la théorie du social et la fondation normative. Je crois que toute théorie critique doit maintenir ce lien pour pouvoir développer ses propres critères normatifs à partir d'une théorie complète du social. Ceci constitue la différence fondamentale par rapport à la tradition kantienne. Les critères normatifs que nous prenons pour base d'une critique de la société ou de certaines formes de socialisation ne doivent pas seulement être acquis par la réflexion ou la construction rationnelle mais doivent être parties prenantes du cœur du social. J'ai conçu mon propre travail dans le cadre de ce projet et la théorie de la reconnaissance est une tentative de démontrer ce lien entre le social et les principes normatifs internes.

---

3. *Cf.* Axel HONNETH, *Kritik der Macht. Reflexionsstufen einer kritischen Gesellschaftstheorie*, Suhrkamp, Francfort, 1986.

OLIVIER VOIROL : L'idée de fondation normative de la Théorie critique est étroitement liée à des potentiels émancipatoires susceptibles d'être eux-mêmes identifiés dans la pratique. Dans la Théorie critique, il y a l'idée qu'elle peut formuler des principes normatifs auxquels les acteurs sociaux peuvent se référer pour une pratique émancipatrice pouvant se réaliser notamment dans des mouvements sociaux. La théorie doit être fondée normativement dans des potentiels normatifs disponibles dans la pratique ordinaire. On trouve cette idée dans votre approche et dans celle de Habermas.

Lorsqu'on observe la forme de critique qu'exercent la plupart du temps les mouvements sociaux, on se rend compte qu'il s'agit souvent d'une critique négative consistant à dénoncer certaines formes de domination. La question est alors de savoir quelle forme devrait prendre une théorie critique qui entend se rattacher à des mouvements sociaux. S'il s'agit d'une théorie devant identifier les mécanismes de domination ou les processus négatifs pour pouvoir mener une analyse négative de la société établie ou alors s'il s'agit d'une théorie cherchant à se fonder normativement dans la pratique sociale. En effet, les revendications des mouvements sociaux prennent souvent leur ancrage dans une critique négative sans expliciter d'emblée leurs fondements normatifs. Il est clair qu'ils doivent ensuite justifier leurs exigences. Mais cela interroge le rôle d'une théorie critique de la société quant à savoir si ses tâches consistent à décrire les processus négatifs ou à fonder les principes normatifs de sa critique. Au niveau théorique, on trouve peut-être d'un côté Foucault, qui ne visait pas cette fondation normative et, de l'autre, sans doute Habermas, qui s'est fortement appuyé sur ces fondements normatifs et émancipatoires de la Théorie critique.

AXEL HONNETH : Cette conception des mouvements sociaux comme articulant plutôt des sentiments et des descriptions négatifs me paraît juste. Il est en effet rare que les mouvements sociaux surgissent immédiatement avec des objectifs positifs car ils apparaissent la plupart du temps en réaction à des expériences négatives et formulent des états de fait négatifs plus qu'ils n'expriment des visées positives.

La question est cependant de savoir quelle est la proximité des deux termes dans cette relation entre théorie critique de la société et mouvements sociaux. Là, j'ai certains doutes quant à l'idée que la relation soit très étroite. La raison est qu'il y a une multiplicité de mouvements sociaux, parmi lesquels certains nous sont sympathiques dans leurs visées alors que d'autres nous sont franchement antipathiques. Il y a des mouvements populistes, des mouvements d'extrême droite, des mouvements xénophobes, etc., tout cela entre dans ce qu'on entend par « mouvements sociaux ». Je pense qu'il faut avant tout avoir, dans sa propre perspective, une forme d'orientation normative susceptible d'indiquer quels sont les mouvements sociaux qui sont pour ainsi dire progressistes ou qui, de manière fondée et justifiée, peuvent être tenus pour progressistes. À l'inverse, cette orientation normative indique ceux qui peuvent être considérés comme régressifs ou, dans un certain sens, comme immoraux. C'est pourquoi je pense qu'une analyse critique de la société, même si elle s'oriente vers les mouvements sociaux, ne peut pas faire autrement que de rendre compte de ces orientations normatives préalables.

Peut-être que l'intensité avec laquelle on s'applique à démontrer ces orientations normatives préalables renvoie finalement à une différence d'intérêts ou de tempérament. Ces pré-orientations normatives n'étaient vraisemblablement pas tellement différentes chez Foucault et chez Habermas, mais l'un a consacré l'essentiel de son travail à les fonder alors que l'autre ne voyait pas grand sens à les fonder de manière explicite et transcendantale. Foucault avait assurément d'autres intérêts que de fonder explicitement la perspective normative à partir de laquelle il se référait à des mouvements sociaux, comme celui des prisons ou celui de l'antipsychiatrie. Cela ne tient peut-être qu'à une différence d'intérêts dans l'orientation philosophique, mais pas à une différence systématique. Je ne pense pas qu'il y ait sur ce point une différence systématique et profonde entre Foucault et Habermas. Il y a, à coup sûr, une grosse différence dans le style de l'analyse et dans le domaine d'objet. L'un s'efforce de fonder normativement sa théorie alors que l'autre ne se préoccupe pas de fondation normative, mais tous deux partagent cette sorte de pré-orientation nécessaire pour spécifier les mouvements sociaux vers lesquels on se dirige et ceux que l'on tient pour régressifs ou pour contre-productifs.

C'est une réponse partielle à la question. Mais elle doit nous rendre attentifs au fait que, même lorsqu'on admet que les mouvements sociaux représentent avant tout des formes négatives de réaction face au tort, leur orientation ne saurait se passer d'une base normative appelant une justification.

Il y a également des traditions de pensée dans lesquelles prédomine la conviction selon laquelle cette fondation ne requiert pas un travail philosophique et je suppose que Foucault a précisément appartenu à ce type de tradition. Quant à savoir s'il y a des motifs plus profonds, il me semble bien difficile de le dire à partir de notre perspective présente – c'est-à-dire, si Foucault était d'une certaine manière convaincu du caractère erroné de toute tentative de fondation de normes universelles. Je suis encore plus troublé lorsque, de l'autre côté, on se demande si Foucault avait sérieusement quelque chose contre les droits humains. Sans doute eût-il été, bien au contraire, un défenseur résolu de ces derniers. Il eût plutôt considéré, à l'instar de Richard Rorty aujourd'hui, que l'effort de fondation dans son ensemble ne fait pas sens. Par conséquent, il eût fait siens les principes des droits humains, admettant ainsi explicitement tenir pour justes certaines normes s'appliquant à tous les êtres humains, mais toute l'entreprise de fondation philosophique lui eût sans doute paru superflue ou simplement irréalisable, pour certaines raisons de méthode. Dès lors, la distinction ne s'opère pas entre un universalisme moral et un perspectivisme, mais entre un universalisme capable de se fonder et un universalisme devant être compris dans son incapacité même à se fonder.

Habermas et le tournant communicationnel de la Théorie critique

OLIVIER VOIROL : Nous venons de mentionner Habermas, un auteur qui a joué un rôle considérable dans la reformulation de la Théorie critique de l'École de Francfort. Quelles sont selon vous les orientations principales de la contribution habermassienne à la nouvelle reformulation de la Théorie critique ? En tant que successeur de Habermas – dans un certain sens –, quels sont selon vous les points les plus importants ?

AXEL HONNETH : C'est principalement ce qui a été décrit comme le tournant communicationnel de la Théorie critique. C'est-à-dire la tentative de Habermas de fonder la Théorie critique non plus en comprenant la société selon les rapports de production mais en insistant sur un concept de social avant tout caractérisé par les processus d'entente au moyen du langage – tournant communicationnel consistant à voir le cœur du social non plus dans l'action instrumentale mais dans l'activité communicationnelle. C'est une théorie qui se rattache elle-même à l'apport de Durkheim et de George Herbert Mead.

Ce point était aussi pour moi l'impulsion essentielle et cela a transformé fondamentalement toute l'architecture de la Théorie critique. Elle ne se référait plus en premier lieu à l'analyse de la société en tant que rapports de production mais s'y référait en tant que rapports de communication, de telle sorte qu'une réorientation de la perspective normative devait aussi s'ensuivre. La perspective normative n'était plus celle d'une émancipation du travail ou par le travail mais celle d'une libération du potentiel normatif de l'entente communicationnelle. Pour moi, qui me perçois beaucoup plus comme un élève de Habermas que comme un élève d'Adorno, cette transformation a été une impulsion fondamentale. La Théorie critique a ainsi trouvé de quoi se rapprocher du type de théorie de la société qui avait, d'une certaine manière, déjà été développé par les classiques : Émile Durkheim, Max Weber et Talcott Parsons. Tout cela n'était absolument pas possible auparavant. Fortement rattachée à Marx, l'ancienne Théorie critique n'a en principe saisi la société que comme des rapports de travail. Je crois qu'elle était en cela très limitée dans sa perspective normative et qu'elle était aussi d'une certaine manière a-sociologique. Le plus grand apport de Habermas en ce qui concerne la Théorie critique consiste précisément dans cette transformation, c'est-à-dire dans le dépassement de ce paradigme de la production ou de cet héritage historico-philosophique qui prend ses racines chez Marx.

OLIVIER VOIROL : Ce qui signifie que le déficit du social dans la première Théorie critique a été dépassé par Habermas ?

AXEL HONNETH : Oui. D'une certaine manière, il a été dépassé, mais en un sens que je ne considère pas comme pleinement réussi.

Cela tient sans doute au fait – et tel fut le drame de ce livre sur la critique du pouvoir [4] – que Habermas a remplacé le paradigme de la production qui prévalait jusque-là dans la Théorie critique par le paradigme de la communication, ce qui laisse en fin de compte trop peu de place, à mon sens, au phénomène de la conflictualité sociale – soit au fait fondamental de la lutte et de la concurrence parmi les sujets socialisés. Ma propre tentative consista en conséquence à élargir ou à corriger cette voie, ouverte par Habermas vers une conception du social fondée dans les relations de communication, par une perspective davantage marquée par une théorie du conflit. Et le paradigme que je voulais substituer, ou peut-être que je voulais comprendre comme un approfondissement du modèle de l'entente communicationnelle, était celui de la lutte pour la reconnaissance.

OLIVIER VOIROL : Vous soulignez également le déficit quant à un concept fondé de conflit chez Foucault, mais aussi chez tous les auteurs que vous discutez dans *La Lutte pour la reconnaissance*. Est-ce que vous pourriez dire davantage pourquoi il était si important pour vous, à l'issue de cette discussion, d'introduire un tel concept de lutte ?

AXEL HONNETH : Un motif essentiel était de clarifier le fait que nous ne pouvons définir le social de manière satisfaisante que si nous le comprenons simultanément comme un champ de luttes et de confrontations sociales. On pourrait naturellement dire que c'est, d'une certaine façon, un héritage de Marx. J'ai en effet toujours été convaincu que, chez Marx, l'idée générale de la lutte des classes était plus importante que son paradigme de la production. Certes, non pas dans la formulation qu'il a lui-même choisie pour cela, mais comme définition centrale d'un rapport social fondamental – ce que Simmel appelle « dispute », ce qui est décrit par d'autres traditions comme un « conflit » et d'autres encore comme une « lutte », bref, le phénomène de l'antagonisme social, une opposition des sujets qui est en quelque sorte l'autre facette de leur orientation vers l'entente. Ce phénomène fondamental du social me semblait avoir été largement ignoré, aussi bien par l'ancienne Théorie critique que par Habermas,

4. Axel HONNETH, *Kritik der Macht*, *op. cit.*

alors qu'il jouait un rôle assez important chez Foucault, sans qu'il fût pour autant à mes yeux analysé de manière claire et convaincante.

Je suis ici beaucoup plus en accord avec une certaine tradition allemande dont les fondements se trouvent incontestablement chez Marx, mais déjà chez Hegel, puis chez Simmel. D'un autre côté, je suis redevable des traditions françaises qui ont proposé, à la suite de Durkheim, une perspective théorique conflictuelle – lignée au bout de laquelle on trouve par exemple Bourdieu, avec ce fort accent qu'il met sur la concurrence et les luttes symboliques. Aussi cela s'opérait-il en quelque sorte selon deux étapes : remplacer le paradigme de la production par le paradigme de la communication en tant que véritable percée compréhensive de la structure du social, et comprendre ensuite cette structure du social non seulement comme relevant de l'entente mais aussi du conflit dans l'entente. Et ce conflit dans l'entente me semblait être analysable au mieux à l'aune du paradigme de la lutte pour la reconnaissance développé par Hegel.

OLIVIER VOIROL : On peut dire que vous êtes d'accord avec un grand nombre de reformulations apportées par Habermas à la Théorie critique, vous venez d'ailleurs de le souligner. Mais vous prenez aussi vos distances par rapport à certains points. La question de la lutte en est un, mais il y en a d'autres. Je pense notamment à votre critique de la pragmatique du langage. Dans votre critique, vous dites que la pragmatique du langage habermassienne ne parvient pas à prendre en compte dans toute son ampleur de l'expérience morale des acteurs sociaux, que le langage n'est qu'une part de l'expérience. Vous introduisez en conséquence ce concept de l'expérience morale. En ce sens, on pourrait dire que Habermas se situe davantage du côté de la théorie du langage alors que vous vous situez du côté de l'expérience. Vous vous distanciez ainsi de manière relativement importante du « *linguistic turn* » et vous remplacez la théorie du langage par une théorie de la reconnaissance qui peut faire office de théorie de l'expérience. Quelles étaient les raisons théoriques ayant motivé ce déplacement ?

AXEL HONNETH : C'est une question très compliquée à laquelle il est difficile de répondre. Peut-être devrais-je commencer par dire que le tournant de la théorie du langage chez Habermas avait deux significations. Mes doutes ne portent que sur une facette de cette double signification. D'un côté, le tournant linguistique a privilégié le langage de manière méthodologique, c'est-à-dire que le rapport au monde et les expériences humaines nous sont essentiellement accessibles en tant que phénomènes langagiers. En disant cela, on suppose en effet un fait méthodologique, à savoir que tout ce qui meut les êtres humains et tout ce qu'ils façonnent nous est donné sous forme d'énoncés langagiers. En ce sens, je considère le tournant langagier comme allant de soi et comme incontournable. Et il a bien sûr des effets en retour sur l'ancienne Théorie critique, qui n'a pas du tout opéré cette avancée méthodologique.

Mais le « *linguistic turn* » ou tournant langagier de la Théorie critique n'a pas seulement privilégié le langage de manière méthodologique mais aussi de manière factuelle. C'est l'autre facette de ce tournant, et cette distinction est importante. C'est un privilège factuel du langage car seul ce qui relève du langage, c'est-à-dire ce qui est articulable dans le langage, est dès lors considéré comme significatif dans les rapports de communication entre les sujets humains. Et cela n'était pas conçu de manière méthodologique mais bien de manière factuelle. À partir de là, on aboutit à mon sens à une réduction du paradigme de la communication et à une limitation concomitante de la sphère du social – parce que le social semble tout à coup se dissoudre dans des processus de compréhension langagière. Cela me paraît être réellement un raccourci, qui repose d'une manière ou d'une autre sur la mise en équivalence de la fonction méthodologique du langage avec son primat factuel.

La conséquence est en fait des plus fâcheuses à mes yeux, car ce qui fait les rapports de communication d'une société est évidemment beaucoup plus vaste que ce qui est représenté par sa communication langagière et garanti au travers de ses processus langagiers d'interaction. Les interactions prélangagières de l'enfant avec la mère sont déjà d'une telle importance, capitale et constitutive je pense, pour toute reproduction sociale qu'il faut montrer clairement combien il est fatal de réduire les processus d'interaction sociale et les rapports de communication à la dimension étroite de l'entente langagière.

Par conséquent, j'ai toujours été convaincu que si l'usage méthodologique de l'analyse du langage est juste et ne pose aucun problème, elle ne doit pas avoir pour conséquence de négliger les aspects non langagiers de la communication sociale. Ce qui m'a conduit à définir les rapports d'interaction dans le social de manière plus ample que simplement selon le modèle de l'entente langagière. À cela appartiennent les formes d'interaction non langagières, jusqu'à celles des gestes et du corps, qui sont constitutives pour la reproduction et pour l'identité sociale d'une société, mais qui justement ne se manifestent pas comme des processus d'entente langagière. On peut dire en effet que cela constitue un passage du langage à l'expérience sociale. Mais cela ne doit pas signifier que l'expérience sociale doive se comprendre alors comme quelque chose que nous pourrions analyser uniquement en la rendant saisissable par son articulation langagière. Il est cependant juste de dire que j'aimerais reconsidérer l'expérience de l'interaction dans toute l'ampleur de sa signification sociale, qui a été négligée par Habermas à travers une fixation sur le primat factuel du langage.

En guise de réponse, la distinction entre les primats méthodologique et factuel du langage est essentielle. Le primat méthodologique me paraît approprié alors que le primat factuel me semble être une conclusion erronée – ou, pour ainsi dire, la conclusion incorrecte étendue au problème factuel à partir du problème méthodologique. Je crois que sans formes gestuelles, symboliques et corporelles de l'interaction sociale, notre société ne serait pas à même de se reproduire et de se forger une identité – ces aspects sont au moins autant porteurs de signification que les processus de l'entente langagière.

OLIVIER VOIROL : Vous venez de mentionner la question du corps. Dans votre modèle des trois sphères de la reconnaissance, l'amour, le droit et la solidarité, que vous avez développé dans *La Lutte pour la reconnaissance*, la dimension de l'amour implique l'expérience corporelle. Cette modalité de la reconnaissance est liée à une forme de rapport à soi du sujet, plus précisément la confiance en soi, et à une forme de mépris, la maltraitance pratique. La « maltraitance pratique » signifie que l'intégrité corporelle d'un individu est mise à mal, par exemple par la torture, le viol, etc. Cette question du corps joue un rôle important dans la philosophie sociale en France, où il y a tout une tradition de pensée sur le corps ; elle commence peut-être avec Bergson et se prolonge avec des auteurs comme Merleau-Ponty, Sartre, Foucault, Bourdieu. À l'exception de Bergson, vous avez discuté ces auteurs de manière assez complète et on peut dire qu'ils jouent un rôle dans la formation de votre théorie des luttes sociales pour la reconnaissance. En outre, vous manifestez un grand intérêt pour les philosophes et les sociologues français, ce qui vous différencie également de Habermas. Est-ce que cette tradition française de pensée sur le corps joue un rôle dans cet intérêt pour les aspects non langagiers de la communication, pour la dimension corporelle et, finalement, dans votre scepticisme à l'égard du modèle habermassien de l'interaction ?

AXEL HONNETH : Je crois que ce sont surtout deux traits particuliers de la philosophie sociale française qui m'ont tout spécialement attiré et que j'ai aussi utilisés comme correctifs au prolongement habermassien de la Théorie critique. C'est d'une part ce que vous avez mentionné, soit l'attention beaucoup plus marquée pour le corps humain. Cela commence peut-être avec Bergson, je ne peux pas juger précisément si c'est effectivement l'origine, mais ça se prolonge bien sûr très nettement avec Sartre et Merleau-Ponty, qui accordent chacun dans leurs philosophies respectives une place tout à fait centrale au corps, et cela mène à des penseurs comme Lacan ou Foucault.

L'autre motif était certainement, je crois, une attention accrue aux phénomènes négatifs du social, à ce que j'ai auparavant qualifié de caractère conflictuel ou concurrentiel du social. Cela prend racine vraisemblablement le plus clairement chez Rousseau et se prolonge également à travers une certaine tradition allant jusqu'à Sartre ou encore Bourdieu. On observe chez ces auteurs un intérêt particulier pour le social en tant que champ intersubjectif de conflit et de lutte, si ce n'est d'animosité. Ainsi j'ai effectivement toujours voulu me préoccuper de cette tradition pour acquérir, là encore, un point de vue indépendant par rapport à Habermas.

En ce qui concerne l'accent mis sur la corporéité du social, il me faut encore dire que je suis davantage convaincu aujourd'hui qu'à l'époque où j'écrivais le livre sur les luttes pour la reconnaissance, que toutes les formes de reconnaissance ont une certaine origine corporelle ou symbiotique. Dans le livre, vous l'avez à juste titre souligné, le corps apparaît essentiellement dans la première dimension de l'amour et ne joue plus un rôle central pour les autres dimensions. Entre-temps, j'ai acquis la conviction que la reconnaissance sociale reste en quelque sorte toujours indirectement rattachée à des processus symbiotiques et existe ainsi par un rapport aux attitudes, à des expressions non langagières et à tout le réseau prélangagier de mimiques et de gestes. Je crois cela beaucoup plus qu'auparavant. Aussi mettrais-je désormais encore plus fortement l'accent sur la corporéité des processus sociaux qu'à l'époque où j'ai écrit le livre.

OLIVIER VOIROL : La corporéité est toujours liée, dans votre théorie, à des actions intersubjectives. Comment voyez-vous cette relation entre l'intersubjectivité et ces formes non langagières de communication dans lesquelles le corps joue un grand rôle ?

AXEL HONNETH : Du point de vue de l'ontogenèse des sujets, il est facile de répondre à cette question. Ainsi, l'intersubjectivité émerge génétiquement de formes prélangagières et de formes de communication sociale fortement liées au corps. C'est-à-dire que nous apprenons quelque chose comme une aptitude intersubjective uniquement sous une forme encore prélangagière s'approchant d'une interaction corporelle avec nos personnes de référence. Ainsi, l'origine de l'intersubjectivité repose sur une forme d'interaction et de communication qui, si elle n'est pas tout simplement corporelle, touche du moins au corps. Que l'on décrive cela comme une forme de posture comme chez Winnicott ou dans la psychanalyse, un geste spécifiquement corporel, ou comme des interactions gestuelles comme chez George Herbert Mead, il s'agit chaque fois de formes d'interaction prélangagières liées à des activités corporelles qui, d'un point de vue génétique, sont à l'origine de toutes les dimensions de l'intersubjectivité.

En outre, je pense aussi que ce caractère corporel joue non seulement de manière génétique mais aussi de manière structurelle dans toutes nos interactions, de sorte que nous gérons et modelons nos interactions dans une large mesure au moyen de gestes expressifs corporels. Cette importance majeure des gestes, accompagnant l'entente langagière pour une interaction qui fait sens, a bien sûr été en partie prise en considération dans la pragmatique du langage. Cependant, on ne met pas assez au centre de la théorie le fait que l'entente au moyen du langage s'effondrerait en quelque sorte sans l'appui et la présence constante du corps. Je pense dès lors que la dimension corporelle de notre comportement assume une fonction capitale dans l'interaction. En ce qui concerne la reconnaissance, la première forme de reconnaissance sociale consiste à coup sûr en des expressions préverbales, gestuelles et mimétiques auxquelles les formes développées et avancées de reconnaissance sociale se rattachent également. Chaque forme de reconnaissance sociale a sans doute besoin d'un substitut symbolique pour des formes corporelles de reconnaissance. La symbolique qui s'ajoute aux différentes formes de reconnaissance sociale répond d'une façon ou d'une autre aux gestes corporels originaires. Aussi dirais-je également qu'une attention particulière à la matérialité de la reconnaissance est nécessaire si j'entends analyser la société comme une organisation de formes sociales de reconnaissance. Auparavant, je ne voyais pas cela de manière si prononcée. Mais je crois que la reconnaissance est aussi une matérialité, une matérialité sociale coagulée, et que cet espace matériel de la reconnaissance est largement lié à la corporéité de l'être humain et à la corporéité de l'interaction sociale.

OLIVIER VOIROL : Que voulez-vous dire au juste par cette idée de matérialité de la reconnaissance… ?

AXEL HONNETH : Disons que cette matérialité de la reconnaissance a deux facettes. D'un côté, je pense au phénomène qui a été essentiellement pris en considération par Foucault mais aussi Bourdieu : à savoir qu'il faut toujours considérer l'agir social aussi sous l'aspect de la présence physique. Ce qui veut dire que l'agir social se manifeste dans la structure de l'espace matériel dans laquelle nous nous faisons face les uns les autres. En ce sens, la reconnaissance sociale est quelque chose qui a également une présence physique dans notre quotidien. Par exemple, la façon dont est aménagée une chambre d'enfant ou la façon dont est construit l'environnement spatial des enfants sont déjà un indicateur de la manière dont les relations de reconnaissance sont constituées.

Cela signifie que la reconnaissance n'est en aucun cas seulement un acte de langage et n'est pas non plus cependant une simple forme corporelle d'attention ou d'affirmation équipée, de surcroît, du langage. Elle a en quelque sorte une facette physique : les médiums de la reconnaissance ont leur propre lieu physique dans l'espace. Ce qui signifie que nous pouvons également, en principe, analyser nos relations sociales sous l'angle de la manière dont les relations de reconnaissance et les formes de mépris sont devenues physiquement de la matérialité. Ainsi, la prison indique comment les détenus sont physiquement maltraités, elle fait voir dans sa structure physique une forme particulière de mépris social, exactement de la même manière que tout passage pour piétons témoigne du peu de considération qui revient en réalité au piéton en tant qu'être social. Dans cette mesure, notre environnement social général implique une présence physique de la reconnaissance dominante et des formes de mépris.

OLIVIER VOIROL : Il y a de nos jours des tendances cognitivistes fortes qui considèrent l'action humaine comme déterminée par le corps. Les théoriciens de l'action prennent leurs distances face à cette définition déterministe de l'action et aussi en partie face à Merleau-Ponty, tout en concédant que ce dernier a souligné des aspects importants. Votre théorie de la reconnaissance est fortement liée à une conception pratique et intersubjective. Comment concevez-vous votre position dans ce débat ?

AXEL HONNETH : C'est compliqué. Cela dépend de la manière dont on utilise le concept de corps humain. À mes yeux, le corps est ce qui est indépendant d'un sens intersubjectif. Le corps assume en revanche, dans une large mesure, une fonction dont l'importance est essentielle, sinon capitale, dans l'entente ou dans l'interaction. Ce qui signifie cependant aussi que nos gestes et notre expressivité corporels sont modelés socialement, ce que Merleau-Ponty a évidemment bien perçu. Et, en ce sens, le corps n'est pas opposé à l'esprit. C'est à mon sens un apport de la tradition française autour de Merleau-Ponty d'avoir dépassé ce vieux dualisme cartésien du corps et de l'esprit. Lorsqu'on voit les choses ainsi, cela me paraît être un faux débat : les cognitivistes mentionnés utilisent probablement un concept de corps qui nous ramène en quelque sorte avant Merleau-Ponty. Cela me semblerait dommageable.

OLIVIER VOIROL : Une différence supplémentaire entre Habermas et vous-même est le rôle joué par la tradition philosophique et sociologique française, Habermas ayant toujours été beaucoup plus orienté vers la tradition anglo-saxonne. Il a certes discuté les philosophes français contemporains mais il les a aussi sévèrement critiqués, comme dans le cas de Foucault ou Derrida. Votre approche semble être exactement l'inverse. Vous disiez tout à l'heure que la philosophie française a joué un rôle considérable dans la formation de votre propre théorie. Vous avez consacré des textes à plusieurs auteurs français : Foucault, Sartre, Merleau-Ponty, Bourdieu, qui ont déjà été mentionnés tout à l'heure, mais aussi Castoriadis, Lévi-Strauss, Lyotard ou encore Sorel. Vous rappeliez tout à l'heure votre intérêt pour les facettes négatives du social dans certaines de ces approches. Y a-t-il encore d'autres raisons ?

AXEL HONNETH : Pour Habermas, si je vois juste, il y a au fond deux grandes figures dans la tradition française qui lui sont chères : Rousseau, en tant que précurseur d'une théorie de la souveraineté populaire, et bien sûr Durkheim, en tant qu'il a, à l'instar de George Herbert Mead, tout particulièrement pris connaissance du cœur intersubjectif du social. Tout ce qui vient ensuite est selon lui d'une certaine façon compromis, d'un côté, par Nietzsche et, de l'autre, par Heidegger. Je n'ai jamais perçu les choses ainsi et cela doit avant tout avoir des arrière-plans biographiques et donc contingents. Lorsque j'ai passé mes années de formation, c'est-à-dire au moment de sortir du lycée et de commencer mes études, il y avait en Allemagne un intérêt énorme pour la philosophie française, et justement pas pour la philosophie anglo-saxonne. Chez Habermas, c'était exactement l'inverse. Je crois que dans les années 1950 il eut un intérêt pour la philosophie française – il a du reste écrit à ce moment-là quelque chose sur Merleau-Ponty –, mais ce qui l'intéressait le plus, c'étaient les États-Unis et l'Angleterre. C'était justement très différent à l'époque où j'ai commencé mes études universitaires, où une grande attention aux développements de la philosophie française allait de soi.

C'est là un motif contingent. Ensuite, je crois effectivement que j'étais fasciné par les deux sujets que nous avons déjà effleurés, d'une part, la présence beaucoup plus forte du corps – en tout cas en ce qui concerne la philosophie allemande de l'après-guerre, car avant le national-socialisme cette question était aussi largement présente dans l'anthropologie philosophique, chez Plessner, chez Gehlen. Après le national-socialisme et avant tout dans les traditions dans lesquelles j'ai ensuite grandi par le biais de Habermas, le corps joue un rôle. Cela m'a beaucoup fasciné et c'était un correctif salvateur à la centralité du langage dans le projet habermassien. D'autre part, c'est le réalisme avec lequel le phénomène de la conflictualité sociale était abordé, et qui lui conférait tout simplement une juste place – ce que j'ai également mentionné précédemment. Peut-être qu'un autre rôle joué par la philosophie française, en tout cas dans la période d'après-guerre, est sa forte capacité, dans le prolongement de la tradition phénoménologique, à éclairer de manière très précise des expériences quotidiennes. La valeur que prennent les situations de la vie quotidienne, les accomplissements ordinaires de l'action, est tout à fait exceptionnelle, autant chez Sartre que chez Merleau-Ponty. Chez Sartre, sa manière de faire de la vie moderne le point de référence de la philosophie constitue justement son programme, à la différence de la tradition allemande. Il y a en Allemagne, à travers la forte influence de Heidegger, une fixation de la philosophie sur des modes de vie en quelque sorte pré-urbains et extra-citadins. Chez Sartre, on trouve une attention très marquée aux processus de la vie urbaine, qui sont aussi, de ce fait, ceux de la modernité. Cette dimension imprègne sans doute aussi fortement le type de philosophie que je pratique et m'a disposé favorablement, déjà très tôt, à établir certains liens avec la tradition de la philosophie française.

La reconnaissance et la raison instrumentale

OLIVIER VOIROL : Jusqu'ici, nous avons évoqué les liens entre votre théorie et la Théorie critique, en particulier dans sa version habermassienne. Je vois dans votre théorie une différence majeure par rapport à la première génération, mais aussi par rapport à Habermas, quant à la question de la raison instrumentale. Elle ne joue pour ainsi dire aucun rôle dans votre théorie. Le concept ne possède pas ce rôle critique que l'on trouve chez Adorno, Horkheimer ou Habermas, dans *La Dialectique de la raison* ou dans la *Théorie de l'agir communicationnel.* Dans un de vos premiers textes, vous critiquiez le concept de travail chez Habermas car il opère selon vous une réduction du travail à l'action instrumentale. On constate, en outre, une présence constante, dans votre approche, d'une critique envers toute définition stratégique de l'action. Vous vous confrontez à cette question dans plusieurs textes. Par exemple, dans votre réplique à Nancy Fraser [5], vous critiquez les distinctions entre culture et économie de la même manière que vous aviez auparavant critiqué la distinction entre « système » et « monde vécu » chez Habermas [6]. Bien qu'il s'agisse d'aspects différents de votre travail, il me semble qu'il y a là une permanence, comme une sorte d'intuition théorique fondamentale. Est-ce qu'on pourrait dire que cette intuition signifierait qu'on ne peut expliquer le social à partir de concepts instrumentaux ou stratégiques ?

AXEL HONNETH : C'est pour tout dire la question vraisemblablement la plus complexe de toutes car je n'ai jusqu'à présent pas été à même de relier la théorie de la reconnaissance à une théorie de la rationalité de manière à pouvoir rendre à nouveau plausibles sur une base nouvelle les distinctions de l'ancienne École de Francfort. Cette question était bien souvent articulée le plus clairement dans l'École de Francfort lorsqu'elle entrait sur le terrain de la critique du positivisme, qui joue aussi un certain rôle chez Habermas. C'est-à-dire l'idée que dans la science se reflète face à la réalité une certaine perspective possédant des traits

5. *Cf.* Nancy FRASER, Axel HONNETH, *Umverteilung oder Anerkennung ? Eine politisch-philosophische Kontroverse*, Suhrkamp, Francfort, 2003.

6. *Cf.* Axel HONNETH, *Kritik der Macht*, *op. cit.*, chap. 8, [voir aussi Préface, p. 15].

propres à la raison instrumentale ; il convient dès lors de procéder à une critique de cette perspective avant que puissent ensuite apparaître d'autres formes de rapports au monde. C'est l'opposition, chez Adorno, entre la raison instrumentale et la mimésis et, chez Habermas, celle entre la raison instrumentale et l'agir communicationnel. En ce qui me concerne, je n'ai jusqu'à présent jamais tenté d'envisager la conception de la reconnaissance sociale à l'aune d'une théorie de la rationalité.

Je pense cependant que je devrais et que je peux le faire. L'idée serait alors de saisir le tout des relations de reconnaissance en quelque sorte comme l'élément d'une rationalité propre au monde vécu dont les rapports humains sont imprégnés. Nous devrions alors comprendre certaines conceptions et visions scientifiques du monde qui s'abstraient de ces rapports propres au monde vécu ou qui les déforment comme des expressions de la raison instrumentale.

En d'autres termes, je pense que je devrais renouer avec la tradition que l'on trouve d'une certaine façon chez Husserl, Heidegger, Wittgenstein et également chez Adorno, dans laquelle le scientisme est interprété comme un reniement de la rationalité propre au monde vécu. Il faudrait dire ensuite que ce scientisme, qui joue tout d'abord un rôle dans l'autocompréhension de la science, joue aussi le même rôle au sein de la société, précisément dans la mesure où des relations de reconnaissance sont évincées ou remplacées par des relations instrumentales dans lesquelles se reflète une attitude scientiste face à la réalité. Je devrais donc en quelque sorte reformuler l'intuition, à mes yeux correcte, de l'ancienne École de Francfort, dans une perspective proche de celle de Habermas mais avec d'autres moyens et d'une manière différente. Mon intérêt pour les nouvelles théories de la rationalité, par exemple celle proposée par John McDowell [7], est précisément né de ce motif.

---

7. *Cf.* notamment John McDowell, *Mind and World*, Cambridge, Mass., 1994 ; *Mind, Value, and Reality*, Harvard University Press, Harvard, 2001 ; *cf.* également Axel Honneth, « Zwischen Hermeneutik und Hegelianismus. John McDowell und die Herausforderung des moralischen Realismus », in *Unsichtbarkeit. Stationen einer Theorie der Intersubjektivität*, Suhrkamp, Francfort, 2003, p. 106-137.

J'aimerais d'une certaine façon comprendre le scientisme et ses équivalents dans les conceptions sociales, impliquant des relations instrumentales avec autrui, comme le pendant négatif de l'infrastructure de la reconnaissance sociale, de façon à pouvoir dire que le scientisme dans les sciences sociales nie le vécu de la reconnaissance alors que la conception instrumentale à l'égard des autres sujets nie le besoin de reconnaissance qui est pour nous tous constitutif. De cette manière, je dresserais un parallèle, un peu comme Adorno, Horkheimer et Habermas, entre le scientisme et les relations instrumentales devenues dominantes au sein de la société. Cela constituerait alors une reformulation de la théorie de la rationalité et de la critique concomitante de la raison instrumentale sur la base d'une théorie de la reconnaissance. L'idée centrale consisterait à dire que nous comprenons comme la forme centrale de la rationalité humaine la seconde nature de nos relations réciproques de reconnaissance – brièvement, le besoin de reconnaissance réciproque qui est lui-même devenu, pour nous tous, capital au sein du monde vécu. Ce serait le cœur d'une rationalité qui est de plus en plus déformée dans la modernité, recouverte et refoulée par des conceptions scientistes et instrumentales. Par conséquent, c'est la reprise de motifs déjà présents chez Husserl, Heidegger et Wittgenstein, mais qu'il s'agirait de reformuler dans le sens d'une phénoménologie inspirée par une théorie de la reconnaissance.

J'opérerais avec l'opposition de la connaissance et de la reconnaissance en disant que la reconnaissance précède la connaissance, qui est elle-même une conception secondaire. La critique de la raison instrumentale serait alors une critique envers ce qui est devenu dominant dans la seconde conception, par rapport à la première conception ancrée dans le monde vécu social. C'est là l'origine de mon intérêt pour Wittgenstein et les approches se situant dans sa tradition.

OLIVIER VOIROL : Mais pour réaliser ce projet ne devez-vous pas supposer une sphère de la raison instrumentale comme Habermas avec la théorie des systèmes ?

AXEL HONNETH : Je crois que la question a deux facettes. L'une est propre à la théorie de la rationalité, l'autre à la théorie de la société – c'est-à-dire la traduction de la théorie de la rationalité dans la théorie de la société. La facette propre à la théorie de la rationalité pose la question de la distinction entre deux formes différentes de rationalité humaine. Comme je l'ai dit tout à l'heure, la connaissance et la reconnaissance sont probablement deux modes de rationalité et la reconnaissance est première par rapport à la connaissance.

L'autre question est de savoir comment traduire ces concepts propres à la théorie de la rationalité dans une théorie de la société. Habermas l'a fait au moyen de la distinction entre « système » et « monde vécu », ce que je considère comme erroné. Par conséquent je ne chercherais pas à décrire le processus relatif au scientisme ou à la conception instrumentale comme « système » mais d'une autre façon. Probablement d'une manière qui se reconnecte avec le concept d'institution, afin de renforcer à nouveau une approche de l'institution sociale, à la manière de Max Weber, et retrouver ainsi plus fortement le lien avec une tradition du marxisme – puisque le concept de « système » chez Habermas en rejette à tort des idées majeures. Je n'aimerais pas payer ce prix-là, comme d'ailleurs je n'ai aucune envie d'endosser les coûts d'une reprise de la théorie des systèmes. Au contraire, je tenterais davantage de comprendre les interpénétrations de la rationalité instrumentale dans le marché, dans des processus complexes d'échange, dans des processus de régulation dont nous avons l'impression qu'ils se sont d'une certaine façon disjoints des relations de reconnaissance, selon les catégories de l'institution, ou mieux d'un type particulier d'institution. Éventuellement selon le concept d'organisation mais pas à l'aune des concepts de la théorie des systèmes.

Mais, pour revenir à la question, je crois qu'une théorie critique, vous avez raison, doit aussi être ancrée dans une théorie de la rationalité. Ce que je n'ai pas du tout développé jusqu'à présent. Et je crois effectivement que je ne peux défendre le programme que si j'entreprends cette tâche d'une façon ou d'une autre. Cette entreprise est très complexe car elle exige de formuler les concepts propres à la reconnaissance de manière à constituer le cœur d'une théorie de la rationalité. Et je partirais ici de la distinction fondamentale entre connaissance et reconnaissance, on peut dire aussi entre communication et échange, ce sont des concepts parallèles – dans l'échange, il ne s'agit pas de la reconnaissance de l'autre mais de sa connaissance. La reconnaissance implique par contre quelque chose de beaucoup plus fort, l'affirmation de l'autre. Donc, je partirais de ces différenciations fondamentales en démontrant sans cesse la préséance de la reconnaissance sur la connaissance. Comme chez Habermas d'ailleurs, car ce schéma correspondrait chez lui au primat de l'entente communicationnelle sur l'agir stratégique. Mais ces différenciations nécessaires seraient effectuées selon la distinction entre connaissance et reconnaissance, et non selon la distinction entre « système » et « monde vécu ».

OLIVIER VOIROL : Ce qui signifie que vous réintroduisez l'économie dans ce projet... ?

AXEL HONNETH : Oui, mais en tant que sphère secondaire qui d'une certaine façon, comme chez Hegel, déploie d'importants effets pathologiques au sein de notre monde vécu social lorsqu'elle ne se confine plus au seul cadre normatif-légal. Ce qui ne signifie pas que je croie à un projet de dépassement de l'économie, mais bien à un projet d'encastrement de l'économie dans le cadre du monde vécu social, dans les relations de reconnaissance sociale – de sorte aussi qu'un lien puisse être établi avec ces traditions du marxisme au sein desquelles l'idée d'un lien de l'économie à l'horizon de la reconnaissance est restée forte, comme par exemple chez Karl Polanyi.

En ce moment, je manifeste un fort intérêt pour la différenciation entre reconnaissance et connaissance car je pense qu'elle peut être au fondement d'une théorie de la rationalité convergeant vers une réintégration de l'économie. J'ai écrit un texte sur l'invisibilité[8] qui joue avec cette distinction et postule une préséance de la reconnaissance sur la connaissance. Une fois que cette thèse très exigeante sera mise en lumière, j'aurai alors, me semble-t-il, le moyen de développer ses enchaînements : la théorie sociale qui se rattache au phénomène de la connaissance au lieu de la reconnaissance opère un déni scientiste du caractère

8. *Cf.* « Invisibilité : sur l'épistémologie de la “reconnaissance” », [voir chap. 7, p. 225].

vécu de la société. C'est l'idée fondamentale que je traduirais volontiers en fondements d'une théorie de la société.

C'est ma seule chance de développer une approche alternative à celle de Habermas. D'une certaine manière, Habermas se situera toujours à un niveau plus fondamental avec sa théorie de l'agir communicationnel si je n'interviens pas à ce stade de la préséance de la reconnaissance sur la connaissance – et donc aussi sur le discours. Autant que je puisse en juger jusqu'ici, cette intervention ne peut être faite à l'aide de la théorie du langage, et il me faut revenir à Wittgenstein et Heidegger pour développer la préséance de la reconnaissance – le monde vécu primaire de l'être humain serait donc un monde de reconnaissance et non un monde de l'entente rationnelle. Ce n'est pas l'entente qui est première mais la reconnaissance. Et cela pas seulement de manière génétique – ce qui n'est guère difficile à démontrer puisque la reconnaissance affective précède toujours génétiquement l'acquisition du langage – mais aussi de manière structurelle. Bref, il faudrait montrer que structurellement aussi la reconnaissance précède la connaissance. Une fois ce but atteint, il est ensuite possible de commencer à s'attaquer à une reformulation de la critique de la raison instrumentale sur la base de la théorie de la reconnaissance.

Reconnaissance, espace public et pathologies sociales. Sur l'avenir de la Théorie critique

OLIVIER VOIROL : Restons un peu sur ces différences entre votre théorie et celle de Habermas. Jusqu'ici, nous avons discuté des thèmes de la lutte et de la conflictualité sociale, du rapport entre la pragmatique langagière et l'expérience, des relations avec la philosophie sociale française et maintenant de la question de la raison instrumentale. Je me pose à présent la question de savoir si, dans votre approche théorique, on trouve une reformulation de la théorie habermassienne de l'espace public et, le cas échéant, quelle forme aurait cette théorie ?

AXEL HONNETH : Sur ce point, je m'inspirerais de préférence de l'idée fondamentale de Habermas – sur le plan normatif elle me paraît être jusqu'ici la formulation la plus complexe et la plus englobante. Pour ce qui est de son application empirique j'aurais quelques réserves et quelques désaccords, et les choses se présenteraient sans doute de manière un peu différente si l'on partait plus spécifiquement de l'idée de la lutte pour la reconnaissance dans la vie sociale commune. Les différences concernent deux choses distinctes, les conditions de participation à l'espace public démocratique, d'une part, et les mécanismes d'exclusion et de domination dans l'espace public démocratique, d'autre part. Pour ce qui concerne les conditions de participation, on peut naturellement déduire de ma réflexion que celles-ci ne sont garanties que si tous les sujets disposent dans les faits de la possibilité réelle d'apparaître dans l'espace public de manière autonome et sans contrainte.

Une phrase d'Adam Smith explique clairement cela : « Apparaître en public sans avoir honte. » Cette formule souligne fondamentalement que les sujets ont besoin de différentes formes de reconnaissance sociale pour pouvoir réellement prendre part à la formation démocratique de la volonté. Ainsi, l'espace public démocratique présuppose une multiplicité d'infrastructures normatives qui ne représentent les conditions de la participation démocratique que lorsqu'elles sont réunies. Ces conditions de la reconnaissance constituent un contrepoids à l'espace public dans la mesure où les contextes d'expérience et les milieux culturels de la reconnaissance sont souvent particuliers, à la différence de l'universalité de l'espace public démocratique. On devrait donc dire que le pendant du concept d'espace public démocratique est le concept de rapports sociaux d'interaction dans lesquels les sujets acquièrent et expérimentent chaque forme de reconnaissance nécessaire pour « apparaître en public sans avoir honte ». C'est un pendant au concept d'espace public car ces contextes d'expérience sont particuliers et non pas universels au sens où ils réalisent des valeurs ne renvoyant pas à la société dans son ensemble mais seulement à des aspects de la société. Autrement dit, dans les relations privées, dans les rapports au sein de l'entreprise, dans les rapports de travail, les sujets expérimentent des formes de reconnaissance sociale qui sont nécessaires pour pouvoir participer à la vie démocratique.

C'est la première facette. Quant aux mécanismes d'exclusion dans l'espace public, je les soulignerais davantage que ne le fait

Habermas. Je n'ai pas autant confiance que lui dans cette garantie, comprise à ses yeux dans l'espace public démocratique, de pouvoir en quelque sorte articuler tous les conflits, toutes les situations problématiques ou les conceptions axiologiques. Je pense qu'il faut examiner très précisément l'espace public démocratique pour savoir s'il n'institutionnalise pas lui-même des mécanismes engendrant en quelque sorte des pseudo-effets. C'est-à-dire s'il n'a pas tendance à porter au centre de l'intérêt des thèmes et des valeurs qui sont justement très éloignés des convictions et des sollicitations – pour dire vite, s'il n'y a pas un mécanisme systématique de refoulement des problèmes sociaux en raison des contraintes mêmes de l'espace public démocratique. Par « contraintes » je veux dire par exemple ces tendances à l'industrie culturelle dans l'espace public démocratique, consistant à sélectionner des thèmes et des situations conflictuels selon une perspective, sous le point de vue de la nouveauté ou selon les effets médiatiques qu'ils produisent. Aussi s'opère-t-il au sein de l'espace public démocratique – et vous cherchez d'ailleurs vous-même à l'analyser dans votre travail – une sorte de conflit permanent constitué de telle sorte que des groupes sociaux dont les préoccupations ou les horizons d'expérience étaient jusque-là évincés doivent continuellement tenter de gagner l'accès à ces médias publics. Ce conflit pour la visibilité est peut-être constitutif pour un concept d'espace public démocratique.

OLIVIER VOIROL : Vous venez de dire combien le concept de conflit est important pour comprendre la dynamique de l'espace public. Nous avons déjà évoqué tout à l'heure l'importance de ce concept dans votre théorie. Comment considéreriez-vous la figure de l'« esclave heureux » ? Je veux dire par là que vous partez du principe que les acteurs sociaux luttent lorsque leurs attentes morales sont blessées. Mais il y a bien des sujets sociaux qui se trouvent dans des situations d'oppression sans entrer en lutte, sans manifester de résistance, sans élever de prétentions et peut-être même sans se sentir blessés… ?

AXEL HONNETH : C'est un problème très complexe que je n'ai pas encore abordé véritablement. Cela tient un peu au fait que j'ai uniquement travaillé jusqu'à présent à partir d'un schéma dichotomique, celui du mépris *versus* la reconnaissance, et que je n'ai pas encore thématisé une troisième catégorie qu'il conviendrait absolument de prendre en considération.

C'est le concept de méconnaissance (*Verkennung*) ou de « faux adressage », bref, de reconnaissance comme idéologie. Il n'y a bien sûr pas seulement le phénomène du déni de reconnaissance de certaines convictions, de certains intérêts ou de revendications identitaires mais aussi celui d'une reconnaissance s'opérant de manière déplacée, trompeuse et génératrice de loyauté. On a pour cela le concept de méconnaissance, qui pourrait – du moins en allemand, je ne sais pas ce qu'il en est en français, en anglais on dirait *misrecognition* – représenter un substitut au vieux concept d'idéologie. On trouve des pistes pour élaborer une telle conception chez Althusser et Lacan, et je devrais précisément poursuivre mon travail sur ces pistes pour pouvoir aborder de manière adéquate le sujet de l'« esclave heureux ». Au niveau conceptuel fondamental cela signifie que je devrais placer, entre le concept de reconnaissance dans toutes ses facettes et le concept de mépris dans ses différentes composantes, un troisième concept très complexe – parce qu'un concept de méconnaissance ne saurait être développé de manière appropriée sans déjà présupposer des formations de l'identité autorisant à parler de méconnaissance. En réalité, je ne peux que dire combien je suis conscient du problème sans savoir encore exactement comment le résoudre conceptuellement. J'observe qu'un concept tel que « faux adressage », « adressage incorrect » ou encore « reconnaissance apparente » est indispensable, mais je ne vois pas encore précisément comment les problèmes normatifs qui s'y rattachent ou les difficultés conceptuelles peuvent être surmontés.

L'« esclave heureux » est une personne ayant trouvé une identité satisfaisante et qui se sent socialement reconnue alors que rétrospectivement, en tant qu'observateurs, nous sommes convaincus qu'elle a tort de s'identifier à cette assignation d'identité. Prenons l'exemple de l'esclave noir décrit par la célèbre figure de l'Oncle Tom : c'est le cas de quelqu'un qui se sent reconnu dans les rapports répressifs et patriarcaux d'une société esclavagiste et qui se sent heureux parce qu'il a acquis une identité vivable et à peu près stable. Mais, en tant qu'observateurs, nous sommes convaincus qu'il n'eût pas dû s'identifier à cette offre de reconnaissance. Ce qui signifie au fond que nous présumons chez lui quelque chose comme une identification problématique et trompeuse.

D'un point de vue conceptuel, on a là un problème très complexe car les critères nous autorisant rétrospectivement à de tels jugements nous font apparemment défaut. Les théories que je connais n'ont certainement pas résolu ce problème, comme c'est par exemple le cas de la théorie de l'idéologie d'Althusser. La plupart de ceux qui croient l'avoir résolu présupposent quelque chose comme un noyau de l'identité ou alors quelque chose comme des intérêts avérés de certains groupes ou individus, c'est-à-dire une forme d'essentialisme permettant de distinguer entre des adressages justes ou faux. Mais aujourd'hui nous ne disposons plus de ce type d'essentialisme, et cela pour de bonnes raisons. Nous sommes plutôt de l'avis que l'identité des sujets ou des groupes sociaux ne se forme qu'à travers la reconnaissance sociale. Et le problème est de pouvoir dire cependant que quelqu'un est « méconnu », c'est-à-dire qu'il trouve une reconnaissance « fausse » ou « trompeuse », sans recourir pour autant à une conception essentialiste. Mais je crois naturellement qu'il y a une solution dont je ne fais pour l'heure qu'entrevoir l'esquisse [9].

OLIVIER VOIROL : Nous en arrivons à la dernière question. Nous avons beaucoup parlé de la Théorie critique et en particulier du rôle de Habermas dans cette dernière. Récemment, vous déclariez qu'il y a aujourd'hui deux alternatives pour poursuivre la tradition de la Théorie critique. La première correspondrait à ce que Habermas fait depuis ces dernières années, à savoir une discussion avec et dans la philosophie politique. La seconde correspondrait à la poursuite d'une tradition, particulière au sein de la philosophie sociale, qui s'est penchée sur l'identification de ce que vous appelez les « pathologies sociales » des sociétés modernes capitalistes. La seconde alternative correspond à votre

---

9. Voir sur ce point l'article reproduit dans ce recueil, p. 245, intitulé « La reconnaissance comme idéologie », où Axel Honneth tente, selon ses propres mots, d'« entreprendre un premier pas dans cette direction ».

proposition pour le développement ultérieur de la Théorie critique. Est-ce que vous pouvez en dire plus à propos de cette alternative ?

AXEL HONNETH : La distinction que j'ai introduite est peut-être arbitraire. J'ai tout d'abord distingué les analyses portant sur la société dans son ensemble selon qu'elles s'appuient normativement plutôt sur l'idée d'un ordre social juste ou plutôt sur celle d'une réalisation de soi réussie – par « réalisation de soi » il faut entendre un point de repère permettant de s'interroger sur un ordre social pour savoir s'il assure à ses membres des possibilités satisfaisantes de formation de l'identité. À l'aune de cette distinction, j'ai ensuite distingué la philosophie politique de la philosophie sociale ou, pour le dire autrement, les catégories fondamentales de l'injustice des catégories des pathologies sociales. Je pense que la tradition marxiste s'intéressait beaucoup plus aux pathologies sociales qu'aux injustices sociales et l'apport particulier de Marx était peut-être, à ses propres yeux, d'avoir pu démontrer que l'injustice sociale représente simultanément une pathologie sociale. C'est-à-dire qu'il a identifié le fait même de l'injustice, liée à l'exploitation, à une pathologie sociale, qui s'exprime à travers l'aliénation, soit le fait que nous sommes tous, et pas seulement le prolétariat, rendus étrangers à nos propres conditions de vie, à la nature et à nous-mêmes. Quand on lit de concert les écrits de jeunesse et les écrits tardifs de Marx, on perçoit le trait décisif de son diagnostic précisément dans le fait que les injustices sociales s'accompagnent forcément de pathologies sociales.

Par « pathologies sociales », j'entends des relations ou des évolutions sociales qui portent atteinte, pour nous tous, aux conditions de réalisation de soi. Et le développement de la nouvelle Théorie critique m'apparaît essentiellement comme un mouvement vers la philosophie politique. C'était encore très différent chez le Habermas de la *Théorie de l'agir communicationnel* car l'intérêt principal se dirigeait vers les pathologies sociales, ce qu'il appelait alors la « colonisation du monde vécu », comme forme centrale de pathologie des sociétés contemporaines. Par la suite, Habermas s'est orienté vers la philosophie politique, sous l'influence majeure de Rawls, qui s'intéresse essentiellement aux principales formes d'injustice de notre temps. C'est là un développement intéressant et important mais il néglige en quelque sorte l'orientation profonde caractéristique de toutes les théories critiques depuis Marx, à savoir la tentative d'identifier non seulement l'injustice sociale mais aussi les pathologies de la société dans son ensemble. Mon intérêt consiste à retrouver des points de convergence avec cette tradition et à tenter de mettre à nouveau en évidence le lien entre injustice et pathologie sociales.

Pour y parvenir, il faudrait maintenir les deux perspectives séparées, si bien que je me penche d'abord, en ce moment, sur l'élaboration d'une analyse de la société orientée vers le diagnostic des pathologies sociales avec l'aide du concept de reconnaissance. Ceci pour être en mesure de montrer que l'évolution du capitalisme néo-libéral actuel va dans une direction où les conditions d'autoréalisation seront, pour nous tous, considérablement meurtries – par exemple à travers les tendances à la marchandisation, les tendances à détruire les relations privées, ou les exigences accrues de gestion de l'identité.

Une fois qu'on a mis cette perspective en évidence, la prochaine étape consiste alors à faire apparaître la relation entre l'injustice et les pathologies sociales. Et c'est en quelque sorte l'entreprise la plus compliquée de toutes. Marx y est parvenu, pour un certain temps, mais avec des prémisses anthropologiques problématiques, et la question aujourd'hui est de savoir si nous pouvons y parvenir sans reproduire à nouveau l'essentialisme anthropologique de Marx. Il y a sans aucun doute des recherches qui vont dans ce sens – le philosophe canadien Charles Taylor a toujours eu cela en tête. Mais cet objectif demeure, à mes yeux, un grand défi.

Francfort-sur-le-Main, octobre 2001.

5

La dynamique du mépris D'où parle une théorie critique de la société[1] ?

Aujourd'hui, lorsqu'on tente de définir le lieu d'une « théorie critique », on s'expose au soupçon de méconnaître la situation actuelle de la pensée philosophique ; en effet, si l'on s'en tient au sens de ses origines, autrement dit à l'entreprise interdisciplinaire visant à établir un diagnostic critique de la réalité sociale, cette tradition n'existe plus depuis bien longtemps. Par conséquent, si j'entreprends néanmoins, dans ce qui suit, une tentative de ce type, il ne peut être question de vouloir explorer des conditions qui permettraient de ranimer l'ancienne tradition de la théorie francfortoise ; je ne crois pas que ce programme de recherches initial mérite encore d'être développé sans rupture, et je ne suis pas non plus convaincu qu'une réalité devenue complexe et qui change rapidement puisse s'explorer sans autre façon dans le cadre d'une seule théorie, serait-elle interdisciplinaire. Par conséquent, dans ce qui suit, l'expression « théorie critique de la société » ne renvoie pas au programme initial de l'École de Francfort. D'un autre côté, il ne s'agit pas non plus simplement de se référer à une forme quelconque de théorie sociale, à la seule condition qu'elle soumette son objet à un examen ou à un diagnostic critiques ; en effet, une telle condition

1. Texte de la leçon inaugurale donnée à l'Institut Otto Suhr de l'Université libre de Berlin en novembre 1993.

s'appliquerait, de façon presque évidente, à toutes sortes de théories sociologiques dignes de ce nom, donc à la fois à Max Weber et à Marx, à Durkheim et à Tönnies. « Théorie critique de la société » ne désigne ici que le type de théorie sociale qui partage avec le programme initial de l'École de Francfort, et peut-être avec la tradition de l'hégélianisme de gauche dans son ensemble, une certaine forme de critique normative, plus précisément une critique capable d'indiquer l'instance préscientifique à laquelle se rattache son propre point de vue critique, autrement dit un intérêt empirique ou une expérience morale qui possèdent quelque ancrage extra-théorique.

En un premier temps, permettez-moi de rappeler brièvement en quoi consiste cet héritage hégélien de la Théorie critique ; je le considère, en effet, comme le seul élément théorique qui puisse, aujourd'hui encore, fonctionner comme un trait identifiant, comme une prémisse indispensable de la tradition ancienne. La forme de la critique exercée distingue la théorie sociale de la tradition francfortoise de tous les autres courants et de toutes les autres tendances de la critique sociale. Ainsi, ce n'est qu'à la suite de ce rappel méthodologique que je peux commencer à esquisser la situation dans laquelle se trouve, aujourd'hui, la théorie critique de la société. Je procéderai de la façon suivante : prenant, avec circonspection, mes distances par rapport à la théorie habermassienne de la communication, j'esquisserai petit à petit les hypothèses de base d'une approche qui serait capable de satisfaire aux exigences méthodologiques de l'ancienne théorie ; le cœur de cette approche est constitué par l'exposition de l'état de choses social énoncé dans le titre de ma contribution : la « dynamique sociale du mépris ».

I. Critique et pratique préscientifiques

Le point de départ méthodologique de la théorie, tel que Horkheimer a tenté de l'élaborer au début des années 1930, est défini par un problème dû à la reprise d'un héritage de l'hégélianisme de gauche. Parmi les élèves de Hegel qui, de Karl Marx à Georg Lukács, se situaient à gauche, il allait de soi que la théorie sociale n'était en droit de soumettre son objet à la critique que dans la mesure où elle était capable d'y découvrir un élément de son propre point de vue critique à titre de réalité sociale ; ces théoriciens avaient, par conséquent, besoin d'un diagnostic de la société capable de mettre en évidence quelque transcendance intramondaine, autrement dit immanente. Lorsque, dans un de ses premiers essais devenus célèbres, il définit la caractéristique de la théorie critique en la désignant comme le « côté intellectuel du processus historique de l'émancipation [2] », Horkheimer pense à la tâche ainsi esquissée ; en effet, pour être capable de produire ce résultat, la théorie doit être capable de penser à la fois sa genèse dans une expérience préscientifique et son utilisation dans une pratique future. Mais, à la différence de Lukács, Horkheimer a conscience du fait qu'une telle définition de son point de départ ne formule pas seulement une exigence méthodologique, mais appelle en outre une coopération régulière avec la recherche sociologique ; en effet, la théorie critique ne peut affirmer son lien avec une dimension préscientifique qu'à condition de se rendre compte de l'état de la conscience de la population, autrement dit de sa disposition à favoriser l'émancipation. Le rapport spécifique que Horkheimer, en poursuivant la ligne de pensée de l'hégélianisme de gauche, a établi entre théorie et pratique présuppose une définition des forces motrices sociales qui, dans le processus historique, tendent à critiquer et à dépasser les formes établies de domination ; quelles que soient ses convergences avec d'autres formes de critique sociale, la Théorie critique dépend par conséquent, en son cœur le plus intime, de la définition quasi sociologique d'un intérêt émancipatoire existant dans la réalité sociale elle-même.

Or toute une série d'études d'histoire de la théorie ont pu montrer que les moyens explicatifs de l'Institut de recherche sociale de Francfort étaient insuffisants pour traduire cet objectif ambitieux dans la pratique de la recherche. En effet, à ses débuts, Horkheimer est resté prisonnier d'une philosophie marxiste de l'histoire, qui ne pouvait admettre d'intérêt préscientifique pour l'émancipation sociale que dans le cadre du prolétariat ; quant à

2. Max HORKHEIMER, « Théorie traditionnelle et Théorie critique », in *Théorie traditionnelle et Théorie critique* (trad. C. Maillard et S. Muller), Gallimard, Paris, 1974, p. 15-81.

Adorno, il avait très tôt fait de la critique marxienne du fétichisme le point de départ de sa critique sociale, à tel point qu'il n'était plus capable de percevoir dans la culture sociale quotidienne la moindre trace de transcendance intramondaine ; ce n'est que chez les collaborateurs marginaux de l'Institut, chez Walter Benjamin ou chez Otto Kirchheimer, que l'on aurait pu trouver les impulsions théoriques permettant de chercher un accès différent et plus productif aux potentiels émancipatoires de la réalité sociale quotidienne [3]. En l'absence de ces impulsions, Horkheimer et son groupe sont restés, dans l'ensemble, prisonniers d'un fonctionnalisme marxiste qui les a induits à percevoir, dans le cadre de la réalité sociale, un cycle de la domination capitaliste et de la manipulation culturelle à tel point fermé qu'il ne restait plus aucune place pour une zone de critique morale exercée de façon pratique. Le problème ainsi induit, la difficulté qu'il y a, à la fois, à dépendre théoriquement d'une instance préscientifique de l'émancipation et à ne plus pouvoir apporter de preuve empirique de son existence, devait encore s'accentuer pour la tradition théorique fondée par Horkheimer, dans la mesure où les espoirs de changement, qui avaient reposé sur une pratique, devaient perdre leur plausibilité et leur force de conviction. En effet, avec la victoire du fascisme et le triomphe du stalinisme, toute possibilité de conférer à la perspective critique de la théorie une base objective dans une instance préscientifique, que ce soit celle d'un mouvement social ou celle d'un intérêt existant, s'était évanouie. Enfin, le passage de la Théorie critique au négativisme de la philosophie de l'histoire d'Adorno a constitué le moment historique où l'entreprise d'une fondation historico-sociale de la critique a totalement déposé son bilan ; dans les réflexions de *La Dialectique de la raison*, le seul lieu où quelque chose comme une transcendance intramondaine pourrait encore intervenir est l'expérience de l'art moderne.

Rentrés d'exil en Allemagne, Horkheimer et Adorno n'ont plus apporté de changement essentiel à ces prémisses empiriques de leur entreprise critique. On peut discuter si l'un et l'autre ont

3. Voir Axel HONNETH, « Kritische Theorie. Vom Zentrum zur Peripherie einer Denktradition », in *Die zerrissene Welt des Sozialen*, Suhrkamp, Francfort, 1990, p. 25 *sq.*

effectivement maintenu jusqu'à la fin de leur vie l'approche de la *Dialectique de la raison* sans y apporter la moindre correction ; ce qui est certain, c'est qu'ils n'ont plus voulu croire à une possibilité intramondaine d'émancipation. C'est ce que montrent, chez Adorno, la *Dialectique négative* et, chez Horkheimer, l'intérêt tardif qu'il a manifesté pour le pessimisme philosophique de Schopenhauer. Quoi qu'il en soit dans le détail, par l'orientation fondamentalement pessimiste de leurs derniers écrits Horkheimer et Adorno nous ont légué un problème qui s'est retrouvé, depuis, au point de départ de toute tentative pour renouer avec la Théorie critique. En effet, tant qu'il s'agit de conserver le modèle de critique proposé par l'hégélianisme de gauche, il faut réinventer un accès théorique à la sphère sociale dans laquelle un intérêt émancipatoire est susceptible de posséder un ancrage préscientifique. Sans une quelconque démonstration du fait que la perspective critique est favorisée, dans la réalité sociale, par un besoin ou un mouvement, la Théorie critique ne peut être poursuivie, aujourd'hui, de quelque manière que ce soit ; car elle ne se distingue plus d'autres approches de la critique sociale par une supériorité de ses explications sociologiques ou par une démarche de justification philosophique, mais uniquement par le fait qu'elle n'abandonne pas la tentative de conférer aux critères de la critique une base objective existant dans la pratique préscientifique. Or, dans la mesure où cette sphère a été ensevelie au cours de l'histoire de la Théorie critique, il faut, aujourd'hui, effectuer tout un travail conceptuel pénible pour la remettre au jour. C'est pourquoi la tâche visant à ouvrir un accès catégorial à la réalité sociale, de façon à y faire apparaître un aspect de transcendance intramondaine, me semble être le problème clé d'une actualisation de la théorie critique de la société. En ce sens, la question de savoir quelles sont, aujourd'hui, les réactions fondamentales à ce problème peut servir de fil conducteur théorique pour tenter de définir le lieu de la Théorie critique.

II. Autres voies pour tenter de renouveler la tradition

Compte tenu de la problématique esquissée jusqu'ici, on peut, aujourd'hui, aisément distinguer deux types de réponses opposés. Dans le premier de ces deux courants, la critique négativiste de la société, telle qu'Adorno l'a pratiquée dans ses derniers écrits, connaît une radicalisation supplémentaire, dans la mesure où l'on pronostique une autodissolution du cœur social de la société ; les phénomènes ainsi mis en lumière sont la croissance incontrôlable de grands systèmes techniques, l'émancipation de la régulation systémique par rapport au monde vécu social, et enfin le processus rapide par lequel la personnalité humaine est vidée de sa substance. Si l'énumération de tendances évolutives de ce type rappelle, certes, un diagnostic de l'époque tel qu'il a été développé il y a quelque temps par des auteurs conservateurs comme Arnold Gehlen, un tel diagnostic caractérise, aujourd'hui, surtout les groupes théoriques qui tentent de revendiquer l'héritage négativiste d'Adorno ; dans le domaine germanique, cette tendance est avant tout représentée par les écrits de Stefan Breuer, tandis que, au niveau international, ce sont bien souvent les partisans du poststructuralisme français qui placent ces phénomènes sociaux au centre de leur diagnostic de la société [4]. L'image théorique du monde vécu social produite par ces différentes variantes d'une critique négativiste de la société porte toujours la même empreinte de déshumanisation : chez Breuer, c'est la foi quasi religieuse dans la toute-puissance de la technique et de la science, dans la période médiane de Foucault, la réaction passive à la stratégie des appareils de pouvoir, chez Baudrillard, la tendance massive à la mise en scène, à la simple simulation qui transforment chaque fois les êtres humains d'aujourd'hui, dans leur totalité, en de simples objets d'un pouvoir systémique qui se reproduit de façon autopoïétique. Or, si la réalité sociale est conçue de cette manière, les conséquences théoriques qui en résultent pour notre problème sont évidentes ; en effet, toute forme de critique qui cherche à se localiser elle-même dans le cadre de la réalité sociale doit apparaître comme impossible, ne serait-ce que parce que celle-ci ne présente plus de structure permettant d'y découvrir des

4. Sont représentatifs de ce courant : Stefan Breuer, *Die Gesellschaft des Verschwindens. Von der Selbstzerstorung der technischen Zivilisation*, Junius, Hambourg, 1992 ; Michel Foucault, *Surveiller et punir*, Gallimard, Paris, 1975.

déviations sociales, sans même parler d'intérêts ou d'attitudes émancipatoires. Avec la radicalisation de la critique de la réification développée par le dernier Adorno, tout effort pour désigner encore un aspect de transcendance intramondaine, afin de conférer une base objective de la critique, est définitivement privé de son fondement dans la théorie sociale ; avec cette forme de théorie critique de la société, la tentative pour établir un rapport réflexif à la pratique préscientifique serait ainsi parvenue à son terme.

Cela dit, le second courant théorique à travers lequel la Théorie critique est aujourd'hui poursuivie, montre que cette conclusion ne s'impose pas forcément ; en effet, la théorie habermassienne de la communication, à laquelle je pense ici évidemment, représente une opposition aux théories négativistes de la société, précisément dans le sens où elle a rouvert l'accès à une sphère émancipatoire de l'action. La structure de la théorie de l'activité communicationnelle peut être comprise comme la réalisation d'une tentative visant à retrouver les moyens catégoriaux par lesquels l'idée horkheimerienne d'une critique de la société peut être ranimée à notre époque. Dans un premier temps, Habermas passe du paradigme marxiste de la production à celui de l'activité communicationnelle, dans le cadre duquel il s'agit de montrer que ce n'est pas dans le travail social mais dans l'interaction sociale que se trouvent les conditions du progrès social. Dans un deuxième temps, Habermas déploie donc une pragmatique du langage qui se propose d'éclaircir les présuppositions normatives qui constituent le potentiel de rationalité de l'activité communicationnelle. Enfin, dans un troisième temps, il construit sur cette base l'esquisse d'une théorie de la société qui retrace le processus de la rationalisation de l'activité communicationnelle jusqu'au point historique où il conduit au développement de différents médias de régulation sociale [5]. On sait que Habermas fait déboucher sa théorie de la société sur un diagnostic historique selon lequel le pouvoir des systèmes autorégulés s'est accru à tel point qu'ils deviennent une menace pour les actes de communication du monde vécu ; en effet, sous

5. Jürgen HABERMAS, *Théorie de l'agir communicationnel* (trad. J.-M. Ferry et J.-L. Schlegel), Fayard, Paris, 1987 (1981), 2 tomes.

l'action destructrice des médias régulateurs de l'argent et du pouvoir bureaucratique qui pénètrent, aujourd'hui, dans la culture quotidienne, le potentiel humain de l'entente au moyen du langage commence à se désintégrer. À travers cette image d'une colonisation du monde vécu, la théorie habermassienne de la société semble néanmoins finir par converger avec la critique pessimiste de la société que nous avions rencontrée dans les courants négativistes d'une actualisation de la Théorie critique. En effet, l'une et l'autre approches se rejoignent à travers le diagnostic selon lequel l'émancipation des pouvoirs systémiques risque aujourd'hui de conduire à une dissolution du noyau social de la société. Cela dit, toute la différence réside dans le fait que Habermas est capable de proposer un concept systématique de ce qui est aujourd'hui menacé par la domination des systèmes ; là où prédominent, dans les approches négativistes, les prémisses peu claires d'une anthropologie à peine articulée, son approche présente une théorie du langage qui est capable de montrer de façon convaincante que le potentiel de l'être humain qui est aujourd'hui en danger est sa capacité à s'entendre avec autrui au moyen de la communication. À la différence de toutes les autres variantes de la Théorie critique, la reformulation habermassienne contient une conception capable d'exposer la structure de la pratique qui risque d'être détruite par les tendances de la société sur lesquelles porte la critique.

Or, parvenu à ce point, il est facile de se rendre compte que la théorie habermassienne de la communication répond, dans sa structure formelle, aux exigences que Horkheimer avait énoncées dans son programme primitif à l'égard d'une critique de la société ; comme le premier, à travers le travail social, le second possède, dans l'entente au moyen de la communication, une sphère préscientifique d'émancipation que la critique peut invoquer pour rendre compte du point de vue normatif auquel elle se rattache dans la réalité sociale. Mais la comparaison avec le modèle horkheimerien fait en même temps apparaître, dans la théorie de Habermas, un problème dont j'aimerais faire le point de départ de mes réflexions suivantes ; il s'agit de la question de savoir comment définir le lien supposé exister entre la pratique préscientifique et la Théorie critique. Lorsque Horkheimer formula son programme, il avait encore à l'esprit, tout à fait dans le sens de la tradition marxiste, un prolétariat supposé avoir déjà acquis un sens de l'injustice du capitalisme dans le processus de production ; il suffisait, selon lui, d'articuler systématiquement ces expériences morales ou ces sentiments d'injustice pour conférer une base objective à leur critique. Or nous savons aujourd'hui, et Horkheimer lui-même aurait pu s'en rendre compte en examinant la situation avec objectivité, que les classes sociales ne font pas des expériences à la manière de sujets individuels – sans parler de leur possibilité d'avoir des intérêts communs et objectifs ; d'une façon générale, c'est pour d'excellentes raisons que nous avons perdu l'idée selon laquelle on pourrait attribuer des intérêts émancipatoires ou des expériences à un groupe de personnes dont le seul point commun est la situation socio-économique. Cela dit, qu'est-ce qui peut, aujourd'hui, remplacer, dans la construction de la théorie, les expériences morales dont, en parfait disciple de Georg Lukács, Horkheimer avait équipé la classe ouvrière dans son ensemble ? Comme l'a montré notre récapitulation initiale, la Théorie critique doit se sentir capable de désigner les expériences empiriques qui, dès le niveau préscientifique, offrent un indice du fait que les considérations normatives ne sont pas dépourvues de toute base dans la réalité. Quelles sont les expériences et quels sont, d'une façon générale, les phénomènes qui assument, dans la théorie habermassienne, le rôle d'une preuve quotidienne de la pertinence de la critique ? Je suppose que la théorie de l'activité communicationnelle révèle ici une béance qui n'est pas fortuite mais qui présente un caractère systématique.

III. Pratique préscientifique et expériences morales

En faisant passer la Théorie critique du paradigme de la production à celui de la communication, Habermas a ouvert la perspective sur une sphère sociale qui remplit toutes les conditions permettant d'affirmer l'existence d'une transcendance intramondaine. En effet, dans l'activité communicationnelle, les sujets se rencontrent dans un contexte d'attentes normatives dont la déception redevient sans cesse une source d'exigences morales visant par-delà les formes de domination établies. L'équivalent des rapports de production capitaliste qui, chez Horkheimer, imposaient des limites illégitimes au développement de la capacité humaine de travail, ce sont donc, chez Habermas, les rapports sociaux de communication qui limitent d'une façon injustifiable le potentiel émancipatoire de l'entente intersubjective. Or Habermas découvre les justifications détaillées qu'offre le processus de l'interaction sociale, au moyen de sa conception d'une pragmatique universelle ; selon celle-ci, les règles du langage qui sont sous-jacentes à l'activité communicationnelle possèdent un caractère normatif dans la mesure où elles définissent en même temps les conditions d'une entente sans contrainte entre les êtres humains [6]. Si l'on considère ces conditions inhérentes au langage comme le noyau normatif structurellement immanent à la communication interpersonnelle, on voit se dégager un peu plus précisément la perspective critique sur laquelle repose la théorie habermassienne de la société ; elle doit, en effet, analyser les restrictions sociales et cognitives qui s'opposent à une application sans entraves de ces règles langagières. En se tournant vers la pragmatique universelle, Habermas choisit une voie qui conduit à identifier le potentiel normatif de l'interaction sociale aux conditions langagières d'une entente sans contrainte. Quels que soient les avantages associés à une telle conception langagière du paradigme de la communication, les inconvénients qui y sont intrinsèquement liés sont tout de même très importants. On découvre, en effet, une première difficulté lorsque l'on se demande, dans le sens de Horkheimer, quelles expériences morales sont supposées correspondre à ce point de vue critique, à l'intérieur de la réalité sociale.

Pour Habermas, l'instance préscientifique qui confère une base sociale à sa perspective normative doit être le processus social déployant les règles langagières de l'entente ; dans la *Théorie de l'agir communicationnel*, ce processus est désigné comme la rationalisation communicationnelle du monde vécu. Or un tel processus est typiquement quelque chose qui, comme

6. Voir notamment Jürgen HABERMAS, « Notes programmatiques pour fonder en raison une éthique de la discussion », in *Morale et communication* (trad. Ch. Bouchindhomme), Cerf, Paris, 1986, p. 63-130.

on peut le dire avec Marx, s'accomplit à l'insu des sujets ; son déroulement ne repose pas sur des intentions individuelles et, d'une façon générale, n'est pas non plus intuitivement donné à la conscience des individus. Le processus émancipatoire dans lequel Habermas ancre la perspective normative d'une théorie critique ne se répercute d'aucune manière dans les expériences morales des sujets intéressés ; en effet, ceux-ci ne voient pas, dans la réduction de ce que nous pouvons considérer comme leurs attentes morales ou comme leur « point de vue moral », une atteinte aux règles de langage qu'ils connaissent intuitivement, mais une atteinte à des exigences d'identité acquises à travers la socialisation. Un processus de rationalisation communicationnelle du monde vécu peut se réaliser historiquement ; en tout cas, il ne se reflète pas à la manière d'une donnée morale dans les expériences des sujets humains. C'est pourquoi il est impossible de trouver dans la réalité sociale un quelconque répondant de l'instance préscientifique à laquelle renvoie réflexivement la perspective normative de la théorie habermassienne ; à la différence de la théorie de Horkheimer, à vrai dire imprégnée par une illusion destructrice, la conception de Habermas n'est pas liée à l'idée de permettre à une expérience existante d'injustice sociale de s'exprimer.

Pour sortir du dilemme ainsi esquissé, seule l'idée qui consiste à développer le modèle de la communication élaboré par Habermas dans le sens de ses présuppositions intersubjectivistes, voire sociologiques, est prometteuse. En un premier temps, je ne pense ici qu'à la proposition de ne pas identifier purement et simplement le potentiel normatif de l'interaction sociale aux conditions langagières d'une entente sans contrainte. C'est déjà dans cette direction que pointait la thèse selon laquelle les expériences morales ne sont pas suscitées par une restriction des compétences linguistiques, mais se forment à travers l'atteinte portée aux exigences d'une identité acquise par la socialisation. C'est dans cette même direction que pointent aujourd'hui des recherches, comme celles de Thomas McCarthy, pour donner au paradigme habermassien de la communication une forme plus proche de l'expérience en reconstruisant, au moyen de l'ethnométhodologie, les présuppositions normatives de l'interaction [7]. Pour mieux comprendre les attentes morales qui sont inhérentes au processus quotidien de la communication sociale, il est indiqué de procéder, en un premier temps, à l'étude historique et sociologique des actions de résistance menées par les couches sociales inférieures. En effet, dans la mesure où les membres de ces couches ne sont pas spécialisés, du point de vue culturel, dans l'articulation d'expériences morales, leurs expressions montrent, en quelque sorte avant toute influence philosophique de type universitaire, ce que visent les attentes normatives dans la vie quotidienne de la société. Avec une grande régularité, l'examen de telles études met en évidence que ce qui, du point de vue des motivations, est à la base du comportement protestataire, n'est pas l'orientation en fonction de principes moraux positivement formulés, mais l'expérience d'atteintes aux idées intuitivement données de la justice. Or le cœur normatif de ces idées de la justice est toujours constitué par les attentes liées au respect de la dignité, de l'honneur ou de l'intégrité propres [8]. Si l'on généralise ces résultats en faisant abstraction du contexte de chaque étude, on est tenté de conclure que l'obtention de la reconnaissance sociale est la condition normative de toute activité communicationnelle ; en effet, les sujets se rencontrent dans l'horizon d'une attente réciproque d'être reconnus à la fois en tant que personnes morales et pour les prestations sociales qu'ils accomplissent. Si la thèse ainsi esquissée est plausible, on a là déjà, autre conséquence, une indication en ce qui concerne les événements qui, dans la vie sociale quotidienne, sont perçus comme des injustices morales ; en effet, pour les personnes concernées, de tels cas se présentent toujours lorsque, contrairement à leur attente, une reconnaissance considérée comme méritée n'intervient pas. J'aimerais désigner l'expérience morale que les sujets

7. Thomas McCarthy, « Philosophie und kritische Theorie. Eine Reprise », in *Ideale und Illusionen. Dekonstruktion und Rekonstruktion in der kritischen Theorie*, Suhrkamp, Francfort, 1993, p. 193 *sq.*

8. *Cf.* notamment Barrington Moore, *Injustice. The Social Bases of Obedience and Revolt*, Macmillan Press, Londres, 1978 ; j'y renvoie également dans Axel Honneth, « Conscience morale et domination de classe », [voir chap. 6, p. 202-203].

humains font typiquement dans de telles situations comme le sentiment de subir un mépris social.

Ces réflexions nous ont déjà conduits au point où se dessinent, par rapport à la version linguistique du paradigme de la communication, les contours d'une solution de rechange. Le point de départ de celle-ci est constitué par la réflexion selon laquelle les présuppositions normatives de l'interaction sociale ne peuvent pas être saisies dans toute leur étendue si on les réduit exclusivement aux conditions linguistiques d'une entente sans contrainte ; il faut, au contraire, tenir compte de ce que les attentes normatives que les sujets associent à l'engagement de relations de communication sont liées à la supposition d'une reconnaissance sociale. Si l'on élargit ainsi le paradigme de la communication en débordant le cadre de la théorie du langage, on se rend compte, en outre, en quel sens chaque violation des conditions normatives de l'interaction doit immédiatement se répercuter sur les sentiments moraux des intéressés ; en effet, dans la mesure où l'expérience de la reconnaissance sociale est une condition dont dépend le développement de l'identité personnelle dans son ensemble, l'absence de cette reconnaissance, autrement dit le mépris, s'accompagne nécessairement du sentiment d'être menacé de perdre sa personnalité. À la différence de ce qui se passe chez Habermas, il existe donc ici un lien étroit entre les dommages que subissent les conditions normatives de l'interaction sociale et les expériences morales que font les sujets dans leurs communications quotidiennes. Lorsque ces conditions sont violées et que l'on refuse à une personne la reconnaissance qu'elle mérite, elle y réagit en règle générale par des sentiments moraux qui accompagnent l'expérience du mépris, et donc par la honte, la colère ou l'indignation. Ainsi, un paradigme de la communication conçu non pas en termes de théorie du langage mais en termes de théorie de la reconnaissance peut-il également combler la lacune théorique que Habermas avait laissée dans son développement du programme horkheimerien. En effet, les sentiments d'injustice qui s'accompagnent de formes structurelles de mépris constituent un fait préscientifique permettant à une critique des rapports de reconnaissance d'apporter la preuve sociale de sa propre perspective théorique.

Or la réflexion que je viens de résumer repose sur un tel nombre de présuppositions non éclaircies que je suis incapable, dans ce contexte, de les justifier dans leur totalité. Dans un livre qui, en s'appuyant sur George Herbert Mead, reconstruit le modèle de la reconnaissance élaboré par le jeune Hegel, j'ai tenté de fonder la partie de mon exposé qui se rapporte aux présuppositions communicationnelles du développement réussi d'une identité humaine ; on y trouve une distinction entre trois modèles de reconnaissance mutuelle, distinction qui me semble nécessaire mais que je n'ai fait qu'effleurer ici au passage [9]. En ce qui concerne l'autre partie de mes réflexions, celle dans laquelle j'affirme que l'attente de la reconnaissance sociale fait partie de la structure de l'activité communicationnelle, il m'est sans doute impossible, pour l'instant, d'en justifier toutes les conséquences. Cela supposerait, en effet, que soit résolue la tâche complexe qui consiste à remplacer la pragmatique universelle de Habermas par une conception anthropologique capable d'expliquer dans leur ensemble les présuppositions normatives de l'interaction sociale. Cela dit, d'autres aspects sont plus importants quant à savoir quelle est aujourd'hui la situation de la Théorie critique. En effet, s'il s'agit d'analyser les rapports sociaux de communication, en premier lieu, pour savoir quelles sont les formes structurelles de mépris qu'ils engendrent, il faut que le point de vue critique du diagnostic historique soit également changé par rapport à l'approche habermassienne. Ce ne sont plus les tensions entre système et monde vécu qui doivent être placées au centre, mais les causes sociales responsables de la violation systématique des conditions de la reconnaissance. L'attention du diagnostic historique doit se déplacer, de l'émancipation des systèmes vers la déformation et la dégradation des rapports sociaux de reconnaissance. Comme nous le verrons, cela entraînera, par rapport à Habermas, une réévaluation du rôle que devra jouer l'expérience du travail dans le cadre catégorial d'une Théorie critique.

9. Axel HONNETH, *La Lutte pour la reconnaissance* (trad. P. Rusch), Cerf, Paris, 2000 (notamment chap. 5).

IV. Pathologies de la société capitaliste

La tradition de l'École de Francfort a eu tendance à considérer comme la « perturbation » déterminante des sociétés modernes le fait que la raison instrumentale ait fini par triompher des autres formes d'action et de savoir ; en effet, tous les phénomènes de la réalité sociale qui peuvent paraître « pathologiques » ont été interprétés comme les conséquences d'attitudes sociales liées au projet de dominer la nature et érigées en fin en soi. Cette même tendance se retrouve encore chez Habermas, dans la mesure où il fait déboucher sa *Théorie de l'agir communicationnel* sur un diagnostic historique fondé sur le risque de voir le monde vécu « colonisé » par des systèmes organisés en fonction d'une rationalité fins-moyens ; une fois de plus, la « perturbation » supposée menacer la vie de notre société est identifiée à la tendance au triomphe des orientations instrumentales, même si leur genèse n'est plus simplement expliquée par l'objectif de dominer la nature, mais par la croissance de la rationalité de l'organisation. Enfin, il n'est guère besoin d'insister sur le fait que les théories sociales négativistes postadorniennes partent d'un diagnostic historique selon lequel c'est un type déterminé de raison instrumentale qui, dans la technique, la science et les systèmes de contrôle, est devenu une puissance menaçante pour la vie. Toutes ces formes de diagnostic critique sont caractérisées par le fait que les pathologies ou les anomalies sociales ne sont, chaque fois, évaluées qu'en fonction du niveau de développement de la rationalité humaine ; ne peuvent donc être considérées comme des déviations par rapport à un idéal nécessairement présupposé comme étalon catégorial d'une forme de société « saine » ou intacte, que les réductions que subissent les orientations cognitives de la personne humaine. Autre héritage de l'hégélianisme de gauche, une telle perspective s'accompagne d'une réduction du diagnostic critique en fonction d'une théorie de la rationalité ; en effet, toutes les pathologies sociales qui ne relèvent pas du niveau de développement de la rationalité humaine ne peuvent même plus être perçues. La tradition de l'École de Francfort ne peut qu'être insensible aux perturbations de la vie sociale que Durkheim avait à l'esprit en étudiant le processus de l'individualisation ; en effet, celles-ci prennent la forme de la dissolution d'une force de cohésion sociale qui n'a que des rapports très indirects avec les transformations de la rationalité humaine.

Compte tenu des hypothèses fondamentales que j'ai développées jusqu'ici dans ma tentative de définir le lieu d'une théorie critique, il ne serait guère judicieux de se contenter d'une perception aussi réduite des perturbations et des pathologies de notre société. En effet, comment faire apparaître les développements pathologiques de la vie sociale qui sont liés aux conditions structurelles de la reconnaissance réciproque, si l'on ne dispose pas d'autres critères que ceux qui permettent d'évaluer les déviations qui affectent la rationalité humaine ? Dès que le paradigme de la communication n'est plus appréhendé uniquement dans le sens d'une conception de l'entente rationnelle, mais dans le sens d'une conception des conditions de reconnaissance, il n'est pas non plus admissible de serrer le diagnostic critique dans le schéma étroit d'une théorie de la rationalité ; car le critère de ce qui doit être considéré comme « perturbation » ou comme développement pathologique de la vie sociale ne peut plus être constitué par les conditions rationnelles de l'entente sans contrainte, mais par les présuppositions intersubjectives du développement de l'identité personnelle. De telles présuppositions se trouvent dans les formes de communication sociale dans lesquelles l'individu grandit, acquiert une identité sociale et doit enfin apprendre à se concevoir comme le membre à la fois unique et égal en droits aux autres membres d'une société. Or, si ces formes de communication sont telles qu'elles n'offrent pas le degré de reconnaissance nécessaire pour venir à bout de ces différents problèmes d'identité, il faut y voir l'indice d'un développement pathologique de la société. Par conséquent, dès que le paradigme de la communication n'est plus conçu en termes de théorie du langage mais en termes de théorie de la reconnaissance, ce qui vient à occuper le centre du diagnostic historique ce sont les pathologies de la reconnaissance. Du même coup, les concepts fondamentaux d'une analyse de la société doivent être construits de façon à pouvoir saisir les déformations ou les déficits dans la structure de la reconnaissance sociale, tandis que le processus de la rationalisation sociale perd sa position centrale.

À vrai dire, ces réflexions ne précisent encore d'aucune façon le rapport qui s'établit alors entre ces pathologies de la reconnaissance et la structure d'une société donnée. Si le modèle de théorie critique esquissé jusqu'ici est supposé être capable d'autre chose que d'une analyse purement normative du présent, il faut qu'il puisse avant tout indiquer les causes structurelles qui sont chaque fois responsables de la déformation que subit la structure sociale de la reconnaissance. En effet, ce n'est qu'alors que l'on peut savoir s'il existe un lien systématique entre certaines expériences de mépris et le développement structurel de la société. Il me faut ici me contenter de quelques remarques, destinées avant tout à préparer une dernière prise de distance par rapport au modèle habermassien du paradigme de la communication. M'inspirant du jeune Hegel, j'ai distingué, comme je l'ai déjà mentionné, trois formes de reconnaissance sociale que l'on peut considérer comme des présuppositions communicationnelles d'une formation réussie d'identité, à savoir l'affection manifestée dans les relations intime du type de l'amour ou de l'amitié, la reconnaissance morale de l'individu en tant que membre responsable d'une société, et enfin l'appréciation sociale des prestations et capacités sociales de l'individu. Il n'est alors possible de savoir ce qu'il en est des structures de la reconnaissance dans une société déterminée qu'en procédant à des recherches portant sur l'état empirique dans lequel se trouvent chaque fois les incarnations institutionnelles de ces trois modèles de reconnaissance. Par conséquent, cela demanderait pour notre société des études portant à la fois sur les pratiques de socialisation, les formes familiales et les rapports d'amitié, sur le contenu et sur la culture de l'application du droit positif, et enfin sur les modèles factuels de l'estime sociale. Or, en tenant compte d'études comparables concernant cette dernière dimension de la reconnaissance, on peut non seulement supposer, mais encore affirmer sans risque de se tromper, que l'estime sociale d'une personne se mesure très largement à la contribution qu'elle apporte à la société en tant que travail formellement organisé. Concernant l'estime sociale, les rapports de reconnaissance sont très étroitement liés à la répartition et à l'organisation du travail social. Il faut, par conséquent, donner, dans le cadre du programme de théorie critique ici esquissé, à la catégorie du travail une importance plus grande que celle qui lui est accordée par la *Théorie de l'agir communicationnel.*

V. Travail et reconnaissance

Un bref aperçu des études traitant des conséquences psychologiques du chômage montre sans ambiguïté que l'expérience du travail doit occuper une place centrale dans la conception qui se dessine ainsi ; en effet, aujourd'hui encore la chance d'exercer un travail économiquement rémunéré, et par là socialement régulé, s'associe à l'acquisition de cette forme de reconnaissance que j'ai appelée l'estime sociale. Mais, d'un autre côté, cette réévaluation de l'expérience du travail ne doit pas nous amener à retomber en deçà du niveau atteint, il y a vingt ans déjà, par Habermas dans son « nettoyage » catégorial du concept de travail ; en effet, au nom d'une philosophie de l'histoire, la tradition marxiste et même encore Horkheimer ont à tel point sublimé le travail social en facteur de culture que seul un concept aussi objectif que possible, purifié de ses implications normatives, peut nous mettre à l'abri du danger que représente une telle illusion. Ces tendances contraires font surgir la question de savoir jusqu'à quel point le concept de travail peut être neutralisé sans que l'on perde en même temps la signification d'une source centrale d'expériences morales. En effet, d'un côté, le processus du travail social ne doit plus être stylisé, comme encore dans la tradition du marxisme occidental, en processus de formation d'une conscience émancipatoire ; de l'autre côté, il faut qu'il reste néanmoins si étroitement lié aux expériences morales que son rôle pour la préservation de la reconnaissance sociale ne risque pas d'être perdu de vue [10].

Certes, ce concept d'« activité instrumentale » qui avait pris la place du concept marxiste de travail ne joue plus aucun rôle systématique dans la dernière théorie sociale de Habermas ; les distinctions centrales qu'il fait aujourd'hui ne sont plus fonction

10. *Cf.* Axel HONNETH, « Travailler et agir instrumental. À propos des problèmes catégoriels d'une théorie critique de la société », in *Travailler*, n° 18, 2007 (2), p. 17-58.

des différences que présente chaque fois le vis-à-vis, nature ou autre sujet, mais des différences internes à la coordination des actions considérées par principe comme téléologiques. Or, par suite de cette stratégie conceptuelle, l'expérience du travail n'apparaît plus du tout systématiquement dans le cadre catégorial de la théorie. De même que, pour la conception habermassienne de la formation de l'identité personnelle, le caractère des expériences faites au contact de la nature externe ne joue aucun rôle, la manière dont le travail social est chaque fois distribué, organisé et évalué ne joue aucun rôle pour sa théorie de la société. Pourtant, si la formation de l'identité individuelle dépend de l'estime sociale dont bénéficie dans la société le travail que l'on effectue, il ne faut pas que le concept de travail soit conçu de telle façon qu'il écarte ce contexte psychique pour des raisons catégoriales ; cela entraînerait, en effet, une conséquence fâcheuse, dans la mesure où tous les efforts entrepris pour construire la théorie sociale et qui visent à réévaluer ou à transformer certains processus de travail restent alors incompréhensibles, voire imperceptibles. Certaines zones de la critique préscientifique ne sont perceptibles que dans la mesure où elles sont analysées à la lumière d'un concept de travail qui inclut catégorialement le besoin individuel de voir sa propre activité socialement reconnue.

Pour l'analyse ultérieure du lien existant entre travail et reconnaissance, ce qui importe avant tout, aujourd'hui, c'est le débat mené, en lien avec le féminisme, sur le problème du travail ménager non rémunéré [11]. En effet, au cours de cette discussion, deux points de vue ont montré que l'organisation du travail social est étroitement liée aux normes éthiques qui régulent chaque fois le système de l'estime sociale. Du point de vue historique, le fait que l'éducation des enfants et le travail ménager n'aient pas été considérés comme des types de travail social de pleine valeur et nécessaires à la reproduction sociale ne s'explique que par le dédain social qui s'est manifesté à leur égard, dans le cadre d'une culture dominée par les valeurs

11. *Cf.* notamment les contributions de Friedrich KAMBARTEL, Angelika KREBS et Ingrid KURZ-SCHERF, dans le numéro « Zur Sozialphilosophie der Arbeit », *Deutsche Zeitschrift fur Philosophie*, n° 2, 1993, p. 237 *sq.*

masculines. Du point de vue psychologique, c'est pour les mêmes raisons que les femmes, compte tenu du partage traditionnel des rôles, n'avaient que peu de chances de trouver à l'intérieur de la société le degré de respect social qui est la condition nécessaire d'une perception positive de soi. Ces deux séries d'idées permettent de conclure que l'organisation et l'appréciation du travail social jouent dans la société un rôle central pour le système de la reconnaissance. En effet, dans la mesure où la définition culturelle de la hiérarchie des tâches détermine le degré d'estime sociale que l'individu peut escompter pour son activité et pour les qualités qui s'y associent, les chances de formation d'une identité individuelle, en passant par l'expérience de la reconnaissance, sont directement liées à l'organisation et à la répartition du travail. Dans cette zone préscientifique de la reconnaissance et du mépris, il faut disposer, pour nous ouvrir les yeux, d'un concept de travail normativement assez exigeant pour être, d'une façon générale, capable d'intégrer le besoin de voir reconnues ses propres prestations et qualités.

VI. Conclusion

Toutes les réflexions que j'ai développées jusqu'ici convergent dans la thèse selon laquelle ce sont les multiples efforts d'une lutte pour la reconnaissance qui permettront à une théorie critique de justifier ses prétentions normatives. En effet, les expériences morales que les sujets font au cas où leurs prétentions à l'identité se trouvent méprisées constituent en quelque sorte l'instance préscientifique en référence à laquelle on pourrait montrer qu'une critique des rapports sociaux de communication n'est pas totalement dépourvue de base objective dans la réalité sociale.

Cela dit, cette thèse pourrait donner à penser que le sentiment d'être méprisé constituerait en tant que tel une réalité morale positive à laquelle la théorie, dans la justification sociale qu'elle donne d'elle-même, peut se référer directement et sans restrictions. Le caractère erroné d'une telle supposition, l'ambivalence extrême de ces expériences d'injustice sont mis en évidence par la citation suivante : « La plupart des jeunes qui venaient vers nous étaient frustrés. Ils n'avaient aucune perspective d'avenir. Je les confortais et, de temps en temps, faisais leur éloge afin de leur donner le sentiment de leur propre valeur. Une telle reconnaissance les plaçait totalement dans la dépendance de la communauté que nous appelions "camaraderie". Pour beaucoup, cette "camaraderie" devient une véritable drogue dont ils ne peuvent plus se passer. Dans la mesure où ils ne trouvent aucune reconnaissance en dehors de cette "camaraderie", ils sont très largement isolés et n'ont aucun autre contact social [12]. » Ces phrases sont extraites d'un livre qu'Ingo Hasselbach, Berlinois de l'Est, a rédigé sur les expériences qu'il a faites avant d'abandonner les groupes de jeunes néo-nazis. La description de ces impressions porte peut-être en partie l'empreinte du langage du journaliste qui a aidé à établir le manuscrit ; elle montre néanmoins clairement quelles peuvent être les conséquences de l'expérience du mépris social. L'estime sociale peut, en effet, être cherchée aussi bien dans de petits groupes militaristes dont le code d'honneur est dominé par la pratique de la violence, que dans les arènes publiques d'une société démocratique. Le sentiment d'être passé, d'une façon ou d'une autre, par les mailles de la reconnaissance sociale représente en lui-même une source de motivation hautement ambivalente à la fois de la révolte sociale et de la résistance ; elle manque de toute orientation normative permettant d'indiquer les voies d'un combat contre l'expérience du mépris et de l'humiliation. Une théorie critique de la société qui cherche à développer le paradigme habermassien de la communication dans le sens d'une théorie de la reconnaissance a une base moins confortable qu'il n'y paraît. Certes, elle peut trouver dans le sentiment massif du mépris subi cette transcendance intramondaine qui confirme, au niveau préscientifique, que son diagnostic historique est partagé par les intéressés. En effet, eux aussi vivent la réalité sociale de la façon dont elle est décrite par la Théorie critique, à savoir comme une réalité sociale qui n'est pas suffisamment capable de générer des expériences de reconnaissance. Mais la théorie ne doit pas voir dans cette confirmation préscientifique une preuve de ce que l'orientation normative de sa

---

12. Ingo HASSELBACH, Winfried BONENGEL, *Die Abrechnung. Ein Neonazi steigt aus*, Aufbau-Verlag, Berlin-Weimar, 1993, p. 121 *sq.*

critique est partagée par les intéressés. En ce sens, elle ne peut plus, comme le voulait encore Horkheimer, se concevoir comme la simple expression intellectuelle d'un processus préalable d'émancipation. Au contraire, cette théorie de la société devra concentrer ses efforts sur la solution d'une question que Horkheimer, sous l'emprise d'une grande illusion, n'a pu percevoir en tant que telle : celle de savoir quelle forme doit prendre une culture morale qui confère aux intéressés, méprisés ou exclus, la force individuelle d'articuler leurs expériences dans l'espace public démocratique, au lieu de les mettre en actes dans le cadre des contre-cultures de la violence.

6

Conscience morale et domination de classe De quelques difficultés dans l'analyse des potentiels normatifs d'action

Un problème central de la théorie critique de la société tient à l'articulation d'une théorie normative et d'une moralité historiquement située ; si la théorie ne veut pas s'en tenir à l'affirmation générique des critères moraux sur lesquels elle fonde sa critique de la société, elle doit pouvoir mettre en évidence des formes de moralité empiriquement efficaces, sur lesquelles elle s'appuie d'une façon légitime [1]. Ce problème semblait résolu tant que l'on pouvait admettre que la réalité historique de la lutte des classes démontrait l'existence d'un mouvement social guidé par une exigence morale. L'effondrement de la confiance du marxisme en la révolution constitue l'expérience cruciale de la Théorie critique de l'École de Francfort ; il lui a incombé de relier des normes fondées en théorie avec une moralité historiquement efficace, dans une situation où il n'existait plus de mouvement ouvrier organisé politiquement en Allemagne.

D'Adorno à Marcuse, la Théorie critique interprète ce fait historique comme le résultat d'une intégration définitive du prolétariat industriel dans le cadre institutionnel de la société capitaliste ; les concepts de « monde totalement administré » ou de

1. L'idée première et la construction argumentative de cet article doivent beaucoup à mes entretiens avec Birgit Mahnkopf ; je voudrais aussi remercier Hans Joas pour sa critique stimulante, qui m'a aidé à avancer dans ma réflexion.

« société unidimensionnelle » représentent des tentatives théoriques pour assimiler cette expérience. Mais l'un et l'autre sont tellement marqués par l'impression d'un capitalisme totalement intégré qu'ils ne se risquent plus à ancrer la moralité dans les conflits structurels de la société. Ni Adorno, ni Marcuse ne rattachent les perspectives normatives de leur critique sociale à une moralité empiriquement opérante. Adorno compense la désillusion révolutionnaire de la théorie par une esthétique philosophique qui voit dans l'œuvre d'art le lieu historiquement déterminant des jugements moraux ; Marcuse a essayé de retrouver l'espoir révolutionnaire sur le mode naturaliste, à travers une théorie freudienne des pulsions qui enracine l'action émancipatrice dans une réserve d'élans érotiques inaccessibles à la société. Dans l'une et l'autre versions, l'exigence normative se trouve donc dissociée de toute analyse des conflits de la société actuelle et de leurs implications morales.

Ce chapitre bien connu de l'histoire de la Théorie critique semble se refermer avec la reconstruction habermassienne du matérialisme historique ; l'analyse sociale permet ici de découvrir dans les réformes du capitalisme tardif la force empirique d'une conscience morale inscrite dans le processus même de reproduction de l'espèce. Cette version exigeante d'une théorie critique de la société est servie par une théorie de l'évolution qui distingue dans le développement socioculturel deux dynamiques de rationalisation, un apprentissage pratico-moral et un apprentissage technico-instrumental : elle fournit le cadre logique d'une analyse qui cherche dans les conflits structurels d'une société les traces d'un mouvement historique où le processus d'apprentissage moral de l'espèce trouve une expression durable.

Ce modèle à coloration hégélienne, qui donne aux perspectives morales une fonction historique de premier plan, constitue l'arrière-plan théorique sur lequel Habermas analyse aussi d'un point de vue sociologique les potentiels d'action normatifs de la société capitaliste tardive. Dans la logique de son approche évolutionniste, il est obligé d'analyser l'aptitude normative à la transformation sociale sous la forme d'une identification de contenus de connaissance à caractère pratico-moral. Sa théorie de la société suggère que le processus d'apprentissage normatif de l'espèce trouve aujourd'hui un nouveau support dans les avant-gardes qui, dans un climat socio-économique apaisé, apprennent à réclamer les bénéfices normatifs de la morale universelle bourgeoise et à en dégager une éthique communicationnelle. D'une manière tout à fait cohérente, ce ne sont donc plus les expériences de privation sociale et de dépendance économique, liées au statut de classe, qui représentent actuellement la condition d'une critique pratico-morale : celle-ci repose à présent sur une sensibilisation aux exigences de justice auxquelles la société n'a pas su répondre, et qui se trouve liée à un processus de socialisation organisé en modèle cognitif.

Une telle réflexion est fondée sur une vision de la société que Habermas partage avec Adorno et Marcuse. Le système social du capitalisme tardif a pu se maintenir jusqu'à présent parce que les préjudices pratico-moraux subis par la classe des travailleurs salariés ont été largement compensés sur le plan matériel et détournés vers une attitude de consommation privée. Le potentiel normatif du prolétariat semble avoir été tari par l'interventionnisme d'État. Un intérêt pratique pour une forme supérieure de justice sociale ne se dessine, selon ces prémisses, que dans les groupes privilégiés qui, érigeant en principe éthique leur incompréhension pour le niveau d'instrumentalisation atteint par la société capitaliste tardive, réclament une société débarrassée de toute domination inutile. Aussi Habermas traduit-il ces hypothèses en une théorie socio-psychologique des crises, dans laquelle les conflits pratico-normatifs se sont déplacés des lignes de friction entre les classes sociales vers les zones d'expérience de la jeunesse contestataire. La théorie des crises, qui doit étudier les conditions sociales de constitution d'une moralité empiriquement efficace, semble avoir perdu tout lien avec la théorie de la lutte des classes.

Je ne souhaite pas m'engager dans une critique directe de cette théorie des crises ; elle a d'ailleurs beau jeu, à l'heure actuelle, d'avancer des données empiriques. Les questions que je voudrais examiner très brièvement se situent au seuil d'une théorie qui se donne pour tâche l'analyse macrosociologique des potentiels d'action critiques et normatifs. Puisque ce projet scientifique dépend manifestement de la précision catégoriale avec laquelle la théorie de la société parvient à éclairer les conflits pratico-normatifs de son temps, je me concentrerai sur ce dernier problème. De quelle sorte de catégories une théorie de la société doit-elle disposer pour pouvoir déchiffrer les formes de moralité empiriquement opérantes ? Je soupçonne que la théorie habermassienne de la société est de nature à négliger systématiquement toutes les formes de critique sociale qui ne sont pas reconnues dans l'espace politique dominant. C'est pourquoi, second soupçon, Habermas est aussi contraint d'écarter de sa théorie de la lutte des classes capitaliste l'identification de certains champs conflictuels lourds d'implications morales.

Je procéderai en trois temps. (I) Je tenterai d'abord de montrer que la conception habermassienne des idées morales empiriquement opérantes ne prend pas suffisamment en compte les formes d'expression ni les conditions de formulation des conceptions morales dans certaines classes. (II) Je voudrais montrer brièvement que les modes de manifestation des sentiments d'injustice sociale dépendent aussi de l'efficacité du contrôle social, pour ensuite (III) suggérer la conséquence qui résulte de ces deux réflexions : derrière l'intégration de façade du capitalisme tardif, il pourrait se cacher un champ de conflits pratico-moraux dans lequel les anciennes confrontations de classes se reproduisent sous des formes nouvelles – que ce soient des formes contrôlées socialement ou au contraire hautement individualisées. J'envisage ces réflexions comme de simples suggestions spéculatives, qui demandent encore à être élevées au niveau de véritables problématiques susceptibles d'être empiriquement affinées.

I

La théorie habermassienne, qui veut fonder la prétention normative d'une théorie critique de la société dans une éthique procédurale du discours, se heurte à l'obligation d'inscrire les principes formels de la morale dans une perspective socio-historique[2]. Sa conception préjuge d'une solution dans laquelle les

2. *Cf.* par exemple Seyla Benhabib, *Procedural and Discursive Norms of Rationality*, Ms., 1980 ; Herbert Kitschelt, « Moralisches Agumentieren und

porteurs de principes moraux socialement innovants sont identifiés du point de vue du degré éthique de leurs formes de conscience et de leurs conceptions de la justice. Je voudrais me concentrer sur cette articulation entre l'éthique formelle du discours et une sociologie de la morale tournée vers le domaine empirique.

Je soupçonne que Habermas doit implicitement ignorer tous les potentiels moraux qui n'ont pas atteint le niveau de jugements de valeur élaborés, mais qui se cristallisent dans des protestations collectives culturellement codées ou de simples attitudes de muette « réprobation morale [3] » (Max Weber) : ce qui ne resterait pas sans conséquences sur la manière dont Habermas sonde les conflits pratico-moraux du présent. Pour bien préciser la distinction que je veux mettre en œuvre, je m'appuierai sur certaines tentatives récentes visant à écrire l'histoire sociale des classes inférieures et du prolétariat industriel [4]. Ces études montrent le contraste brutal entre les conceptions bourgeoises de la justice, telles qu'elles sont formulées et fondées normativement dans les cultures d'experts ou les avant-gardes politiques, et la morale sociale profondément fragmentée, variable d'une situation à l'autre, qui a cours dans les classes opprimées. On peut alors, avec George Rudé, comprendre les idées morales dominantes qui étayent et accompagnent la protestation sociale des classes défavorisées, rurales et citadines, comme la résultante de ces deux systèmes de valeurs, avec leurs différents degrés de généralisation : « De ces deux [systèmes], le premier est ce que j'appelle l'élément "inhérent", traditionnel – une sorte d'idéologie du "lait maternel" qui n'a pas été apprise en écoutant des sermons, des discours ou en lisant des livres, mais qui est basée sur l'expérience directe, la tradition orale ou la mémoire populaire. Le

---

Sozialtheorie », *Archiv für Rechts- und Sozialphilosophie*, t. XVI 3/1980, p. 391 *sq.*

3. Ce concept me semble important pour saisir les formes de moralité non verbales ; Max Weber l'utilise pour décrire par exemple les « grèves du zèle » par lesquelles les ouvriers freinent délibérément la production. *Cf.* Max WEBER, *Wirtschaft und Gesellschaft*, Tübingen, 1972, II, p. 533.

4. Notamment Barrington MOORE, *Injustice. The Social Basis of Obedience and Revolt*, White Plains, New York, 1978 ; George RUDE, *Ideology and Popular Protest*, Lawrence & Wishart, New York, 1980.

deuxième élément est le fonds d'idées et de croyances "dérivé" ou emprunté à d'autres, et qui prend souvent la forme d'un système d'idées plus structuré, de nature politique ou religieuse, comme les droits de l'homme, la souveraineté populaire, le laisser-faire et le droit sacré à la propriété, le nationalisme, le socialisme ou les différentes versions de la justification par la foi... Il n'existe rien de tel qu'une *tabula rasa*, qu'un esprit semblable à une tablette vierge, permettant de greffer de nouvelles idées où il n'y avait pas d'idées auparavant[5]. »

Il me semble intéressant de sortir ce raisonnement du cadre théorique dans lequel il est ici présenté et d'en tirer profit pour une analyse sociologique des potentiels normatifs d'action ; nous pouvons alors nous laisser guider par l'idée que l'assemblage de sentiments moraux spontanés, non écrits, dont se compose l'authentique éthique sociale des classes inférieures, fonctionne comme un filtre cognitif par lequel doivent passer les systèmes de normes, qu'ils soient l'expression d'un ordre hégémonique ou d'une critique de la domination. Tandis que ces systèmes développés dans les couches culturellement qualifiées présentent des conceptions juridiques relativement cohérentes et logiquement ordonnées, qui projettent les principes d'un ordre social juste du point de vue fictif d'un observateur porteur d'une expérience neutre, la morale sociale des classes défavorisées offre un ensemble disparate de revendications réactives. Tandis que les conceptions élaborées de la justice évaluent les faits sociaux dans un système de référence cohérent, la morale sociale non écrite consiste à condamner certaines situations de fait. Ces appréciations négatives n'étant pas généralisées en un système positif de principes de justice, je propose, en accord avec Barrington Moore, de désigner leur substrat cognitif comme un « sentiment d'injustice ».

La notion de « sentiment d'injustice » vise à signaler que la morale sociale des groupes opprimés ne comporte pas de représentations abstraites d'un ordre moral général, ni de projections d'une société parfaite, mais une sensibilité exacerbée aux atteintes contre des revendications morales jugées légitimes. La « moralité intérieure » déposée dans l'ensemble des critères dont

5. George Rude, *op. cit.*, p. 28.

découlent de telles condamnations ne représente en quelque sorte que le négatif d'un ordre moral institutionnalisé ; son potentiel productif consiste à signaler avec la force de l'expérience vécue les possibilités de justice écartées par la morale hégémonique. Si de tels critères implicites de réprobation morale ne sont pas organisés en un système distancié de normes abstraites, ce défaut logique n'est pas dû à une infériorité cognitive des classes sociales concernées, mais à la pression directe que le problème normatif exerce sur celles-ci. Aussi voudrais-je rapporter à des conditions d'ordre socio-structurel la forme particulière que la conscience morale prend dans les groupes opprimés.

L'idée d'une cohérence argumentative de la conscience morale quotidienne – telle que la suggère l'éthique philosophique, mais aussi d'une certaine manière la psychologie développementale de Kohlberg – a entre-temps été mise en cause, notamment du point de vue de la théorie de la personnalité ; le sujet agissant est en principe trop impliqué émotionnellement dans les situations à évaluer, trop diverses sont les manières dont il subdivise son environnement social entre un domaine ouvert à l'action morale et un domaine livré à l'action stratégique, pour que l'hypothèse d'un « cas normal » de conscience morale cohérente ait le moindre sens [6].

Il me semble pourtant intéressant de rechercher les conditions socio-structurelles qui font que les orientations morales des membres des classes inférieures échappent d'une manière particulière à toute exigence de cohérence, qu'elle soit institutionnelle ou informelle. Quelques premières réflexions intuitives attestent la plausibilité d'une telle hypothèse : on n'évalue pas ici les individus, dans l'exercice de leur profession, sur la cohérence de leur système de valeurs. Leur activité professionnelle les amène rarement ou jamais à prendre une vue d'ensemble, fût-elle seulement provisoire, sur le fonctionnement et les intérêts de la société, et rien, dans la routine quotidienne de ces couches sociales, ne les contraint à dépersonnaliser leurs propres normes d'action. D'autre part, on n'attend guère des membres de

6. *Cf.* par exemple Rainer DÖBERT, « Was mir am wenigsten weh tut, dafür entscheid ich mich dann auch. Normen, Einsichten und Handeln », *Kursbuch*, nº 60, 1980, p. 43 *sq.*

groupes faiblement qualifiés qu'ils contribuent en quelque manière à la dimension morale de l'ordre social : on ne les croit pas capables de maîtriser le code culturel ou linguistique nécessaire pour résoudre de tels problèmes. Aussi l'incitation à intégrer ces normes morales d'action dans un système cohérent et formulable est-elle très faible pour les membres des classes défavorisées. C'est une réflexion de cet ordre qui a amené Michael Mann, dans un article qui a eu une grande influence, à la conclusion que « seuls ceux qui participent effectivement au pouvoir sociétal ont besoin de développer des valeurs sociétales cohérentes[7] ». Deux arguments d'ordre systématique permettent d'ôter à cette supposition son caractère purement plausible :

a) Les dominés ne sont soumis à aucune contrainte sociale de légitimation. Tandis que les membres des classes dominantes sont normalement obligés de justifier, pour eux-mêmes comme pour les autres membres de la société, l'ordre social qui les privilégie, les classes dominées ne sont pas exposées à cette exigence de justification. Leur situation sociale réclame certes un système d'interprétation culturelle qui permet d'expliquer leur sentiment d'inégalité et de supporter les charges de leur condition. Mais ils ne sont pas contraints de justifier, ni sur un plan interne ni sur un plan externe, les réalités de la société en les rapportant à un système de valeurs ancré dans un principe unique. Aussi les membres de ces groupes ne sont-ils guère incités à intégrer les normes d'action en vigueur dans un système de prémisses axiologiques commun à l'ensemble de la société.

b) Le climat culturel des classes opprimées ne pousse pas leurs membres à donner à leurs convictions normatives une forme élaborée. Pierre Bourdieu a montré comment les couches sociales impliquées dans l'exercice du pouvoir politique et économique acquièrent aussi, par le biais de formations hautement qualifiées, le monopole de l'appropriation de la tradition

7. Michael MANN, « The Social Cohesion of Liberal Democracy », *American Sociological Review*, vol. 35, 3/1970, p. 423 *sq.*, p. 435 pour cette citation.

culturelle [8]. Ils détiennent ainsi les moyens symboliques de déchiffrer une tradition morale qui suscite et favorise l'inscription de leurs propres normes d'action dans un système de valeurs englobant. En même temps, le milieu culturel de la classe dominante accorde une prime sociale à la présentation la plus complexe et la plus abstraite des convictions normatives, sans examiner dans quelle mesure ces images éthiques de soi ont le pouvoir d'orienter l'action. Le milieu culturel des classes défavorisées ne possède certainement pas un potentiel comparable pour inciter les sujets à élaborer leurs propres convictions axiologiques ; les processus institutionnels et scolaires de la reproduction culturelle les empêchent au contraire de mettre en perspective et de verbaliser leurs normes d'action [9]. C'est ce que confirment indirectement les études empiriques qui montrent que les membres de la classe ouvrière réagissent avec une réelle maturité éthique et un sens solide des normes dans le traitement des problèmes moraux de leur environnement, mais se réfugient dans des stéréotypes normatifs sitôt qu'on les interroge sur les principes axiologiques qui pourraient fonder un ordre social [10].

Ces deux réflexions, qui cherchent à esquisser les conditions spécifiques de formulation de la moralité dans les classes défavorisées, rendent assez improbable l'apparition, parmi celles-ci, d'un système de valeurs généralisé, positivement orienté en fonction de normes morales. Leurs exigences en ce domaine sont conservées dans les formes que revêt le sentiment d'injustice. Mais leur moralité implicite n'est pas accessible à une approche qui entend mesurer le potentiel normatif des groupes sociaux à l'aune des représentations collectives de justice ou des formes de conscience morale. Ses prémisses axiologiques n'étant pas plus apparentes que ses conceptions de la justice, la moralité

---

8. Pierre Bourdieu, « Fondements d'une théorie de la violence symbolique », in *La Reproduction. Éléments pour une théorie du système d'enseignement*, Éd. de Minuit, Paris, 1970.

9. *Ibid.*

10. Outre les enquêtes citées par Michael Mann, *cf.* Frank Parkin, *Class Inequality and Political Order*, Praeger, New York, 1971, chap. 3 (« Class Inequality and Meaning Systems »). David Miller (*Social Justice*, Oxford, 1976), au contraire, exclut totalement ce genre de considérations de la partie sociologique de son travail.

intérieure du sentiment d'injustice ne peut être déchiffrée qu'indirectement, sur les critères de réprobation morale des événements et des processus sociaux. Un certain nombre d'actions sociales, à première vue dépourvues de toute intention et de toute orientation pratico-normatives, apparaissent dans cette perspective comme les formes d'expression d'un sentiment d'injustice. Leur analyse est certes rendue malaisée par le fait que leur mode de manifestation dépend à la fois de leur niveau d'organisation politique et du contrôle social qui s'exerce sur elles. C'est sur ce second aspect que je voudrais me concentrer à présent, pour faire le lien avec la situation actuelle.

II

J'ai voulu jusqu'ici montrer que les conceptions de la justice à travers lesquelles les couches opprimées évaluent et jugent un ordre social sur le plan moral, sont implicitement contenues dans des sentiments d'injustice typiques, plus que dans des principes axiologiques formulables positivement. Les critères de la réprobation morale suscitée par certains processus sociaux sont à cet égard des indicateurs plus fiables d'attentes d'un ordre social juste et bon que le système de valeurs explicite de ces classes, qui est souvent conventionnel et s'ordonne rarement en un ensemble logiquement satisfaisant. Si ces réflexions devaient être pertinentes, cela signifierait qu'un potentiel d'exigences de justice, de besoins et d'idées du bonheur se trouve inscrit en creux dans un sentiment d'injustice qui pour des raisons socio-structurelles ne se cristallise certes pas dans des projets d'une société juste, mais qui peut néanmoins indiquer les voies inexplorées d'un progrès moral.

Mon raisonnement comporte toutefois une double abstraction : j'ai fait abstraction, d'une part, de tous les processus dans lesquels soit les groupes opprimés eux-mêmes, soit les avant-gardes politiques mobilisent culturellement et organisent stratégiquement des sentiments collectifs d'injustice pour les intégrer dans des conflits politiques sous la forme de revendications de justice susceptibles d'être fondées en raison ; j'ai aussi fait abstraction, d'autre part, des processus par lesquels l'État ou les entreprises jugulent les tentatives des classes défavorisées pour formuler et rendre publics leurs sentiments d'injustice, et refoulent ceux-ci en deçà du seuil de l'expression politique.

Je voudrais maintenant me limiter à ce second point de vue, c'est-à-dire au contrôle social du sentiment d'injustice ; il s'agit de montrer que les modes de représentation des sentiments d'injustice sociale ne sont pas, comme on le suppose trop souvent, à la libre disposition des sujets concernés, mais qu'ils sont influencés et déterminés par de multiples mécanismes de domination de classe. Ces processus de contrôle de la conscience morale ont pour tâche de réprimer assez tôt l'expression des sentiments d'injustice, pour que le consensus de la domination sociale ne se trouve pas remis en cause. Aussi faut-il voir dans ces techniques de contrôle des stratégies qui assurent l'hégémonie culturelle de la classe dominante en limitant implicitement les possibilités de formuler les expériences d'injustice.

Je voudrais tenter de décrire le mécanisme de la domination normative de classe en essayant de distinguer entre les processus d'exclusion culturelle et les processus d'individualisation institutionnelle. Les mécanismes de contrôle social, en effet, remplissent leur fonction en limitant soit les possibilités d'expression symboliques et sémantiques, soit les conditions spatiales et socioculturelles de la communication permettant de donner voix aux expériences de privation et d'injustice des classes défavorisées. Le premier type de processus vise à priver de langage les dominés ; le second vise à individualiser le sentiment d'injustice qu'ils partagent en tant que classe.

a) Les processus d'exclusion culturelle rassemblent toutes les stratégies qui, par le biais des dispositifs d'éducation publique, des médias de l'industrie culturelle ou de l'espace politique public, font obstacle à l'expression des expériences d'injustice spécifiques aux classes défavorisées, en leur refusant les moyens linguistiques et symboliques appropriés [11]. Elles paralysent la capacité d'expression, qui est la condition première d'une thématisation efficace des sentiments d'injustice. L'analyse du

---

11. Barrington MOORE développe une idée similaire, quoique très précisément ciblée sur l'industrie culturelle, sous le titre « La confiscation de l'indignation morale », in *Injustice*, *op. cit.*, chap. 14, 7.

discours développée par Foucault, si problématique qu'elle me paraisse dans ses postulats fondamentaux, peut ici contribuer à prolonger l'analyse. Pour examiner les « procédures d'exclusion », il part du fait « qu'on n'a pas le droit de tout dire, qu'on ne peut pas parler de tout dans n'importe quelle circonstance, que n'importe qui, enfin, ne peut pas parler de n'importe quoi. Tabou de l'objet, rituel de la circonstance, droit privilégié ou exclusif du sujet qui parle : on a là le jeu de trois types d'interdits [12] ».

Si nous admettons cette tripartition des procédures d'exclusion linguistique, nous y découvrons aisément trois techniques sociales susceptibles de canaliser l'expression de l'injustice sociale : le système linguistique enseigné dans les lieux de socialisation et propagé par les médias de masse formalise et dépersonnalise aujourd'hui les expériences d'injustice propres aux groupes ou aux classes défavorisés, d'une manière si drastique qu'elles restent purement et simplement extérieures au monde de la communication. En même temps, les situations de réprobation légitime sont définies, voire encadrées juridiquement, et les degrés de signification du discours moral sont structurés verticalement – plus le niveau d'instruction est élevé, plus les jugements de réprobation morale ont de poids aux yeux de la collectivité. Mais, par là, les segments de l'expérience individuelle qui découlent de blessures et de frustrations communes à l'ensemble d'une classe sont dans une grande mesure exclus du discours public et restent difficilement assumables pour les individus. Ce phénomène fréquemment attesté de privation de langage (« déverbalisation [13] ») s'accompagne de mécanismes de refoulement institutionnel des traditions culturelles et des processus d'apprentissage politique développés au sein des mouvements de résistance sociaux. Ainsi, les témoignages symboliques de l'histoire du mouvement ouvrier ont été largement éradiqués de l'espace public en République fédérale d'Allemagne ; on a laissé dépérir un monde de symboles, une mémoire chargée de traditions qui assuraient la continuité entre les générations. Des mécanismes de ce type peuvent être compris comme les

---

12. Michel FOUCAULT, *L'Ordre du discours*, Gallimard, Paris, 1971, p. 11.

13. Voir par exemple les matériaux réunis par Oskar NEGT et Alexander KLUGE dans *Öffentlichkeit und Erfahrung*, Suhrkamp, Francfort, 1972.

composantes d'une dynamique d'exclusion culturelle. Ils mettent à mal la capacité symbolique et langagière de l'individu et bloquent de cette manière l'expression de l'injustice sociale.

b) Les processus d'individualisation institutionnelle recouvrent toutes les stratégies initiées par l'État ou mises en œuvre au sein des entreprises pour parer au danger d'une entente communicationnelle sur les expériences d'injustice propres aux groupes ou aux classes défavorisés, en suscitant directement ou en encourageant des orientations pratiques à caractère individualiste. Ils détruisent l'infrastructure communicationnelle du groupe, condition d'une mobilisation solidaire des sentiments d'injustice. La panoplie de ces stratégies d'individualisation est extrêmement fournie : elle va de la valorisation sociopolitique des prises de risque individuelles, à la destruction administrativement programmée des liens de voisinage, en passant par la mise en concurrence de différents secteurs au sein de la même entreprise pour améliorer la compétitivité. Cette individualisation est encore renforcée par les institutions d'État qui assurent la socialisation des individus en promouvant une culture du rendement qui fait dépendre les chances de survie du succès professionnel.

On connaît l'effet socioculturel de la politique sociale capitaliste : si le système public d'assurance sociale a permis de réduire considérablement les risques financiers auxquels le salarié est exposé, sa forme d'organisation juridique a en même temps bloqué les alternatives collectives et déjà individualisé la perception du risque [14]. Pour donner un second exemple : les mesures d'assainissement urbain de l'après-guerre ont certes radicalement amélioré les conditions de logement des ouvriers, mais en même temps, par le brassage social opéré dans les nouveaux lotissements et la privatisation architecturale des formes d'habitat, elles ont réduit les possibilités d'élaboration d'un

14. *Cf.* par exemple Ulrich Rödel, Tim Guldimann, « Sozialpolitik als soziale Kontrolle », *Starnberger Studien*, 2, Francfort, 1972, p. 11 *sq.* ; Lothar Hack, Irmgard Hack, « Bewirtschaftung der Zukunftsperspektive », in *Gesellschaft. Beiträge zur Marxschen Theorie*, 12, Francfort, 1979, p. 101 *sq.*

espace public de classe [15]. Mon hypothèse est que des processus de ce genre peuvent aussi être compris comme des composantes d'une politique d'individualisation destinée à contrôler les sentiments d'injustice sociale : ils atomisent l'expérience des conditions de vie et rendent ainsi plus difficile l'identification communicationnelle de l'injustice sociale.

La distinction des processus de déverbalisation et des processus d'individualisation n'est ici qu'un dispositif catégorial provisoire permettant d'illustrer le mécanisme du contrôle social du sentiment d'injustice. Elle reste certainement incomplète, dans la mesure par exemple où elle ne prend pas en compte les stratégies de l'État pour répondre aux exigences par des mesures compensatoires, ou pour réparer symboliquement l'injustice. Mais mon objectif était avant tout de mettre en lumière une partie de l'infrastructure institutionnelle de la légitimité de la domination capitaliste. Si je voulais montrer dans la première étape que les exigences normatives des couches défavorisées sont indirectement conservées dans un sentiment typique d'injustice, plutôt que dans des conceptions positives de la justice, mon propos dans cette deuxième étape était de montrer que le sentiment manifeste d'injustice des groupes sociaux ne permet pas de tirer des conclusions directes quant à la mesure de l'injustice sociale subie. Nous avons en effet à tenir compte des processus de contrôle étatique qui certes ne suppriment pas le sentiment d'injustice sociale, mais peuvent considérablement influencer son mode de manifestation et la forme sous laquelle il est vécu. J'espère maintenant disposer de l'appareillage conceptuel nécessaire pour aborder la troisième étape de mon argumentation.

III

J'ai voulu montrer jusqu'à présent combien il est difficile d'identifier des potentiels d'action morale sur un plan macrosociologique : les exigences empiriquement opérantes ne prennent souvent, si nous tenons compte des conditions spécifiques dans

15. *Cf.* par exemple Wulf Tessin, « Stadtumbau und Umsetzung », *Leviathan*, 6e année/1978, p. 501 *sq.*

lesquelles les normes sociales sont formulées parmi les classes défavorisées, que la forme d'un sentiment d'injustice relativement persistant, proche de l'expérience immédiate, basé sur des idées de justice inexprimées et non accordées entre elles ; un tel sentiment, parce qu'il ne peut s'appuyer sur un système alternatif du même degré d'abstraction, s'en tient aux normes hégémoniques, sans pourtant entériner leur prétention de validité sur un plan normatif. À quoi s'ajoute qu'un sentiment d'injustice socialement efficace peut être soumis à un faisceau de mécanismes de contrôle historiquement variable, qui limite ses possibilités d'expression. Aussi est-il extrêmement problématique de ne rechercher que dans les revendications de justice explicites les indicateurs des conflits normatifs, empiriquement opérants, qui traversent une société.

Si ces premières réflexions touchent à certaines difficultés centrales que nous rencontrons dans l'analyse des potentiels normatifs des groupes sociaux, je voudrais faire valoir qu'une analyse critique de la société a aussi pour tâche aujourd'hui d'identifier les conflits normatifs liés à la structure de classe de la société, mais qui sont dissimulés par l'intégration de façade du capitalisme tardif. Je devrai pour finir me contenter d'éclairer par quelques indications sommaires cette affirmation, qui a quelque chose d'anachronique à une époque où chacun s'empresse de congédier le prolétariat : muni de l'appareillage conceptuel précédemment développé, je mettrai en question la thèse influente de la fin de la lutte des classes, puis j'essaierai de dégager deux zones, aujourd'hui largement refoulées vers le domaine de la quotidienneté prépolitique, où se joue un conflit normatif qui coïncide encore avec les lignes de friction entre les classes sociales.

La thèse de la fin ou de l'institutionnalisation de la lutte des classes constitue le noyau de tous les diagnostics critiques qui isolent les conflits normatifs de notre époque en les sortant du cadre de la théorie des classes. Leur idée de base, qui peut se réclamer de certains travaux d'après guerre de l'École de Francfort [16], est que l'interventionnisme étatique, par les compensations matérielles et l'intégration institutionnelle de la politique

16. Sur cet aspect de la Théorie critique, *cf.* David HELD, *Introduction to Critical Theory*, University of California Press, Berkeley-Los Angeles, 1980, chap. 13.

syndicale des salaires, tarit en quelque sorte les intérêts politico-pratiques des salariés ; le capitalisme tardif a réussi à se stabiliser parce que les couches économiquement dépendantes ont pu être tenues dans une sorte de docilité apathique, grâce à la mise en place de prestations quantifiables (en termes de revenus, de temps de travail) qu'il était possible d'obtenir par des voies non conflictuelles. Les revendications sociales des couches opprimées ayant ainsi été dépouillées de leur caractère moral, le pivot normatif de la transformation sociale est passé de la lutte des classes à de nouveaux foyers, nés de la sensibilisation de groupes privilégiés aux privations immatérielles [17]. Le présupposé central de ce raisonnement, même s'il reste plutôt dissimulé, est que de telles expériences de privation inhérentes à une situation de classe génèrent des revendications qui peuvent être satisfaites par des compensations conformes à l'esprit du capitalisme, c'est-à-dire par l'attribution individuelle de ressources de temps et d'argent. C'est seulement par le biais d'une telle politique de dédommagement que les conflits normatifs qui étaient à la base de la lutte des classes peuvent faire l'objet d'un traitement technocratique dans le cadre étatique du capitalisme tardif. Cette argumentation ne s'inquiète certes pas de savoir où et dans quelle mesure ont été évacuées les revendications normatives que le prolétariat avait tirées de ses expériences spécifiques de frustration. Je soupçonne que, pour éviter cette question, la thèse de la fin de la lutte des classes doit jeter un éclairage contestable sur la capacité d'intégration des sociétés capitalistes tardives et donner une interprétation réductrice de la structure de classes du capitalisme.

Cette approche, en premier lieu, part de la reconnaissance de fait que trouve l'idéologie actuelle de la légitimation, pour conclure à l'intégration normative, si précaire soit-elle, du discours de justification de l'État-social avec son argumentaire technocratique d'appoint : on présume que les revendications de

17. Jürgen HABERMAS, *Raison et légitimité. Problèmes de légitimation dans le capitalisme avancé* (trad. J. Lacoste), Payot, Paris, 1978 ; Claus OFFE, « Politische Herrschaft und Klassenstrukturen », *in* Gisela KRESS, Dieter SENGHAAS (dir.), *Politikwissenschaft*, Europäische Verlagsanstalt, Francfort, 1969, p. 155 *sq.*

justice des membres des classes opprimées sont satisfaites, pour autant que la réduction affichée de la politique à des stratégies d'évitement des crises se trouve approuvée sur un plan normatif. Cette vision du caractère consensuel de la domination capitaliste heurte par conséquent une interprétation que mes premiers repérages catégoriaux rendaient assez plausible : je suggérais d'une part que les postulats de légitimation de la domination de classe ne trouvent qu'une acceptation pragmatique [18], et ne peuvent être examinés sur leur qualité éthique ; d'autre part que le système de normes d'une justice distributive accordée au rendement se trouve certes accepté pour des raisons tactiques, mais demeure exposé à un scepticisme tenace, qui se nourrit de sentiments d'injustice rigoureusement contrôlés sur le plan social. Il revient certes à une telle interprétation d'établir que le sentiment d'injustice prend des formes spécifiques dans les classes défavorisées, où des normes de légitimation juste tolérées sont soumises à un doute certes peu apparent, mais persistant. Je ne peux assurer cette démonstration sur un plan empirique, et je me contenterai de fournir quelques indicateurs signalant l'existence de conflits normatifs liés à la structure de classes de la société. Avant de m'engager dans cette voie, il me faut cependant souligner l'autre aspect problématique de la thèse de la fin de la lutte des classes, à savoir sa vision réductrice de la structure de classes du capitalisme.

Deuxièmement, cette approche continue en effet à fonder sur la détention privée des moyens de production une théorie qui veut expliquer l'inégale répartition des chances dans le capitalisme tardif, mais le concept même de « chances » a entretemps perdu toutes ses dimensions socioculturelles : les chances inégalement réparties entre les classes sociales sont ramenées à la seule dimension des besoins vitaux mesurés en biens quantifiables. C'est seulement parce que la structure de classes capitaliste est d'abord interprétée comme un système de biens inégalement répartis, que l'on peut concevoir qu'une politique soucieuse de fournir préventivement à la classe opprimée des compensations quantifiables est aussi en mesure de satisfaire ses

18. La notion d'« acceptation pragmatique » est employée par Michael Mann dans l'article cité précédemment.

revendications normatives. Car ces compensations conformes au système peuvent alors effectivement dissoudre le noyau de privations qui fonde la situation des couches défavorisées, et ainsi brouiller les frontières de classes.

Mais cette théorie réduite n'est ni probante sur le plan scientifique, ni convaincante sur le plan empirique [19]. Si en effet nous suivons les pistes ouvertes par le concept élargi d'« exploitation » d'Anthony Giddens [20], ou par la théorie « anthropologique » des classes de Jóhann P. Arnason [21], il apparaît qu'une théorie des classes ajustée à la société capitaliste ne peut se borner à l'inégale répartition des biens matériels, mais doit aussi prendre en compte la répartition asymétrique des chances sur le plan culturel et psychique. Je vise par là l'inégalité difficilement mesurable, mais parfaitement attestée, entre les différentes classes dans l'accès à la culture, à la reconnaissance sociale et à un travail personnalisé. Une théorie critique de la société doit intégrer cette dimension structurelle de la répartition inégale des biens immatériels, dont souffre de façon cumulative une classe salariée réduite à sa seule force de travail manuelle : c'est à cette condition seulement qu'il est possible d'éclairer certaines zones du quotidien où se font jour des conflits normatifs inaperçus, fondés dans des sentiments d'injustice. Je dirais à cet égard que la perception des conflits sociaux à caractère pratico-normatif dépend aussi de la profondeur de champ de la théorie des classes sur laquelle on s'appuie. Pour suggérer les lignes de front de ce conflit de classes refoulé sous le seuil de visibilité de l'espace politique public, je me contenterai d'esquisser à titre d'hypothèse

---

19. Elle a certes été contestée par la théorie des disparités proposée, avant tout, par Claus Offe (*cf.* Claus Offe, *op. cit.*). Mais il me semble depuis avéré, sur un plan empirique, qu'entre la situation de classe et les chances de réussite culturelle le lien est essentiellement plus étroit que ne l'affirme la théorie des disparités. Pour la République fédérale, *cf.* par exemple l'exposé de Karl Ulrich Mayer, qui reprend la proposition catégoriale d'Anthony Giddens : « Ungleiche Chancen und Klassenbildung », *Soziale Welt*, 28e année, 1977, p. 466 *sq.*

20. Anthony Giddens, *The Class Structure of the Advanced Societies*, Hutchinson, Londres, 1973.

21. Jóhann P. Arnason, « Marx und Habermas », *in* Axel Honneth, Urs Jaeggi (dir.), *Arbeit. Handlung. Normativität. Theorien des historischen Materialismus II*, Suhrkamp, Francfort, 1980, p. 137*sq.*

deux considérations générales ; celles-ci sont guidées par la conviction que les composantes premières de la « prolétarité » sociale, à savoir le caractère physique du travail fourni et le fait que ce travail est destiné à d'autres, n'ont pas perdu leur sens ni leur validité [22] – malgré l'élévation sans précédent du niveau de vie de la classe ouvrière. Les luttes largement individualisées pour la reconnaissance sociale et les conflits du travail qui se déroulent tous les jours quasiment à l'insu du public, témoignent à mon sens d'une condamnation morale de l'ordre social existant. Ces mouvements traduisent certes des exigences de justice potentiellement universalisables, dans la mesure où ils éclairent indirectement certaines asymétries établies, mais, tant qu'ils n'ont pas pris la forme de revendications politiques justifiables, ils supportent de fait les convictions les plus variées, allant des conservatismes anticapitalistes jusqu'à une critique de gauche du capitalisme :

a) L'existence d'une société de classes fondée sur l'inégalité des chances entre les différents acteurs de la production – mais qui sur le plan idéologique justifie cette structure par la réussite individuelle dans le parcours de formation – entraîne une inégalité durable des perspectives de reconnaissance sociale. Dans les rapports informels comme au niveau institutionnel, les différentes situations professionnelles sont soumises à un système d'évaluation hégémonique, qui leur attribue un degré d'intelligence et mesure leur droit au respect. L'imposante étude de Richard Sennett et Jonathan Cobb sur « les secrètes souffrances de classe [23] » a montré comment, dans les groupes professionnels les moins qualifiés, essentiellement tournés vers les activités manuelles, cette répartition inégale de la dignité sociale limite drastiquement la possibilité de développer un sentiment de respect de soi.

---

22. *Cf.* l'étude extrêmement stimulante de Josef Mooser, *Arbeiterleben in Deutschland 1900-1970*, Suhrkamp, Francfort, 1984.

23. Richard Sennett, Jonathan Cobb, *The Hidden Injuries of Class*, Vintage Books, New York, 1973. Sur l'ensemble de cette problématique, *cf.* aussi William J. Goode, *The Celebration of Heroes. Prestige as a Control System*, University of California Press, Berkeley, 1978, chap. 6.

En l'absence d'un mouvement social collectif capable de soutenir l'affirmation de l'identité individuelle, les réactions pratiques à ces expériences quotidiennes d'injustice constituent des tentatives – ramenées dans la dimension privée d'une action prépolitique, voire dans la sphère isolée de la pensée personnelle – pour réévaluer symboliquement sa propre activité ou au contraire pour déprécier la forme de travail socialement privilégiée, c'est-à-dire pour construire individuellement ou collectivement une « contre-culture du respect compensatoire ». Ces réactions non coordonnées et, dans une grande mesure, non verbalisées – celles-là mêmes que Bourdieu identifie à travers son concept de « distinction culturelle » – visent à réparer l'honneur blessé des individus ; elles sont fondées sur un vif sentiment d'injustice, qui réclame implicitement une redéfinition sociale de la dignité humaine.

b) La société de classes capitaliste ne détermine pas seulement la nature et la destination du travail professionnel individuel, elle contribue aussi à déterminer le degré de liberté et le pouvoir de contrôle dont jouissent les différentes activités. Les membres des classes défavorisées, qui occupent les rangs inférieurs dans la hiérarchie de l'entreprise, sont condamnés à des activités monotones, ne laissant aucune place à l'initiative. Dans le mouvement de la taylorisation, la politique capitaliste de production a dissocié l'accomplissement du travail de tout savoir technique, coupé la planification technique de l'exécution manuelle et, sur la base de ce monopole organisé du savoir, soumis l'ensemble de la production à un contrôle minutieux. À ces expériences d'une dépossession systématique de leur activité [24] répond un système d'infractions quotidiennes aux normes et aux règles, par lesquelles les travailleurs cherchent d'une manière informelle à garder le contrôle sur la production. La politique des entreprises capitalistes s'accompagne ainsi d'un processus inverse, dans lequel les travailleurs cherchent à mettre en œuvre, comme moyen informel de défense pratique, un savoir

24. *Cf.* Harry BRAVERMAN, *Travail et capitalisme monopoliste : la dégradation du travail au XXe siècle* (trad. D. Letellier et S. Niémetz), Maspero, Paris, 1976, ainsi que Axel HONNETH, « Arbeit und instrumentales Handeln », in *Arbeit, Handlung, Normativität*, *op. cit.*, p. 143 *sq.*

supérieur concernant le travail spécifique effectué sur leur lieu de travail [25]. Je vois, dans ces luttes confinées en deçà du seuil des conflits normatifs publiquement reconnus, l'indice d'un sentiment d'injustice qui revendique implicitement un droit à l'organisation autonome du travail.

Ces réflexions succinctes et fort spéculatives – qui, d'une manière à peine recevable, font abstraction de tous les traits liés à l'appartenance de groupe et de sexe – ont un caractère purement illustratif : elles ne visent qu'à indiquer la direction dans laquelle il faudrait préparer l'étude empirique de la face publique d'une lutte des classes désormais largement institutionnalisée. Une analyse qui prétend rendre justice à la réalité des rapports de classes en régime capitaliste doit proposer un appareillage conceptuel capable d'appréhender le potentiel normatif des groupes socialement opprimés. C'est à quoi peut servir le concept de « sentiment d'injustice ». Il vise à maintenir la théorie critique de la société réceptive aux conflits normatifs refoulés, dans lesquels les classes opprimées veulent attirer l'attention sur les restrictions structurelles imposées à leurs revendications de justice, autrement dit : signaler des sources jusqu'ici non taries du progrès historique [26].

---

25. *Cf.* Rainer W. Hoffmann, « Die Verwissenschaftlichung der Produktion und das Wissen der Arbeiter », *in* Gernot Böhme, Michael von Engelhardt (dir.), *Entfremdete Wissenschaft*, Suhrkamp, Francfort, 1979, p. 229 *sq.* ; du même auteur, *Arbeitskampf im Arbeitsalltag*, Campus, Francfort/New York, 1981.

26. J'ai tenté de donner un prolongement systématique à ces réflexions imprécises dans un livre où je m'appuie sur l'idée de la « lutte pour la reconnaissance », proposée par le jeune Hegel, pour développer une théorie sociale à teneur normative (*La Lutte pour la reconnaissance*, Cerf, Paris, 2000).

7

Invisibilité : sur l'épistémologie de la « reconnaissance »

Dans le prologue du célèbre roman de Ralph Ellison *L'Homme invisible*, le narrateur à la première personne parle de son « invisibilité » : comme le raconte ce « je » toujours anonyme, il est bel et bien un être humain « de chair et de sang » mais « on » ne souhaite pas le voir ; « on » regarde directement à travers lui ; il est tout simplement « invisible », pour tout le monde. Quant à la manière dont il est devenu invisible, le narrateur répond que cela doit être dû à la « structure » de l'« œil intérieur » de ceux qui regardent ainsi implacablement à travers lui sans le voir. Il entend par là non pas leur « œil physique », non pas un type de déficience visuelle réelle, mais plutôt une disposition intérieure qui ne leur permet pas de voir sa vraie personne. C'est seulement quelques pages plus loin que le lecteur apprend par hasard que la personne qui fait état de son invisibilité est noire et que ceux qui regardent à travers lui de cette manière sont désignés, au passage, comme « Blancs ». À travers les jugements agressifs, brusques et empreints de colère du narrateur, le prologue crée un scénario qui décrit une forme particulièrement subtile d'humiliation raciste contre laquelle le protagoniste noir lutte tout au long du roman : une forme qui rend invisible, fait disparaître, qui ne correspond évidemment pas à une non-présence physique mais plutôt à une non-existence au sens social du terme.

Dans ce qui suit, je partirai de cette acception métaphorique du concept d'invisibilité afin de traiter la question de la façon dont nous pouvons saisir l'acte de la « reconnaissance » à un niveau épistémologique. Je pars de l'hypothèse selon laquelle la distinction entre deux formes d'invisibilité peut éclairer notre propos parce qu'elle révèle indirectement ce qui doit être ajouté à la perception d'une personne – en vue de la « connaître » – pour devenir un acte de reconnaissance. Je commencerai par mettre en relief la distinction entre le sens littéral et le sens figuré de l'« invisibilité » pour aborder ensuite, dans les deux dernières parties, la question de la signification de la reconnaissance.

I

L'histoire culturelle offre de nombreux exemples de situations dans lesquelles les dominants expriment leur supériorité sociale en ne percevant pas ceux qu'ils dominent. La plus notoire est peut-être celle dans laquelle les nobles s'autorisaient à se dévêtir devant leurs domestiques parce que ceux-ci étaient, en un certain sens, tout simplement absents [1]. Ces situations d'invisibilité impliquant la présence physique se distinguent de celles dépeintes par Ralph Ellison, dont le caractère est proprement actif : dans ce cas, les protagonistes, c'est-à-dire les dominants blancs, cherchent intentionnellement à faire comprendre aux Noirs physiquement présents qu'ils leur sont invisibles. L'expression familière pour ces formes actives d'invisibilisation est « regarder à travers quelqu'un [2] » : nous avons le pouvoir de manifester notre mépris envers des personnes présentes en nous comportant envers elles comme si elles n'étaient pas

1. Hans Peter DUERR, *Nudité et pudeur. Le Mythe du processus de civilisation* (trad. V. Bodin et J. Pincemin), Éditions de la Maison des sciences de l'homme, Paris, 1998, p. 15.

2. Il y a aussi, comme autre forme d'exercice du pouvoir, la stratégie de mise en visibilité qui va de la mise à nu communicationnelle jusqu'au système de contrôle optique du Panopticum analysé par Foucault. Dans ce qui suit, je ne m'occuperai pas de ces cas de visibilité sociale en tant que moyen de domination car, en vue d'une épistémologie morale, je ne m'intéresse ici qu'à la forme de mépris consistant à « regarder à travers ».

réellement là, dans le même espace. En ce sens, « regarder à travers » quelqu'un a un aspect performatif parce que cela exige des gestes ou des manières de se comporter qui témoignent clairement que l'autre n'est pas vu, ceci de façon intentionnelle et non pas accidentelle.

Il est raisonnable de mesurer le tort subi en raison d'une telle invisibilité à la manière dont le sujet percevant se conduit activement dans l'acte de non-perception. Cela peut aller de la manifestation d'une inattention anodine, lorsqu'on oublie par exemple de saluer une connaissance lors d'une soirée, en passant par l'ignorance distraite du maître de maison à l'égard de la femme de ménage, qu'il néglige en raison de son statut social jugé insignifiant, jusqu'aux comportements manifestes consistant à « regarder à travers », que les personnes noires qui en sont victimes ne peuvent que comprendre comme des signes d'humiliation. Ces exemples sont des cas d'un seul et même type, parce qu'ils ont en commun d'être des formes d'invisibilité au sens figuré et métaphorique – il ne fait aucun doute que chacune des personnes mentionnées est bien visible. Qu'il s'agisse de la « connaissance », de la « femme de ménage » ou de la personne noire humiliée, elles représentent toutes des objets distincts et facilement identifiables dans le champ visuel du sujet percevant ; en conséquence, l'« invisibilité » ne peut pas renvoyer ici à un fait cognitif, mais doit signifier plutôt une situation sociale particulière. Au regard d'une invisibilité de ce type, il semble cependant erroné de parler simplement d'une signification métaphorique comme je l'ai fait ici. Car, pour les personnes particulièrement affectées, leur « invisibilité » possède dans chaque cas un contenu bien réel : elles se sentent effectivement non perçues. Cependant, ce « percevoir » doit signifier ici bien davantage que le concept de vue, qui s'applique à la connaissance et à l'identification de quelque chose ou de quelqu'un.

Parvenu à ce stade, il semble donc opportun de passer du concept négatif d'« invisibilité » au concept positif de « visibilité » afin de faire ressortir plus clairement les distinctions précédemment évoquées. À l'invisibilité littérale résultant de troubles visuels ou de handicaps optiques correspond, sur le plan positif, la perceptibilité d'un objet déterminé, en l'occurrence ici de sujets humains ; ils sont visibles pour un autre sujet selon la capacité de ce dernier à les identifier, en fonction du type de rapport social en question, comme des personnes possédant des traits clairement définis – telles que, par exemple, cette connaissance au rire exagéré, cette femme de ménage d'ascendance portugaise qui nettoie régulièrement l'appartement le lundi, ou enfin ce passager à la couleur de peau différente dans le compartiment d'un train. En ce sens, la visibilité désigne bien plus que la perceptibilité parce qu'elle implique une capacité d'identification individuelle élémentaire.

La dissonance conceptuelle manifeste entre l'invisibilité visuelle et la visibilité est due au fait que, avec le passage au concept positif, les conditions régissant son applicabilité deviennent plus rigoureuses. Alors que l'invisibilité au sens visuel signifie seulement qu'un objet n'est pas présent comme objet dans le champ perceptif d'une personne, la visibilité physique exige que nous le connaissions dans un cadre spatio-temporel comme un objet pourvu des qualités adéquates au regard de la situation. D'où le fait qu'il est également difficile de dire d'une personne qui a été faussement identifiée par un sujet percevant – par exemple, comme une voisine au lieu d'une femme de ménage – qu'elle n'était pas physiquement visible. D'un autre côté, nous ne pouvons pas affirmer que cette personne était visible pour le sujet percevant en question puisqu'il ne l'a pas reconnue. Je suggère donc que la visibilité physique implique une forme élémentaire d'identifiabilité individuelle et représente en conséquence une forme première, primitive, de ce que nous appelons « connaître » (*Erkennen*).

À partir de là, il n'est guère aisé de clarifier le concept censé représenter la contrepartie positive de l'« invisibilité » au sens figuré. C'est une « visibilité » de ce type que le personnage du roman de Ralph Ellison cherche implicitement à retrouver lorsqu'il décrit son « invisibilité » comme une forme subtile d'humiliation exercée par les Blancs. Cependant, que vise réellement le narrateur lorsqu'il exige d'être « visible » pour ses partenaires dans l'interaction ? Il ne veut certainement pas parler du précédent type de visibilité, celui que j'ai décrit comme une forme élémentaire d'identification individuelle ; car, pour pouvoir s'éprouver lui-même comme « invisible » au sens figuré, le sujet doit supposer au préalable avoir été reconnu en tant qu'individu dans l'ordre spatio-temporel. Le sujet ne peut prétendre qu'une autre personne « regarde à travers » lui, l'ignore ou le néglige, si cette dernière n'a pas auparavant réalisé l'opération d'identification primaire du sujet. De ce point de vue, l'invisibilité au sens figuré a pour condition la visibilité au sens littéral.

Peut-être pouvons-nous aborder le problème plus facilement en nous demandant de quelle manière le sujet affecté croit pouvoir reconnaître sa propre invisibilité sociale. Une première réponse à cette question est, là encore, offerte par le roman de Ralph Ellison, qui est un véritable trésor pour une phénoménologie de l'« invisibilité ». Dès la deuxième page du prologue, le narrateur rapporte qu'il tente à plusieurs reprises de parer à sa propre invisibilité en portant des « coups » qui visent à faire pression sur les autres pour qu'ils le reconnaissent. Même si cela est décrit dans le texte comme des « coups de poing », il est très probable qu'on doive l'entendre en un sens métaphorique, supposé décrire les divers efforts par lesquels un sujet tente de se faire remarquer. Mais la métaphore permet de comprendre que le sujet affecté s'efforce, par ces contre-mesures, de provoquer une réaction claire par laquelle l'autre personne montre qu'elle le perçoit. Si le sujet ne peut assurer sa propre visibilité qu'en contraignant ses semblables au moyen d'actions qui affirment sa propre existence, alors la preuve de son invisibilité se trouve dans l'absence même de ces réactions : dans la perspective de l'individu affecté, le critère lui permettant de s'assurer de sa visibilité au sens figuré tient dans les manières spécifiques de réagir qui sont un signe ou une expression d'une attention positive à son égard ; la suppression de ces formes d'expression indique par conséquent qu'il n'est pas socialement visible pour ses semblables en ce sens particulier.

Une alternative à cette description pourrait résider dans la thèse selon laquelle le fait de « regarder à travers » représente seulement une forme particulière de perception : le sujet affecté est regardé par une autre personne comme s'il n'était pas présent dans le cadre spatial. Mais une caractéristique de ce type, qui renvoie à une pluralité de significations du « voir comme », masque le fait que « regarder à travers » désigne en général un fait public : le sujet affecté autant que les autres personnes présentes peuvent normalement confirmer qu'il s'agit bien, dans les circonstances données, d'une négligence ou d'une ignorance humiliantes. L'invisibilité sociale n'acquiert ce caractère public que parce que, paradoxalement, elle s'exprime par l'absence des formes positives d'expression emphatiques habituellement liées à l'acte de l'identification individuelle. Il me semble dès lors plus judicieux de clarifier le phénomène de l'« invisibilité » au sens figuré à l'aune des relations complexes de perception et d'expression chez les êtres humains. « Rendre visible » une personne va au-delà de l'acte cognitif de l'identification individuelle par l'expression publique, à l'aide d'actions appropriées, de gestes ou d'expressions du visage, du fait que la personne est positivement remarquée conformément au rapport social en question ; c'est uniquement parce que nous possédons une connaissance commune de ces formes positives d'expression dans le cadre de notre seconde nature que nous pouvons voir dans leur absence une marque d'invisibilité et d'humiliation.

Si nous percevons à présent une forme élémentaire de « reconnaissance » dans le phénomène que j'ai décrit jusqu'ici comme un « devenir visible » au second sens – non visuel –, la distinction entre « connaître » (*Erkennen*) et « reconnaître » (*Anerkennen*) devient plus claire. Alors que par « connaissance » d'une personne nous entendons exprimer son identification en tant qu'individu – identification qui peut être graduellement améliorée –, par « reconnaissance » nous entendons un acte expressif par lequel cette connaissance est octroyée avec le sens positif d'une affirmation. Contrairement à la connaissance, qui est un acte cognitif non public, la reconnaissance dépend de médiums qui expriment le fait que l'autre personne est censée posséder une « valeur » sociale. Au niveau élémentaire auquel nous nous sommes tenus jusqu'ici, de tels médiums peuvent encore être considérés comme équivalant aux expressions fondées sur des caractéristiques physiques. Cependant, tout cela n'explique pas encore ce qui, dans un acte de reconnaissance, est censé s'exprimer au moyen des expressions pertinentes ; cela suppose une analyse plus précise de ce que signifie accorder à la connaissance identificatoire la signification de l'« affirmation » ou de l'attribution d'une « valeur sociale ».

II

À considérer ce qu'on vient de dire, il pourrait sembler que l'acte de reconnaissance est dû à la combinaison de deux éléments : l'identification cognitive et l'expression. Dans un premier temps, une certaine personne est connue en tant qu'individu avec des qualités particulières, selon les données de la situation, et, dans un second temps, cette connaissance reçoit une expression publique par le fait que l'existence de la personne perçue est confirmée aux yeux des personnes présentes par des actes, des gestes ou des expressions du visage.

Cependant, la question est de savoir si les actes expressifs doivent seulement représenter une démonstration publique effective de la connaissance d'une personne, c'est-à-dire qu'il se trouve quelque part une personne possédant telles ou telles qualités. Les expressions, dont l'absence suscite la récrimination de l'être socialement invisible, ne renvoient-elles pas plutôt à quelque chose qui diffère des expressions par lesquelles nous confirmons la perception de l'existence d'un individu ? Car, pour une confirmation de ce type, il suffirait en général de pointer du doigt vers une personne particulière, d'incliner la tête ostensiblement dans sa direction, ou de confirmer explicitement son existence par la parole. Mais cela ne semble pas suffisant pour appréhender la signification des formes d'expression que nous attendons réciproquement les uns des autres afin de devenir mutuellement « visibles » – c'est-à-dire pour recevoir une confirmation sociale en un sens qui reste à clarifier.

Pour commencer d'avancer de manière pertinente sur ce point, il faut auparavant revenir, me semble-t-il, aux signes expressifs des gestes et du visage grâce auxquels, de façon générale, un petit enfant est introduit dans l'interaction sociale avec l'aide de ses personnes de référence. De là, on pourrait alors formuler une réponse générale à la question de savoir ce que signifient ces expressions dont nous déplorons l'absence lorsque nous nous découvrons invisibles au sens figuré.

Ce sont les recherches empiriques de Daniel Stern qui, ces dernières années, nous ont offert une meilleure compréhension des processus interactionnels complexes par lesquels le petit enfant devient un être social dans la communication avec ses personnes de référence [3]. À la suite des travaux pionniers de René Spitz, Stern a pu montrer que la socialisation de l'enfant au cours de sa première année prend la forme d'un processus de régulation réciproque des affects et de l'attention, qui se réalise largement par le biais de la communication gestuelle. La personne de référence dispose d'un large répertoire d'expressions gestuelles et faciales censées fournir à l'enfant des signaux hautement différenciés quant à sa disposition à interagir. Et le petit enfant peut de son côté se servir d'un large éventail d'actions quasi réflexes qui, en réaction aux stimulations gestuelles des personnes de référence, peuvent se développer en premières formes d'un comportement social de réponse. Parmi les divers gestes, la classe des expressions faciales joue un rôle particulier censé faire connaître à l'enfant qu'il est le destinataire de l'amour, de la dévotion et de la sympathie ; la première place est ici dévolue au sourire, qui fonctionne à la manière d'une sorte d'action réflexe. À côté de cela, on trouve bien sûr d'autres formes d'expression faciale ; en se prolongeant dans la durée ou par une emphase corporelle, ces expressions faciales transmettent des signaux particulièrement clairs d'encouragement et de disposition à aider. Avec cette classe de gestes affirmatifs et d'expressions faciales dispensés de manière spontanée, nous avons affaire à des formes particulières d'une multiplicité d'expressions au moyen desquelles même les adultes peuvent, de manière informelle, signifier l'un à l'autre qu'ils expriment de la sympathie ou de l'attention. Stern a lui-même établi le lien avec les rituels de salutation des adultes, qui font connaître, au moyen d'une gamme subtile et nuancée d'expressions faciales variables, le type de relations sociales particulières qu'ils entretiennent mutuellement.

Les diverses formes positives de comportement par lesquelles les personnes de référence réagissent au petit enfant plongent évidemment leurs racines dans des dispositions intimement reliées à l'image du corps et aux mouvements expressifs des enfants. Nous n'avons pas à acquérir préalablement une connaissance pour percevoir dans nos semblables des petits enfants

---

3. *Cf.* Daniel STERN, *Mère et enfant : les premières relations*, Mardaga, Bruxelles, 1997 (1977), p. 18 *sq.*

nécessitant de l'aide avant de recourir aux gestes appropriés d'encouragement et de sympathie. En règle générale, nous semblons plutôt réagir directement à la perception du petit enfant en recourant à des expressions-réponses par lesquelles nous exprimons une attitude fondamentalement affirmative. La différence peut également être formulée ici de la façon suivante : dans le premier cas, on exhibe seulement un genre de conviction cognitive ; dans le second cas, c'est une disponibilité motivationnelle qui est directement signalée. En effet, il serait probablement plus approprié ici de parler de gestes expressifs positifs (de sourire ou d'encouragement) que de symboles d'une action, parce qu'ils remplacent l'action « par une abréviation symbolique ». Cette formulation rend plus claire la signification des réponses expressives au moyen desquelles la personne de référence réagit au petit enfant. Ces réponses expressives ne formulent pas une connaissance de n'importe quel type, mais expriment plutôt de manière abrégée la totalité des actions qui sont censées revenir au petit enfant sur la base de sa situation. Dans cette mesure, la reconnaissance possède un caractère performatif parce que les réponses expressives qui l'accompagnent symbolisent des formes nécessaires de réaction « pour rendre justice » à la personne reconnue. Selon l'excellente formulation de Helmuth Plessner, on pourrait dire que l'expression de la reconnaissance représente le « symbole » d'une action morale [4].

En réfléchissant ainsi, il faut reconnaître que nous avons abandonné l'horizon de notre discussion précédente ; car, avec des termes tels que « rendre justice à » et « revenir à », on fait entrer en jeu un vocabulaire ayant une caractéristique théorique et morale. Nous avons fait un détour par la recherche sur les petits enfants parce que les expressions faciales des adultes vis-à-vis des enfants clarifient tout particulièrement la nature des formes d'expression par lesquelles un être humain devient « socialement » visible : le sourire et l'empathie constituent les gestes prélinguistiques au moyen desquels les nourrissons apprennent à apparaître socialement en signalant pour la première fois leur promptitude à interagir avec ces sourires réactifs.

4. Helmuth PLESSNER, « Lachen und Weinen », in *Philosophische Anthropologie*, Fischer, Francfort, 1970, p. 721.

En réponse à la question de savoir ce que signifient ces actions expressives et affirmatives des adultes, on a vu qu'elles expriment, en des abréviations symboliques, les actions censées favoriser le bien-être du nourrisson. Par leurs expressions faciales, les personnes de référence signalent aux petits enfants des procédés pratiques d'aide et de protection et, de cette manière, les aident à développer leurs façons de réagir, révélant ainsi une forme sociale d'ouverture au monde. Avant de poursuivre l'examen de la question de ce à quoi ressemble le noyau moral de ces types d'expression, je voudrais auparavant me demander si les rapports de reconnaissance entre adultes présentent également cette forme expressive.

Lors de notre recours à la recherche sur les petits enfants, nous avons brièvement mentionné le fait que le changement d'expression faciale du sourire et de la sympathie ne représente qu'une forme d'expression spécifique, particulièrement plastique, des gestes expressifs qui tiennent une grande place dans les rapports interactifs entre adultes. Les personnes adultes, également, manifestent d'habitude clairement et réciproquement dans leur communication, par une multitude de réponses expressives fines et nuancées, que l'autre est bienvenu ou mérite une attention particulière : un ami au cours d'une soirée mérite un sourire appuyé ou un geste particulièrement explicite de bienvenue, la femme qui fait le ménage de l'appartement se voit gratifiée d'un geste de remerciement qui va au-delà de la salutation verbale, et la personne noire est saluée à l'instar de tout autre passager dans le compartiment d'un train, par un changement d'expression du visage ou un signe rapide d'assentiment de la tête.

Bien entendu, toutes ces formes d'expression varient considérablement selon les cultures, mais leur fonction structurante dans la communication interpersonnelle n'en demeure pas moins constante en dépit des différences. En remplaçant ou en mettant en valeur des actes de langage, ou bien en existant indépendamment d'eux, ces réponses expressives sont censées affirmer clairement et publiquement à la personne en question qu'on lui a accordé une approbation sociale, ou qu'elle possède une légitimité sociale, dans un rôle social spécifique (ami, femme de ménage, autre voyageur). Il serait simple d'allonger cette liste, établie jusqu'à présent, des formes positives d'expression en ajoutant une série d'exemples destinés à montrer quelle importance fondamentale elles revêtent pour la coordination de l'action sociale. Cependant, rien n'illustre plus clairement leur fonction essentielle que le fait que leur absence est normalement considérée comme l'indication d'une pathologie sociale qui aboutit à l'état d'« invisibilité » des personnes concernées.

C'est pourquoi on peut voir dans les réponses expressives mentionnées le mécanisme fondamental de la visibilité sociale et la forme élémentaire de la reconnaissance sociale. Les implications d'un tel rapprochement seront considérables car toute forme de reconnaissance sociale d'une personne dépendra – de manière plus ou moins directe – d'une relation symbolique aux gestes expressifs qui permettent à un être humain d'accéder à la visibilité sociale dans une communication directe. De la même manière que Niklas Luhmann parle d'une relation symbiotique entre chaque forme de pouvoir[5], nous pouvons prendre comme point de départ un fondement symbiotique de chaque forme de reconnaissance, qu'elle soit ou non répandue : la reconnaissance d'une personne se réalise seulement à l'aide de médiums qui, en vertu de leur structure symbiotique, ont pour modèles les gestes expressifs du corps au moyen desquels les êtres humains se donnent les uns aux autres confirmation de leur valeur sociale. Le fait que la reconnaissance soit tributaire de gestes expressifs vient du fait que seuls de tels gestes corporels sont capables de signifier publiquement cette affirmation qui fait toute la différence entre connaître et reconnaître : seul celui ayant le sentiment qu'il a fait l'objet de cette connaissance positive relatée dans les modes de comportement expressif de son partenaire se sait reconnu socialement à un niveau élémentaire. Mais il devient alors d'autant plus urgent d'aborder la question de savoir en quoi consistent les réponses expressives d'affirmation que, avec Plessner, j'avais précédemment nommées « symboles » d'une action morale.

---

5. Niklas Luhmann, *Macht*, Enke, Stuttgart, 1975, chap. 4.

III

Bien entendu, les gestes expressifs à travers lesquels les sujets humains se manifestent une reconnaissance réciproque constituent déjà une certaine forme de comportement : en souriant ou en adressant un geste de bienvenue à une autre personne, nous prenons place dans son regard et, à ce titre, nous accomplissons une action. D'un autre côté, cependant, ce type de comportement expressif renvoie à une multitude d'autres actions, car il signale sous une forme symboliquement abrégée le type d'action ultérieure dans lequel le sujet est prêt à s'engager. De même que, dans le cas d'un nourrisson, le sourire de la personne qui en prend soin est le symbole d'une attitude aimante, de même un geste de bienvenue chez les adultes signifie que l'on peut raisonnablement s'attendre à des actions bienveillantes.

Les gestes expressifs sont, par conséquent, des actions qui en elles-mêmes possèdent le caractère d'une méta-action, dans la mesure où ils signalent symboliquement un type de comportement auquel le partenaire peut logiquement s'attendre. Donc, si la reconnaissance dans sa forme élémentaire représente un geste expressif d'affirmation, il s'ensuit qu'elle représente également une méta-action : en accomplissant un geste de reconnaissance envers une autre personne, nous lui faisons prendre conscience que nous nous sentons obligés d'agir envers elle d'une façon qui soit bienveillante. C'est pourquoi, dans le roman de Ralph Ellison, le narrateur peut conclure, de sa condition d'invisibilité sociale, que ceux qui « regardent à travers » lui n'ont aucunement l'intention de le traiter de façon respectueuse ou bienveillante ; dans ce cas, au contraire, l'absence de gestes de reconnaissance est censée indiquer que la personne concernée doit s'attendre à des actions hostiles.

L'idée que les actes expressifs de reconnaissance représentent des méta-actions peut aussi être comprise, dans des termes légèrement différents, comme une référence au type de motivation qui est affiché : à travers son geste d'affirmation, le sujet manifeste sa motivation « de second degré » pour agir envers son partenaire à partir d'impulsions et de motifs de nature bienveillante[6]. Ici, les

6. Ici, j'emprunte partiellement à J. David WELLEMAN, « Love as a Moral Emotion », *Ethics*, n° 109, 1999, p. 338-374.

nuances du geste particulier qui est esquissé rendent tout à fait explicite le type d'action auquel on a affaire : en souriant affectueusement, on manifeste sans ambiguïté sa disposition à se comporter de manière affectueuse ; en saluant avec respect, on exprime plutôt son intention de s'abstenir de toute forme d'interaction autre que celles qui sont absolument nécessaires. Nous sommes maintenant en mesure de faire le lien avec le concept kantien de « respect » (*Achtung*), ce qui nous amènera au plus près de l'élément moral présent au cœur de la « reconnaissance ».

Dans une phrase célèbre des *Fondements de la métaphysique des mœurs*, Kant dit du « respect » qu'il est « la représentation d'une valeur qui porte préjudice à mon amour-propre [7] ». Pour commencer, je souhaite me concentrer sur la seconde moitié de la phrase, et je reviendrai à la première plus tard. La manière dont Kant, dans la proposition subordonnée, se réfère à quelque chose qui contrarie l'« amour-propre » atteste clairement du fait qu'ici ce n'est pas le sujet lui-même qui s'impose une obligation ; il semble que ce soit plutôt l'acte de « respect » en tant que tel qui dispose du pouvoir d'agir, ce qui implique un nécessaire refoulement de l'inclination égocentrique du sujet. Dans cette mesure, ce serait également une erreur de parler d'une simple intention de s'autolimiter, parce que l'« amour-propre » se trouve, de fait, contenu dans l'expression du respect. De cette expression de respect envers la valeur considérée, le sujet tire simultanément la motivation nécessaire pour s'interdire toutes les actions qui seraient simplement le résultat d'impulsions égocentriques.

Cette motivation de second degré permet de faire le lien avec l'analyse de l'acte de reconnaissance que j'ai développée jusqu'à maintenant : dans les gestes expressifs de reconnaissance qui, normalement, indiquent une reconnaissance de premier degré, se manifeste précisément la même volonté que celle décrite par Kant dans les termes d'un « amour-propre contrarié ». La formulation kantienne exprime encore plus clairement ce que recouvre l'aspect moral de la reconnaissance, que j'ai désigné jusqu'à présent par des expressions comme « confirmation »,

7. Emmanuel Kant, *Fondements de la métaphysique des mœurs*, in *Œuvres philosophiques II* (trad. V. Delbos et F. Alquié), Gallimard, Bibliothèque de la Pléiade, Paris, 1985, p. 260, note **.

« affirmation » ou « accorder une valeur sociale ». Dans l'acte de la reconnaissance, un décentrement s'opère chez le sujet parce qu'il concède à un autre sujet une « valeur » qui est la source d'exigences légitimes qui contrarient son amour-propre. « Confirmation » ou « affirmation » signifient alors attribuer au partenaire autant d'autorité morale sur ma personne que j'ai conscience d'en avoir moi-même en ce que je suis obligé d'accomplir ou de m'abstenir de certains types d'action. Bien entendu, une telle formulation ne devrait pas conduire à occulter le fait qu'ici « accepter d'être mis dans l'obligation » représente une forme active de motivation : en reconnaissant quelqu'un et en lui conférant une autorité morale sur moi en ce sens, je me dispose en même temps à le traiter à l'avenir en fonction de sa valeur.

Si cette caractérisation permet de rendre compte du code moral commun à toutes les formes directes de reconnaissance, les différences qui existent entre elles apparaissent déjà à travers la multitude de gestes susceptibles d'exprimer l'acte de reconnaissance. Que quelqu'un sourie affectueusement ou salue simplement avec respect, qu'on tende la main avec sympathie ou qu'on se contente de hocher la tête avec bienveillance, dans chacun des cas c'est un type différent de prédisposition à établir une relation au niveau moral avec le partenaire qui est indiqué par un geste expressif. À une multitude de gestes correspondent différentes appréciations de la valeur que le sujet se trouve capable d'attacher à son partenaire à un moment donné de l'interaction. Le partenaire peut être considéré comme digne d'amour, de respect ou de solidarité. Mais ce ne sont guère là que quelques-unes des possibilités existant au sein du large spectre ouvert par les distinctions subtiles créées par les divers gestes expressifs de la reconnaissance.

De nouveau, nous devons, avec Kant, garder à l'esprit que toutes ces appréciations de la valeur de l'autre ne sont en fait que l'évaluation des aspects d'une qualité personnelle qu'il désigne comme l'« intelligibilité » de la personne : quand nous considérons un autre être humain comme aimable, digne de respect ou de solidarité, ce qui est exprimé dans chacun des cas par la « valeur » estimée n'est qu'une dimension supplémentaire de l'aptitude de la personne à conduire librement sa vie selon des principes rationnels. Si, à certaines occasions, cette « représentation de la valeur » renvoie une fois à la manière dont une vie est vécue (amour) ou, d'autres fois, davantage à un engagement pratique (solidarité), elle dépend, dans le cas du respect, du fait même que les êtres humains n'ont d'autre alternative que d'être guidés par leurs raisons sur un mode réflexif. C'est dans cette mesure aussi que la dernière des trois attitudes mentionnées (respect) ne peut pas varier en intensité, tandis que celle des deux autres formes de reconnaissance peut augmenter et atteindre des degrés différents [8].

À ce stade de la discussion, nous pouvons provisoirement faire le point et préciser ce que les expressions emphatiques de reconnaissance mentionnées précédemment sont censées représenter. En ce qui concerne les expressions du visage et celles à l'aide desquelles les êtres humains manifestent, dans une situation de communication directe, qu'ils se reconnaissent mutuellement, nous avons vu qu'elles ne peuvent pas simplement servir à soutenir le processus d'identification de l'autre personne : le caractère de signal que possèdent de telles réponses expressives va bien au-delà d'une simple attestation de reconnaissance de l'existence de l'autre et de ses caractéristiques propres, car ces réponses manifestent une disponibilité motivée à s'engager dans des actions de nature bienveillante à l'égard de l'autre personne. C'est cette disponibilité de la motivation que avec Kant, nous pouvons maintenant considérer comme le résultat d'une appréciation de la valeur accordée aux propriétés intelligibles des êtres humains : ce qui est clairement démontré par les gestes expressifs de la reconnaissance, c'est le fait qu'un sujet a déjà opéré une restriction de sa perspective égocentrique de manière à rendre justice à la valeur de l'autre personne en tant qu'être intelligible [9]. Dans cette perspective, on peut même dire que, en

8. Stephen L. DARWALLS, « Two Kinds of Respects », *Ethics*, n° 88, 1, 1977, p. 36 *sq*.

9. Cela n'exclut pas que de tels gestes expressifs puissent être investis de manière instrumentale pour, par exemple, simplement simuler des actes d'attachement bienveillants. Mais l'amertume ou l'indignation que provoquent de telles falsifications chez ceux qui sont concernés (ou les observateurs qui y prennent part) expriment à mon sens qu'il s'agit d'une violation de la gram-

un sens, la moralité coïncide avec la reconnaissance, parce qu'il n'est possible d'adopter une attitude morale que si l'on accorde à l'autre personne une valeur inconditionnelle à l'aune de laquelle mon propre comportement doit être évalué. Il est clair que la forme d'invisibilité sociale dont parle Ralph Ellison représente une forme de mépris moral, parce que l'absence de gestes de reconnaissance est là pour démontrer au narrateur que, contrairement à d'autres personnes, la valeur due à une personne « intelligible » ne lui est pas accordée.

Il est vrai que cette conclusion soulève un problème supplémentaire, qui nous renvoie à la distinction entre l'« acte de connaître » et l'« acte de reconnaître » avec laquelle nous avons commencé notre discussion sur l'« invisibilité ». Car la manière dont il nous faut expliquer cette « représentation » de la valeur d'une personne, que Kant considère comme une condition essentielle du respect, reste tout sauf claire : cette représentation n'est-elle que le résultat d'une imputation, ou représente-t-elle une forme de connaissance, et véritablement de perception ? Jusqu'à présent, j'ai soutenu que la reconnaissance ne doit pas être comprise comme la simple expression d'une connaissance parce qu'elle a un contenu normatif qui dépasse la confirmation de l'identification d'un individu ; ce qui intervient dans la reconnaissance, c'est plutôt la manifestation expressive (et donc publiquement accessible) d'une attribution de la valeur qui revient aux qualités intelligibles des personnes. Cependant, s'il était possible de concevoir cette attribution de valeur elle-même comme une forme particulière de connaissance, alors l'opposition entre connaissance et reconnaissance, qui avait jusqu'ici fourni le fil rouge de notre argumentation, devrait une nouvelle fois être revue.

Une fois encore, la réponse à cette question nous est fournie par les modes de comportement expressif selon lesquels une personne de référence réagit face à un petit enfant démuni de tout. Jusqu'à aujourd'hui, il n'a jamais été tout à fait clair dans quelle mesure le répertoire comportemental des adultes est le fruit de notre histoire naturelle et dans quelle mesure c'est un produit de

---

maire de la communication gestuelle construite dans la seconde nature de notre monde social.

la socialisation par la culture. Quoi qu'il en soit, on admet généralement que le sourire adressé à un nourrisson tient plus ou moins du réflexe, car il n'est pas le résultat d'une quelconque décision consciente due à la nécessité de développer une interaction avec ce partenaire que serait un enfant très jeune et vulnérable. Les adultes qui en ont la charge n'attribuent pas au nourrisson une vulnérabilité spécifique et n'agissent pas non plus sur la base d'une connaissance de sa condition ; on caractérisera mieux ce qu'ils font lorsqu'ils sourient en disant qu'ils expriment directement une perception. Il n'est assurément guère simple de décrire cette perception elle-même comme une forme d'attribution de valeur, parce qu'il n'est pas entièrement certain qu'elle soit même le produit d'une socialisation par la culture. Il reste que, à mesure que l'acte de sourire s'affranchit de tout déterminisme naturel – et devient par conséquent quelque chose que nous pouvons offrir plus librement –, il peut sans doute être compris comme l'expression d'une perception du jeune enfant en tant que créature digne d'amour. La toute première forme de reconnaissance d'un petit enfant, manifestée par les modes de comportement expressif des personnes qui en ont la charge, est l'expression de la perception de caractéristiques qui renvoient symboliquement au devenir d'une personne intelligible ; et le premier sourire par le biais duquel, quelques mois plus tard, le petit enfant réagit à l'expression faciale de la personne de référence, marque le moment où cet univers de caractéristiques valorisées lui est révélé pour la première fois [10].

À partir de recherches sur les jeunes enfants nous est apparue une forme de perception fortement liée à un processus d'affectation de valeur qui est différent de celui de l'identification d'un individu qui nous avait jusqu'à présent servi comme paradigme de la perception. À voir la manière dont les adultes perçoivent les enfants, il est manifeste que la perception humaine ne peut pas être aussi neutre que l'implique le concept de connaissance d'un individu : les caractéristiques perçues dans le contexte d'une communication gestuelle entre l'adulte et l'enfant ne

10. René A. Spitz, Katherine M. Wolf, « The Smiling Response : A Contribution to the Ontogenesis of Social Relations », *Genetic Psychology Monoprints*, n° 34, 1946, p. 57-125.

constituent pas les signes d'un acte d'identification, mais plutôt les représentations symboliques d'une attribution de valeur qui renvoie à la liberté d'êtres intelligibles. Par conséquent, au moins dans ce cas, la relation entre connaître et reconnaître doit être spécifiée un peu différemment que je ne l'ai fait jusqu'à présent dans ma discussion sur la « visibilité ». Car, bien qu'il soit exact que la reconnaissance ne constitue pas l'expression visible d'une identification cognitive, elle est bien l'expression d'une perception évaluative dans laquelle la valeur de l'individu est « directement » donnée.

Je ne vois à présent aucune raison de ne pas appliquer nos conclusions tirées du domaine particulier de la socialisation de la petite enfance à l'ensemble du monde social et de ne pas affirmer également l'existence de ce type de perception évaluative dans le cas de l'interaction entre adultes [11]. À travers la différenciation de la perception au moyen de laquelle, au départ, l'enfant voit dans l'expression du visage de la personne qui s'occupe de lui un reflet de ses propres potentialités en tant qu'être intelligible [12], il apprend, en grandissant, au cours des interactions avec ses partenaires, à inférer différentes affectations de valeur qui sont toujours des facettes de leur propre nature intelligible. Au terme de ce processus, l'adulte disposera, dans le cadre du vocabulaire évaluatif qui est celui de son monde social, d'un éventail de possibilités lui permettant de percevoir la « valeur » d'une personne, valeur dont la strate élémentaire restera toujours l'intelligibilité du visage humain.

Si ce que Kant a appelé la « représentation de la valeur » prend la forme d'une perception évaluative, une capacité dont tout adulte correctement socialisé dispose, alors cela a des conséquences très importantes pour la relation entre connaissance et reconnaissance. Un acte de reconnaissance est, comme nous l'avons vu, l'expression visible d'un décentrement individuel

---

11. Cora Diamond, « Manger de la viande, manger les gens », in *L'Esprit réaliste. Wittgenstein, la philosophie et l'esprit* (trad. J.-Y. Mondon), PUF, Paris, 2004.

12. Donald Winnicott, « Mirror Role of Mother and Family », in *Jeu et réalité : l'espace potentiel* (trad. C. Monod et J.-B. Pontalis), Gallimard, Paris, 1999, p. 11-18.

que nous opérons en réponse à la valeur d'une personne : par des gestes appropriés et des expressions du visage, nous manifestons publiquement que nous concédons à l'autre personne une autorité morale sur nous-mêmes, en raison de sa valeur, ce qui impose des limites à la réalisation de nos envies spontanées et de nos inclinations. Cependant, dès que nous admettons qu'éprouver la valeur d'une personne prend la forme d'une perception qui commence avec le sourire adressé au petit enfant, la simple identification cognitive d'un être humain semble perdre son apparente priorité naturelle sur la reconnaissance. La reconnaissance précède la connaissance, du moins génétiquement, dans la mesure où le nourrisson déduit à partir d'expressions du visage les « valeurs » des personnes avant d'être capable de comprendre son environnement de manière neutre. Et ce qui vaut pour le petit enfant n'a également rien perdu de son importance fondamentale pour l'adulte : dans le cadre de notre interaction sociale avec les autres, nous percevons normalement les propriétés valorisées d'une personne intelligible avant tout autre chose, si bien que la simple identification cognitive d'un être humain constitue plutôt une situation exceptionnelle de neutralisation du processus initial de reconnaissance. À la préséance accordée à la reconnaissance correspond, dans notre forme de vie sociale, le statut éminent des gestes et des expressions du visage avec lesquels nous manifestons réciproquement une disposition à être guidés dans nos actions par l'autorité morale de l'autre personne. Dans cette mesure, l'invisibilité sociale dont souffre le protagoniste du roman de Ralph Ellison est le résultat d'une déformation de la capacité de perception des êtres humains à laquelle est liée la reconnaissance – ou, comme l'exprime l'auteur, à « un problème qui touche à la construction de leurs yeux intérieurs, ces yeux avec lesquels ils regardent la réalité à travers leurs yeux physiques ».

8

La reconnaissance comme idéologie

À mesure que le concept de « reconnaissance » devenait, au cours des deux dernières décennies, le noyau normatif d'une multitude de luttes politiques émancipatoires, les doutes quant à son potentiel critique se sont accrus. Ce scepticisme théorique a incontestablement été renforcé par le fait que nous vivons dans une culture affirmative dans laquelle la reconnaissance manifestée publiquement présente bien souvent des traits purement rhétoriques et ne possède qu'un caractère succédané. Le fait d'être officiellement couvert d'éloges pour certaines qualités ou certaines compétences semble être devenu un instrument de politique symbolique, dont la fonction sous-jacente est d'intégrer des individus ou des groupes sociaux dans l'ordre social dominant en leur offrant une image positive d'eux-mêmes. Bien loin de contribuer à l'amélioration durable de l'autonomie des membres de notre société, la reconnaissance sociale semble apparemment servir à la production de représentations conformes au système. Par conséquent, les doutes qui se sont entre-temps manifestés quant à cette nouvelle approche débouchent sur l'idée selon laquelle les pratiques de la reconnaissance n'entraînent pas un accroissement du pouvoir des sujets sociaux mais au contraire leur assujettissement. L'objection peut se résumer ainsi : les individus sont poussés à adopter, au travers de processus de reconnaissance mutuelle, un rapport à soi spécifique qui les incite à assumer de leur plein gré des tâches et des devoirs servant la société [1].

Ces réserves de principe renvoient à des réflexions qui avaient déjà amené, il y a plus de trente ans, le théoricien marxiste Louis Althusser à faire de la pratique de la reconnaissance publique le mécanisme standard de toutes les formes d'idéologie [2]. Développés de manière schématique en se référant exclusivement à la politique des appareils d'État, ses arguments ont été repris plus tard par Judith Butler pour être reconstruits en un projet solide intégrant la psychanalyse de Jacques Lacan [3]. On sait qu'Althusser s'appuie sur la double signification de la notion française de « subjectivation » pour expliciter sa catégorie d'idéologie : les êtres humains ne deviennent des « sujets », au sens d'une prise de conscience de leurs propres droits et responsabilités, qu'en étant assujettis à un système de règles pratiques et d'attributions leur conférant une identité sociale. Dès lors que l'acte d'assujettissement est compris, selon cette définition, sur le mode de l'approbation publique, ce que nous pouvons nommer « reconnaissance » perd aussitôt toute connotation positive pour devenir le mécanisme central de l'idéologie : reconnaître quelqu'un signifie alors l'amener, par des sommations répétées et assénées de manière rituelle, à adopter exactement le rapport à soi qui convient au système établi d'attentes de comportements.

Cependant, Althusser lui-même n'a pas utilisé ce concept d'idéologie dans un sens critique et s'est plutôt borné à en faire un usage purement descriptif [4]. Sans aucun jugement normatif, il décrit le processus institutionnel de la reconnaissance comme un

---

1. Patchen MARKELL, *Bound by Recognition*, Princeton University Press, Princeton/Oxford, 2003 ; Kelly OLIVIER, *Witnessing. Beyond Recognition*, University of Minnesota Press, Minneapolis, 2001 ; Markus VERWEYST, *Das Begehren der Anerkennung. Subjekttheoretische Positionen bei Heidegger, Sartre, Freud und Lacan*, Campus, Francfort/New York, 2000.

2. Louis ALTHUSSER, « Idéologie et appareils idéologiques d'état », *La Pensée*, n° 151, juin 1970, p. 3-38.

3. Judith BUTLER, « La conscience fait de nous tous des sujets. L'assujettissement selon Althusser », in *La Vie psychique du pouvoir : l'assujettissement en théories* (trad. B. Matthieussent), Léo Scheer, Paris, 2002, p. 165-198.

4. *Cf.* Raymond GEUSS, *The Idea of a Critical Theory*, Cambridge University Press, Cambridge, 1981, chap. 1.

mécanisme de constitution de sujets conformes au système. Les définitions d'Althusser présentent toutefois un défi majeur pour une théorie critique de la société visant à trouver son fondement normatif dans le processus de reconnaissance mutuelle. Car, à la lumière de ses réflexions, cette dernière doit s'interroger pour savoir si la reconnaissance sociale ne peut pas également, en certaines occasions, avoir pour fonction de maintenir la domination sociale. Dans ce nouveau cas de figure, le concept d'idéologie perd en tout cas son sens purement descriptif et devient une catégorie péjorative ; car on prend ainsi en considération uniquement les formes de reconnaissance devant être considérées comme fausses ou injustifiables parce qu'elles ne servent pas à accroître l'autonomie personnelle mais à produire des attitudes conformes à la domination [5].

Il serait bien évidemment faux d'accuser la théorie de la reconnaissance d'avoir d'emblée fait l'impasse sur ces phénomènes négatifs d'assujettissement ou de domination. Au fond, toute cette approche doit son impulsion critique à son point de départ qui réside dans les manifestations sociales d'absence ou de déficit de la reconnaissance : elle cherche à porter son attention sur les pratiques d'humiliation ou d'atteinte à la dignité par lesquelles les sujets se voient privés d'une forme légitime de reconnaissance sociale et donc aussi d'une condition décisive pour la formation de leur autonomie [6]. D'un autre côté, cette manière de formuler la question montre aussi clairement que la « reconnaissance » a toujours été traitée conceptuellement comme l'opposé des pratiques de domination ou d'assujettissement. Ces formes d'exercice du pouvoir doivent être saisies comme des phénomènes de privation de reconnaissance, de mépris et d'humiliation, de sorte que la « reconnaissance » ne puisse jamais être soupçonnée de fonctionner comme un moyen de domination.

Toutefois, ce présupposé de non-domination de la reconnaissance ne va plus de soi dans les réflexions stimulées par le concept althussérien d'idéologie. Car les formes de

---

5. Raymond Geuss, *The Idea of a Critical Theory*, *op. cit.*, p. 24 *sq.*

6. Axel Honneth, « La dynamique sociale du mépris. D'où parle une théorie critique de la société ? », [voir chap. 5, p. 181-202].

reconnaissance alors prises en considération sont précisément celles qui deviennent effectives en tant que moyens de domination sociale parce qu'elles produisent une image de soi conforme à la société selon un modèle d'approbation rituelle et contribuent ainsi à la reproduction des relations de domination établies. On peut citer sans peine des exemples tirés du passé montrant clairement que la reconnaissance manifestée publiquement a en réalité souvent servi uniquement à la constitution et au maintien d'un rapport à soi individuel parfaitement inséré dans le système de la division du travail dominante. Par exemple, la fierté ressentie par l'Oncle Tom en écho aux éloges réitérés de ses vertus de soumission fait de lui un sujet docile dans une société d'esclavage [7] ; la célébration de la « bonne » mère de famille et de la ménagère scrupuleuse longtemps prônée par les Églises, les parlements ou les médias de masse enfermait les femmes dans une image d'elles-mêmes qui, dans les faits, arrangeait au mieux la division sexuelle du travail [8] ; et l'estime publique dont jouissait le brave et héroïque soldat produisait une classe suffisamment vaste d'hommes en recherche d'expériences et de gloire se laissant ainsi entraîner de bonne grâce dans la guerre [9]. Aussi triviaux qu'ils puissent être, ces exemples font immédiatement comprendre que la reconnaissance sociale peut toujours produire également des effets idéologiques suscitant du conformisme : la répétition constante des mêmes formules de la reconnaissance parvient à créer sans recourir à la contrainte un sentiment d'estime de soi incitant à des formes de soumission volontaire.

---

7. *Cf.* Gert RAEITHEL, *Geschichte der nordamerikanischen Kultur*, Bd. 1 : *Vom Puritanismus bis zum Bürgerkrieg 1600-1860*, Zweitausendeins, Francfort, 1995, chap. 31.

8. *Cf.* par exemple Karin HAUSEN, « Die Polarisierung der "Geschlechtscharaktere" – Eine Spiegelung der Dissoziation von Erwerbsund Familienleben », *in* Werner CONZE (dir.), *Sozialgeschichte der Familie in der Neuzeit Europas*, Klett, Stuttgart, p. 363-393 ; Bärbel KÜHN, *Vorn Schalten und Walten der Hausfrau. Hausarbeit in Rat, Tat und Forschung im 19. und 20. Jahrhundert*, *in* Birgit BOLOGNESE-LEUCHTENMÜLLER, Michael MITTERAUER (dir.), *Frauen-Arbeitswelten. Zur historischen Genese gegenwärtiger Probleme*, Verlag für Gesellschaftskritik, Wien, 1993, p. 43-66.

9. René SCHILLING, *Kriegshelden. Deutungsmuster heroischer Männlichkeit in Deutschland 1813-1945*, Ferdinand Schöningh, Paderborn, 2002.

Cependant, les cas cités ci-dessus doivent leur force suggestive au seul fait qu'ils offrent l'assurance propre à toute appréciation rétrospective. Le choix des exemples est à lui seul, comme aussi leurs procédés de description, le fruit d'un jugement moral pouvant se faire uniquement depuis la perspective d'un présent moralement plus avancé. En tant que contemporains d'une époque qui se tient pour moralement supérieure au passé, nous sommes convaincus que l'estime conférée à l'esclave vertueux, à la bonne ménagère et au soldat héroïque relève de la pure idéologie. Mais, dès que nous nous plaçons dans des contextes passés, il devient infiniment plus difficile de distinguer entre une forme de reconnaissance juste, porteuse d'exigences morales, et une forme de reconnaissance fausse et « idéologique ». En effet, les critères qui auparavant encore étaient pour nous les plus sûrs se brouillent soudainement : pourquoi l'estime de ses maîtres blancs ne devrait-elle pas permettre à l'esclave d'accéder à une forme de sentiment de sa propre valeur et d'atteindre ainsi un certain stade d'autonomie intérieure ? Et la reconnaissance publique acquise par les femmes en tant que mères dévouées n'a-t-elle pas été une compensation partielle pour l'humiliation infligée par leur mise à l'écart des rôles et fonctions publics ? Enfin, on peut considérer que le modèle de valeur de la bravoure masculine peut aider ces hommes souffrant d'insignifiance sociale, dans leur milieu culturel local, en raison du chômage ou d'un défaut de qualification, à pouvoir accéder aux compensations qu'offrent le prestige et la considération dans le cadre d'une sous-culture masculine indépendante.

Ces interprétations possibles montrent chaque fois clairement qu'un dispositif précis d'estime que nous tenons rétrospectivement pour de la pure idéologie peut s'avérer, lorsqu'on se penche plus précisément sur ses conditions historiques, offrir les conditions d'acquisition d'une valeur de soi rehaussée dans le cadre de groupes spécifiques. L'identification du contenu idéologique de formes de reconnaissance se révèle par conséquent d'autant plus délicate que nous endossons les présupposés socioculturels ayant prévalu à un moment ou à un autre dans le passé. C'est seulement lorsque les sujets concernés se sont eux-mêmes révoltés contre une pratique dominante de la reconnaissance que nous disposons, pour la période en question, de premiers points d'appui nous permettant de parler de pure idéologie. Mais cette difficulté d'appréciation perd en général de son importance avec la distance temporelle qui nous sépare des différents cas traités. Car plus grande est la distance historique et plus nous disposons de critères admis de manière générale pour opérer rétrospectivement une distinction entre des formes idéologiques et des formes de reconnaissance revendiquées sur un plan moral.

Ce problème théorique n'a toutefois rien perdu de sa complexité à l'heure actuelle. Tant que nous ne disposons pas d'indices empiriques permettant de montrer que les personnes concernées éprouvent elles-mêmes certaines pratiques de reconnaissance comme répressives, restrictives ou normalisantes, il demeure extrêmement difficile d'aboutir à des distinctions judicieuses entre des formes idéologiques et des formes justifiées de reconnaissance. La difficulté provient du fait conceptuel qu'un acte de reconnaissance décrit toujours la manifestation publique d'une valeur ou d'une performance (*Leistung*) [10] censées revenir à une personne ou à un groupe social ; dans ce contexte, parler d'« idéologie » suppose alors d'imputer, à une pratique en soi positive et valorisée, les propriétés négatives d'une soumission douce alors même qu'elle semble de prime abord être dépourvue de tout trait discriminatoire. D'où la question : comment, à l'heure actuelle, des formes de manifestation publique d'une valeur sociale, en l'occurrence de la reconnaissance, peuvent-elles néanmoins avoir les traits de la domination ?

C'est le problème auquel je vais me consacrer dans ce qui suit. Pour l'aborder, il convient à nouveau de récapituler ce qu'il faut aujourd'hui comprendre, après une série de tentatives de clarification, sous le terme de « pratique de reconnaissance ». On verra ainsi que le concept possède un contenu normatif dans la mesure où il décrit le comportement rationnel par lequel nous pouvons réagir aux qualités d'une personne ou d'un groupe (I).

---

10. Le terme allemand de *Leistung* signifie à la fois « prestation », « résultat », « performance », « contribution » ou encore « rendement ». Par exemple, ce terme est autant utilisé pour mentionner les résultats scolaires d'un élève que pour parler des performances d'un groupe de travail dans l'industrie. Devant la difficulté de traduction de ce terme, nous avons opté pour « performance », « contribution » ou « prestation », selon les contextes, dans l'ensemble de l'ouvrage (*NdT*).

Mais ces réflexions préliminaires n'offrent qu'en apparence une solution au problème de la différenciation entre des formes idéologiques et des formes moralement justifiées de reconnaissance sociale. Car il apparaîtra que les idéologies de la reconnaissance sont rarement simplement irrationnelles, mais qu'au contraire elles mobilisent généralement des motifs évaluatifs rattachés de manière interne à notre horizon de valeurs (II). À partir de là, la solution à notre problème peut uniquement venir de la tentative de décortiquer les conditions d'application de formes de reconnaissance jusqu'à la mise au jour du « noyau irrationnel » des « pures » idéologies de la reconnaissance. Je soupçonne que cette irrationalité ne se situe pas elle-même sur la surface sémantique du vocabulaire évaluatif mais qu'elle est à trouver dans l'écart entre une promesse évaluative et une réalisation matérielle (III).

I

Pour Althusser, le problème sur lequel j'aimerais me concentrer n'en est pas un, d'une certaine manière. Son concept de reconnaissance est unidimensionnel au sens où il interdit toute distinction entre le « vrai » et le « faux » ou entre le « justifié » et l'« idéologique » : bien plus, à ses yeux, toute forme de reconnaissance a forcément un caractère idéologique car le simple fait de solliciter ou d'« interpeller » impose toujours déjà une unité imaginaire aux destinataires, que ces derniers ne sauraient posséder en eux-mêmes en tant qu'individus. Au contraire, la tentative de distinguer entre des formes idéologiques et des formes justifiées de reconnaissance doit commencer par définir le sens positif de la « reconnaissance »[11].

Bien que la littérature sur le thème de la « reconnaissance » se soit considérablement élargie au cours de ces dernières années, le contenu conceptuel du phénomène envisagé reste pourtant encore fortement controversé ; en suivant Hegel de manière plus

11. *Cf.* Axel HONNETH, « Der Grund der Anerkennung. Eine Erwiderung auf kritische Rückfragen. Nachwort », in *Kampf um Anerkennung. Mit einem neuen Nachwort*, Suhrkamp, Francfort, 2004, p. 303-341.

ou moins relâchée, le concept est utilisé vaguement pour désigner des pratiques ou des conceptions par lesquelles des sujets individuels ou des groupes sociaux se voient confirmés dans certaines de leurs qualités. En cela, ce n'est pas seulement la relation avec le concept kantien de « respect » (*Achtung*) qui reste encore obscure ; on voit désormais bien mieux que le concept de reconnaissance possède en français, en allemand et en anglais des composantes sémantiques différentes dont les relations réciproques ne sont pas vraiment éclaircies. En allemand, le concept semble essentiellement décrire ce fait normatif associé à l'attribution d'un statut positif, tandis qu'en anglais et en français il englobe en plus la signification cognitive de la « re-connaissance » ou de l'« identification ». À ces difficultés s'ajoute le fait que le concept peut aussi être utilisé dans ces trois langues pour des actes de langage relatifs à l'« aveu » ou à la « concession », par quoi « reconnaître » prend avant tout un sens purement autoréférentiel [12]. Enfin, une interprétation wittgensteinienne a fait son apparition en concurrence avec l'usage hégélien du concept, dans laquelle la « reconnaissance » fonctionne comme une réaction performative aux expressions d'autres personnes. À travers les écrits de Stanley Cavell principalement, qui se passent de tout recours à Hegel, la catégorie d'« *acknowledgement* » s'est ainsi répandue dans les cercles internes de la philosophie analytique [13].

Dans cet inextricable fouillis de confusions conceptuelles et de questions non résolues, il convient aujourd'hui d'apporter une clarification ne craignant ni les exclusions, ni la partialité. En cela, il faut tenir compte du fait que la reconnaissance doit renvoyer à un acte moral ancré dans le monde social en tant qu'événement quotidien. Je pars de quatre prémisses, qui me semblent faire entre-temps largement consensus. Premièrement, on peut affirmer que le mode original de la « reconnaissance » recouvre le point central de la définition allemande du terme : ce qui doit

12. Avishai MARGALIT, « Recognition II : Recognizing the Brother and the Other », *Aristotelian Society Supplementary*, vol. 75, The Aristotelian Society Publications, Bristol, 2001, p. 127-139.

13. Stanley CAVELL, « Knowing and aknowledging », in *Must we mean what we say ? : a Book of Essays*, Cambridge University Press, Cambridge, 2002, p. 238-266.

avant tout être compris par ce terme est l'affirmation de qualités positives de sujets humains ou de groupes, ce qui n'exclut pas de pouvoir établir un lien systématique également avec les autres significations du terme.

Deuxièmement, il y a bien un accord aujourd'hui pour souligner que la reconnaissance a la caractéristique d'une action : un acte de reconnaissance ne peut se réduire à de purs mots ou expressions symboliques puisque seuls les comportements correspondants lui donnent la crédibilité qui est normativement importante pour le sujet reconnu. Dans la mesure où nous nous limitons aux relations intersubjectives, il faudrait parler de la « reconnaissance » comme d'une « attitude », une conception devenue effective dans l'action [14]. Troisièmement, il faut en conclure que de tels actes de reconnaissance constituent un phénomène distinct dans le monde social qui, en conséquence, ne doit pas être compris comme un sous-produit d'une action orientée dans un autre sens, mais comme l'expression d'une intention autonome ; que ce soit dans des gestes, des actes de langage ou des agencements institutionnels, ces expressions ou ces dispositions ne représentent un cas de « reconnaissance » que si leur finalité première est, d'une façon ou d'une autre, de s'orienter de manière affirmative vers l'existence de l'autre personne ou de l'autre groupe. Ce choix conceptuel préalable exclut par exemple de concevoir comme une forme de « reconnaissance » des attitudes positives allant inévitablement de pair avec la poursuite d'autres intérêts de l'interaction : lorsque je manifeste une envie prononcée de jouer régulièrement aux échecs avec une personne précise, j'exprime par là sans aucun doute une estime particulière pour ses compétences intellectuelles, mais mon intention porte toutefois en premier lieu sur le jeu en commun. Quatrièmement, une autre prémisse faisant aujourd'hui l'unanimité peut être résumée par la thèse selon laquelle la « reconnaissance » représente un concept générique englobant différentes sous-variantes. Ainsi, les « attitudes » de l'amour, du

14. *Cf.* Heikki Ikäheimo, « On the Genus and Species of Recognition », *Inquiry*, vol. 45 (4), 2002, p. 447-462 ; Arto Laitinen, « Interpersonal Recognition : A Response to Value or a Precondition of Personhood ? », *Inquiry*, vol. 45 (4), 2002, p. 463-478.

respect juridique et de l'estime sociale valent par exemple comme différentes manières de décliner une conception fondamentale saisie génériquement comme de la « reconnaissance » [15].

Les quatre prémisses que j'ai exposées jusqu'ici résument d'où doit partir une réflexion qui veut s'appuyer sur des concepts à peu près clarifiés : la reconnaissance devrait être comprise comme le caractère générique des différentes formes prises par une attitude pratique dont l'intention première consiste en une certaine affirmation du partenaire d'interaction. À la différence de la conception d'Althusser, de telles attitudes affirmatives ont clairement un caractère positif car elles permettent aux destinataires de s'identifier à leurs propres qualités et d'accéder ainsi à davantage d'autonomie ; loin de représenter une pure idéologie, la reconnaissance constitue la condition intersubjective pour pouvoir réaliser de manière autonome des objectifs personnels propres [16].

Cependant, le véritable défi dans l'explication du concept commence seulement là où il est question du caractère épistémique de cette attitude affirmative ; la question décisive est ici de savoir si la reconnaissance doit être comprise comme un acte attributif ou au contraire comme un acte réceptif. Quand on s'interroge sur la manière de caractériser adéquatement le cas

15. Ces trois « attitudes » renvoient aux sphères – normatives de la reconnaissance – de l'amour, du droit et de la solidarité (*cf. La Lutte pour la reconnaissance*, chap. 5), dont les manières de reconnaître diffèrent à chaque fois. La personne est reconnue comme porteuse de besoins affectifs dans la première, comme membre égal en droits d'une communauté juridique dans la deuxième et comme dotée d'aptitudes pratiques contribuant à la reproduction de la praxis commune dans la troisième (*NdT*).

16. C'est une différence évidente avec la théorie d'Althusser, dont les sources socio-ontologiques sont si profondes que nous pouvons difficilement l'analyser adéquatement ici. Pour des raisons de principe, Althusser n'envisage pas la possibilité que les sujets sociaux accèdent à un degré accru d'autonomie dans leurs actions et leurs décisions. Il part de l'idée que les individus peuvent devenir des sujets socialement identifiables uniquement en étant assujettis par la reconnaissance publique à un réseau de règles sociales qui ne laisse aucune marge de manœuvre quant à l'autonomie individuelle. Au contraire, avec Durkheim, je pars de l'idée inverse que de telles règles sociales de reconnaissance doivent être différenciées en fonction de la marge d'autonomie qu'elles laissent aux sujets.

générique de la « reconnaissance », deux possibilités alternatives concernant la relation cognitive au partenaire d'interaction semblent effectivement s'offrir à nous. On peut soit comprendre l'affirmation opérée par un tel acte selon le modèle d'une attribution par laquelle l'autre personne se voit en quelque sorte conférer une qualité nouvelle et positive ; soit, au contraire, on conçoit cet acte selon le modèle d'une perception par laquelle la qualité préalable d'une personne ne se manifeste publiquement ou ne se renforce que de manière secondaire. Dans le premier cas, la « reconnaissance » consisterait à accorder ou ajouter au sujet concerné un statut qu'il ne pouvait posséder précédemment, alors que dans le second cas, en revanche, il s'agirait d'une forme précise de perception d'un statut indépendant et qui existait préalablement. Une autre possibilité de définir les différences entre ces deux conceptions pourrait consister à parler d'acte de reconnaissance productive dans le premier cas et, à l'inverse, reproductive dans le second : le statut ou les qualités positives d'une personne ou d'un groupe social sont soit produits par l'acte de reconnaissance soit simplement reproduits de manière particulière mais néanmoins significative.

Il n'est guère aisé de trancher entre ces deux modèles car tous deux possèdent apparemment un atout différent. Si je vois juste, le modèle de la réception nous ramène à notre intuition selon laquelle l'attitude de la reconnaissance renvoie à un acte motivé par des raisons pratiques : dans la reconnaissance, nous réagissons de manière juste ou appropriée aux motifs auxquels sont rattachées des qualités évaluatives que les êtres humains possèdent préalablement [17]. À l'inverse, le modèle de l'attribution est dépourvu de toute influence d'un tel réalisme moral. Ce qui est pris en compte ici est l'intuition selon laquelle la reconnaissance renvoie toujours à un acte constitutif dès lors que des capacités particulières sont attribuées à une personne ou à un groupe. Cependant, le désavantage de cette conception tient précisément là où le modèle de la réception présente apparemment un avantage : si une attitude de reconnaissance envers une autre personne pouvait à elle seule lui conférer des qualités positives, alors nous n'aurions plus aucun critère interne pour juger du caractère juste

17. Heikki IKÄHEIMO, « On the Genus and Species of Recognition », *op. cit.*

ou approprié de ce genre d'attribution. Il n'y aurait plus aucune limite dans la marge de variation de la reconnaissance puisque nous devrions alors concevoir comme une capacité ou un statut de la personne tout ce qui émane d'un acte d'attribution. À ce stade, la seule issue à ce problème viendrait de la thèse selon laquelle la légitimité de la reconnaissance se mesure à la qualité normative de sa réalisation. Mais le concept de reconnaissance perdrait alors les implications morales qui sont justement censées permettre de le distinguer d'une approche sociologique de l'« étiquetage ».

À première vue, les choses ne se présentent pas sous un meilleur jour du côté de la conception opposée, c'est-à-dire du modèle de la réception ou de la réponse. Pouvoir prétendre que l'attitude de la reconnaissance suppose une réaction « juste » face aux qualités d'une personne ou d'un groupe de personnes implique de présupposer l'existence objective de valeurs dans un sens qui devient toutefois incompatible avec notre conception de leur caractère constitué. À vrai dire, il semble juste de continuer d'ancrer l'attitude de reconnaissance dans le « domaine des raisons » (*Reich der Gründe*) afin de conserver sa dimension morale. Donc, si notre reconnaissance d'autres personnes est motivée par des raisons que nous pouvons aussi, le cas échéant, tenter d'articuler, alors elle peut être comprise comme un acte émanant du jugement et peut se rattacher ainsi, au sens large, au domaine de la morale. Par ailleurs, l'autre proposition consistant à qualifier ce type de raisons d'« évaluatives » nous montre clairement en quoi nos attitudes de reconnaissance semblent toujours témoigner de la valeur d'une personne ou d'un groupe ; les limites morales au sein desquelles nous nous savons tenus résultent des qualités que notre attitude de reconnaissance exprime en quelque sorte publiquement.

La difficulté commence lorsqu'il s'agit de définir plus précisément le statut de telles raisons évaluatives. Mais il semble ici que la seule issue est de se raccrocher à un réalisme moral qui n'est plus compatible avec nos autres convictions ontologiques d'arrière-plan. Cette situation fâcheuse se modifie cependant lorsque nous envisageons la possibilité que de telles valeurs représentent des certitudes de notre monde vécu dont le caractère peut être soumis à des transformations historiques ; les qualités que nous devrions pouvoir percevoir dans des personnes (ou des groupes) pour réagir de manière « juste » envers elles dans l'acte de reconnaissance ne seraient donc pas objectives et figées mais transformables historiquement. Le tableau esquissé ainsi devrait cependant être complété par des éléments supplémentaires pour aboutir à une théorie à peu près plausible : le monde vécu social devrait être compris sur le mode d'une « seconde nature » dans laquelle les sujets sont socialisés en apprenant progressivement à faire l'expérience des qualités des autres personnes. Ce processus d'apprentissage doit être compris comme un processus complexe à travers lequel nous acquérons à la fois la perception des qualités évaluatives et les modes de comportement correspondants, dont la spécificité devrait reposer sur une limitation de notre égocentrisme naturel. En conséquence, l'attitude humaine de reconnaissance pourrait alors se comprendre comme un faisceau d'habitudes qui se sont rattachées, au cours du processus de socialisation, aux raisons révisables d'attribuer de la valeur à d'autres personnes [18].

Cependant, ces raisonnements ne résolvent pas encore le problème que constitue la complexité réelle d'un tel réalisme moral modéré. On l'a dit, les qualités que nous pouvons adéquatement reconnaître chez les autres personnes n'ont de réalité que dans l'horizon d'expérience d'un monde vécu spécifique ; lorsque ses membres ont été socialisés normalement dans leur culture, ils perçoivent de telles qualités personnelles comme des données objectives de l'environnement social, de la même manière qu'ils font initialement l'expérience d'autres particularités culturelles comme des faits donnés de manière évidente. Cette conception présente également le risque d'un relativisme fondamentalement incompatible avec les objectifs normatifs du concept de reconnaissance ; car les valeurs à l'aune desquelles se mesurerait alors le caractère adéquat de l'attitude de la reconnaissance

18. John McDowell, « Two Sorts of Naturalism », in *Mind, Value, and Reality*, Harvard University Press, Harvard, 2001, p. 167-197 ; Eva Lovibond, *Ethical Formation*, Harvard University Press, Cambridge, Mass., 2002, partie II ; Axel Honneth, « Die Unhintergehbarkeit des Fortschritts. Kants Bestimmung des Verhältnisses von Moral und Geschichte », *in* Herta Nagl-Docekal, Rudolf Langthaler (dir.), *Recht – Geschichte – Religion. Die Bedeutung Kants für die Philosophie der Gegenwart*, Akademie, Berlin, 2003.

ne posséderaient de validité normative respectivement que pour une seule culture. En conséquence, le relativisme accompagnant le modèle de la réception ou de la réponse ne se distinguerait dès lors aucunement du relativisme propre au modèle de l'attribution : dans les deux cas, la validité des attitudes de reconnaissance, qu'elles soient décrites comme des imputations ou comme des réactions appropriées, dépendrait exclusivement des données normatives des formes de vie respectives.

À mon avis, cette difficulté ne peut être évitée dans le modèle de la réception qu'en dotant le réalisme moral modéré d'une solide conception du progrès. Cela reviendrait au fond à supposer un développement ciblé dans les changements culturels affectant les qualités humaines, qui nous autoriserait à émettre des jugements fondés sur la validité transhistorique d'une culture de la reconnaissance particulière [19]. Sans pouvoir entrer plus en détail dans une telle conception du progrès qui doit, à mon avis, être définie comme une forme réflexive de notre savoir par lequel nous nous orientons dans le monde vécu, j'aimerais m'en tenir à l'exposé du raisonnement principal. Avec la différenciation historique des qualités que nous percevons et apprenons à considérer de manière rationnelle chez les autres sujets humains grâce à notre socialisation, s'accroît en même temps le niveau normatif de nos relations de reconnaissance ; car chaque valeur que nous pouvons confirmer par la reconnaissance accroît la possibilité du sujet humain de s'identifier à ses propres capacités et d'accéder par conséquent à une plus grande autonomie. Cette ébauche devrait suffire pour justifier l'idée d'un ancrage du concept de reconnaissance dans un réalisme moral modéré.

Avant, toutefois, de revenir à la question portant sur la manière de distinguer entre des formes idéologiques et des formes justifiées de reconnaissance, il faut encore aborder brièvement un problème supplémentaire. Ce problème vient du fait que les idéologies renvoient essentiellement à des formations de conscience ou des systèmes d'énoncés évaluatifs dont l'origine

---

19. Voir sur ce point : Axel HONNETH, « Zwischen Hermeneutik und Hegelianismus. John McDowell und die Herausforderung des moralischen Realismus », in *Unsichtbarkeit. Stationen einer Theorie der Intersubjektivität*, Suhrkamp, Francfort, 2003, p. 106-137.

ne réside pas dans l'attitude intersubjective mais dans les règles ou les dispositions institutionnelles. Avec Marx, qui considère la forme du contrat civil comme une institution productrice d'idéologie [20], nous supposons que la formation de convictions trompeuses ou fictives est la conséquence de la constitution spécifique de certaines institutions. Or, si des modèles de reconnaissance peuvent également représenter ce type d'idéologies, alors il convient de clarifier le sens que prend cette reconnaissance dispensée non plus seulement par des personnes mais également par des institutions sociales ; nous devons passer du niveau de la reconnaissance intersubjective, vers lequel nous nous sommes orientés jusqu'alors, à celui de la reconnaissance garantie institutionnellement [21].

Une telle transition part de l'observation selon laquelle les règles et les pratiques institutionnelles contiennent également certaines représentations définissant les qualités humaines devant faire l'objet d'une reconnaissance spécifique. Ainsi, par exemple, dans l'institution moderne de la famille restreinte s'exprime la valeur qui doit être reconnue à l'être humain à titre privé en tant que sujet de besoins, tandis que dans les principes d'égalité institutionnalisés du droit moderne s'exprime une norme de respect des membres des sociétés modernes en tant que sujets libres et égaux ; dans les deux cas, l'institution en question peut être véritablement comprise comme une incarnation stabilisée de formes spécifiques de reconnaissance que les sujets s'accordent mutuellement de manière intersubjective en raison de qualités précises.

Cependant, il convient de distinguer ce genre d'institutions, dans lesquelles des modèles de reconnaissance accèdent socialement à l'« expression », des pratiques et des règles institutionnelles qui n'articulent certaines formes de reconnaissance que de manière indirecte ou à titre d'effets secondaires ; les routines de la majorité des institutions véhiculent en effet certaines représentations des sujets humains, qui certes ne dispensent pas

20. Karl MARX, *Le Capital. Critique de l'économie politique*, Livre I, Garnier-Flammarion, Paris, 1986 (1867).

21. *Cf.* Emmanuel RENAULT, « Reconnaissance, institutions, injustice », *Revue du Mauss*, n° 23, Paris, 2004, p. 180-195.

intentionnellement de la reconnaissance, mais qui peuvent néanmoins être comprises comme des cristallisations de modèles de reconnaissance. Ainsi, les règles fixant la rémunération du travail, la protection contre la maladie, ou la durée des congés des salariés dans certaines branches, reflètent des formes non moins spécifiques et très disputées de reconnaissance sociale. Il en va de même par exemple pour les routines organisationnelles et les pratiques de traitement des patients dans les hôpitaux ; dans ce genre d'organisations, les schémas de perception ou de comportement, qui constituent la condition préalable pour que les individus soient traités d'une manière spécifique en tant que membres ou clients, peuvent être compris comme des sédimentations de pratiques de reconnaissance inscrites dans le monde vécu. L'orientation de telles sédimentations peut bien sûr aussi se retourner lorsque les organisations assument un rôle précurseur dans l'instauration ou la découverte de nouvelles qualités humaines ; dans ces cas, les modèles de reconnaissance qui ont été modifiés sont tout d'abord adoptés dans les pratiques et les règlements d'une institution avant de pouvoir s'exprimer dans la pratique narrative d'un monde vécu donné. Ce second cas de reconnaissance institutionnelle est assurément d'une importance particulière pour savoir dans quelle mesure certains modèles de reconnaissance présentent un caractère idéologique parce qu'ils créent une disposition à la soumission volontaire.

II

Dans les réflexions que j'ai menées jusqu'ici, il était essentiellement question d'une compréhension appropriée du concept de reconnaissance. Face à la nécessité de choisir entre un modèle de l'attribution et un modèle de la réception, j'ai suivi la voie d'un réalisme moral modéré ; nous devrions comprendre la « reconnaissance » comme un comportement réactif par lequel nous répondons de manière rationnelle à des qualités que nous avons appris à percevoir chez les sujets humains selon le degré d'intégration dans la seconde nature de notre monde vécu. Cette définition conceptuelle laisse déjà entrevoir la différence majeure avec la proposition d'Althusser, pour qui toute forme de reconnaissance, sans distinction, représente nécessairement une forme d'idéologie ; la simple attribution d'un statut social est déjà une pratique idéologique, indépendamment du contenu de ce qui est adressé aux sujets, car elle produit simultanément une illusion d'unité et d'identité et une disposition à accepter les attentes de comportement correspondantes.

La proposition développée ici part, en revanche, de la possibilité d'une forme appropriée et rationnelle de reconnaissance consistant à faire valoir publiquement et de manière performative certaines qualités préexistantes de l'être humain. Mais cette formulation ne permet pas encore d'identifier clairement et de manière suffisante la raison pour laquelle cette conception de la « reconnaissance » doit désigner une action morale. Bien que nous ayons désormais affaire à un acte médiatisé par des motifs évaluatifs, cela ne nous démontre pas encore qu'il s'agisse également d'un acte moral. Son caractère moral n'apparaît clairement que lorsqu'on considère plus précisément cet aspect que j'ai auparavant décrit comme une « limitation de l'égocentrisme ». Cette idée renvoie d'une certaine manière à Kant, qui disait, en introduisant son concept de respect, que toute représentation d'une valeur nous engage à soumettre notre action à une limitation qui contrarie notre amour-propre [22].

On peut ainsi poursuivre ce raisonnement en considérant que reconnaître quelqu'un signifie percevoir en lui des qualités qui nous incitent de manière intrinsèque à nous comporter non plus de manière égocentrique mais conformément aux intentions, besoins ou désirs de cette autre personne. Il est dès lors évident que l'attitude de reconnaissance doit présenter les traits d'une action morale parce qu'elle se laisse imprégner par la valeur d'autres personnes : l'attitude réglée sur la reconnaissance s'oriente non pas vers ses propres intentions mais vers les qualités évaluatives de l'autre. S'il en est ainsi, alors il est possible de dégager autant de formes de l'action morale qu'il existe de valeurs dignes d'êtres reconnues chez les sujets humains. C'est pourquoi, dans une série d'essais récents, j'en suis arrivé à la conclusion qu'il convient de distinguer trois sources de morale

22. Emmanuel KANT, *Fondements de la métaphysique des mœurs* (trad. V. Delbos), Vrin, Paris, 1980.

correspondant aux différentes formes de reconnaissance dans notre monde vécu. En accord avec de nombreux autres auteurs, je considère que l'horizon normatif des sociétés modernes est marqué par l'idée qu'il revient à chacun de se voir conférer une valeur en tant qu'être de besoins, en tant que sujet autonome doté des mêmes droits que ses semblables, et en tant que sujet capable d'accomplir un certain nombre de choses, ce qui correspond aux différentes formes de l'attitude de reconnaissance (amour, respect juridique, estime sociale) [23].

Avant de poursuivre ce raisonnement, j'aimerais tout d'abord revenir à la question centrale de ce propos. Comme je l'ai souligné au début, on ne peut exclure que ces formes de reconnaissance encouragent un rapport à soi individuel en parfait accord avec l'ordre de domination existant et n'exercent par conséquent qu'une fonction idéologique. Au lieu d'exprimer effectivement une valeur, ces idéologies de la reconnaissance veillent à assurer une disposition motivationnelle afin que s'effectuent sans résistance les devoirs et les tâches attendus. Sans doute est-il judicieux ici de réduire tout d'abord le spectre des énoncés publics de valeur et des représentations des sujets susceptibles de jouer un rôle idéologique, car les classifications évaluatives présentes effectivement dans notre monde vécu ne remplissent pas, pour la plupart, les conditions pour pouvoir être considérées comme des idéologies de la reconnaissance.

Tout d'abord, les systèmes de conviction potentiellement concernés par ce genre d'idéologies doivent évidemment avoir pour propriété d'exprimer positivement la valeur d'un sujet ou d'un groupe social ; cela signifie que, pour remplir la fonction qui leur est assignée, ces systèmes doivent forcément offrir la possibilité aux individus de se rapporter à eux-mêmes de manière affirmative, et d'être ainsi encouragés à assumer certaines tâches de leur plein gré. À cet égard, toutes les formes de classification possédant un caractère discriminatoire évident sont exclues de la gamme des énoncés de valeur (*Wertaussagen*) qui entrent dans

23. Axel HONNETH, « Umverteilung als Anerkennung. Eine Erwiderung auf Nancy Fraser », *in* Nancy FRASER, Axel HONNETH, *Umverteilung oder Anerkennung ? Eine politisch-philosophische Kontroverse*, Suhrkamp, Francfort, 2003, p. 129-224.

notre définition ; les systèmes de conviction déniant toute valeur à certains groupes spécifiques de personnes, comme dans le cas du racisme, de la misogynie ou de la xénophobie, ne peuvent en aucun cas jouer le rôle des idéologies de la reconnaissance car ils entraînent habituellement une détérioration de l'image de soi chez leurs destinataires. Par conséquent, les idéologies dont l'efficacité repose sur la reconnaissance sociale ne sauraient conduire à l'exclusion de leurs destinataires mais doivent au contraire contribuer à leur intégration.

En second lieu, pour pouvoir obtenir cet effet, les systèmes de conviction doivent être « crédibles » aux yeux des personnes concernées ; leur performativité est nulle lorsque les destinataires n'ont en soi aucune raison valable de s'identifier avec les énoncés de valeur faits à leur propos. Outre son aspect trivial, cette condition limitative a également un aspect complexe et difficile à expliquer. Bien sûr, tous les énoncés de valeur capables de renforcer l'image de soi d'une personne ou d'un groupe de personnes doivent également être réalistes, au sens où ils doivent renvoyer de manière signifiante à des aptitudes ou à des vertus réelles chez leurs destinataires : couvrir d'éloges un policier pour ses talents en calcul a aussi peu de sens que complimenter un mathématicien pour sa force physique, car tous deux seraient alors récompensés pour des capacités étrangères à leurs professions respectives.

Une seconde composante, liée au domaine des motifs évaluatifs, s'avère plus fondamentale encore que cette composante réaliste du critère de crédibilité : les seuls énoncés de valeur acceptables du point de vue des destinataires sont ceux qui ne retombent pas au niveau évaluatif abandonné précédemment par ces derniers au travers du processus de dépassement des imputations d'identité unilatérales ou inadéquates. Par conséquent, pour le dire simplement et de manière positive, les idéologies de la reconnaissance ne peuvent utiliser que les énoncés axiologiques se situant d'une certaine façon au niveau du vocabulaire évaluatif du présent de chaque période considérée. En revanche, les énoncés qui expriment visiblement des qualités ayant été entretemps discréditées ne seront pas perçus comme crédibles par leurs destinataires. Ainsi, le critère de crédibilité comporte, outre sa composante réaliste, une composante rationnelle qui s'indexe indiscutablement à la période historique : une femme à qui on ferait encore aujourd'hui l'éloge de ses vertus de ménagère a peu de raisons de s'identifier à ces énoncés au point de renforcer durablement le sentiment de sa propre valeur.

Par conséquent, ces modèles de reconnaissance susceptibles d'être décrits comme « normalisants [24] » ne peuvent véritablement être considérés comme des « idéologies » de la reconnaissance. Car, dans ce cas, le terme de « normalisation » signifie qu'une personne ou un groupe de personnes sont reconnus à travers la référence à des qualités ou des imputations d'identité que ces personnes ou ces membres du groupe éprouvent comme des restrictions de leurs marges d'autonomie [25]. En ce sens, une reconnaissance normalisante ne peut pas motiver les sujets à développer une image de soi affirmative les conduisant à accepter de leur plein gré des tâches et des privations qui leur sont imposées. Le cas s'avère plus complexe lorsque nous présumons l'effet d'une normalisation sans disposer, pour ce faire, des indices empiriques d'un malaise ou d'une opposition de la part des sujets concernés eux-mêmes. Dans ces situations, le jugement négatif va de pair avec l'idée que les sujets concernés devraient, en toute connaissance de cause, rejeter ces qualifications, car elles entravent également leur autonomie. Au fond, cette hypothèse aboutit à l'idée qu'un modèle précis de reconnaissance agit en « normalisateur » lorsqu'une imputation d'identité restrictive et dépassée est injustement maintenue, alors que les « idéologies » de la reconnaissance acquièrent toujours leur efficacité sans recourir à la contrainte et uniquement grâce à des énoncés axiologiques opportuns pour la période donnée et rationnels d'un point de vue évaluatif.

On peut sans doute encore mentionner une troisième condition devant être remplie pour que des formes de reconnaissance sociale puissent revêtir une fonction idéologique : ces énoncés de reconnaissance ne doivent pas seulement être positifs et

---

24. Carolin EMCKE, *Kollektive Identitäten. Sozialphilosophische Grundlagen*, Campus, Francfort/New York, 2000 ; Hans-Uwe RÖSNER, *Jenseits normalisierender Anerkennung. Reflexionen zum Verhältnis von Macht und Behindertsein*, Campus, Francfort/New York, 2002.

25. Carolin EMCKE, *op. cit*, p. 237 *sq.*

crédibles, mais doivent être aussi suffisamment différenciés pour exprimer à chaque fois une valeur nouvelle ou une performance (*Leistung*) particulière. Cette restriction vient du fait que les individus ne s'identifient à des qualifications que lorsqu'ils peuvent se sentir d'une certaine manière valorisés à la lumière de ces dernières. Par conséquent, l'énoncé de valeur qu'ils s'appliquent à eux-mêmes leur permet d'éprouver des distinctions particulières et présente donc quelque contraste en comparaison, soit du passé, soit de l'ordre social établi. En revanche, s'agissant uniquement de l'élargissement d'une forme établie de reconnaissance sociale vers un cercle social jusque-là exclu de cette dernière, alors ce sentiment de valorisation qui éveille des dispositions motivationnelles pour une soumission volontaire pourrait bien faire défaut.

Ces trois restrictions conceptuelles, dont les poids respectifs divergent indéniablement, m'ont d'abord permis de décrire les conditions sous lesquelles les idéologies de la reconnaissance sont potentiellement efficaces : elles ne permettent de susciter chez l'individu un rapport à soi qui le dispose à accepter de plein gré certaines tâches et à rendre certains services que si elles s'accompagnent d'énoncés de valeur à la fois positifs, crédibles et différenciés. Prises ensembles, ces conditions de réussite montrent en même temps clairement que de telles idéologies, qui ont bel et bien pour effet de reconnaître, ne peuvent pas simplement arborer des systèmes de convictions irrationnels. Au contraire, elles doivent mobiliser des motifs évaluatifs possédant suffisamment de pouvoir de conviction dans les conditions présentes pour parvenir à motiver rationnellement leurs destinataires à y recourir de leur propre chef. À la différence des idéologies excluantes qui font, pour ainsi dire, éclater l'horizon perceptif d'évaluation en vigueur en rendant des sujets sociaux aveugles à certaines qualités d'autres groupes sociaux, les idéologies de la reconnaissance opèrent dans le « domaine des raisons » historiquement établi : en quelque sorte, elles élargissent uniquement les qualités évaluatives que nous avons appris à percevoir chez d'autres êtres humains en accentuant une signification nouvelle dont le propre est cependant de faire advenir, lorsqu'elle est reprise avec succès, un rapport à soi adapté et fonctionnellement conforme.

À l'instar de toute nouvelle manière de mettre l'accent sur la reconnaissance sociale, de telles idéologies rationnelles se rattachent à l'horizon de valeur qui embrasse la culture normative de la reconnaissance dans les sociétés modernes. Du coup, elles ne peuvent éviter de se référer sémantiquement aux principes de l'amour, de l'égalité juridique ou de la juste récompense des prestations (*Leistung*), qui organisent les relations établies de reconnaissance mutuelle jusqu'au niveau de notre perception évaluative. Comment dès lors peut-on distinguer, dans ces conditions, entre des formes justifiées et des formes injustifiées de reconnaissance sociale ? Plus précisément, à partir de quand une nouvelle accentuation (*Akzentsetzung*) se transforme-t-elle en idéologie ayant pour effet de susciter un rapport à soi fonctionnellement conforme ?

À vrai dire, l'ampleur des difficultés qui se présentent ici se précise seulement lorsque nous comprenons que le développement historique de la reconnaissance s'effectue généralement sous la forme d'une mise en évidence de nouveaux aspects, et ce dans l'horizon de principes généraux : c'est toujours en référence à un principe de reconnaissance supérieur qu'entrent en jeu l'inédit et le particulier jusque-là négligés, dont la prise en compte nous oblige à étendre l'horizon perceptif d'évaluation et à intensifier en conséquence la reconnaissance. Aussi peut-on affirmer, à mon sens, que de nouveaux besoins ont sans cesse été mis en valeur au cours des deux derniers siècles, en référence à l'idée normative de l'« amour » – du bien-être de l'enfant, de l'exigence d'autonomie des femmes, pour ne citer que deux exemples –, conduisant petit à petit à un approfondissement de la sollicitude et de l'affection réciproques. La même dynamique s'observe bien sûr aussi dans les relations de reconnaissance du droit moderne, où la possibilité de porter plainte sur des situations d'existence auparavant négligées a permis un accroissement incontestable de l'égalité des droits. Et cette dialectique du particulier et du général s'applique même au principe de la performance (*Leistung*), car une lutte symbolique sans fin sur la signification de la « performance » ou du « salaire » nous a finalement conduits au seuil d'une époque où se dessine une compréhension élargie des formes de contribution sociale ou des performances.

Cependant, plus nous admettons que les relations de reconnaissance se sont historiquement transformées, élargies, améliorées, grâce à des accentuations renouvelées de principes généraux, et plus il devient difficile d'identifier, parmi le flux de significations, des formes de reconnaissance purement idéologiques. Qui nous dit, en effet, que la nouvelle évaluation affichant toutes les apparences de l'idéologie et du conformisme fonctionnel ne corresponde pas à un de ces déplacements d'accentuation grâce auxquels la lutte pour la reconnaissance progresse historiquement ? Ce cas de figure ne s'avère simple que dans les situations où les sujets concernés résistent face à une nouvelle forme de distinction évaluative ; dans ce cas, nous disposons au moins de quelques raisons pour mettre en question la légitimité de la nouvelle forme de reconnaissance et pour éveiller le soupçon d'idéologie. Mais, en l'absence d'une telle protestation, là où les sujets semblent même parvenir à une estime de soi renforcée sous l'effet de la nouvelle forme de reconnaissance, les critères nous manquent pour distinguer entre des déplacements d'accentuation justifiés et idéologiques. Dans la dernière partie de mon raisonnement, j'aimerais présenter un exemple tiré du temps présent pour esquisser au moins une première ébauche de réponse à cette question.

III

On a vu jusqu'ici que les idéologies de la reconnaissance doivent évoquer des classifications positives dont le contenu évaluatif présente une certaine crédibilité pour que leurs destinataires aient de bonnes raisons de les accepter : leur rapport à soi doit pouvoir se transformer à la lumière des nouvelles mises en valeur, dans un sens qui ouvre la perspective psychique d'une estime de soi rehaussée en s'appropriant effectivement les capacités, les besoins et les vertus associés à cette valorisation.

Aujourd'hui, les contenus publicitaires semblent être les premiers exemples de telles idéologies, car leur schéma de la reconnaissance est conçu iconographiquement en vue d'inciter positivement un groupe précis de personnes à conformer ses modes de comportement aux normes représentées. L'objectif visé est atteint lorsque les pratiques relatives à ces comportements sont devenues impossibles sans consommer le produit pour lequel le spot publicitaire a enrôlé le sujet de manière plus ou moins cachée. Cependant, l'exemple de la publicité ne fait ressortir adéquatement les propriétés des idéologies de la reconnaissance que sous certaines conditions, car ces contenus publicitaires sont en général reçus avec retenue par ceux qui savent qu'ils n'offrent guère que de pures fictions, de sorte qu'ils ne peuvent atteindre la pratique vécue sans être altérés. Mais, lorsque certaines publicités dépassent ce seuil et agissent effectivement en modelant notre comportement, elles exercent bel et bien ce pouvoir qui incombe aux idéologies de la reconnaissance : elles possèdent la capacité « régulatrice » de susciter des modes de comportement dont l'adoption s'accompagne d'un accroissement de l'approbation publique et du sentiment de sa propre valeur. Le pouvoir qu'exercent les idéologies de la reconnaissance est à la fois producteur et exempt de tout caractère répressif, exactement au sens où Foucault l'entendait. En promettant une reconnaissance sociale pour la démonstration subjective de capacités, de besoins ou de désirs précis, elles créent une disponibilité à adopter un réseau de pratiques et de comportements en concordance avec la fonction de reproduction de la domination sociale [26].

Mais cet éclaircissement conceptuel du type de pouvoir représenté par les idéologies de la reconnaissance ne nous dit encore rien sur la manière dont ces idéologies peuvent être identifiées au flux ininterrompu d'une lutte pour la reconnaissance à multiples facettes. La comparaison avec la publicité moderne montre clairement que de telles idéologies doivent avoir un trait attirant appuyant rhétoriquement leur crédibilité évaluative. Cependant, des exigences fondées sur de nouvelles accentuations de la reconnaissance sociale ne peuvent plus se passer aujourd'hui des composantes d'une politique symbolique qui leur confèrent une attention publique. Au lieu de poursuivre la discussion de cette question de manière exclusivement conceptuelle, j'aimerais m'appuyer dès à présent sur un exemple empirique dont la

26. Wolfgang DETEL, *Macht, Moral, Wissen. Foucault und die klassische Antike*, Suhrkamp, Francfort, 1998, p. 55 *sq*.

description promet un éclaircissement plus pointu. Parmi la multiplicité de nouveaux modèles de reconnaissance qui se profilent aujourd'hui dans notre culture sociale – la revalorisation du travail ménager des femmes en relation avec le principe de la reconnaissance des prestations, la prise en considération de l'appartenance à des minorités culturelles en relation avec l'égalité des droits, l'idée de la reconnaissance d'un « travail citoyen » –, j'aimerais prendre au hasard un cas qui possède largement tous les signes d'une pure idéologie de la reconnaissance. La discussion de ce cas devrait nous renseigner sur les possibilités de dégager des critères indiquant de manière sûre le contenu idéologique de formes de reconnaissance.

Une transformation structurelle profonde a lieu ces derniers temps dans le monde du travail des pays capitalistes hautement développés, qui s'est traduite par une nouvelle manière de s'adresser aux employés : la littérature managériale contemporaine ne parle plus seulement de « salariés » ou de « main-d'œuvre » mais de « travailleurs-entrepreneurs » (*Arbeitskraftunternehmer*)[27]. Le changement d'accentuation qui accompagne cette dénomination rejoint le discours sur l'autoréalisation individuelle, dont il est l'application à l'organisation du travail dans le secteur de l'industrie et des services. On répond aux besoins croissants de réalisation de soi dans la sphère du travail en nivelant les hiérarchies, en augmentant l'autonomie des groupes et en accroissant les marges de manœuvre, qui permettent d'envisager l'activité professionnelle comme une expression autonome de compétences apprises. De plus, cette nouvelle façon de s'adresser aux employés semble aller de pair avec une conception entièrement transformée de la profession, car les sujets ne doivent plus tellement comprendre leurs activités comme l'exercice d'une nécessité mais comme l'épanouissement d'une « vocation ». L'idée de requalifier les salariés comme entrepreneurs d'eux-mêmes nous incite à voir tout

27. Sven Opitz, *Gouvernementabilität im Postfordismus. Macht, Wissen und Techniken des Selbst im Feld unternehmerischer Rationalität*, Argument, Hambourg, 2004 ; Günther Voß, Hans J. Pongratz, « Der Arbeitskraftunternehmer. Eine neue Grundform der Ware Arbeitskraft ? », *Kölner Zeitschrift für Soziologie und Sozialpsychologie*, Jg.50 (1), 1989, p. 131-158.

changement d'emploi ou tout nouveau contrat de travail comme le produit d'une décision propre orientée par la seule valeur intrinsèque des travaux respectifs. Sur ce point, la transformation des manières de s'adresser aux salariés semble également imposer une nouvelle accentuation de l'ancien principe de la performance (*Leistung*), puisqu'on présuppose dès à présent chez les salariés des capacités d'être autonomes, créatifs et flexibles qui étaient jusqu'ici réservées à l'entrepreneur classique. Cette nouvelle forme de reconnaissance entend signifier que toute main-d'œuvre qualifiée est en mesure de planifier son propre parcours professionnel comme une entreprise risquée de mobilisation autonome de ses compétences.

Il est évidemment facile de retrouver dans cette nouvelle manière de s'adresser aux employés les contours des formes de reconnaissance décrites auparavant comme « idéologiques » et dotées d'un pouvoir régulateur. Au vu de l'exemple donné, on ne peut s'empêcher de soupçonner que le déplacement de la reconnaissance sert avant tout à susciter un nouveau rapport à soi qui incite à assumer volontairement des charges de travail considérablement accrues : la flexibilisation et la dérégulation du travail qui accompagnent les transformations néo-libérales du capitalisme exigent des capacités de se transformer soi-même en marchandise à des fins productives, que la dénomination valorisante d'« entrepreneur de soi-même » contribue précisément à créer [28]. Mais, entre ce premier soupçon et une affirmation fondée, il y a un fossé qu'on ne peut surmonter qu'à l'aide de critères difficiles à élaborer. Si cette nouvelle manière de s'adresser aux employés devait effectivement concerner la reconnaissance, alors les conditions que j'ai auparavant décrites comme spécifiques à l'idéologie de la reconnaissance devraient être largement remplies : les sujets auront de bonnes raisons évaluatives de s'attribuer la nouvelle qualité, de manière à parvenir aussi, le cas échéant, à un sentiment accru de leur propre valeur ou de leur estime d'eux-mêmes. Ceci exclut la voie habituelle de la critique de l'idéologie consistant à démontrer le caractère irrationnel d'un système de conviction jugé idéologique ; au plan évaluatif pour le moins, la nouvelle forme de reconnaissance doit

28. Sven Opitz, *op. cit.*, chap. 8.

être rationnelle au point d'être perçue par les employés comme suffisamment « crédible » pour qu'ils puissent la reprendre à leur compte. C'est en ce sens qu'il me semble opportun de décortiquer encore davantage les conditions de réalisation de la reconnaissance sociale pour, si possible, mettre le doigt sur les déficits caractéristiques des idéologies de la reconnaissance. À cette fin, il me faut reprendre une nouvelle fois le fil de mon argumentation là où je l'ai laissé lorsque j'ai présenté la reconnaissance comme la réaction morale appropriée et rationnelle à des qualités des êtres humains.

Au début de mes réflexions, j'ai déjà souligné que la reconnaissance ne saurait s'épuiser en de simples mots ou énoncés symboliques mais qu'elle doit s'accompagner d'actions confirmées par des attitudes correspondantes : un acte de reconnaissance reste en quelque sorte incomplet tant qu'il ne débouche pas sur des comportements manifestant effectivement la valeur qu'il exprime. À vrai dire, parler de « réalisation » de la reconnaissance pour certaines manières de se comporter prend sens tant que nous avons affaire à un cas d'interactions simples où deux êtres humains se rencontrent ; mais, dès que nous changeons d'échelle et que nous considérons des cas de reconnaissance généralisée comme celles qu'exercent les institutions sociales, nous ne pouvons plus simplement supposer l'accomplissement de la reconnaissance dans des formes d'activité ou dans des modes de comportement correspondants. Certes, il est vrai que la reconnaissance généralisée institutionnellement s'exprimera à long terme dans une modification des attitudes, mais la source première de son accomplissement relève elle-même du domaine des dispositions et des pratiques institutionnelles. Lorsque de nouveaux modes de reconnaissance généralisée se sont imposés socialement, alors des dispositions juridiques doivent se transformer, d'autres modalités de représentation politique doivent s'établir et des redistributions matérielles doivent être entreprises.

C'est de là que vient la nécessité de prendre en compte une composante « matérielle » concernant la crédibilité de la reconnaissance, qui s'ajoute à la composante évaluative et consiste, selon le degré de complexité de l'interaction sociale, soit en des modes de comportement appropriés, soit en des dispositions institutionnelles correspondantes. Une nouvelle forme de reconnaissance sociale ne devient pas seulement crédible quand elle est rationnelle sur le plan évaluatif mais aussi quand elle rend en plus justice à la nouvelle qualité sur le plan matériel – autrement dit, quelque chose dans le monde physique des faits institutionnels ou des manières de se comporter doit changer pour que le destinataire puisse être effectivement convaincu d'être reconnu d'une nouvelle manière [29].

C'est cette seconde composante, matérielle, qui peut à présent offrir une solution aux problèmes complexes consistant à différencier les formes idéologiques des formes justifiées de reconnaissance. Nous avons vu que les idéologies de la reconnaissance ne peuvent déployer leur pouvoir régulateur que lorsque leur vocabulaire évaluatif est suffisamment rationnel pour initier de façon crédible chez leurs destinataires un rapport à soi à la fois nouveau et positif ; en général, plus ces idéologies auront recours à des attentes évaluatives pointant vers un progrès de la culture de la reconnaissance mutuelle et plus elles seront efficaces. Cependant, il est probable que ces idéologies soient identifiables par leur incapacité structurelle de pourvoir aux conditions matérielles de réalisation effective des qualités nouvelles des personnes concernées : entre la promesse évaluative et la réalisation matérielle se creuse un abîme dont la caractéristique est l'impossibilité de mettre en accord les présupposés institutionnels de la reconnaissance avec l'ordre social dominant.

À mon sens, ce critère de réalisation matérielle s'avère solide lorsque nous l'appliquons à l'exemple que j'ai décrit auparavant. Si la nouvelle manière de s'adresser aux employés et aux travailleurs qualifiés en tant qu'« entrepreneurs d'eux-mêmes » comprend certes de manière évaluative la promesse de reconnaître un degré accru d'individualité et de motivation au travail, elle ne se soucie précisément pas, en soi, des dispositions institutionnelles permettant une véritable réalisation de ces nouvelles

29. C'est ce dont parle John L. Austin (*Quand dire, c'est faire*, Seuil, Paris, 1991) lorsqu'il dit que certains énoncés performatifs peuvent valoir comme « réussis » ou accomplis uniquement lorsque quelque chose se passe à leur suite. Avec le concept de « réalisation matérielle », je reprends ici son analyse des énoncés performatifs pour le cas spécifique de la « reconnaissance ».

valeurs ; bien plus, les destinataires sont contraints, dans des conditions de travail inchangées, de simuler des motivations, de la flexibilité et des compétences, là même où tout support pour ces derniers fait défaut dans le processus d'apprentissage individuel. D'un point de vue évaluatif, la nouvelle forme de reconnaissance n'est en rien déficitaire ou irrationnelle, mais elle ne satisfait pas aux exigences matérielles à l'aune desquelles se mesure la crédibilité d'une reconnaissance justifiée ; car les dispositions institutionnelles nécessaires pour réaliser effectivement la valeur nouvellement mise en évidence dans l'acte de reconnaissance ne suivent pas.

Lorsque cette composante de réalisation matérielle est ajoutée aux conditions qui. réunies dans leur intégralité, assurent un caractère rationnel à la reconnaissance, alors on peut parler à propos des idéologies de la reconnaissance d'un déficit de rationalité de second niveau. Même si ces idéologies peuvent être rationnelles au sens où elles réfèrent leur vocabulaire au domaine historiquement changeant des raisons évaluatives, elles s'avèrent toutefois irrationnelles en ceci qu'elles ne dépassent pas le stade purement symbolique et ne vont pas jusqu'à la réalisation matérielle de l'acte de reconnaissance. Sous cet aspect, un autre cas de reconnaissance d'un nouveau genre et qui pourrait s'avérer idéologique est le discours sur le « travail citoyen » (*Bürgerarbeit*), devenu à la mode de nos jours : ici aussi, un groupe social se voit octroyé une distinction symbolique pouvant motiver de nouvelles formes de soumission volontaire, sans que les dispositions institutionnelles requises ne soient effectivement mises en œuvre.

Le critère ainsi formulé ne doit évidemment pas inciter à une herméneutique du soupçon toujours trop sûre de son affaire. Car on ne peut jamais exclure le fait que l'écart entre la promesse évaluative et la réalisation matérielle soit en fin de compte seulement de nature temporelle, entraînant un ralentissement de la concrétisation dans les dispositions institutionnelles. Comme dans l'interaction ordinaire, le niveau institutionnel de la reconnaissance implique couramment aussi des processus d'apprentissage à long terme précédant l'expression du contenu évaluatif d'une forme nouvelle de reconnaissance dans de nouveaux modes de comportement ou de nouveaux arrangements institutionnels. Mais, par-dessus tout, le critère de réalisation matérielle est un moyen utile surtout pour examiner si, lors de la transformation d'un aspect de la reconnaissance, on assiste dans les faits à un accroissement du pouvoir régulateur – alors de tels modèles institutionnels de distinction évaluative auxquels toute perspective de réalisation matérielle fait défaut peuvent être qualifiés sans remords d'« idéologies » de la reconnaissance.

9

Les paradoxes du capitalisme : un programme de recherche

Martin Hartmann[1] *et Axel Honneth*

Au cours des cent cinquante dernières années, on a pris l'habitude d'analyser les processus de développement des sociétés capitalistes à l'aide d'un schéma mettant en contradiction un processus jugé positif de rationalisation ou d'émancipation avec les rapports structurels de l'économie qui bloquent, ralentissent ou même colonisent ce processus[2]. Certes, avec le temps, le contenu de ces termes de rationalisation ou d'émancipation s'est progressivement enrichi normativement, alors même que l'on conservait simultanément l'idée que le système de valorisation capitaliste opère une restriction structurelle. Mais, même lorsqu'on tablait sur une logique tenace de rationalisation communicationnelle du monde vécu, le modèle de développement dominant consistait encore à concevoir une tendance à l'opposition croissante aux lois d'un monde fonctionnel de l'économie en phase d'autonomisation.

1. Martin Hartmann est chercheur à l'Institut de recherche sociale et premier assistant à l'Institut de philosophie de l'Université Johann W. Goethe de Francfort-sur-le-Main.

2. Ces réflexions servent à préciser un programme de recherches menées à l'Institut de recherche sociale de Francfort et fournit un cadre théorique à différents projets empiriques. Des premiers éléments de ce programme se trouvent dans Axel Honneth (dir.), *Befreiung aus der Mündigkeit. Paradoxien des gegenwärtigen Kapitalismus*, Campus, Francfort, 2002.

Quiconque tente cependant d'examiner aujourd'hui les nouvelles transformations des sociétés capitalistes occidentales bute aussitôt sur les insuffisances de ce modèle auquel on se réfère depuis longtemps : non seulement les frontières entre l'économie et la culture, entre le système et le monde vécu ne peuvent plus être clairement définies, mais en plus on ne sait plus très bien de nos jours, et ce à un degré bien plus élevé qu'auparavant, ce qui doit encore normativement passer pour du progrès. Ce qui déconcerte et rend perplexe dans la situation actuelle tient probablement au fait que les principaux idéaux normatifs des dernières décennies donnent l'impression, tout en gardant une actualité performative, de s'être transformés en sous-main ou de s'être dissipés dans leur portée émancipatrice, parce qu'ils sont devenus à bien des égards de purs concepts de légitimation d'une nouvelle étape de l'expansion capitaliste.

Dans ce qui suit, nous nous consacrerons à cette forme mouvante et obscure de « modernisation » du capitalisme, en remplaçant l'ancien modèle de la contradiction par un modèle du développement paradoxal. Par là, il faut entendre le fait étrange que bien des progrès normatifs des décennies passées se sont transformés en leur contraire, en une culture de désolidarisation et de mise sous tutelle, et sont devenus des mécanismes d'intégration sociale sous la pression d'une dé-domestication néo-libérale du capitalisme.

Les potentiels normatifs des sociétés capitalistes

Le point de départ de notre analyse consiste à présenter cette période historique au cours de laquelle s'est formé, vingt ans après la Seconde Guerre mondiale, dans les pays occidentaux développés, un capitalisme régulé au niveau national capable de produire un compromis autour de l'État-social grâce à une politique économique et sociale stabilisatrice. Au cours de cette période, qui présentait également les traits d'un régime social-démocrate là où les partis sociaux-démocrates ne constituaient pas une majorité gouvernementale [3], ce ne sont pas seulement les conditions d'une égalité des chances effective dans le domaine de la formation, de la politique sociale et de l'emploi qui se sont considérablement améliorées. Des progrès moraux sont aussi survenus dans les principaux domaines de l'intégration normative des sociétés capitalistes, bien au-delà de ce qui était auparavant considéré comme conciliable avec les conditions d'existence du capitalisme.

Pour avoir une vue d'ensemble sur ces processus de développement, il convient tout d'abord de mentionner ces principales sphères qui, prises ensemble, ont d'emblée réalisé l'intégration normative du capitalisme. En cela, nous rejoignons Talcott Parsons, certes avec quelque liberté, dans sa représentation de l'évolution des sociétés modernes [4] – en donnant cependant à son impressionnante esquisse une teneur propre à la théorie de la reconnaissance –, afin de rendre justice au fait que les sphères normatives sont des sphères d'interaction et de justification. On peut dire avec Parsons que la mise en place d'un système économique capitaliste dans les sociétés modernes n'a réussi que parce que, simultanément, ont été institutionnalisés (a) l'« individualisme » comme représentation de soi dominante, (b) l'idée d'égalité universelle comme forme de régulation juridique et (c) l'idée de performance (*Leistung*) comme principe d'attribution statutaire. En complément de ces conceptions, nous considérons en outre (d) qu'avec l'idée romantique de l'amour est apparu un lieu d'évasion utopique préservant la vision, pour des membres de la société pris de plus en plus dans des contraintes calculatrices, d'un dépassement émotionnel des instrumentalités de la vie quotidienne [5].

Chacune de ces quatre sphères, qui ne doivent évidemment pas être conçues spatialement, comme des domaines aux frontières limitées, mais sociologiquement, comme des formes

3. Ralf DAHRENDORF, « Das 20. Jahrhundert – Bilanz und Hoffnung », *in* Dieter WILD (dir.), *Spiegel des 20. Jahrhunderts*, Hambourg, 1999, p. 18.

4. Talcott PARSONS, *Le Système des sociétés modernes* (trad. G. Melleray), Dunod, Bruxelles, 1973 (1971), chap. 5 et 6.

5. Eva ILLOUZ, *Consuming The Romantic Utopia. Love and The Cultural Contradictions of Capitalism*, University of California Press, Berkeley/Los Angeles, 1997.

sociales et morales de reconnaissance mutuelle [6], possède un potentiel normatif puisque les idées qui les fondent contiennent toujours un surplus d'exigences et d'obligations morales susceptibles d'être légitimées par rapport à leur réalisation effective dans la réalité sociale. Certes, Parsons a élaboré cette tension entre l'idée normative et la réalité, entre les valeurs et les faits, pour les seuls domaines du droit moderne et du principe de la performance, mais elle peut également, à notre avis, être mise en évidence pour les principales représentations modernes de l'individualisme et de l'amour. En conséquence, la société capitaliste occidentale doit être comprise comme un ordre social hautement dynamique dont la capacité de transformation ne provient pas seulement des impératifs de valorisation permanente du capital mais aussi du « surplus de validité » (*Geltungsüberhang*) institutionnalisé issu des sphères de reconnaissance. En se référant aux idéaux moraux qui constituent respectivement le socle fondateur de ces sphères, les membres d'une telle société peuvent toujours manifester et faire valoir des aspirations légitimes, dont les implications vont au-delà de l'ordre social établi. Plus précisément, cela signifie pour les sujets :

(1) de pouvoir faire valoir la promesse normative de l'individualisme institutionnalisé en manifestant sous forme d'expérimentation des aspects de leur autonomie ou des facettes de leur authenticité qui étaient jusqu'ici non reconnus de manière appropriée dans la culture sociale ;

(2) de pouvoir faire appel au principe d'égalité de l'ordre juridique moderne en manifestant leur propre appartenance ou des aspects structurels de leur situation, pour être traités comme des égaux parmi les égaux ;

(3) de pouvoir faire valoir les implications normatives du principe moderne de performance en soulignant la valeur effective de leur contribution à la reproduction de la société sous la forme d'un travail, afin d'obtenir une plus grande estime sociale et la compensation matérielle qui l'accompagne ;

6. Axel Honneth, « Umverteilung als Anerkennung. Eine Erwiderung auf Nancy Fraser », *in* Nancy Fraser, Axel Honneth, *Umverteilung oder Anerkennung ? Eine politisch-philosophische Kontroverse*, Suhrkamp, Francfort, 2003, p. 129-224.

(4) de pouvoir faire appel, pour finir, à la promesse morale de l'idée romantique d'amour, en signalant des besoins ou des désirs pour lesquels il n'existait pas, jusque-là, de sensibilité appropriée ni d'écho correspondant dans les pratiques institutionnalisées des relations intimes.

Parsons soulignait déjà que le « surplus de validité » de telles normes de justice institutionnalisées dans les sociétés modernes comporte un potentiel de transformation, parce qu'il fait voir des réalités comme les faits moraux d'une discrimination impossible à légitimer [7]. Nous pouvons en conclure qu'il y a au moins quatre sphères de la reconnaissance dans lesquelles les sujets peuvent éprouver moralement les relations sociales données comme relevant de torts ou d'exclusions injustifiables. La marge de manœuvre qui existe dans chacun des cas pour l'articulation du « surplus de validité » normative se mesure au degré de neutralisation politique des impératifs de valorisation capitaliste : plus l'État est en mesure d'endiguer les tendances à l'accumulation du capital à l'aide d'une politique économique et sociale régulatrice et plus grandes sont les chances, pour les membres de la société, de pouvoir faire appel au potentiel moral dans les quatre sphères et, le cas échéant, de l'imposer institutionnellement. C'est pourquoi il nous semble justifié de considérer la période « sociale-démocrate » comme une phase du développement des sociétés capitalistes se caractérisant par un nombre exceptionnel de progrès normatifs ; dans les quatre sphères mentionnées se profilent des développements moraux pointant vers un élargissement des normes de reconnaissance respectives.

Les progrès moraux dans l'ère « sociale-démocrate »

Il n'est guère difficile de nommer des indicateurs apportant la preuve d'un progrès moral dans les quatre sphères durant la période mentionnée. Le compromis social-démocrate, qui s'est établi dans presque tous les pays capitalistes de l'Ouest dès la fin des années 1960, a rendu possibles soit une montée soit une

7. Talcott PARSONS, *Le Système des sociétés modernes*, *op. cit.*, p. 86.

généralisation des normes institutionnalisées dans le « surplus de validité » de la culture du capitalisme.

1. Sous l'influence combinée de processus de transformation socio-économique et de changements structurels dans la période « sociale-démocrate », l'individualisme institutionnalisé se radicalise en un principe de réalisation de soi dont le noyau repose sur une idée d'expérimentation de nouvelles formes de vie comprises comme authentiques et menées sur la durée de toute une existence. L'augmentation exponentielle des salaires et du temps libre, d'un côté, l'expansion rapide de l'idéal romantique de vie, de l'autre, permettent en effet à une portion croissante de la population d'interpréter sa propre biographie non plus comme un processus figé et linéaire d'adoption séquentielle de rôles familiaux et professionnels mais comme une opportunité de réaliser sa propre personnalité de manière expérimentale [8]. Si jusqu'ici l'« individualisme » se rattachait largement à un idéal de conduite autonome de l'existence largement réservé aux classes supérieures, il gagne désormais la majeure partie de la population sous la forme nouvelle et rehaussée d'un idéal d'authenticité.

2. La sphère juridique moderne est le domaine dans lequel les progrès moraux des vingt années de l'ère « sociale-démocrate » se sont réalisés de la manière la plus marquée. Ce ne sont pas seulement les discriminations juridiques interdisant, sanctionnant ou rendant taboues les pratiques culturelles ou sexuelles de minorités qui furent aplanies sous la pression des principaux concernés mais aussi de nouveaux droits sociaux et de protection des libertés qui furent créés dans de nombreux domaines (droit du travail, droit pénal, droit de la famille), améliorant ainsi les conditions économiques et sociales du développement individuel de l'autonomie. Parallèlement à l'extension des droits subjectifs s'opère une généralisation de l'égalité devant la loi, faisant pour la première fois bénéficier de la jouissance des droits civiques, des groupes jusque-là exclus (les étrangers) ou des minorités culturelles accédant à des droits spécifiques (droits culturels). Au total, on peut sans doute dire que durant cette

8. Axel HONNETH, « Capitalisme et réalisation de soi », [voir chapitre 10, p. 305] ; Charles TAYLOR, *Le Malaise de la modernité*, Cerf, Paris, 1994.

phase l'autonomie juridique de tous les membres de la société est mieux protégée que dans toutes les périodes antérieures du capitalisme.

3. En ce qui concerne le principe moderne de la performance ou de la prestation (*Leistung*), un progrès moral s'opère également au cours de cette période-là, puisque le mouvement des femmes parvient efficacement à mettre en question l'interprétation strictement industrielle et masculine de ce principe. Même lorsque ces objections et ces protestations n'entraînent pas immédiatement des avancées institutionnelles, on voit se profiler des tendances à considérer l'éducation des enfants aussi bien que les travaux ménagers comme autant de contributions précieuses à la reproduction de la société, devant être considérées comme des « performances » et obtenir la reconnaissance matérielle correspondante. Durant la même période, des réformes de différents types sont menées en matière de politique éducative, ayant toutes pour objectif d'améliorer les conditions de l'égalité sociale des chances. Avec la tentative d'améliorer la perméabilité des dispositifs de formation et de faire sauter les barrières d'origine sociale, ce sont les possibilités de tout un chacun de prendre part avec succès à la concurrence des performances qui se sont démultipliées.

4. Dans cette phase-là, enfin, la relation intime se libère des derniers résidus de contrôle extérieur de type social ou économique. D'autant plus que, en raison de la hausse générale des salaires, les sujets peuvent se fier entièrement à leurs propres sentiments dans le choix de leur partenaire. L'établissement de ces « relations pures [9] » n'accroît pas seulement la mobilité sociale dans le mariage : on assiste aussi, au même moment, à la « désinstitutionnalisation » de la famille restreinte. Les relations intimes se nouent en fonction de la valeur des sentiments et non plus en vue d'une protection pour toute la vie ou pour la future génération.

---

9. Anthony GIDDENS, *La Transformation de l'intimité. Sexualité, amour et érotisme dans les sociétés modernes* (trad. J. Mouchard), Éd. du Rouergue, Rodez, 2004 (1992), chap. 4.

La révolution néo-libérale

Après avoir exposé les acquis normatifs de l'ère « sociale-démocrate », il faut en venir à présent à l'étape suivante, qui porte sur ces développements économiques qui ont contribué, en particulier depuis le début des années 1980, à délégitimer le capitalisme régulé par l'État dans ses différentes fonctions intégratives. Ces évolutions seront rassemblées sous la formule de « révolution néo-libérale », qui vise, d'une part, les transformations du processus de valorisation économique lui-même, souvent constaté dans les études de sociologie industrielle et, d'autre part, l'expansion croissante des standards d'évaluation liés aux « nouvelles » structures d'organisation économique dans ces sphères d'action qui, dans l'ère « sociale-démocrate », étaient encore en mesure de limiter ou, du moins, de canaliser les contraintes immédiates de valorisation à la lumière des principes normatifs précédemment décrits. Cette double perspective permet de décrire le capitalisme, d'une part, comme un système économique qui poursuit ses lois propres de mise en valeur et qui est, à sa manière, intégré normativement, comme Parsons l'avait déjà souligné [10] ; d'autre part, comme un système social qui condamne les institutions sociales et politiques à des opérations régulières d'adaptation aux mutations des structures économiques.

Le concept de révolution néo-libérale vise à décrire désormais (1) l'ensemble de ces processus d'affaiblissement des activités de l'État-social au point que les mesures d'assistance étatique ne peuvent être garanties au même niveau que lors des années d'après-guerre. Les facteurs conduisant à l'affaiblissement de l'État-social dans les différents pays sont analysés à l'heure actuelle en particulier dans le cadre des recherches sur la globalisation (même si le concept de « globalisation » reste controversé [11]). On parle parfois dans ce contexte d'un « capitalisme

10. *Cf.* en particulier : Talcott PARSONS, « Die Motivierung des wirtschaftlichen Handelns », in *Beiträge zur soziologischen Theorie*, Neuwied/Berlin, 1964, p. 136-159.

11. *Cf.* Michael ZÜRN, *Regieren jenseits des Nationalstaates*, Suhrkamp, Francfort, 1998, p. 64 *sq.*

désorganisé », caractérisé par un pouvoir croissant des entreprises transnationales et l'internationalisation des flux financiers, mais aussi par l'affaiblissement des liens culturels entre les classes, autant de processus tenus pour responsables de la dissolution des engagements relatifs aux modèles sociaux-démocrates d'organisation politique [12].

Dans une perspective plus interne aux entreprises, la révolution néo-libérale est décrite (2) comme une expansion de la gestion d'entreprise orientée vers l'actionnariat, ce qui entraîne un accroissement de l'influence des actionnaires proportionnel au rétrécissement de celle des autres groupes prenant part aux activités des entreprises : « Le cours des actions reflète la valeur des entreprises à travers les lunettes de l'actionnaire et est aveugle à la valeur que les entreprises produisent pour tous les autres groupes qui y prennent part : pour les salariés, les banques, les régions, l'État, les sous-traitants, les acheteurs et les consommateurs [13]. » On a pu décrire ce capitalisme comme un « capitalisme actionnarial ».

Ce qui nous intéresse toutefois au premier chef ici est (3) cette transformation contemporaine du capitalisme touchant à ce que Luc Boltanski et Ève Chiapello appellent, après Max Weber, l'« esprit » du capitalisme. Ces réflexions partent de l'hypothèse que les pratiques capitalistes ont besoin de justifications car elles ne peuvent mobiliser à elles seules suffisamment de ressources motivationnelles. Alors qu'entre les années 1930 et 1960, selon l'analyse de Boltanski et Chiapello, la figure de proue était la grande industrie, offrant aux salariés des possibilités de carrière à long terme en créant même, parfois, un environnement social protecteur à l'aide de logements pour les ouvriers, de centres de vacances et de structures de formation continue, l'esprit actuel du capitalisme a pour caractéristique une orientation « par projets ».

---

12. Scott LASH et John URRY, *The End of Organized Capitalism*, University of Wisconsin Press, Madison, 1987, chap. 7.

13. Martin HÖPPNER, *Wer beherrscht die Unternehmen ? Shareholder Value, Managerherrschaft und Mitbestimmung in Deutschland*, Campus, Francfort, 2003, p. 15.

Dans le cadre d'un ordre de justification orienté « par projets » (la cité par projet), les personnes de grande valeur sont celles qui peuvent s'engager dans de nouveaux projets en consentant un engagement personnel élevé avec une grande flexibilité, qui disposent également de bonnes compétences relationnelles pour s'inscrire dans des réseaux et agir de façon autonome en se montrant dignes de confiance [14]. On a pu parler à ce titre d'un « nouveau » capitalisme ou d'un capitalisme « flexible ». Le critère le plus important pour décrire ce nouveau capitalisme n'est plus la capacité de s'ajuster efficacement aux caractéristiques définies hiérarchiquement dans le cadre d'une grande entreprise mais la disposition à utiliser de manière personnellement responsable ses propres compétences et ses ressources émotionnelles au service de projets individualisés. Le salarié devient ainsi un travailleur entreprenant ou, dit autrement, il devient son propre entrepreneur. Il ne s'engage plus dans les pratiques capitalistes sous la pression de moyens d'incitation et de contrainte externes mais accomplit des performances motivées pour ainsi dire de son propre chef [15]. Ce « capitalisme en réseau » et les modèles de représentation qui lui sont inhérents sont les premiers responsables des tendances traitées dans la cinquième section de ce texte sous le thème de la « désolidarisation ».

Notre thèse est que ce nouveau capitalisme désorganisé et orienté vers les valeurs actionnariales influe, d'une manière ou d'une autre, sur les sphères d'action supérieures structurées normativement et engendre des développements menant à des renversements partiels des acquis normatifs institutionnalisés dans ces sphères. Il est à notre avis essentiel de comprendre l'influence du capitalisme contemporain sur ces sphères autrement que comme un empiétement des impératifs de valorisation capitaliste sur les modes d'action du monde vécu. On connaît les reproches souvent formulés envers la description de l'agir économique comme activité orientée de manière purement

14. Luc Boltanski, Ève Chiapello, *Le Nouvel Esprit du capitalisme*, Gallimard, Paris, 1999.15. *Cf.* Hans J. Pongratz, Günter Voß, *Arbeitskraftunternehmer. Erwerbsorientierung in entgrenzten Arbeitsformen*, Sigma, Berlin, 2003.

instrumentale, tant elle néglige les moments normatifs qui lui sont immanents. Mais, indépendamment de ces questions de méthode, l'analyse du capitalisme contemporain que nous développons ici démontre aussi la pertinence de l'énoncé selon lequel « les sociétés capitalistes ont toujours été dépendantes de conditions marginales culturelles qu'elles ne pouvaient engendrer d'elles-mêmes [16] ». À cette phrase, écrite au début des années 1970 par Jürgen Habermas dans son étude sur les problèmes de légitimation dans le capitalisme avancé, se combinait alors la thèse, sous forme de diagnostic de la période historique, de l'érosion progressive des ressources classiques de motivation de l'activité capitaliste (« citoyenne » et « familiale-professionnelle ») sous l'influence des garanties d'allocation de l'État-social. La contradiction persistante entre capital et travail dans les sociétés capitalistes avancées se voit alors dépouillée de ses attraits de légitimation à la lumière d'une morale orientée, à des fins critiques, de plus en plus vers des critères universalistes. Selon cette interprétation, la société capitaliste avancée présente des contradictions autant au sens des antagonismes de classes « latents [17] » qu'au sens d'une logique de développement engendrant des tendances à la détraditionalisation qui s'opèrent sur la base d'un capitalisme domestiqué par l'État-social – et qui révèlent de manière autodestructrice des inégalités et des injustices typiques de ce stade du capitalisme.

Comme on peut s'y attendre, la thèse que nous défendons ici part du principe que le capitalisme contemporain est parvenu à mobiliser de nouvelles ressources motivationnelles, et ce tant sur la base de critiques formulées envers les instances de l'État-social lui-même qu'en réponse à des critiques formulées à l'encontre des structures de travail tayloriennes et fordistes. Autrement dit, si le « nouveau » capitalisme rencontre tant de succès et que la neutralisation politique de ses impératifs de valorisation peut être défaite, c'est uniquement parce qu'il contribue, en apparence du moins, et dans la perspective de groupes d'intérêts socialement influents qui confirment son propre

16. Jürgen HABERMAS, *Raison et légitimité. Problèmes de légitimation dans le capitalisme avancé, Payot*, Paris, 1978 (1973), p. 109.

17. *Ibid.*, p. 130.

modèle d'intégration, à maintenir dans des conditions socio-économiques nouvelles des acquis institutionnalisés au cours de la période sociale-démocrate, ou à les transposer sous une forme modernisée.

C'est précisément cette tendance normative consistant à soumettre les rapports sociaux à l'économie qui produit certains paradoxes traités dans la cinquième partie, parce qu'elle est appuyée ou légitimée au nom de principes normatifs du capitalisme qui sont fondamentaux pour la compréhension que les sociétés occidentales ont d'elles-mêmes. On trouve, à l'arrière-plan de ces réflexions, l'hypothèse selon laquelle les contradictions et les instabilités du « nouveau » capitalisme se développent précisément dans les sphères d'action en marge de la valorisation capitaliste ou qui sont structurées par des principes de solidarité. Ainsi contribuent-elles de manière complexe – et paradoxale dirons-nous – à éroder la portée émancipatrice des normes et des valeurs articulées et institutionnalisées dans ces sphères. Un des paradoxes centraux de l'époque présente tient sans doute au fait que ces contradictions ne sont plus perçues comme étant liées au capitalisme, puisque les sujets ont « appris », en tant qu'« entrepreneurs d'eux-mêmes », à assumer la responsabilité de leur destin.

Sur le concept de paradoxe

À ce stade, il s'avère utile de délimiter plus précisément le concept de paradoxe [18]. Il ressort sans doute déjà de notre propos antérieur que nous n'introduisons pas le concept de paradoxe comme un concept opposé à celui de contradiction mais comme une explication d'une structure contradictoire spécifique. Bien des situations contemporaines qui peuvent être qualifiées de contradictoires trouvent leur origine dans une transposition de visées normatives efficace au plan pratique. *Une contradiction est paradoxale lorsque, à travers la concrétisation visée d'une*

18. Martin HARTMANN, « Widersprüche, Ambivalenzen, Paradoxien. Begriffliche Wandlungen in der neueren Gesellschaftstheorie », *in* Axel HONNETH (dir.), *Befreiung aus der Mündigkeit*, *op. cit.*, p. 221-251.

intention, se réduit justement la probabilité de voir cette intention se concrétiser[19]. Dans les cas très marqués, la tentative de concrétisation d'une intention produit les conditions allant à l'encontre de cette intention initiale.

Pour constater de tels effets paradoxaux, il faut se référer à un vocabulaire normatif à l'aide duquel ces effets peuvent être généralement ramenés à des intentions « initiales ». Dans le cadre de nos réflexions, cette fonction est assurée par les quatre sphères normatives mentionnées auparavant, qui doivent toujours être interprétées comme des résultats inachevés de luttes sociales dans le cadre desquelles les sujets cherchent à voir reconnus ou revalorisés des traits de personnalité, des droits, des prestations ou des besoins émotionnels. Toutefois, ce ne sont pas ces luttes pour la reconnaissance ou pour la réévaluation qui produisent en elles-mêmes ou de manière inéluctable des effets paradoxaux. Ce sont au contraire les processus de transformation résumés ici par la formule de « révolution néo-libérale » qui, en tant que conditions structurelles de ces luttes, modifient leurs formes autant que leurs effets. Sous la pression croissante des contraintes capitalistes de valorisation, on peut supposer que les modèles de signification de l'individualisme, du droit, de la performance et de l'amour se transforment d'une manière qu'il faut qualifier de « paradoxale ».

Trois points sont liés au déplacement du concept de contradiction « classique » vers le concept de contradiction « paradoxale ».

(a) Tout d'abord, le propos sur les contradictions paradoxales doit renoncer à l'opposition tranchée entre des éléments progressistes et des éléments réactionnaires du développement social. Des effets paradoxaux se démarquent justement par le fait que leurs moments positifs et négatifs s'entremêlent de manière complexe et que les améliorations apportées à la situation s'accompagnent aussi de dégradations. Quelques-unes des contradictions analysées auparavant présentent exactement cette structure : des éléments d'un vocabulaire émancipateur ou d'une transformation des institutions sociales entreprise dans une

19. Anthony GIDDENS, *La Constitution de la société. Éléments d'une théorie de la structuration* (trad. M. Audet), PUF, Paris, 1987.

intention émancipatrice perdent leur contenu initial sous l'influence d'un capitalisme en pleine expansion, favorisant ainsi de façon complexe la désinhibition de la logique d'action orientée vers la valorisation capitaliste qu'elle était à l'origine précisément censée empêcher. Dans ce contexte, il ne s'agit pas de nier le caractère diagnosticable de situations sociales négatives ou pathologiques mais bien, au contraire, de souligner que leur description ou leur déchiffrage ne peuvent se passer d'une référence à des concepts possédant initialement un contenu émancipatoire.

(b) Par ailleurs, on parle de contradictions « paradoxales » sans se référer au moment *autodestructeur* du processus de valorisation capitaliste, qui était encore caractéristique de la description des formations sociales du « capitalisme avancé ». L'hypothèse selon laquelle les inégalités liées au modèle de valorisation capitaliste perdraient en légitimité sous l'influence d'une morale universelle et d'une érosion, entraînée par l'État-social, des modèles traditionnels de légitimation des inégalités implique, nous l'avons suggéré, l'hypothèse que le capitalisme serait incapable de recourir à de nouvelles justifications des inégalités. Or, parler de contradictions « paradoxales » du capitalisme revient à suggérer l'image d'un capitalisme rendu « éthique », qui est parvenu à formuler de nouvelles justifications des inégalités sociales, de l'injustice et du préjudice en se référant à un vocabulaire existant d'autodescription normative.

(c) Enfin, le modèle des contradictions « paradoxales » renonce à une reconstruction des conflits sociaux contemporains inspirée par une théorie des classes sociales. En cela, il ne s'agit en aucun cas de contester la possibilité d'identifier certaines conséquences négatives accompagnant le « nouveau » capitalisme comme spécifiques à des milieux ou à des couches sociales. Mais cette identification devient ardue, d'une part, parce que beaucoup de modalités paradoxales de l'expérience du capitalisme concernent typiquement la frange du personnel dans des emplois supérieurs ; d'autre part, nous avons souligné auparavant une dimension paradoxale identique dans le fait que les sujets tendent actuellement à concevoir – à moins qu'ils ne soient incités à le faire – leur comportement comme individualisé malgré des interdépendances sociales croissantes. Ces deux facteurs dépouillent ainsi de sa base empirique toute théorie de la contradiction, qui pose des sujets collectifs les uns contre les autres, et compliquent l'identification d'acteurs comme étant « réactionnaires » ou « progressistes ».

Ce propos général sur les contradictions paradoxales du capitalisme doit être à présent complété et élargi en bien des points pour gagner en plausibilité. Ainsi, la « pression » capitaliste décrite auparavant se répercute différemment sur les quatre sphères d'action. Il convient en tout cas de souligner que le « nouveau » capitalisme est en lui-même déjà structuré de manière contradictoire et qu'il transpose ces contradictions à l'intérieur des sphères d'actions non économiques ; il s'ensuit des effets paradoxaux, précisément lorsque les sujets continuent de se voir à la lumière des normes caractéristiques de ces sphères d'action (et cela en quelque sorte avec l'approbation d'un capitalisme flexible également sur le plan normatif). Mais ce n'est pas la structure qui indique l'ensemble des principales contradictions paradoxales, car la reconstruction d'une contradiction paradoxale doit être examinée au cas par cas. La thèse défendue ici consiste seulement à dire que la structure du capitalisme contemporain produit des contradictions paradoxales en dose considérable et c'est pourquoi ce concept est approprié comme outil général d'explication.

Les paradoxes de la modernisation capitaliste

On l'a dit, notre thèse générale stipule que la réorganisation néo-libérale du système économique capitaliste exerce une pression à l'adaptation qui, certes, ne remet pas en cause les progrès mentionnés auparavant mais les altère de manière durable dans leur fonction et leur signification. Ce qui pouvait sans ambiguïtés être analysé comme un élargissement des marges d'autonomie individuelle prend la forme, dans le cadre du nouveau mode d'organisation du capitalisme, d'exigences inacceptables, d'augmentations de la discipline ou de l'instabilité, qui, prises ensemble, ont pour effet de détruire toute solidarité sociale. La signification précise de ce processus doit être, en définitive, expliquée au moyen des sphères d'action différenciées.

1. Le progrès normatif que représentait la généralisation sociale de l'individualisme romantique durant la période sociale-démocrate, qui permet une liberté accrue dans la conduite de sa propre existence, s'est étrangement retourné en son contraire sous la pression de la restructuration néo-libérale du capitalisme. On ne peut pas dire que ce nouveau modèle d'interprétation a simplement perdu de sa vigueur initiale dans le monde vécu ou même qu'il a cessé d'exister vu les exigences accrues de flexibilité ; il garde au contraire une signification prégnante dans la compréhension de soi de nombreux membres de la société. Mais son sens s'est imperceptiblement transformé au cours des deux dernières décennies, en raison de son intégration clandestine dans le processus économique, à titre d'exigence de qualification et de comportement.

C'est en effet par référence à l'idée que les sujets sociaux comprennent leurs emplois respectifs non pas tant comme l'accomplissement d'un devoir social mais comme une étape non définitive et expérimentale de leur réalisation de soi que sont justifiées aujourd'hui la suppression des avantages liés à l'ancienneté dans l'entreprise, la destruction des garanties légales assurant un statut, les exigences accrues de disponibilité à la flexibilité. En outre, les profils de qualification des activités bien rémunérées dans le secteur industriel et dans le secteur tertiaire incorporent plus massivement des exigences extra-fonctionnelles propres à une performance marquée par l'instabilité créative et biographique. Une telle mutation normative de l'individualisme romantique, devenu l'idéologie et le facteur de production du nouveau capitalisme, s'accompagne de tendances à la désolidarisation, dans la mesure où les employés sont toujours moins à même de développer des liens à long terme avec leurs collègues ou avec leurs lieux de travail. De plus, les exigences du nouveau profil d'emploi requièrent une disposition accrue à adapter son existence, à choisir son lieu d'habitation, à s'ajuster aux horaires de travail et aux formes d'activité, à un point tel que les amitiés, les relations amoureuses et même le choix de fonder une famille sont soumis à des pressions considérables. Le capitalisme en réseau se caractérise de toute façon par des tendances à exiger sans limites des compétences subjectives, à travers lesquelles s'estompent les frontières entre la sphère privée et la sphère publique professionnelle. On n'attend plus seulement d'un « entrepreneur de lui-même » un accomplissement approprié d'une tâche en fonction de standards de production donnés extérieurement mais aussi une disponibilité à atteindre des objectifs, fixés plus ou moins sous sa propre responsabilité, par la mobilisation de ressources et de compétences communicationnelles et émotionnelles.

Cette suppression des frontières relatives aux performances relevant du travail implique un affaiblissement de la séparation entre champs d'action [20] privés et professionnels ainsi qu'une mobilisation corrélative des aptitudes informelles propres au « monde vécu » à des fins professionnelles (la rationalité économique, pourrait-on dire, est actuellement « colonisée » par le monde vécu [21]). Par ailleurs, le capitalisme en réseau intègre économiquement des sphères d'activité qui échappaient jusqu'ici à la valorisation en installant ainsi le principe de la prestation et de la contre-prestation dans des domaines de réciprocité structurés par l'asymétrie et la solidarité. Les conséquences de cette emprise de l'informel sur l'économique et de l'économique sur l'informel sont multiples et ne sauraient être examinées ici en détail.

Mentionnons néanmoins, en quelques mots, trois phénomènes : là où les compétences informelles et émotionnelles sont intégrées à des processus de travail rattachés à la valorisation et où des impératifs économiques pénètrent les modèles relationnels informels, il devient de plus en plus difficile pour les sujets de faire clairement la part des choses entre ce qui relève, dans les relations intersubjectives, d'aspects instrumentaux et d'aspects non instrumentaux. En d'autres termes, dans le capitalisme en réseau, les modèles relationnels de l'amitié s'établissent également au regard d'intérêts instrumentaux alors que, simultanément, des relations instrumentales peuvent toujours se

20. Arlie Russell HOCHSCHILD, *The Time Bind. When Work Becomes Home and Home Becomes Work*, Metropolitan/Holt, New York, 1997.

21. *Cf.* Nick KRATZER, *Arbeitskraft in Entgrenzung. Grenzenlose Anforderungen, erweiterte Spielräume, begrenzte Ressourcen*, Berlin, 2003, p. 236-239. Kratzer parle dans ce contexte d'une face « douce » de la rationalisation post-taylorienne (p. 236).

transformer en relations amicales. À cet égard, des formes difficiles à clarifier de relations intermédiaires sont courantes entre des modèles amicaux et instrumentaux et sont perçues comme floues par les sujets eux-mêmes. Car il est presque impossible de dire avec certitude comment se constituent les « véritables » intentions sur la base desquelles d'autres personnes viennent à notre rencontre. En outre, dans le capitalisme en réseau, les sujets sont d'une certaine façon sommés de suivre davantage leurs intérêts « authentiques » dans le contexte professionnel, alors même que les places de travail structurées par projets récompensent les personnalités « qui s'adaptent » et se montrent aptes à réagir de manière flexible à chaque nouveau défi.

On a donc, ici aussi, un domaine où le sens émancipateur initial de l'idéal d'authenticité s'est transformé en un instrument de légitimation des relations capitalistes de valorisation. Pour illustrer la difficulté d'une reconnaissance, par les entreprises, des contributions particulières des salariés, on peut invoquer le fait que les relations de travail organisées par projets ne peuvent plus guère garder en mémoire les prestations de travail apportées individuellement (en présupposant ici l'idée, que nous ne discuterons pas davantage, selon laquelle les exigences de reconnaissance peuvent en principe uniquement s'épanouir dans des formes reconnues). Conformément à cela, les contributions des salariés sont de moins en moins appréciées en vertu de leurs aspects individuels : « C'est que la mémoire des mérites passés, dans les organisations flexibles, est extrêmement courte, ce qui se traduit par une instabilité voulue des hiérarchies : la personne n'est pas jugée en tant que telle mais toujours par rapport à ses compétences *hic et nunc*. Il n'y a pas de place pour cette forme spécifique d'obligation qu'est par exemple la référence faite au passé d'un opérateur, ne serait-ce que par l'intermédiaire de son âge ou de son ancienneté [22]. » Enfin, le mélange des ressources et des compétences privées et publiques, formelles et informelles, dévalorise les critères plus ou moins objectifs à l'aide desquels

---

22. Nicolas DODIER, *Les Hommes et les Machines. La conscience collective dans les sociétés technicisées*, Métailié, Paris, 1995, p. 341 f ; *cf.* aussi Kai DRÖGE, Irene SOMM, « Spurlose Leistung. Zeit, Status und Reziprozität im flexiblen Kapitalismus », Manuscrit 2003 (Institut pour la recherche sociale).

les sujets pouvaient prendre la mesure de leurs qualifications et de leurs contributions respectives. Ainsi, la capacité à construire et à stabiliser des relations peut difficilement se traduire en un certificat ou un diplôme. Les réseaux tendent en outre à construire des réputations locales dont la valeur est difficilement estimable en dehors du réseau lui-même [23]. Cette insécurité quant à la valeur sociale de leurs propres qualifications est peut-être l'élément qui amène toujours plus nettement les sujets à des luttes, menées en dehors de la véritable sphère professionnelle, pour la reconnaissance de leurs qualités supposées irremplaçables (y compris par exemple dans les innombrables talk-shows télévisés, à caractère exhibitionniste [24]).

2. Les avancées de la période sociale-démocrate mentionnées ci-dessus consistent en l'établissement et l'extension des droits de participation politique et des libertés civiles. D'un côté, ces mesures élargissent les marges d'autonomie des individus (par exemple quant à la liberté contractuelle) et, de l'autre, elles sont simultanément censées éviter par l'interdiction de la discrimination, les cas de traitement inégal qui sont encore tout à fait possibles au niveau des droits civils. Les droits de participation politique sont destinés à contrer l'exercice illégitime du pouvoir politique et font office, dans la perspective de Thomas H. Marshall, de condition préalable à la réalisation effective des droits civils. Dans son célèbre essai sur la citoyenneté et les classes sociales, cet auteur analyse la catégorie des droits sociaux, qui assure le statut de citoyen d'un État en relation avec les droits civils et les droits politiques. Cette catégorie revêt pour nos réflexions une importance cruciale. L'institutionnalisation des droits sociaux par l'État-social est en même temps une manière d'avouer que les droits politiques et les autres droits participatifs ne peuvent se concrétiser dans les faits qu'à la condition de disposer de ressources matérielles minimales. Dans le projet de Marshall, les droits sociaux sont précisément ceux qui

23. Luc BOLTANSKI, Ève CHIAPELLO, *Le Nouvel Esprit du capitalisme*, *op. cit.*, p. 517.

24. Alain EHRENBERG, *L'Individu incertain*, Calmann-Lévy, Paris, 1995, p. 175 *sq.*

doivent assurer « un droit à un revenu disponible qui n'est pas déterminé d'après la valeur des requérants sur le marché[25] ». C'est au moment précis où les sujets disposent d'une aide inconditionnelle qu'ils sont en situation de participer d'une manière plus ou moins égalitaire aux principales pratiques et institutions sociales.

À cet égard, deux points méritent tout particulièrement d'être soulignés. Tout d'abord, la conception d'une conditionnalité des droits relatifs au statut de citoyen[26]. On considère que les droits culturels et les droits politiques peuvent se concrétiser seulement si les sujets disposent d'un certain niveau de vie, qu'ils ne peuvent pas toujours assurer par eux-mêmes. Ensuite, en lien avec cela, les droits sociaux, dans une certaine mesure, libèrent les sujets de la nécessité de prendre uniquement sur eux-mêmes la responsabilité de leurs conditions de vie respectives. L'institutionnalisation étatique de l'aide sociale est en même temps un aveu que les inégalités sociales dans les sociétés complexes sont liées à des conditions initiales différentes échappant pour une bonne part à la portée des sujets. Les droits sociaux visent en ce sens à soulager les sujets sociaux et à leur donner davantage de pouvoir.

En considérant la société actuelle, on observe à ces deux égards des tendances à l'érosion. Avec la transformation des services de l'État-social, les droits sociaux sont, dans certains cas, massivement supprimés et, dans d'autres, détournés au profit de services sociaux organisés sur une base économique et dont l'existence dépend à nouveau des ressources matérielles d'une clientèle nécessiteuse. Cette transformation voit également apparaître des phénomènes de re-moralisation des exigences pour accéder aux prestations et de montée d'un paternalisme d'assistance guidé par l'État-social. Quiconque entend bénéficier des prestations sociales doit fournir en retour des contre-prestations,

---

25. Thomas H. MARSHALL, « Staatsbürgerrechte und soziale Klassen », in *Bürgerechte und soziale Klassen. Zur Soziologie des Wohlfahrtsstaates*, Campus, Francfort, 1992, p. 66.

26. *Cf.* Georg VOBRUBA, « Freiheit : Autonomiegewinne der Leute (*sic*) im Wohlfahrtsstaat », *in* Stephan LESSENICH (dir.), *Wohlfahrtsstaatliche Grundbegriffe. Historische und aktuelle Diskurse*, Campus, Francfort, 2003, p. 141 (on y trouvera également la citation de Marshall).

en étant par exemple disposé à accepter n'importe quelle offre de travail, sans lesquelles un droit n'est plus même considéré comme légitime. Le paternalisme menace partout où la justification de principe quant à l'exigence de services sociaux, et donc le caractère exigible de prestations assistancielles, est systématiquement noyée dans un discours de la responsabilité individuelle. Plus se réduit la possibilité d'appréhender les prestations de l'État-social comme des droits et plus grand est le danger de voir ces prestations abandonnées à l'arbitraire d'une bureaucratie délestée d'une partie de ses tâches, ou de les voir confiées à des associations de la société civile dont la capacité à obtenir suffisamment d'attention publique et de donations reste imprévisible [27].

Le discours sur la responsabilité personnelle tend en tout cas à détourner complètement le regard des instances de l'État-social. Comme l'a montré Klaus Günther, ce discours ignore dans quelle mesure l'attribution de responsabilité individuelle dépend de conditions internes et externes qui doivent être rassemblées pour que des sujets puissent être tenus ou non, de manière fondée, pour responsables de leurs actes [28]. Lorsque la responsabilité est encouragée sans la prise en considération de ces conditions, elle se transforme en un « impératif » aux allures paradoxales, justement lorsqu'il est avéré que, pris dans les conditions d'une société de plus en plus complexe, les sujets ne peuvent plus, dans maints aspects de leur existence, assumer des responsabilités au sens plein du terme [29]. Le caractère impératif de la responsabilité imposée s'accroît dans la mesure où les individus doivent assumer des responsabilités pour des faits desquels ils ne sont *de facto* pas responsables.

---

27. Nikolas Rose utilise le concept de « remoralisation » avant tout au regard de l'usage des prestations des associations qui opèrent au-delà de l'État et du marché, parce que ces dernières n'accordent leur aide qu'à des profils de personnalité spécifiques. *Cf.* Nikolas ROSE, *Powers of Freedom. Reframing Political Thought*, Cambridge University Press, Cambridge, 1999, p. 265.

28. Klaus GÜNTHER, « Zwischen Ermächtigung und Disziplinierung. Verantwortung im gegenwärtigen Kapitalismus », *in* Axel HONNETH (dir.), *Befreiung aus der Mündigkeit*, *op. cit.*, p. 117-139.

29. *Ibid.*, p. 128.

Ce paradoxe se trouve renforcé par le fait que la terminologie de la responsabilité personnelle avait, à son origine, des traits tout à fait émancipateurs. Car c'est bien la critique adressée à une bureaucratie impersonnelle de l'État-social qui avait conduit à la revendication d'une prise en charge plus proche des usagers et avait également incité à prendre en considération ce domaine dans lequel les sujets ne devaient plus être considérés comme des destinataires passifs d'allocations sociales. Cependant, avant qu'ait pu s'engager une discussion sérieuse sur l'équilibre adéquat entre les conditions de l'agir responsable et la part raisonnable de l'initiative propre, un discours sur la responsabilité personnelle surgissait en grande pompe dans l'espace public en suggérant que l'assignation personnelle de responsabilité pour les circonstances sociales des actes des sujets soit désormais plus grande qu'auparavant.

Ce qui se profile ici avec la propagation des structures du capitalisme en réseau, c'est la décomposition de la représentation sociopolitique extraordinairement efficace – composée la plupart du temps dans les frontières de l'État-nation – d'une communauté de responsabilité par laquelle il est possible d'accepter de manière générale les laissés-pour-compte de la répartition économique en invoquant l'appartenance à une communauté politique ou culturelle. Dans la mesure où s'impose l'image d'une société tissée de réseaux comme mode essentiel d'autodescription sociale, les autres représentations du lien social perdent de leur influence. Presque tous les modèles de solidarité sociale requièrent toutefois un cadre « au sein duquel une mise en rapport de ceux qui souffrent et du bonheur des gens heureux puisse être établie [30] ». Dans le capitalisme en réseau, les citoyens et les citoyennes tendent de plus en plus à percevoir leurs performances, leurs succès et leurs échecs de manière individuelle, si bien que toute référence à un ensemble plus large ne semble plus guère possible. Les conséquences pour les sujets sont, d'une part, explicitées par le concept paradoxal de responsabilité contrainte, mais peuvent également, d'autre part, être saisies en termes psychiques : plus grande est la responsabilité des individus à

30. Luc BOLTANSKI, Ève CHIAPELLO, *Le Nouvel Esprit du capitalisme*, *op. cit.*, p. 470.

assumer leur situation et plus grand est également le risque de surmenage. Alain Ehrenberg a ainsi défendu la thèse selon laquelle le nombre de maladies dépressives augmente à mesure que s'accroît le sentiment d'insuffisance, lui-même étant le résultat d'exigences de responsabilité décuplées. Selon Ehrenberg, le « déprimé » est « un homme en panne » – c'est un être humain persuadé de n'avoir pas été à la hauteur, non pas un être ayant enfreint des règles ou ayant été lésé dans ses droits [31].

3. Alors que dans les sociétés féodales les processus de répartition des statuts s'effectuent avant tout au travers d'attributs imposés (naissance, origine), les sociétés industrielles modernes se caractérisent par une suppression des assignations statutaires au profit de critères universalistes. Talcott Parsons, tout particulièrement, soulignait que la professionnalisation croissante des positions sociales s'accompagne d'une montée en puissance du principe de performance (*Leistung*) structuré autour d'une idée universaliste, puisque les efforts associés à ce principe supposent le refus de toute exclusion sur la base de la naissance ou de l'origine [32].

Ainsi, on perçoit aisément en quoi le principe de performance a également un contenu émancipateur ; plus grand est le domaine dans lequel les sujets peuvent avoir du succès sur la base de leurs seuls efforts et plus grand est aussi le domaine de participation à chances égales aux positions statutaires. Par exemple, en considérant l'économie, des processus typiques des sociétés industrielles comme la « différenciation entre organisations familiales et organisations d'emploi [33] » ou le déclin progressif de « l'importance de la propriété économique sur l'organisation économique [34] » en faveur d'une couche croissante d'employés salariés, peuvent être considérés comme des stades d'élargissement systématique des domaines d'activité liés à la performance. Le mode de gestion familial, qui était pendant longtemps

31. Alain EHRENBERG, *La Fatigue d'être soi. Dépression et société*, Odile Jacob, Paris, 1999, p. 16.

32. Talcott PARSONS, *Le Système des sociétés modernes*, *op. cit.*, p. 117.

33. *Ibid.*, p. 115.

34. *Ibid.*, p. 118.

caractéristique de nombreuses petites entreprises, est rejeté au profit de méthodes de management modernes (et d'une strate de managers formés en conséquence), ce qui contribue à remplacer les modèles de dépendance personnels, prédominants dans les entreprises dirigées de manière familiale, au profit de modèles de comportement impersonnels, moins paternalistes ou moins arbitraires [35].

On ne doute guère du fait que le principe de performance, brièvement décrit ici, a toujours fait l'objet de critiques virulentes dans les sciences sociales. Parsons lui-même souligne que la conception portée par la première phase du capitalisme, selon laquelle chacun peut entrer d'égal à égal dans la sphère concurrentielle du marché sur la base de ses seules aptitudes naturelles, s'est vite révélée illusoire. L'expansion des institutions de formation introduites dans l'après-Seconde Guerre mondiale est allée de pair avec l'idée que les aptitudes pertinentes pour la participation au marché du travail ne pouvaient qu'être « médiatisées par une série complexe d'étapes du processus de socialisation [36] ». Cette explication ne se réfère bien sûr qu'aux conditions reconnues, dans la période sociale-démocrate, pour une participation égale à la concurrence du marché orientée par la performance.

Plus importantes sont les critiques qui soupçonnent le principe de performance de jouer un rôle idéologique dans son statut même, en tant que représentation générale de l'ordre social tendant à justifier systématiquement les inégalités, en référence à un arsenal argumentatif normatif qui désamorce les « modèles alternatifs de la production et de la distribution sociale » ayant peu ou prou renoncé à s'orienter en fonction du principe de performance [37]. On trouvera par ailleurs jusqu'à ce jour de bons arguments empiriques montrant combien, en particulier dans les positions de direction, les signes de l'origine sociale ou d'un

35. Luc Boltanski, Ève Chiapello, *Le Nouvel Esprit du capitalisme*, *op. cit.*, p. 54-55.

36. Talcott Parsons, *Le Système des sociétés modernes*, *op. cit.*, p. 103.

37. Claus Offe, *Leistungsprinzip und industrielle Arbeit. Mechanismen der Statusverteilung in Arbeitsorganisationen der industriellen "Leistungsgesellschaft"*, Europäische Verlagsanstalt, Francfort/Cologne, 1970, p. 9.

habitus de classe surpassent les indices spécifiques à la performance, de sorte qu'il ne saurait nullement être question d'un véritable dépassement des assignations statutaires [38].

Ces critiques n'ont toutefois pas miné le pouvoir de légitimation du principe de performance. Au contraire, même les recherches les plus récentes montrent que ce principe exerce toujours une forte influence en tant qu'attente normative et qu'il continue ainsi de servir comme critère d'évaluation dans l'appréciation de structures sociales de distribution et de récompense [39]. Une partie des critiques envers le principe de performance doit être interprétée comme le signe d'une application insuffisante ou réductrice des critères universalistes qui lui sont liés. Autrement dit, c'est précisément dans le cadre d'une critique du principe de performance que l'on se rattache au contenu émancipateur de ce principe. À côté du rôle positif constant joué ici par le principe de performance en tant que représentation de l'ordre social général, on trouve en outre un discours politique et économique dans lequel la sémantique de la performance gagne en importance. À notre avis, ces deux circonstances rassemblées prennent des traits paradoxaux précisément lorsqu'il apparaît que, dans le domaine économique, le principe de performance perd largement ses derniers éléments de réalité.

À cet égard, plusieurs faits témoignent de ce qui doit être qualifié ici d'« incertitude de la performance ». Dans les enquêtes empiriques portant sur la justice distributive, on observe déjà des tendances à accepter le succès sur le marché comme l'unique critère de récompense des résultats apportés. En d'autres termes, seul celui qui utilise sa force de travail pour la création de produits et de services se vendant avec succès sur le marché mérite à proprement parler son salaire. Dans cette optique, le marché apparaît comme une « instance incontournable d'évaluation de la

38. Michael HARTMANN, *Der Mythos von den Leistungseliten. Spitzenkarrieren und soziale Herkunft in Wirtschaft, Politik, Justiz und Wissenschaft*, Campus Verlag, Francfort, 2002.

39. Sighard NECKEL, Kai DRÖGE, Irene SOMM, « Welche Leistung, welche Leistungsgerechtigkeit ? Soziologische Konzepte, normative Fragen und einige empirische Befunde », *in* Peter A. BERGER, Volker H. SCHMIDT (dir.), *Welche Gleichheit, welche Ungleichheit ? Grundlagen der Ungleichheitsforschung*, VS Verlag für Sozialwissenschaften, Opladen, 2004.

performance[40] ». Toutes les prestations qui ne sont pas couronnées de succès dans leur conversion en profits sur le marché deviennent du coup incertaines. Que le principe de performance soit ainsi soumis à la marchandisation est une idée qui, indépendamment d'éléments particuliers de jugement empirique, se trouve au fondement du diagnostic théorique de la société contemporaine.

Sighard Neckel et Kai Dröge considèrent par exemple que les marchés sont en soi exclusivement intéressés aux résultats économiques, restant à la fois « aveugles » et neutres face aux modalités de leur réalisation[41]. Ainsi, dans la mesure où les sociétés se « marchandisent », des facteurs comme le hasard, l'héritage ou la chance entrent en ligne de compte en tant que critères légitimes de distribution des biens matériels ou symboliques. Il est encore trop tôt sans doute pour dire de manière définitive si cette « marchandisation » des critères de distribution observée dans différents domaines particuliers se stabilisera effectivement en tant que cadres d'attentes normatives, car c'est peut-être aussi lié au fait que des facteurs comme le hasard, la chance ou l'héritage ne peuvent pas raisonnablement entrer dans une structure de justification des inégalités sociales susceptible d'être généralement acceptée.

Une déstabilisation générale de la valeur et du statut de ses propres performances semble être cependant incontestable, renforcée encore par certaines caractéristiques du « capitalisme par projets » évoquées plus haut. Ainsi, on ne voit souvent pas, pour souligner une nouvelle fois certains points qui nous intéressent ici, si la conception d'une relation de travail s'effectue sur la base de critères objectifs ou sur la base d'une affection personnelle. À cela s'ajoute la difficulté générale d'objectiver les compétences qui sont cruciales pour le capitalisme en réseau (par exemple la capacité de développer des relations, de maintenir la confiance, d'être flexible, etc.). Enfin, les bénéfices en termes de réputation, liés à la poursuite d'un projet, ne correspondent pas

40. *Ibid.*

41. Sighard NECKEL, Kai DRÖGE, « Die Verdienste und ihr Preis : Leistung in der Marktgesellschaft », *in* Axel HONNETH (dir.), *Befreiung aus der Mündigkeit*, *op. cit.*, p. 105.

aux « équivalences nationales » d'un certificat ou d'un diplôme et restent ainsi, en quelque sorte, internes au projet [42]. En rassemblant tous ces facteurs, on voit rapidement pourquoi, à l'heure actuelle, les sujets acquièrent si peu de certitudes quant à la « vraie » valeur de leurs contributions et de leurs performances. Et, si le contenu pratique du principe de performance se modifie ainsi, le débat dominant sur la performance dans les discours politiques et économiques transforme un noyau d'émancipation potentielle en un moyen servant non seulement à saper des éléments de bien-être social libérés de l'efficacité, comme on le voit dans le discours sur la responsabilité personnelle, mais aussi à suggérer la possibilité d'une participation statutaire là où de fait elle n'existe pas.

4. Apparue au seuil du XIXe siècle, la représentation romantique de l'amour comme passion opposée au monde instrumental des relations d'échange a toujours été une émanation typique de l'illusion culturelle bourgeoise [43]. La relation de couple vécue de manière affective était alors dotée de toutes les qualités, auparavant réservées à la seule expérience transgressive du « sacré », au moment historique où semblaient se multiplier les signes d'une sécularisation encore à ses débuts. Mais, en arrière-fond de ce monde réactif, associant symbiotiquement l'homme et la femme, est venu très tôt se mêler une signification prosaïque d'utilité sociale, veillant à ce que les mariages ou les relations durables se limitent aux seuls membres de la même couche sociale. La différenciation à l'égard de la sphère « froide » des relations économiques ne se dissipe toutefois définitivement qu'au moment où, avec la propagation sociale de l'idéal romantique de l'amour, émergent des pratiques qui font davantage dépendre la préparation et le maintien des relations de couple de la consommation de marchandises.

Comme l'a montré de façon convaincante Eva Illouz, l'amour est très largement « objectivé » et commercialisé depuis le début

42. Luc BOLTANSKI, Ève CHIAPELLO, *Le Nouvel Esprit du capitalisme*, *op. cit.*, p. 517.

43. Niklas LUHMANN, *L'Amour comme passion. La codification de l'intimité* (trad. A.-M. Lionnet), Aubier, Paris, 1990.

du XXe siècle, parce que les sujets font davantage usage de produits de consommation et de biens de luxe pour exprimer symboliquement leurs relations affectives et se démarquer rituellement de l'environnement social [44]. Comme Illouz l'a également constaté, les sujets gardent néanmoins, dans ces processus de consommation courante, la capacité de préserver leurs sentiments en marge des considérations stratégiques, malgré les nombreuses intrications dans les pratiques économiques. Avec un talent frisant la virtuosité, ils semblent au contraire pouvoir utiliser la consommation de marchandises pour protéger leurs relations « pures », fondées uniquement sur l'affection émotionnelle, d'une usure rapide et pour les stabiliser au moins sur une certaine durée.

En ce sens, les obligations d'assistance qui ont pénétré les relations intimes du couple en tant que normes de reconnaissance depuis l'émergence de l'idéal romantique de l'amour restent également en vigueur de manière tout à fait singulière dans le processus de soumission des pratiques amoureuses à l'économie. À notre avis, sous la pression du mouvement des femmes au cours de la période sociale-démocrate, ces normes ont même permis aux relations de couple de prendre davantage le trait d'un partenariat et à ce que la répartition des tâches domestiques et de l'éducation des enfants soit de plus en plus perçue, également du côté des hommes, comme un défi moral. Au cours des deux dernières décennies se profilent toutefois des tendances menaçant de défaire cette interdépendance précaire entre consommation et culture sentimentale au sein du couple, laissant apparaître une nouvelle forme de rationalité de consommation dans la relation amoureuse.

Tout d'abord, les relations intimes et amoureuses de longue durée sont exposées à une pression dont la charge s'est considérablement accrue sous le poids de l'éclatement des frontières du travail, conformément aux structures en réseau du nouveau capitalisme. Les exigences accrues en temps et en mobilité, mais aussi les attentes constantes de responsabilité propre et d'engagement émotionnel plus conséquent rendent aujourd'hui toujours plus difficile l'application dans le domaine privé de cette

44. Eva ILLOUZ, *Consuming The Romantic Utopia*, *op. cit.*

virtuosité créative indispensable au maintien de relations « pures » fondées sur l'affection. Ces contraintes structurelles ne sont pourtant pas les seules à saper la pratique de l'amour romantique saturée par la consommation. Bien plus, le nouvel « esprit » du capitalisme transfère sa représentation entrepreneuriale d'un agir calculateur sur le rapport à soi des sujets et semble progresser jusqu'à la capillarité des relations intimes, commençant à faire prévaloir le modèle du calcul d'utilité.

Cela ne signifie pas forcément l'absorption, renforcée aujourd'hui, des relations intimes dans des calculs prosaïques de leur utilité en vue d'accroître le plaisir et la distraction. Au contraire, ce qui semble émerger comme nouveau modèle de comportement est la tendance à calculer sur le long terme les chances de compatibilité de telles relations amoureuses avec les exigences de mobilité futures correspondant à une planification de carrière toujours plus à court terme. S'il devait en être ainsi, alors cette facette attachée à l'amour depuis fort longtemps sous la forme de pratiques de consommation, mais qui ne s'était toutefois jamais autonomisée face au pouvoir des sentiments, parviendrait à prédominer au cœur même de la relation amoureuse. La rationalité économique à laquelle les partenaires avaient jusqu'à présent recours en commun pour stabiliser rituellement leurs relations incertaines dans la durée deviendrait alors un moyen qu'ils brandiraient l'un contre l'autre en se scrutant mutuellement.

10

Capitalisme et réalisation de soi : les paradoxes de l'individuation

En tant que théorie de la société, la sociologie se comprend, depuis sa naissance au sortir du XIXe siècle, comme une confrontation avec les transformations symptomatiques des sociétés modernes. Elle dispose à cette fin de deux concepts hérités de la philosophie sociale classique : la « rationalisation » désigne chez Max Weber l'extension progressive des critères de la rationalité en finalité (*Zweckrationalität*) à des sphères sociales jusque-là soumises à l'intégration traditionnelle par les valeurs et l'affectivité, tandis que l'« individuation », par exemple chez Émile Durkheim, renvoie au processus irréversible par lequel les membres d'une société s'affranchissent des liens traditionnels et des contraintes normalisantes pour accéder à plus d'autonomie, à une plus grande liberté de choix.

À partir de ces deux concepts, on a souvent envisagé l'évolution des sociétés modernes comme un mixte de rationalisation et d'individuation. Mais, autant ce couple conceptuel apporte un réel gain de connaissance, autant chacune de ces catégories, prise en elle-même, se révèle d'emblée problématique : à propos de la notion de « rationalisation », on n'a pas tardé à se demander si le critère unique de l'effectivité technique permettait vraiment de parler d'une rationalisation institutionnelle dans des domaines aussi différents que l'organisation économique, l'administration politique, les orientations personnelles et la vie familiale. De quelque manière qu'on analyse les processus de transformation dans ces sphères, il est en tout cas douteux qu'ils se laissent tous appréhender sous le seul angle de l'extension d'une rationalité en finalité.

Les débats n'ont pas été moins vifs à propos de l'usage que Durkheim fait de l'idée d'une « individuation » produite par la société, quand – en accord partiel avec Hegel – il conclut que la différenciation fonctionnelle accroît les possibilités de réalisation personnelle. Weber, déjà, dit que le terme d'« individualisme » recouvre « les choses les plus hétérogènes qu'on puisse imaginer [1] ». Dès le départ, le problème central est de savoir dans quelle mesure la multiplication des rôles, des liens et des rapports d'appartenance individuels, dont la sociologie dresse le tableau, est effectivement révélatrice d'un gain d'autonomie personnelle. Certes, il est sans doute possible d'indiquer aussi pour cette deuxième évolution – l'élargissement du champ d'action et de réflexion de l'individu – des critères accessibles à une forme d'observation extérieure ; mais, de quelque manière que les chercheurs résolvent de telles questions, il semble acquis que l'individualisation des parcours personnels recouvre un processus aisément observable, parce que inscrit sur un plan objectif, tandis qu'on ne peut parler d'une autonomisation du sujet que dans la perspective des personnes impliquées dans le rapport d'interaction correspondant.

Le concept d'« individuation », qui forme le second axe d'un diagnostic sociologique de la modernité, présente à cet égard un trait ambivalent et incertain, puisqu'il désigne à la fois le fait extérieur d'un élargissement des caractères individuels, et le fait « intérieur » d'une intensification de l'activité propre du sujet. Je m'arrêterai sur les caractéristiques structurales que présente aujourd'hui le processus d'individuation, tendu entre ces deux pôles. Ce qui nécessite certes de nouvelles clarifications conceptuelles, car le phénomène évoqué offre plus de facettes qu'il n'y paraît à première vue.

---

1. Max Weber, *L'Éthique protestante et l'esprit du capitalisme* (trad. J.-P. Grossein), Gallimard, Paris, 2003, p. 107.

I

S'il est un classique de la sociologie qui s'est montré particulièrement attentif aux distinctions requises au sein de sa discipline pour éliminer les ambiguïtés du concept d'« individuation », c'est Georg Simmel. Comme nul autre auteur de la génération des pères fondateurs, il a compris qu'entre le simple accroissement des caractères individuels – c'est-à-dire la diversification que l'économie monétaire introduit dans les styles de vie – et l'extension de l'autonomie personnelle, il existe une différence de principe. Que l'anonymat croissant des relations sociales dans les grandes villes conduise à un relâchement des appartenances de groupe et, ainsi, à une multiplication des choix possibles, n'entraîne nullement un gain de liberté individuelle : celle-ci, en effet, ne peut s'épanouir qu'avec le soutien et la protection d'autres sujets. Mais Simmel ne signale pas seulement la nécessité de distinguer entre individuation sociale et gain de liberté pour établir un diagnostic approprié du capitalisme moderne. Il complique encore la tâche de la sociologie en dégageant dans le terme d'« individuation » deux strates de signification supplémentaires.

D'une part, comme le montrent les analyses de *La Philosophie de l'argent*, la multiplication des choix comporte toujours le danger d'un appauvrissement des contacts sociaux, d'une plus grande indifférence entre les individus. C'est pourquoi il faut distinguer dans le concept d'« individuation » une troisième signification, qui se rapporte à l'isolement du sujet dans un réseau de plus en plus étendu de contacts sociaux anonymes. Cette tendance aussi, Simmel croit d'abord pouvoir la décrire du simple point de vue d'un observateur extérieur ; il ne vise donc pas un processus d'aggravation de la solitude individuelle, un sentiment d'isolement porteur de souffrance, mais le fait objectif d'un recentrement sur des intérêts purement individuels, indépendants d'autrui.

Avant tout, Simmel perçoit dans l'idée même d'un gain de liberté deux sens différents, qui le conduisent à opérer un nouveau clivage dans le concept d'« individuation [2] ». Le point de départ

2. Georg Simmel, « Individualismus », in *Schriften zur Soziologie. Eine Auswahl*, Suhrkamp, Francfort, 1983, p. 267-274.

est ici une distinction dans la destination finale du deuxième pôle de l'individuation, c'est-à-dire de l'autonomisation : la libération intérieure, telle qu'elle est conçue dans l'espace culturel latin, permet à l'individu d'exprimer ses convictions et ses intentions propres – une faculté que possèdent en principe tous les êtres humains. Il s'agit d'un individualisme de l'égalité, visant une capacité de réflexion personnelle qui représente une caractéristique du genre humain comme tel.

À ce projet d'autonomie, comme nous dirions peut-être aujourd'hui, s'oppose un second individualisme, qui plonge ses racines intellectuelles dans le romantisme allemand : l'accroissement de la liberté individuelle vise ici à dégager les qualités uniques, irréductibles, par lesquelles les sujets se distinguent les uns des autres. Il faut parler à cet égard d'un individualisme « qualitatif » qui, dans le sillage de Herder, Schleiermacher, Nietzsche et Kierkegaard, est tout entier tourné vers l'expression de la personnalité authentique de l'individu. L'extension de la liberté individuelle s'effectue donc pour Simmel dans la double direction d'un gain d'autonomie et d'une affirmation d'authenticité : entre ces deux tendances se nouent de multiples tensions, qui à l'époque moderne ne se laissent pas aisément éliminer. Si nous résumons les analyses sociologiques de Simmel, le même concept d'« individuation » peut s'appliquer à quatre phénomènes différents : il désignera soit l'individualisation des parcours personnels, qui semble être un fait observable sur le plan empirique, soit l'isolement croissant des acteurs, soit l'acquisition d'une capacité de réflexion accrue, soit enfin l'affirmation d'une plus grande authenticité. La difficulté consiste à distinguer dans le diagnostic sociologique ces quatre dynamiques, de manière à pouvoir ensuite faire apparaître leurs liens réciproques.

C'est peut-être cette extrême polysémie du terme qui explique que le constat de l'« individualisation » des sociétés modernes a été interprété de diverses manières depuis un siècle. Dans le panorama qu'il dresse de ces débats souterrains, Markus Schroer[3] opère une distinction instructive entre trois courants,

3. Markus SCHROER, *Das Individuum der Gesellschaft*, Suhrkamp, Francfort, 2001.

qui portent sur le processus d'individualisation des évaluations très différentes : d'un côté, la tendance de plus en plus marquée dans l'éducation, l'administration et l'industrie culturelle à reconnaître aux sujets une « individualité » est décrite comme un processus disciplinaire, instaurant une forme particulière d'individualisme conformiste qui tendrait plutôt à paralyser les forces de résistance réflexives de l'individu ; d'un autre côté, les héritiers de Durkheim et de Parsons interprètent la détraditionalisation et la pluralisation fonctionnelle comme une occasion pour l'individu de renforcer son individualité, en laissant s'exprimer sa capacité à construire sa vie d'une manière réfléchie et responsable.

À égale distance de ces deux courants, enfin, une troisième école envisage le processus d'individuation comme un mouvement ambivalent, qui en même temps émancipe l'individu de ses attaches traditionnelles et alimente souterrainement son conformisme. Si nous nous tournons vers le présent, ce tableau déjà embrouillé se complique encore davantage : aux trois interprétations distinguées par Schroer s'ajoutent de nouveaux points de vue, qui dans le processus d'individualisation mettent en avant soit l'exacerbation de certains phénomènes particuliers, soit une complète modification structurelle. Pour donner seulement quelques indications générales : dans le sillage du communautarisme, la sociologie s'est de plus en plus intéressée à cet aspect de l'individuation que Simmel déjà décrivait comme le développement de l'indifférence. Parce qu'un plus grand degré de mobilité physique et professionnelle les amène à se dégager toujours plus vite des relations dans lesquelles ils sont pris, les sujets perdent toute capacité à nouer des liens et développent ainsi une position purement égocentrique à l'égard de leurs partenaires d'interaction [4]. Les analyses consacrées aux effets culturels de la virtualisation de la communication sociale pointent dans la même direction [5].

4. Robert D. Putnam, *Bowling Alone : The Collapse and Revival of American Community*, Simon & Schuster, New York, 2000.

5. Andreas Wittel, « Towards a Network Sociability », *Theory, Culture & Society*, vol. 18, n° 6, p. 51-76 ; Hubert L. Dreyfus, *On the Internet*, Routledge, Londres, 2001.

C'est en revanche un autre thème simmelien qui resurgit dans le diagnostic socio-historique établi par Charles Taylor ces dernières années. D'après lui, l'idéal romantique d'« authenticité » a été de nos jours tellement galvaudé qu'il a subrepticement perdu ses connotations dialogiques, collectives, et a conduit à la perspective purement égocentrique d'une quête de soi-même [6]. Pour finir, il faut aussi prendre en considération les études empiriques consacrées aux schémas d'attente institutionnels à travers lesquels la constitution d'un profil original devient une exigence adressée aux sujets : la présentation d'un « soi authentique » est de plus en plus une condition d'embauche, notamment dans la sphère du travail qualifié, au point que les personnes concernées finissent par ne plus pouvoir distinguer entre la « véritable » découverte de soi et les procédures stylisées qui leur sont proposées [7].

On pourrait certainement ajouter quelques observations à cette liste des phénomènes nouveaux qui s'inscrivent dans le champ complexe de l'« individuation ». La psychologie sociale et la sociologie des médias, en particulier, ont récemment développé des analyses qui seraient susceptibles d'élargir le spectre des processus d'atomisation et d'autonomisation décrits par Simmel. Mais ce bref survol suffit à faire ressortir toute la difficulté d'un traitement actuel de l'« individuation » : trop de phénomènes sociaux, trop de bouleversements mettent en jeu aujourd'hui l'un ou l'autre aspects de cette thématique pour que l'on puisse en parler comme d'un schéma d'évolution dont les traits seraient d'ores et déjà clairement dessinés. Si avec l'idée d'une évolution « paradoxale » de l'individuation j'introduis néanmoins un tel schéma social, c'est seulement avec une réserve méthodologique : mon analyse ne prétend proposer qu'une interprétation possible parmi beaucoup d'autres, non moins légitimes.

---

6. Charles TAYLOR, *Le Malaise de la modernité*, Cerf, Paris, 1994.

7. Martin BAETHGE, « Arbeit, Vergesellschaftung, Identität – Zur zunehmenden normativen Subjektivieruung der Arbeit », *Soziale Welt*, 42e année, cahier n° 1, 1991, p. 6-19 ; Hermann KOCYBA, « Der Preis der Anerkennung. Von der tayloristischen Mißachtung zur strategischen Instrumentalisierung der Subjektivität der Arbeitenden », *in* Ursula HOLTGREWE, Stephan VOSWINKEL et Gabriele WAGNER (dir.), *Anerkennung und Arbeit*, UVK, Constance, 2000, p. 127-140.

La thèse que je voudrais défendre est la suivante : les aspirations à la réalisation individuelle de soi se sont rapidement développées depuis trente ou quarante ans dans les sociétés occidentales, parce que des processus d'individuation de nature très différente ont coïncidé à ce moment précis de l'histoire. Ces attentes sont désormais tellement intégrées dans le « profil » institutionnalisé sur lequel se fonde la reproduction sociale, qu'elles ont perdu leur finalité interne et sont devenues un principe de légitimation du système. Le résultat de ce renversement paradoxal, au cours duquel des processus qui promettaient jadis un gain de liberté qualitative se sont mués en une idéologie de la désinstitutionnalisation, est l'apparition d'une multitude de symptômes individuels de vide intérieur, un sentiment d'inutilité et de désarroi.

Je voudrais défendre cette thèse en trois temps, en essayant d'abord d'exposer les « affinités électives » sur la base desquelles des processus d'individuation nés et mûris indépendamment les uns des autres ont pu, dans les années 1960 et 1970, se combiner pour donner naissance, somme toute, à une nouvelle forme d'« individualisme » (II). Dans un deuxième temps, je voudrais reconstruire les processus sociaux à travers lesquels ces aspirations individuelles se sont transformées, au cours des décennies suivantes, en schémas institutionnalisés, de sorte que le sujet les rencontre désormais comme des exigences venues de l'extérieur (III) ; comme dans l'étape précédente, je devrai me contenter ici d'esquisser les grandes lignes de cette évolution. Dans un troisième temps, enfin, j'énumérerai les signes sociopsychologiques et cliniques qui indiquent que le renversement paradoxal du processus d'individuation menace aujourd'hui de produire une multitude de nouvelles formes de souffrance sociale, tant matérielle que psychique ; cette perspective me permettra de terminer sur une citation étonnamment actuelle de Georg Simmel (IV).

II

Avec bientôt quarante ans de recul, il nous est possible aujourd'hui de décrire les bouleversements socioculturels qu'ont connus les sociétés occidentales après la guerre comme la rencontre de différents courants d'individuation, possédant chacun sa signification propre. Aussi n'est-il pas entièrement faux de parler, avec Ulrich Beck ou Anthony Giddens, d'un nouveau stade de l'individualisme, spécifique à notre modernité tardive : l'individualisme réflexif[8]. À condition toutefois de garder à l'esprit que cette forme d'individualisme ne résulte pas d'une intensification pour ainsi dire linéaire, mais d'un renforcement réciproque de dynamiques indépendantes ; ce qui s'est passé ici peut être décrit, dans les termes de Max Weber, comme une synergie de transformations matérielles, sociales et intellectuelles présentant tellement de traits communs que de leur conjonction est née une nouvelle forme d'« individualisme ».

Cette poussée d'individuation trouve ses fondements matériels dans une série d'évolutions socio-structurelles qui ont induit un mouvement, accessible à une approche purement descriptive, de diversification des itinéraires biographiques. La croissance exponentielle des revenus et du temps libre a progressivement élargi l'éventail des choix individuels et inversement réduit l'emprise de l'environnement de classe ; avec l'extension du secteur des services dans les pays capitalistes occidentaux, de larges couches de la population ont été touchées par un mouvement d'ascension sociale, qui a diversifié de plus en plus les conditions de vie des personnes ; enfin, les progrès de l'éducation dans l'ensemble des pays occidentaux une quinzaine d'années après la fin de la Seconde Guerre mondiale ont élargi les possibilités de choix professionnel, de sorte qu'à cet égard aussi les itinéraires individuels ont commencé à diverger considérablement ; à l'époque du mouvement étudiant déjà, la population présentait, au point de vue des parcours biographiques et des formes d'existence, une image beaucoup plus variée, plus multiforme que dix ans plus tôt.

Outre l'accroissement objectif des options pratiques, certains indicateurs suggèrent que les individus ont également progressé, durant la même période, sur le plan de cette autonomie intérieure

8. *Cf.* Ulrich Beck, *La Société du risque* (trad. L. Bernardi), Flammarion, Paris, 2003 ; Anthony Giddens, *Modernity and Self-Identity. Self and Society in the Late Modern Age*, Polity Press, Cambridge, 1992, chap. 3.

qui ne se laisse saisir en dernier recours que sur le plan performatif ; il serait étonnant que l'élargissement de l'offre éducative n'ait pas multiplié aussi les perspectives de découverte de soi et de réflexion personnelle [9]. La réforme de l'enseignement, ainsi du reste que l'assainissement des grandes villes, est également à l'origine de la dissolution des réseaux relationnels fondés sur l'appartenance de classe, ce qui a pu contribuer à ouvrir de nouvelles voies à l'individu et étendre radicalement le champ de ses expériences ; des enquêtes empiriques indiquent qu'au début des années 1970, à un moment où les crises d'adolescence avaient tendance à s'aggraver, les individus étaient davantage en mesure de définir eux-mêmes leur identité [10]. Quelles que soient les causes sociales que l'on assigne au phénomène, il semble hors de doute que, en l'intervalle de deux décennies seulement, les formes d'existence se sont fortement individualisées : les membres des sociétés occidentales, pour assurer leurs chances d'avenir, ont été contraints, exhortés, encouragés à se mettre eux-mêmes au centre de leurs propres projets et de leur mode de vie.

Mais toutes ces transformations structurelles n'auraient jamais suffi à susciter une nouvelle forme d'individualisme, s'il ne s'y était ajouté d'autres évolutions et d'autres changements d'attitude, à caractère plus socioculturel. On peut certes dire que, sans la multiplication objective des options pratiques offertes aux individus, les nouveaux idéaux culturels n'auraient eu aucune chance de s'imposer, mais ces derniers ne s'enracinent pas moins dans un tout autre terrain. Ainsi, c'est la hausse des salaires liée à la croissance économique de l'après-guerre qui a créé les possibilités d'une attitude de consommation modérément luxueuse, mais c'est à partir d'autres sources, à caractère culturel, que s'explique la signification spécifique que l'individu attache à ces comportements : le besoin d'aller chercher dans la consommation de produits culturels non indispensables, voire superflus, un moyen d'intensifier le sentiment de l'existence provient, selon Colin Campbell, de courants religieux, protestants pour la

---

9. *Cf.* Jürgen HABERMAS, *Théorie de l'agir communicationnel* (trad. J.-L. Schlegel), Fayard, Paris, 1987, t. II, p. 425 *sq.*

10. *Cf.* Rainer DÖBERT, Gertrud NUNNER-WINKLER, *Adoleszenzkrise und Identitätsbildung*, Suhrkamp, Francfort, 1975.

plupart, qui opposaient à l'éthique calviniste du travail la recherche d'émotions raffinées, perçues comme des signes de la bonté et de la faveur de Dieu.

Quand le sentimentalisme et le romantisme eurent tué la racine religieuse de cette soif de plaisirs imaginaires, celle-ci put devenir l'aiguillon normatif d'une appropriation massive d'articles destinés à intensifier le sentiment de l'existence : c'est ce trait qui donne à la consommation de l'après-guerre son cachet spécifique, sa fonction de confortement identitaire [11]. La même chose semble pouvoir s'appliquer à une foule d'autres changements de comportement intervenus durant cette période : on constate presque partout que le recul des modèles comportementaux figés n'entraîne pas simplement l'émergence d'un nouvel idéal de la personnalité. Il ouvre à de plus larges couches sociales la possibilité de s'approprier des traditions culturelles qui étaient jusque-là réservées à quelques minorités, et qui dans un second temps accélèrent le développement de nouveaux schémas d'identité. Les processus de transformation socio-structurels qui, de plus en plus, mettent l'individu lui-même au centre des projets de vie, ont permis la reprise massive de schémas d'interprétation venus pour la plupart du romantisme et véhiculés par de petits groupes de type sectaire, qui envisagent la vie comme un processus de réalisation expérimentale de soi.

Un bon exemple de cette « affinité élective » entre l'évolution sociale et la transformation culturelle nous est fourni par le changement de comportement que l'on a baptisé après coup du nom de « révolution sexuelle [12] ». Ce n'est pas la dissolution des rôles conventionnels, rendue possible par la diversification des formes d'existence au cours des années 1960, qui a conduit à faire de la sexualité le terrain privilégié où tester sa propre individualité : il a fallu, à l'inverse, que de larges couches s'approprient un idéal culturel qui voyait déjà dans l'être humain un « sujet de désir » (Foucault), pour que puisse se dessiner un style de vie dans

11. Colin CAMPBELL, *The Romantic Ethic and the Spirit of Modern Consumerism*, Blackwell, Oxford, 1987.

12. Volkmar SIGUSCH, « Kultureller Wandel der Sexualität », *in* Volkmar SIGUSCH (dir.), *Sexuelle Störungen und ihre Behandlung*, Thieme, Stuttgart/New York, 2001 (3e édition).

lequel des expériences de nomadisme sexuel étaient perçues comme l'expression d'une réalisation individuelle – l'influence de certains romans, comme ceux de Hermann Hesse et Henry Miller, mais aussi de la musique rock qui était alors en train de naître, a sans doute joué un rôle décisif dans la propagation de tels schémas d'interprétation. Les lacunes normatives qu'avaient pour ainsi dire ouvertes les nouvelles libertés liées à l'évolution des structures sociales, furent presque partout comblées par la reprise, sur le plan de la vie pratique, d'un fonds traditionnel quasi romantique qui permettait de lire toute biographie comme une tentative de réalisation d'un noyau personnel absolument unique.

De la rencontre du mouvement structurel d'individuation et de l'idéal romantique d'authenticité naquit ainsi ce que l'on pourrait décrire comme l'expression condensée d'un nouvel individualisme : la multiplication des rapports sociaux aidant, les individus envisageaient de moins en moins leur propre parcours comme le développement linéaire d'une identité, aboutissant à l'assomption d'un rôle dans la sphère professionnelle et dans le partage homme/femme au sein de la famille. Au lieu de ce schéma passablement rigide, sur lequel un Parsons avait encore pu tout naturellement fonder sa théorie, l'ouverture de nouvelles options pratiques, l'ancrage dans différents milieux sociaux, les contacts plus nombreux avec des formes de vie jusque-là étrangères et la reprise de schémas romantiques permettaient d'envisager les diverses identités possibles comme le matériau d'une découverte expérimentale de soi-même.

Pour reprendre la terminologie de Simmel, on voit ici surgir de manière massive un individualisme « qualitatif » : les sujets expérimentent différentes formes d'existence pour, à la lumière des expériences faites, réaliser ce noyau de leur propre soi qui les distingue le plus nettement de tous les autres. Ce processus de transformation ne marque cependant que le commencement d'une évolution au cours de laquelle les organismes essentiels de la société vont à leur tour intégrer d'une façon créative ce nouvel idéal de comportement : ils en font une norme d'existence qui, parce qu'elle augmente l'efficacité des sujets, permet de justifier de profondes restructurations.

III

De ce processus de transformation socioculturelle que je viens de décrire comme le résultat d'une rencontre d'évolutions matérielles et intellectuelles, Daniel Bell a tiré voici vingt-cinq ans des conclusions de vaste portée, en mettant au jour une contradiction croissante au sein du capitalisme [13]. Il invoque principalement les bouleversements culturels provoqués par le mouvement étudiant pour affirmer qu'une nouvelle morale quotidienne à caractère hédoniste est née, qui doit immanquablement entrer en conflit avec les exigences économiques du capitalisme : les valeurs de la créativité esthétique et de la spontanéité corporelle, qui d'après lui se seraient transmises des subcultures des avant-gardes artistiques aux orientations comportementales d'une grande partie de la population, empêchent de plus en plus l'acquisition de cette éthique du travail nécessaire au maintien d'une efficacité économique.

Nous pouvons dire aujourd'hui sans hésiter que ce pronostic sociologique ne s'est pas vérifié : le nouvel individualisme « qualitatif » que l'on reconnaît sans peine dans la description que Bell donne du caractère hédoniste n'a pas entamé la productivité de l'entreprise capitaliste. Le nombre croissant de divorces, le recul des naissances et l'apparition de nouvelles formes de famille témoignent certes de la généralisation de cette exigence d'épanouissement individuel, du travail expérimental sur soi-même d'un sujet en quête de sa véritable identité [14] ; les relations primaires deviennent de plus en plus fragiles et éphémères, selon Anthony Giddens, parce qu'elles sont désormais des relations « pures », dans lesquelles le lien réciproque ne se nourrit plus que du matériau volatile des sentiments et des penchants individuels [15]. On semble aussi investir une énergie psychique de plus en plus grande dans les « loisirs », qui ne sont plus perçus

---

13. Daniel BELL, *Les Contradictions culturelles du capitalisme* (trad. M. Matignon), PUF, Paris, 1979.

14. Kurt LÜSCHER (dir.), *Die « postmoderne » Familie : familiale Strategien und Familienpolitik in einer Übergangszeit*, UVK, Constance, 1990 ; notamment la contribution de Hartmut TYRELL, « Ehe und Familie – Institutionalisierung und Deinstitutionalisierung », p. 145-156.

15. Anthony GIDDENS, *Modernity and Self-Identity*, *op. cit.*, chap. 3.

comme un divertissement ou une détente après le labeur quotidien, mais comme une occasion de tester les contours de son propre soi [16]. Enfin, la consommation d'articles de luxe a encore une fois considérablement augmenté au cours des dernières décennies, avec des différences bien connues entre les couches sociales, car l'on trouve manifestement dans ces pratiques une possibilité de mettre en valeur sur le mode esthétique, pour un instant au moins, une identité mouvante [17]. Mais toutes ces tendances, qui pointent indiscutablement en direction d'un « individualisme de la singularité » (*Individualismus der Unverwechselbarkeit*) (Simmel), ne sont nullement entrées en conflit avec les exigences fonctionnelles de l'économie capitaliste, bien au contraire : on ne peut se défendre de l'impression qu'elles sont entre-temps devenues, par un curieux abus, une force productive de la modernisation capitaliste.

Les transformations ainsi apparues ne se laissent pas comprendre comme l'aboutissement d'une évolution unique ; et l'idée qu'il s'agirait là de chaînes d'actions combinées intentionnellement, c'est-à-dire de réactions produites consciemment, ne semble pas davantage correspondre aux faits. Si l'on veut expliquer pourquoi l'exigence d'autoréalisation s'est renversée, au cours du dernier tiers du XXe siècle, en une exigence institutionnelle, on se trouve plutôt renvoyé une fois de plus à l'image de transformations qui s'adaptent par « affinités » les unes aux autres : d'une façon d'abord hésitante, puis de plus en plus massive, les individus ont été requis de se présenter comme des sujets capables de s'adapter et d'accepter les changements de vie pour assurer leur succès professionnel ou social [18]. Ce

16. Dean MacCannell, « Staged Authenticity : Arrangements of Social Space in Tourist Settings », *American Journal of Sociology*, vol. 79, n° 3, p. 589-603.

17. Eva Illouz, *Consuming the Romantic Utopia : Love and the Cultural Contradictions of Capitalism*, Univ. of California Press, Berkeley/Los Angeles, 1997.

18. Richard Sennett, *Le Travail sans qualités : les conséquences humaines de la flexibilité* (trad. P. E. Dauzat), Albin Michel, Paris, 2000 ; Sighard Neckel, « Identität als Ware », in *Die Macht der Unterscheidung. Essays zur Kultursoziologie der modernen Gesellschaft*, Campus, Francfort, 2001, p. 37-47.

renversement a certainement été préparé par les médias électroniques, dont le rôle accru dans le quotidien a eu pour effet de maintenir constamment en éveil, bien plus que par le passé, l'idéal d'un style de vie aussi original et créatif que possible ; même si les individus, comme le supposait déjà Adorno [19], ont continué à opposer un scepticisme de routine aux modèles véhiculés par les médias, on ne peut exclure que l'idéal de la réalisation de soi ait été perçu par les utilisateurs comme une exigence adressée à leur propre subjectivité [20]. Les limites entre la réalité et la fiction peuvent parfois se brouiller, de sorte que l'individu tend inconsciemment à chercher son propre soi à l'endroit où il croit situer celui de son idole au cinéma ou à la télévision. On peut peut-être parler à cet égard d'une tendance à suivre des schémas stéréotypés d'identité, mais dans l'intention de découvrir expérimentalement le noyau de sa propre personnalité.

C'est un effet comparable qu'ont produit les stratégies publicitaires développées ces dernières décennies par l'industrie de consommation pour dynamiser ses ventes. On tend de plus en plus à promouvoir certains articles en suggérant à l'acheteur qu'il y trouvera un moyen esthétique pour présenter et rehausser l'originalité de son propre projet de vie [21]. On peut parler en ce cas d'une instrumentalisation des exigences de réalisation de soi : ce procédé a enclenché une spirale d'innovations stylistiques et de réactions de récupération, chaque nouvelle image fournissant le contenu crypté de la prochaine stratégie publicitaire. On a même l'impression que le rapport s'est désormais inversé, puisque l'industrie de la mode et de la consommation semble être en mesure de propager des images de la vie authentique, et propose des modèles sur lesquels les sujets se règlent ensuite dans leur quête d'identité. La tentative pour se réaliser soi-même au cours de sa vie est organisée, d'une manière pour

---

19. Theodor W. Adorno, « Freizeit », in *Gesammelte Schriften*, Suhrkamp, Francfort, 1977, vol. 10.2, p. 645-655.

20. *Cf.* John B. Thompson, *The Media and Modernity. A Social Theory of the Media*, Polity Press, Cambridge, 1995, chap. 7.

21. Rob Shields (dir.), *Lifestyle Shopping : The Subject of Consumption*, Routledge, Londres, 1992.

ainsi dire inconsciente, par les offres culturelles que la publicité adresse aux individus avec un sens très calculé des différences d'âge, de milieu et de sexe.

Plus importantes que ces effets médiatiques, dont on peut de surcroît mettre en question la portée sociale, furent sans aucun doute les restructurations qui frappèrent le secteur de la production et des services dans les années 1980. Ces mutations ont été décrites d'un point de vue économique comme une phase d'élimination des méthodes fordistes ; mais le point décisif pour notre propos est que ces transformations modifièrent radicalement les rapports de travail, les salariés n'étant plus considérés désormais comme de simples exécutants dépendants de leur direction, mais comme des sujets créatifs, « entrepreneurs » d'eux-mêmes [22]. On ne tarda pas à parler d'une « subjectivisation normative du travail [23] » ou d'une réévaluation de l'apport individuel dans l'activité économique [24], ce qui signifiait en premier lieu que l'organisation de la production et des services faisait une part de plus en plus grande à l'initiative intellectuelle du personnel : par de nouveaux concepts de management fondés sur le nivellement des hiérarchies, sur l'autonomie des équipes et l'autogestion, les entreprises prétendaient répondre aux besoins d'autoréalisation des salariés, désireux d'exprimer dans leur activité les compétences qu'ils avaient acquises.

Mais il ne tarda pas à apparaître que ces stratégies managériales post-tayloristes ont un tout autre effet : le travail est envisagé de plus en plus comme une « vocation », de sorte que les salariés peuvent se voir soumis à des exigences totalement inédites. Leur motivation doit se mouler entièrement sur le profil demandé, ils doivent être disposés à présenter tout changement de poste comme le résultat d'une décision personnelle et il faut que leur engagement profite globalement à l'ensemble de l'entreprise. Ainsi est né, en l'intervalle de deux décennies seulement, un nouveau système

---

22. Günter Voß, Hans Pongratz, « Der Arbeitskraftunternehmer. Eine neue Grundform der Ware Arbeitskraft ? », *Kölner Zeitschrift für Soziologie und Sozialpsychologie*, 50e année, cahier n° 1, 1998, p. 131-158.

23. Martin Baethge, « Arbeit, Vergesellschaftung, Identität – Zur zunehmenden normativen Subjektivieruung der Arbeit », *op. cit.*

24. Hermann Kocyba, « Der Preis der Anerkennung… », *op. cit.*

d'exigences qui fait dépendre l'emploi de la présentation convaincante de la volonté du salarié de se réaliser à travers son travail ; et ce renversement crée à son tour l'espace de légitimation qui permet de justifier les mesures de déréglementation, en invoquant l'obsolescence des garanties catégorielles qui empêchent le salarié de prendre toutes les responsabilités qu'il voudrait. La pression qui est ainsi mise sur les employés et les ouvriers prend une forme extrêmement paradoxale : pour préserver leurs chances de travailler dans l'avenir, ils doivent organiser fictivement leur biographie professionnelle sur le modèle de la réalisation de soi, bien qu'elle ne réponde pour une grande part qu'à un désir de sécurité économique et sociale [25].

Il n'est sans doute pas entièrement faux de distinguer dans ces processus la tendance à transformer les aspirations personnelles à la réalisation de soi en une force productive de l'économie capitaliste. Le penchant des sujets à comprendre leur vie comme une exploration expérimentale de leur propre identité ne sert pas seulement de justification à une série de restructurations économiques, visant globalement une dérégulation du secteur de la production et des services [26] : le nouvel individualisme, aujourd'hui, est aussi utilisé directement comme un facteur de production, au sens où l'on invoque les besoins apparemment changés des salariés pour exiger d'eux plus d'implication, plus de flexibilité et plus d'initiative personnelle qu'on ne le faisait dans le contexte d'un capitalisme tempéré par l'État social. Il me semble cependant erroné de voir, dans cette exploitation économique des aspirations et des penchants individuels, une stratégie intentionnelle, par laquelle un patronat intelligent et coopératif aurait intégré la critique « hédoniste » du capitalisme des années 1960. Le « nouvel esprit du capitalisme », dont Luc Boltanski et Ève Chiapello nous ont livré la fascinante

25. Johann BEHRENS, « "Selbstverwirklichung" – oder : Vom Verblassen aller Alternativen zur Berufsarbeit. Umfragen und Fallstudien zur Krise der Arbeit in Familie und Erwerbsarbeit », *in* Hans-Joachim HOFFMANN-NOWOTNY, Friedhelm GEHRMANN (dir.), *Ansprüche an die Arbeit : Umfragedaten und Interpretationen*, Campus, Francfort/New York, 1984, p. 117-135 ; Richard SENNETT, *op. cit.*

26. Robert CASTEL, *Les Métamorphoses de la question sociale*, Fayard, Paris, 1995.

analyse[27], semble bien plutôt être le résultat involontaire d'une combinaison de différents processus possédant chacun son histoire et sa dynamique propres. Si aux transformations structurales déjà évoquées à propos des médias électroniques, de l'industrie publicitaire et des mutations dans le secteur de la production, nous ajoutons la généralisation d'attentes diffuses, quotidiennes, en matière de réalisation de soi, nous rejoindrons la conclusion sur laquelle s'achève l'étude de Boltanski et Chiapello : l'individualisme de l'autoréalisation qui s'est progressivement imposé depuis un demi-siècle a été tellement instrumentalisé, standardisé, fictionnalisé, qu'il s'est inversé en un système d'exigences largement déshumanisé, sous les effets duquel les sujets semblent aujourd'hui plus souffrir que s'épanouir.

IV

Avec les changements institutionnels qui ont affecté le capitalisme occidental ces vingt dernières années, l'idéal pratique de réalisation de soi est devenu l'idéologie et la force productive d'un système économique déréglementé : les exigences jadis formulées par les sujets, quand ils commencèrent à interpréter leur vie comme un processus expérimental de découverte de soi, leur reviennent à présent d'une manière diffuse sous la forme d'une injonction extérieure, ouverte ou dissimulée, à toujours remettre en question leurs choix et leurs objectifs biographiques.

Ce renversement des idéaux en contraintes, de revendications en exigences, a donné naissance à des formes de malaise et de souffrance sociale qui étaient jusque-là inconnues, à l'échelle collective, dans l'histoire des sociétés occidentales. Cela ne s'applique certes pas à ces réalités quotidiennes que Pierre Bourdieu et ses collaborateurs ont tenté de cerner dans leur ouvrage *La Misère du monde*[28] : quand la dérégulation et le chômage créent une classe de plus en plus nombreuse d'individus superflus, quand les multinationales cherchent constamment à instaurer de nouveaux rapports de

27. Luc Boltanski et Ève Chiapello, *Le Nouvel Esprit du capitalisme*, Gallimard, Paris, 1999.

28. Pierre Bourdieu (dir.), *La Misère du monde*, Seuil, Paris, 1993.

sous-traitance hors de tout contrôle politique, quand les immigrants venus des zones pauvres envahissent les métropoles occidentales à la recherche d'emplois de fortune, on voit resurgir les formes de travail non protégées – activités intérimaires, à temps partiel, à domicile – qui avaient accompagné les débuts de l'industrialisation capitaliste [29]. La flexibilité du marché du travail, la mercantilisation rampante de l'ensemble de la société, toutes ces évolutions auxquelles on a voulu apporter une fragile justification en invoquant le nouvel individualisme, réactualisent cette « question sociale » que la seconde moitié du XXe siècle croyait avoir définitivement surmontée.

Mais, en deçà de ce seuil visible, il s'est répandu ces dernières décennies d'autres formes de souffrance sociale qui d'une certaine manière ne possèdent pas de précurseur dans l'histoire des sociétés capitalistes ; elles sont largement moins accessibles à l'observation empirique parce qu'elles se manifestent dans le domaine psychique, de sorte que l'on ne dispose pour les appréhender que d'indicateurs cliniques.

Dans une étude impressionnante intitulée *La Fatigue d'être soi* [30], le sociologue Alain Ehrenberg s'appuie sur un tel matériau clinique pour constater une rapide augmentation du nombre des dépressions : non seulement la multiplication des cas observés, mais aussi la vogue inouïe des antidépresseurs chimiques indiquent que les maladies dépressives se sont substituées, dans des proportions effrayantes, aux symptômes névrotiques. Pour expliquer ce qui est devenu une pathologie de masse, Ehrenberg suppose que l'exigence diffuse d'être soi-même soumet en quelque sorte les individus à une pression psychique excessive ; l'obligation permanente de tirer de sa propre vie intérieure la matière d'une réalisation authentique de soi exige des sujets une incessante introspection, qui doit tôt ou tard déboucher dans le vide. Et le moment où les expériences psychiques ne donnent plus aucune

29. *Cf.* Robert Castel, *Les Métamorphoses de la question sociale*, *op. cit.*

30. Alain Ehrenberg, *La Fatigue d'être soi. Dépression et société*, Odile Jacob, Paris, 1998.

direction à l'existence, si fort qu'ait été le projet de la personne concernée, marque pour Ehrenberg le début de la dépression [31].

Il se peut qu'un tel renversement, transformant l'idéal de réalisation de soi en une pure contrainte, signale le seuil historique où l'expérience de cette vacuité est désormais partagée par une partie croissante de la population : sommés de toutes parts de s'ouvrir aux impulsions psychiques d'une authentique découverte de soi, les sujets doivent choisir entre une authenticité feinte et la fuite dans la maladie, entre une originalité mise en scène pour des raisons stratégiques et un mutisme pathologique [32]. Compte tenu de la clairvoyance avec laquelle Georg Simmel a observé les changements socioculturels de son temps, on ne s'étonne pas de trouver dans sa *Philosophie de l'argent* le pressentiment de cette évolution : « Ce qu'il [le paysan] a gagné, assurément, c'est de la liberté, mais une liberté qui le libère *de* quelque chose, au lieu de le libérer *pour* quelque chose ; en apparence, assurément, la liberté de tout faire (puisqu'elle n'est justement que négative), mais de ce fait, en réalité, une liberté sans la moindre directive, sans le moindre contenu déterminé et déterminant, et qui dispose donc l'individu à cette vacuité et à cette inconsistance où rien ne s'oppose aux pulsions nées du hasard, du caprice ou de la séduction : conformément à la destinée de l'humain sans amarres, qui a abandonné ses dieux et dont la “liberté” ainsi gagnée n'est que la licence d'idolâtrer n'importe quelle valeur passagère [33]. »

---

31. Pour l'Allemagne, *cf.* J. FROMMER, M. KNÜFERMANN, Ch. KRAUSE, D. WITTIG, « Angst und Depressivität im Ost-West Vergleich. Eine inhaltsanalytische Studie an psychotherapeutischen Erstinterviews », *in* A. HESSEL, M. GEYER et E. BRÄHLER (dir.), *Gewinne und Verluste sozialen Wandels. Globalisierung und deutsche Wiedervereinigung aus psychosozialer Sicht*, Opladen, Wiesbaden, 1999.

32. Andreas Kuhlmann me fait remarquer qu'il faudrait distinguer plus nettement entre la dépression au sens clinique étroit et la dépression au sens large, métaphorique, du « sentiment pénible d'un vide intérieur ». En effet, si le véritable dépressif semble perdre tout intérêt pour sa vie et son environnement, et se trouve ainsi « comme paralysé », il arrive souvent que la personne souffrant d'un « vide intérieur » cherche à compenser ce sentiment par une activité frénétique. Cette distinction serait extrêmement importante pour approfondir le thème que nous ne faisons ici qu'aborder.

33. Georg SIMMEL, *La Philosophie de l'argent* (trad. S. Cornille et Ph. Ivernel), PUF, Paris, 1999, p. 509. Traduction modifiée.

11

Théorie de la relation d'objet et identité postmoderne À propos d'un prétendu vieillissement de la psychanalyse

Depuis la fin de la Seconde Guerre mondiale, il est périodiquement question, dans les sciences sociales et dans la théorie de la culture, d'un « vieillissement » de la psychanalyse. Quand il ne constitue pas une simple arme idéologique, un tel discours met en cause l'écart grandissant qui se serait creusé entre l'environnement socioculturel dans lequel est née la psychanalyse et la réalité sociale d'aujourd'hui : les mécanismes de socialisation sur la base desquels Freud et ses élèves entreprirent d'édifier leur théorie de la constitution du moi correspondraient si peu au stade de développement actuel de la société, que les schémas originels auraient perdu tout pouvoir d'explication et seraient désormais périmés.

La première poussée significative en ce sens date de la fin des années 1950 et du début des années 1960, lorsque Theodor W. Adorno et Herbert Marcuse diagnostiquèrent à l'unisson un processus social de destruction de l'autonomie individuelle, qui à leurs yeux rendait obsolète l'idée d'un conflit psychique entre les revendications pulsionnelles et le principe de réalité. Le propos central des deux auteurs rejoignait en de nombreux points la thèse de David Riesman sur le caractère « extra-déterminé » : les instances sociales de contrôle s'exercent d'une façon si directe, si absolue sur un individu largement désocialisé, qu'il ne peut plus être question d'une acquisition des forces du moi à travers la confrontation œdipienne [1].

Si la thèse de la « fin de l'individu » a été relancée par le poststructuralisme des années 1980 – non pas cette fois comme un diagnostic sociologique, mais comme un postulat philosophique –, le constat s'est presque retourné : l'élément dominant n'est plus aujourd'hui l'image de l'individu totalement adapté, incapable d'autonomie, mais l'idée d'une intensification de l'individualité par la démultiplication intérieure de son identité. En l'espace de quelques décennies, la thèse de la perte d'autonomie du sujet a fait place à l'affirmation d'une personnalité postmoderne, capable de jouer avec aisance de toutes ses identités au point que semble déjà se profiler l'idéal d'un sujet « multiple ». Mais ce diagnostic révisé va encore de pair avec le constat critique que les nouvelles évolutions dans la société entraînent un « vieillissement » du programme théorique de la psychanalyse. Cette fois-ci, naturellement, ce n'est pas l'assujettissement de l'individu aux contraintes sociales qui est censé disqualifier la psychanalyse et son appareil catégoriel hérité du début du siècle : la psychanalyse se serait périmée à cause de sa conception implicite de la santé psychique et de la valeur normative accordée aux capacités du moi à maîtriser le réel d'une manière cohérente [2]. Dans le contexte de ce défi postmoderne, on se demande aujourd'hui si la théorie et la pratique psychanalytiques ne présupposent pas effectivement une image de l'identité personnelle et du développement du moi qui serait en son

---

1. Theodor W. ADORNO, « Zum Verhältnis von Soziologie und Psychologie », in *Gesammelte Schriften*, vol. 18, Suhrkamp, Francfort, 1972 ; Herbert MARCUSE, « Le vieillissement de la psychanalyse », in *Culture et société*, Éd. de Minuit, Paris, 1970 (1963), p. 249-269.

2. Dans cette éviction historique de la psychanalyse, il faut certainement attribuer un rôle de catalyseur à la critique de Foucault, qui n'a pas seulement alimenté le mouvement superficiel d'un « *Freud bashing* » aux États-Unis (*cf.* Jonathan LEAR, « The Shrink is in », *The New Republic*, n° 26, 1995, vol. 213, p. 18-25), mais aussi, plus généralement, renforcé le scepticisme envers la psychanalyse. *Cf.* Michel FOUCAULT, *Histoire de la sexualité. I. La volonté de savoir*, Gallimard, Paris, 1976. Le meilleur résumé se trouve chez Jacques LAGRANGE, « Versions de la psychanalyse dans le texte de Foucault », *Psychanalyse à l'Université*, avril 1987.

principe incompatible avec les tendances d'une pluralisation intrapsychique des sujets.

I

Une telle formulation présuppose que l'on a déjà une idée claire de ce que recouvre exactement ce mouvement d'émergence de sujets « postmodernes » ; mais il suffit de jeter un coup d'œil aux travaux les plus récents pour se convaincre que tel n'est absolument pas le cas [3]. Les absurdités pseudo-scientifiques côtoient ici de nouvelles descriptions suggestives et d'intéressantes observations détaillées, dans un mélange si inextricable que la détermination cohérente et convaincante de ce nouveau type de personnalité paraît encore infiniment lointaine. On observe que les sujets sont parvenus à un stade supérieur dans la constitution réflexive de leur identité, mais on fait un éloge irréfléchi, voire irresponsable, de la personnalité « multiple », qui n'aurait plus besoin d'intégrer les différentes facettes de son identité dans une unité supérieure ; on exhorte le sujet à forger audacieusement son propre moi, mais on parle de s'ouvrir progressivement à la part d'étranger que chacun recèle en soi-même.

Seule une infime partie de ces propositions pourrait sérieusement soutenir un examen empirique, et un petit nombre seulement de ces diverses recommandations se révélerait acceptable ou désirable à la lumière de nos principes moraux [4]. Mais, inversement, ce serait faire preuve de négligence que de ne pas prendre en compte les résultats de ce diagnostic encore tâtonnant, diffus, sous prétexte qu'il présente encore un caractère incomplet et provisoire. Un examen dépassionné retiendra, comme le noyau durable de cette approche, l'observation selon laquelle les sujets

3. *Cf.* Harald WENZEL, « Gibt es ein postmodernes Selbst ? Neuere Theorien und Diagnosen der Identität in fortgeschrittenen Gesellschaften », *Berliner Journal für Soziologie*, n° 1, 1995, p. 113-131 ; Hans JOAS, *Die Enstehung der Werte*, Suhrkamp, Francfort, 1997, chap. 9.

4. La psychanalyse dénonce ainsi la notion aujourd'hui en vogue de « personnalité multiple », proposée comme un but normatif. *Cf.* par exemple, Kimberlyn LEARY, « Psychoanalytic "Problems" and postmodern "Solutions" », *Psychoanalytic Quarterly*, vol. LXIII, 1994, p. 433-465.

ont actuellement tendance, au moins dans les sociétés développées, à admettre et à réaliser plus de possibilités internes qu'ils ne le faisaient dans les conditions d'une attribution conventionnelle de rôles et d'attentes comportementales figées.

Sous l'impulsion des changements socioculturels intervenus dans les relations primaires – autour de ce qu'on n'a pas tardé à appeler la « révolution sexuelle » –, sous l'effet accélérateur de la multiplication des relations sociales, les individus se sont montrés de moins en moins disposés à envisager leur propre biographie comme le processus de développement linéaire d'une identité personnelle débouchant sur un rôle professionnel et une place dans la division sexuelle du travail au sein de la famille. À ce schéma rigide, sur lequel un Parsons pouvait encore trouver tout naturel de fonder sa théorie de la socialisation, l'appartenance aux milieux sociaux les plus divers, les contacts renforcés avec des formes de vie étrangères, la généralisation des comportements sexuels expérimentaux ont substitué l'image d'un individu prêt à intégrer dans sa perception de lui-même des possibilités d'identité très diverses [5]. Dans cette mesure, les transformations socioculturelles qu'on prétend englober aujourd'hui sous le terme de « personnalité postmoderne » peuvent être comprises très sobrement comme des processus de pluralisation intrapsychique des sujets.

Même ce résumé passablement abrupt, je l'admets, reste fort vague et laisse en outre ouvertes de nombreuses questions d'ordre purement conceptuel. On ne voit pas du tout, par exemple, pourquoi les tendances qui poussent les individus à intégrer de nouvelles possibilités d'évolution intérieure devraient aboutir à une « décomposition du soi » ou à une « perte d'identité ». Car des concepts comme l'« identité » et le « soi » ne désignaient dans les courants les plus avancés de la tradition sociologique que les opérations de synthèse que le sujet doit effectuer pour pouvoir percevoir une multitude d'expériences, de convictions et d'actions appartenant à des plans temporels et

5. Citons seulement comme exemples centraux d'un tel diagnostic : Anthony GIDDENS, *Modernity and Self-Identity. Self and Society in the Late Modern Age*, Polity Press, Cambridge, 1991 ; Jürgen HABERMAS, *Théorie de l'agir communicationnel* (trad. J.-L. Schlegel), Fayard, Paris, 1987, t. 2.

sociaux disparates comme les manifestations cohérentes d'un même moi [6]. On introduit un postulat tout aussi flou, d'une valeur purement suggestive, quand on admet que les bouleversements évoqués signalent l'abolition d'une contrainte due exclusivement à l'orientation normative du sujet vers la finalité d'une identité individuelle ; ce faisant on confond, me semble-t-il, deux acceptions totalement différentes de l'identité, l'exigence sociale véhiculée par la valorisation d'un certain type de personnalité étant abusivement assimilée aux compétences formelles que nous devons présupposer quand nous parlons de la construction réussie d'une identité individuelle [7].

Quoi qu'il en soit de ces inconséquences conceptuelles, le plus intéressant de notre point de vue est naturellement de mesurer en quoi les tendances décrites représentent un défi pour la psychanalyse : en quoi, plus précisément, face aux récents bouleversements socioculturels, peut-on parler d'un « vieillissement » des concepts et des schémas avec lesquels la théorie psychanalytique tente de cerner l'évolution du moi ? Nous savons que Freud, après la découverte révolutionnaire de l'inconscient, s'est surtout intéressé aux processus intrapsychiques par lesquels le moi se confronte au ça, avec ses exigences enracinées dans le corps du sujet, et aux attentes socialement médiatisées du surmoi, pour accéder à une sorte de force qu'il associait toujours plus ou moins à la santé psychique. Les questions concernant la constitution de l'identité du sujet lui étaient totalement étrangères, notamment parce qu'à son époque les recherches menées aux États-Unis sur le « soi » et l'« identité » n'avaient encore trouvé aucun écho en Europe.

Il fallut attendre l'impressionnante entreprise d'Erik Erikson, après 1945, pour voir la psychanalyse et son modèle de la personnalité s'ouvrir aux recherches socio-psychologiques qui accordaient un rôle central aux conditions communicationnelles

---

6. *Cf.* Jürgen STRAUB, « Identitätstheorie im Übergang ? Über Identitätsforschung, den Begriff der Identität und die zunehmende Beachtung des Nicht-Identitschen in subjekttheoretischen Diskursen », *Sozialwissenschaftliche Literaturrundschau*, n° 23, 1991, p. 49-71 ; Gertrud NUNNER-WINKLER, « Identität und Individualität », *Soziale Welt*, n° 36/4, 1985, p. 466-482 ; Hans JOAS, *Die Entstehung der Werte*, *op. cit.*, chap. 9.

7. *Cf.* Jürgen STRAUB, *op. cit.* ; Hans JOAS, *op. cit.*

de l'évolution du soi ; cette synthèse scientifique aboutit à l'idée que les sujets trouvent une identité personnelle sur la base d'« actes implicites de synthèse du moi », qui permettent d'établir « une unité et une continuité intérieures » entre les revendications pulsionnelles individuelles et les attentes sociales [8]. Erikson privilégiait donc lui aussi un concept de l'identité du moi qui s'appuyait pour l'essentiel sur les opérations d'intégration conscientes et inconscientes par lesquelles un sujet, à travers la multitude de ses expériences et de ses impressions, acquiert la conscience de son unité intérieure [9]. Mais il n'en est alors que plus nécessaire de se demander pourquoi la psychanalyse ne serait pas en mesure de rendre justice, sur le plan conceptuel, à cette nouvelle relation plurielle et ouverte que les sujets entretiennent avec eux-mêmes.

Ici encore, il me semble permis de procéder à une certaine simplification pour d'abord faire apparaître au sein de la pensée psychanalytique le point où le reproche de vieillissement pourrait avoir prise. Peut-être la tradition de la psychanalyse freudienne a-t-elle toujours été portée à se représenter la relation idéale et souhaitable du moi avec son environnement et sa propre vie psychique sur le modèle d'un contrôle rationnel : seul serait capable de maîtriser la réalité le sujet dont le moi est assez fort pour établir entre les revendications pulsionnelles inconscientes et les normes sociales un équilibre lui permettant de travailler et de nouer des liens. D'après ce modèle, le critère de la santé psychique résiderait dans la capacité de l'individu de mettre en œuvre une palette d'opérations de synthèse du moi, qui doivent toutes être au service de la maîtrise du réel ; et cette réalité dont

8. Erik H. Erikson, *Identity and the Life Cycle*, International Universities Press, New York, 1959.

9. L'héritage d'Erikson n'a malheureusement jamais vraiment été repris dans le développement ultérieur de la psychanalyse, nourri d'une synthèse d'égo-psychanalyse (Kohut) et de théorie de la relation d'objet. *Cf.* Robert S. Wallerstein, « Erikson's Concept of Ego Identity Reconsidered », *Journal of the American Psychoanalytic Association*, n° 46, 1998, p. 229-247. Stephen Seligman et Rebecca S. Shanok, en revanche, ont proposé une approche qui réintègre et prolonge cet héritage (« Subjectivity, Complexity and the Social World. Erikson's Identity Concept and Contemporary Relation Theories », *Psychoanalytic Dialogues*, n° 5, 1995, p. 537-565).

la maîtrise exige du sujet qu'il affermisse les forces de son moi, est au premier chef une réalité sociale caractérisée par les impératifs d'une activité professionnelle exercée tout au long de la vie et d'une vie familiale fondée sur la division du travail. Si nous rapportons cet idéal de la personnalité aux nouvelles tendances socioculturelles précédemment évoquées, nous voyons se profiler une objection qu'on aurait quelque raison d'adresser aujourd'hui à la psychanalyse : ses concepts fondamentaux, disons même sa vision tout entière de la vie psychique, tendent tellement à placer le champ d'action de l'inconscient sous le contrôle rationnel du moi, ils sont tellement ajustés à ce but normatif, qu'elle se révèle incapable de prendre en compte le nouveau rapport à soi que les sujets ont commencé à développer à la suite de l'affaiblissement des liens traditionnels. Pour le dire en une phrase : la psychanalyse est entrée dans un processus de vieillissement rapide, parce qu'elle ne dispose pas de l'élément qui formerait, du côté de la vie intrapsychique, le pendant nécessaire à l'idée de la fluidification communicationnelle de l'identité personnelle.

J'ai présenté les choses jusqu'à présent sous une forme extrêmement simplifiée, afin d'arriver plus rapidement à une première appréciation du défi auquel la psychanalyse doit faire face dans les nouvelles conditions de notre époque. Je voudrais maintenant renverser la direction de mon argumentation, et passer à une défense qui pour l'essentiel devra établir que la psychanalyse, dans ses versions les plus avancées, offre les instruments conceptuels nécessaires à une approche de la vie psychique adaptée aux tendances actuelles. Avant de développer une telle ligne de défense, il est toutefois nécessaire d'opérer une restriction, dont la raison ne devrait apparaître entièrement qu'à la fin de mes réflexions : seuls les prolongements de la psychanalyse qui, dans la tradition de la théorie de la relation d'objet, cherchent à comprendre la formation de la vie psychique comme un processus conflictuel d'intériorisation des relations d'interaction sont en mesure de remplir la tâche prescrite. Car leur appareillage conceptuel les amène inévitablement à se représenter la relation des forces ou des instances intrapsychiques sur le même modèle communicationnel qui, dans l'idéal, régit les relations d'interaction à travers lesquelles l'enfant parvient à se différencier de son environnement et à construire son identité. C'est aussi pourquoi ces versions de la psychanalyse proposent une image de la maturité personnelle qui n'est pas celle d'un moi fort capable de remplir efficacement sa fonction, mais celle d'un moi enrichi par la fluidisation communicationnelle de sa vie intérieure.

Je commencerai par esquisser, en m'appuyant sur les écrits de Donald Winnicott, les prémisses d'une psychanalyse comprise dans le sens d'une théorie de la reconnaissance. Ainsi apparaît l'image d'une constitution interactive de la relation à soi, que j'approfondirai ensuite avec des aperçus empruntés à la théorie des pulsions de Hans Loewald. On montrera de cette manière que même l'organisation intrapsychique du potentiel pulsionnel peut être comprise comme un processus de différenciation qui suit les étapes de l'élargissement des relations d'interaction de l'enfant. Sur la base de la synthèse ainsi opérée, nous verrons dans un dernier temps qu'envisager la psyché individuelle comme un dispositif communicationnel intériorisé modifie insensiblement la détermination normative du développement du moi : avec Winnicott et Loewald, nous pouvons dire qu'à la volonté de renforcer les capacités de contrôle rationnel s'est substituée l'idée d'une richesse vitale des processus intrapsychiques.

II

Pour Freud et ses successeurs directs, les partenaires d'interaction de l'enfant n'importaient que dans la mesure où ils représentaient des objets d'investissement de la libido, résultant du conflit intrapsychique entre les revendications pulsionnelles inconscientes et le contrôle progressivement établi par le moi ; au-delà de ce rôle indirect et secondaire, seule la mère se voyait accorder une valeur spécifique comme personne de référence, parce que la peur de la perdre, dans la phase d'impuissance physique du nourrisson, était considérée comme la cause de toutes les formes ultérieures de l'angoisse.

C'est pourquoi les voies ouvertes par Freud ne pouvaient tout d'abord conduire à aucune tentative théorique visant à comprendre l'émergence de la psyché individuelle comme un processus d'intériorisation des relations d'interaction avec un cercle toujours plus large de personnes de référence. Le développement psychosexuel et, par conséquent, la constitution du rapport à soi étaient au contraire conçus sur le modèle d'un travail de maturation endogène, dans lequel la relation à d'autres ne devait jouer qu'une fonction catalysatrice dans le déploiement du potentiel pulsionnel lié au corps. Cette situation, qui interdisait un échange fructueux avec une psychologie sociale américaine fondée sur l'approche intersubjective, ne put changer durablement qu'à partir du moment où le mouvement psychanalytique se montra plus réceptif aux travaux qui, en son propre sein, établissaient empiriquement l'importance psychique des liens affectifs dans le développement de l'enfant. L'un des résultats de ce recentrage fut, comme on sait, la théorie de la relation d'objet, dans laquelle l'organisation des pulsions libidinales se trouve systématiquement articulée aux relations du nourrisson avec son entourage, et qui offre ainsi une vision plus complexe et plus différenciée du développement du moi. Cette perspective élargie à la dimension intersubjective a engendré des vues fécondes, qui rejoignent en trois points au moins l'approche interactionniste de la socialisation. Je me concentrerai dans les pages suivantes sur les convergences théoriques entre la psychanalyse winnicottienne et l'œuvre de G. H. Mead, mais on pourrait naturellement tirer des conclusions similaires d'un rapprochement avec les écrits de Melanie Klein [10].

1. Dans l'une et l'autre approches, on présuppose que la psyché infantile se réduit à un complexe désordonné de stimulis et de besoins, jusqu'à ce que les expériences élémentaires d'interaction avec le référent primaire ouvrent la voie aux premières formes d'un retour vers soi. Les réactions des partenaires d'interaction enseignent en quelque sorte au nourrisson à

---

10. Je développe ici des réflexions que j'ai présentées pour la première fois dans mon livre *La Lutte pour la reconnaissance* (Cerf, Paris, 2000, chap. 4 et 5). Je me sens profondément conforté dans mon projet par la tentative de Thomas G. Ogden pour tirer de la théorie de la relation d'objet des conclusions concernant une compréhension élargie du concept de sujet. *Cf.* Thomas G. OGDEN, « The dialectically constituted/decentered subject of Psychoanalysis II. The Contribution of Klein and Winnicott », *International Journal of Psychoanalysis*, 73/1992, p. 613-622.

se rapporter à ses expériences encore désordonnées de telle manière qu'il parvient aux premiers stades d'organisation de sa psyché. Les sujets n'accèdent à quelque chose comme une vie intérieure que dans la mesure où des relations de communication externes sont transformées en modèles intrapsychiques : tout ce que nous avons l'habitude de décrire comme des formes de la relation individuelle à soi-même – sentiments moraux, volitions, expression de besoins –, tout cela résulte d'interactions qui ont été pour ainsi dire intériorisées et ont suscité dans le psychisme des instances qui se rapportent les unes aux autres sur un mode quasi communicationnel. Les deux approches s'accordent tellement sur ce point de départ théorique, que les seules différences portent sur les stades du développement auxquels elles s'intéressent prioritairement : tandis que G. H. Mead étudie d'abord l'émergence du sentiment moral à travers les relations intersubjectives, Winnicott se penche, du même point de vue, sur la formation motivationnelle de la faculté d'attachement et de la créativité.

2. Un deuxième point commun apparaît dès qu'on se demande comment le même mécanisme central de l'intériorisation est censé produire à la fois la socialisation et l'individuation des sujets. Cette formule apparemment paradoxale signale le fait que toute socialisation humaine poursuit simultanément deux objectifs contradictoires : la société, à travers le processus de l'intériorisation, doit pour ainsi dire prendre pied dans le psychisme de l'enfant à mesure qu'il grandit, en même temps que celui-ci affirme progressivement son individualité jusqu'à se forger finalement une personnalité unique. L'interprétation que proposent l'une et l'autre approches pour résoudre ce problème consiste à élargir le processus d'intériorisation pour y intégrer le principe de la démarcation, de la différenciation : fondamentalement, l'intériorisation consiste pour l'individu à neutraliser une relation de communication externe, vécue d'une manière d'abord purement passive, en la reproduisant par des détours compliqués dans son propre fonds, afin de la transformer en une ressource intrapsychique qui lui permettra de se démarquer du monde social environnant. Ainsi chaque pas effectué dans la voie de l'intériorisation accroît la capacité du sujet à s'affranchir des objets, des personnes de référence et des impulsions externes, de

sorte que s'élargit simultanément l'espace dans lequel il peut exprimer ses besoins et fixer ses objectifs individuels. Les instances intrapsychiques mises en place par un tel processus d'intériorisation créent pour ainsi dire l'espace de communication interne qui permettra au sujet de se différencier du cercle de plus en plus large de ses partenaires d'interaction, et de construire sa vie d'une manière autonome [11].

C'est dans la même ligne que se situe par exemple la proposition de G. H. Mead d'expliquer la socialisation comme un processus au cours duquel l'enfant intériorise les perspectives externes d'un « autrui » d'abord concret puis de plus en plus généralisé, et apprend ainsi progressivement à ériger en lui-même l'instance d'un « moi » qui l'aide à contrôler d'une façon autonome ses propres impulsions. Ce qui n'est naturellement pas très éloigné de l'idée de Winnicott selon laquelle l'intériorisation de la sollicitude de la personne de référence donne à l'enfant la capacité de rester « seul avec lui-même » et, dans le jeu, de découvrir de manière créative son propre potentiel de besoins. Mais l'une et l'autre approches partent typiquement de l'idée que le véritable ressort de l'individuation chez l'enfant vient d'une instance qui, en quelque sorte, demeure comme un reliquat peu organisé dans le processus d'intériorisation : Winnicott, à la suite de Freud, l'appelle le « ça », Mead, renvoyant à William James, le « je ». J'en arrive ainsi au troisième point qui semble réunir les deux approches théoriques.

3. Tant l'interactionnisme de Mead que la théorie de la relation d'objet de Winnicott partent du fait que le processus d'intériorisation des schémas de communication externes épargne pour ainsi dire, dans le flot de l'expérience psychique, une zone qui devient dès lors un réservoir d'élans inconscients et d'exigences pulsionnelles. Les forces rassemblées ici ne peuvent passer le seuil de la représentabilité réflexive, parce qu'elles n'ont pas été incluses dans la réorganisation du psychisme qui a commencé avec l'intériorisation du comportement d'interaction de la première personne de référence. C'est à ce domaine peu ou pas

11. Ogden envisage lui aussi l'espace intrapsychique sur le modèle des relations d'interaction ; son approche revêtira une importance centrale pour la suite de mon argumentation. *Cf.* Th. G. OGDEN, *op. cit.*, p. 616.

organisé des élans pulsionnels liés au corps, c'est à ce règne du « ça » au sens freudien, que les deux approches rapportent la pression intrapsychique qui pousse le sujet à s'individualiser à mesure qu'il grandit. Ces impulsions soustraites à la conscience représentent, au sein de l'espace de communication ouvert dans le psychisme, en quelque sorte des exigences muettes, qui obligent constamment l'individu à dépasser le niveau auquel il avait précédemment formé ses compromis avec l'environnement social, et à s'élever à un stade supérieur d'individuation dans l'expression de ses besoins. À cet égard, le processus de socialisation au cours duquel l'enfant parvient progressivement à l'indépendance par l'intériorisation de schémas sociaux d'interaction se déroule toujours, idéalement, comme un processus d'individuation. Dans ce contexte, Mead comme Winnicott engagent des spéculations quant à la possibilité d'instaurer une relation de type dialogique avec son propre inconscient ou son « je » ; je reviendrai sur ce problème à la fin de mon article, lorsqu'il s'agira de voir comment l'idéal de la personnalité privilégié par la théorie de la relation d'objet peut se rapporter aux débats concernant le diagnostic de l'époque actuelle.

Les trois hypothèses mentionnées – la priorité de l'interaction sociale sur l'organisation de la psyché, la double fonction de l'intériorisation comme mécanisme de socialisation et facteur d'indépendance, et enfin le rôle d'un domaine faiblement organisé du psychisme comme moteur inconscient de l'individuation –, ces trois hypothèses désignent les convictions théoriques fondamentales dans lesquelles se rejoignent l'interactionnisme d'un G. H. Mead et la théorie de la relation d'objet. L'une et l'autre de ces traditions théoriques partent du fait que l'organisation des événements intrapsychiques peut être comprise comme l'ouverture d'un espace de communication intériorisé, dont seul est exclu ce réservoir de pulsions inconscientes qui, pour des raisons structurelles, n'a pu être élaboré par des schémas d'interaction intériorisés. Le seul aspect sous lequel les deux approches présentent des différences essentielles tient à une prémisse qui, fondamentalement, ne constitue pour Winnicott que le point de départ de sa construction : en accord avec un certain nombre d'autres psychanalystes, il part de l'idée que l'accès à l'autonomie, qui va de pair avec l'intégration affective de l'indépendance de la réalité extérieure, représente en quelque sorte un choc inassimilable pour l'enfant et focalisera par conséquent sa vie intrapsychique jusque dans l'âge adulte. Cette thèse audacieuse et de vaste portée me semble receler en quelque sorte la clé de ce que nous pourrions considérer comme l'apport spécifique de la psychanalyse à la compréhension moderne du sujet ; aussi ne devons-nous épargner aucun effort pour réfuter les objections empiriques qui, à partir de récentes études sur le développement du nourrisson, sont aujourd'hui adressées à l'hypothèse d'un état originel de symbiose [12].

La raison que Winnicott invoque à l'appui de sa prémisse centrale est au fond facile à comprendre, bien que certaines réserves aient été récemment émises à son endroit : s'il est exact que le nourrisson n'apprend à organiser ses forces psychiques qu'en intériorisant ce premier schéma d'interaction que lui offre la constante sollicitude de sa mère (ou d'une autre personne de référence), alors cet apprentissage doit succéder à l'expérience d'une unité, d'une indifférenciation entre le sujet et le réel ; cette première phase, pour laquelle la psychanalyse propose toute une série de concepts plus ou moins heureux, depuis le « narcissisme primaire » jusqu'à la « symbiose », il faut se la représenter comme une période où le nourrisson voit encore ses impulsions et ses élans si intimement confondus avec les réponses de la personne de référence, qu'il ne peut y avoir dans son expérience affective aucune solution de continuité entre le soi et la réalité. Ce n'est donc pas seulement sur le plan de la simple survie matérielle que le nouveau-né est totalement dépendant des soins de son référent primaire ; plus profondément, dans le sentiment qu'il a de l'existence, il est également incapable de

12. Les plus importantes de ces objections émanent de Daniel Stern, qui peut s'appuyer sur les résultats de ses propres recherches expérimentales. *Cf.* Daniel STERN, *Le Monde interpersonnel du nourrisson : une perspective psychanalytique et développementale* (trad. A. Lazartigues et D. Pérard), PUF, Paris, 1989. On trouve une excellente présentation d'ensemble du débat dans l'ouvrage de Martin DORNES, *Psychanalyse et psychologie du premier âge* (trad. C. Vincent), PUF, Paris, 2002 (1997), chap. 1 et 5. J'ai pour ma part répondu à ces objections empiriques dans mon article « Facetten des vorsozialen Selbst. Eine Erwiderung auf Joel Whitebook », *Psyche*, cahier 8, 2001, p. 790-802.

se distinguer lui-même de l'environnement qui satisfait ses besoins. Winnicott est tellement convaincu de l'importance cruciale de cette expérience originelle de symbiose qu'il consacre l'essentiel de sa théorie psychanalytique à expliquer les mécanismes par lesquels le petit enfant parvient à maîtriser progressivement la découverte de l'existence d'une réalité indépendante. Mais, là encore, il faut souligner aussitôt qu'il ne s'intéresse pas tant au processus de production cognitive d'un schéma de la réalité objective, séparée du sujet, qu'aux mécanismes qui permettent à l'enfant d'admettre affectivement la réalité d'une personne de référence existant indépendamment de ses propres fantasmes. Winnicott cherche à expliquer cet apprentissage décisif du nourrisson par la magnifique hypothèse de l'« objet transitionnel », dont je ne puis donner ici qu'un bref aperçu [13]. Dans sa relation affective très forte avec certains objets de son environnement immédiat – telle partie de son jouet, la pointe de son coussin ou encore son propre pouce –, le nourrisson se constitue, généralement avec l'accord tacite de la personne de référence, un domaine de réalité original, qui n'appartient plus à sa seule vie intérieure et pas encore au monde des faits objectifs : la particularité d'une telle zone « intermédiaire » réside précisément dans le fait qu'elle est perçue par toutes les personnes concernées comme une sphère ontologique relativement à laquelle la question de la réalité ne se pose même pas.

Si l'on considère la phase de développement dans laquelle tombe la découverte de tels objets intermédiaires, on peut supposer que ceux-ci constituent des formations substitutives, destinées à remplacer la mère reconquise par la réalité extérieure. Parce qu'ils présentent au plan ontologique une nature en quelque sorte hybride, l'enfant peut les utiliser sous les yeux de ses parents pour prolonger au-delà de l'expérience de la séparation ses fantasmes primitifs de symbiose, tout en les mettant d'une manière créative à l'épreuve de la réalité. Cet usage à la fois ludique et expérimental des objets transitionnels montre cependant qu'ils ont encore une autre fonction que de reprendre

13. *Cf.* Donald WINNICOTT, « Objets transitionnels et phénomènes transitionnels », in *Jeu et réalité* (trad. C. Monod et J.-B. Pontalis), Gallimard, Paris, 1975.

le rôle de la mère dans les rapports fusionnels que le nourrisson entretenait avec elle : l'enfant n'éprouve pas seulement une tendresse symbiotique pour les objets élus, il les soumet aussi à de violentes agressions et à des tentatives de destruction. D'où Winnicott croit pouvoir conclure que les objets transitionnels représentent les maillons ontologiques intermédiaires entre l'expérience primitive de fusion et l'expérience de la séparation : en jouant avec ces objets fortement investis, l'enfant cherche à combler symboliquement la césure douloureuse entre la réalité intérieure et la réalité extérieure.

Le fait que cette opération marque aussi le commencement d'une formation illusoire acceptée sur un plan intersubjectif amène Winnicott à effectuer un pas supplémentaire et à proposer une thèse de vaste portée : cette sphère ontologique intermédiaire, destinée à résoudre une tâche qui restera d'actualité pour l'être humain toute sa vie, constitue l'origine psychique de tous les intérêts que l'adulte portera par la suite aux objectivations culturelles. Winnicott écrit ainsi, avec un sens certain des finesses spéculatives : « Nous supposons que l'acceptation de la réalité est une tâche sans fin, et que nul être humain ne parvient à se libérer de la tension suscitée par la mise en relation de la réalité du dedans et de la réalité du dehors, nous supposons aussi que cette tension peut être soulagée par l'existence d'une aire intermédiaire qui n'est pas contestée (art, religion, etc.). [...] Ce domaine intermédiaire est en continuité directe avec l'espace ludique dans lequel évolue le petit enfant "perdu" dans son jeu [14]. »

L'idée des « objets transitionnels » débouche ainsi sur une vision du développement infantile qui partage certes avec l'approche de G. H. Mead un certain nombre de prémisses intersubjectives, mais qui introduit en même temps, dans le cycle de plus en plus large de l'interaction et de l'intériorisation, un élément de rupture, de déchirement : comme chez Mead, l'enfant dans la théorie de Winnicott accède à une première forme d'autonomie à partir du moment où il a suffisamment intériorisé la sollicitude de l'autrui concret pour ériger dans son propre psychisme une instance qui lui permet de découvrir son

14. *Ibid.*, p. 24.

environnement sur le mode du jeu, et ainsi de s'en assurer un premier contrôle élémentaire ; mais cette émancipation implique aussi, pour le nourrisson, d'abandonner la symbiose originelle avec sa mère et donc de traverser une douloureuse expérience de séparation, qui demandera sa vie durant à être compensée par d'incessantes excursions dans le domaine intermédiaire des objets transitionnels. Poussée à un certain degré de généralité, où elle intervient dans la manière dont nous voyons le sujet construire sa relation à lui-même par le biais de l'intersubjectivité, cette spéculation de Winnicott conduit à l'hypothèse suivante : nous autres humains ne pouvons accéder à l'autonomie, au sens de la capacité à établir un dialogue intrapsychique, que si, dans le processus de reconnaissance de l'indépendance de nos partenaires d'interaction, nous acquérons simultanément la capacité à retomber de temps en temps en deçà des limites auxquelles nous avons à ce moment-là étendu notre moi. C'est à cette condition seulement que nous pouvons supporter la distance croissante qui nous sépare de la symbiose originelle. Il s'agit en somme de maintenir l'équilibre entre le désir de fusion et la démarcation du moi, et c'est là un défi psychique auquel le nourrisson, pas plus que l'adulte, ne parvient jamais à répondre définitivement [15]. Avant de tirer de ces réflexions des conclusions quant à un idéal de la personnalité, j'indiquerai brièvement les hypothèses qu'il faut emprunter à la théorie des pulsions pour obtenir une image complète du développement de la personnalité humaine par le biais de l'intersubjectivité.

III

Le tableau que nous venons d'esquisser ne nous permet pas encore de préciser quel rôle peuvent y jouer les hypothèses de la théorie des pulsions, qui, avec l'idée d'un état originel de symbiose, constituent certainement le second grand apport de l'héritage psychanalytique. Ce que nous savons jusqu'à présent, c'est d'abord que le sujet accède à l'indépendance en intériorisant des

---

15. Thomas G. Ogden, invoquant Melanie Klein, formule cette idée dans des termes analogues. *Cf.* Th. G. OGDEN, *op. cit.*, p. 619.

schémas d'interaction, à l'aide desquels il développe une sorte d'espace de communication intrapsychique, complémentaire du monde social environnant. Nous avons également vu que cette organisation médiatisée par l'intersubjectivité semble laisser de côté une portion du psychisme où sont représentées, sous une forme peu structurée, certaines revendications pulsionnelles liées au corps. Enfin, nous avons relevé que ce processus communicationnel d'émancipation des sujets se trouve constamment interrompu, dans la mesure où la perte de l'état originel de symbiose est compensée par un mouvement périodique de dé-différenciation du soi qui prend la forme d'une excursion ludique dans le monde intermédiaire des objets transitionnels ou des créations culturelles.

Tout cela, cependant, n'explique pas quel rôle joue, dans le développement individuel, ce potentiel pulsionnel excédentaire d'où Freud et ses élèves croyaient pouvoir partir [16]. On s'appuiera ici sur les réflexions de Hans Loewald et sur sa tentative pour interpréter, dans la perspective d'une théorie de l'intersubjectivité, la formation du potentiel pulsionnel dans l'être humain. Ses hypothèses conviennent particulièrement au modèle d'évolution que nous venons de présenter, dans la mesure où elles recourent elles aussi au mécanisme de l'intériorisation progressive de modèles d'interaction ; elles vont cependant au-delà de Mead et de Winnicott en interprétant l'organisation de la psyché tout entière comme un processus de structuration d'un potentiel pulsionnel excédentaire [17]. Nous trouvons ainsi une explication *a posteriori* à ce fait que nous avons jusqu'à présent

16. Les réflexions suivantes tentent de répondre à certaines objections suscitées par ma lecture de la théorie de la relation d'objet dans *La Lutte pour la reconnaissance. Cf.* par exemple Hans-Walter GUMBERGER, « Die Anerkennung beschädigter Identität. Kritische Anmerkungen zu Axel Honneths Theorie der Anerkennung », *in* H. BRENTEL *et alii* (dir.), *Gegensätze. Elemente kritischer Theorie*, Campus, Francfort/New York, 1995, p. 125-145.

17. Je m'appuie dans le développement suivant sur l'ouvrage de Hans LOEWALD, *Psychoanalyse. Aufsätze aus den Jahren 1951-1979*, Klett-Cotta, Stuttgart, 1986. Sur la place de Loewald dans le développement de la psychanalyse, voir notamment Jonathan LEAR, « The Introduction of Eros. Reflections on the Work of Hans Loewald », in *Open Minded. Working out the Logic of the Soul*, Cambridge, Mass., 1998, p. 123-147 ; Joel WHITEBOOK, *« The Desease of the Age ». Fantasy and Rationality in the Work of Hans Loewald*, ms., 1999.

tenu à la périphérie de la discussion : que l'instauration d'un espace de communication intrapsychique ménage une instance – le « je » ou le « ça » – qui garde la forme d'un reste non organisé et pour ainsi dire privé de structure.

Dans ses réflexions sur la théorie des pulsions, Loewald part d'un modèle que la tradition pragmatique de la théorie de la socialisation ne nous a rendu que trop familier : nous devons nous représenter le psychisme individuel comme un organisme qui se développe par un échange ininterrompu avec son environnement [18]. Au début, c'est-à-dire dans les premières phases de développement du nourrisson, cette constitution « organique » du psychisme ne représente qu'une activité pulsionnelle totalement dénuée de direction et de structure ; le potentiel pulsionnel de l'être humain, compris comme le condensé de ses besoins et de ses impulsions organiques, n'est pas encore associé à des objets spécifiques, et ne cherche donc qu'à établir à l'aveuglette un échange actif avec le monde extérieur. C'est pourquoi Loewald souligne aussi que, à ce stade précoce du développement, il ne peut encore être question de « pulsions » au sens terminologique : le terme s'applique seulement à un besoin qui a déjà trouvé son représentant psychique, pour autant qu'il a été en quelque sorte amalgamé à un objet sous la forme de souvenirs élémentaires d'une expérience de satisfaction. Les impulsions purement organiques ne se transforment en véritables pulsions, selon Loewald, qu'à partir du moment où le nourrisson voit la sollicitude de la mère se détacher sur le fond d'échanges diffus qui constitue son environnement, comme un premier modèle d'interaction qui ramène périodiquement des états de satisfaction. Alors, en effet, les besoins aveugles peuvent, avec l'aide d'« images mnésiques », s'attacher à des objets spécifiques signalant des satisfactions, de telle manière qu'ils deviennent représentables sur le plan psychique et prennent ainsi la forme de pulsions. Pour décrire ce premier pas dans l'organisation des pulsions, Loewald utilise une image magnifique, qui veut avant tout souligner combien les soins du référent primaire, loin d'être un simple moyen permettant de supprimer les états d'excitation, constituent au contraire l'acte créatif de production et

18. Hans LOEWALD, « Über Motivation und Triebtheorie », *op. cit.*, p. 100.

d'organisation des processus d'excitation comme tels : « Ce sont les soins prodigués par la mère, écrit-il, qui suscitent chez l'enfant les pulsions [19]. »

Si les pulsions apparaissent de la sorte dans la vie psychique de l'enfant, alors nous nous trouvons ici dans le contexte de cette phase précoce que Winnicott caractérise comme un état fusionnel : il ne peut encore être question à ce stade d'un quelconque sentiment d'une réalité extérieure, parce que le nourrisson tient encore l'objet de son impulsion, désormais dotée d'un représentant psychique, pour une partie intégrante de l'activité par laquelle il cherche à satisfaire ses pulsions. Le véritable acquis des travaux de Loewald réside à mon sens dans la manière dont, à partir de cette phase précoce de symbiose, il décrit le processus d'individuation comme un mouvement de différenciation d'une vie pulsionnelle d'abord monolithique, qui se subdivise progressivement en différentes instances représentant chacune l'intériorisation d'un certain schéma d'interaction dans les rapports du nourrisson avec son environnement. L'intuition centrale est que l'enfant parvient à développer un espace de communication intrapsychique dans la mesure où il intériorise des schémas typiques d'interaction avec ses principaux partenaires et les érige en instances grâce à l'énergie pulsionnelle libérée entre-temps. On aboutit ainsi à l'idée générale que la psyché de l'adulte forme un réseau interactionnel d'instances, dans lequel des éléments de l'énergie pulsionnelle ont pris, par des processus d'intériorisation, une forme organisée [20].

Mais Loewald doit lui aussi admettre, antérieurement à l'apparition de telles unités organisées, l'existence d'une phase

19. *Ibid.*, p. 113. Thomas G. Ogden s'appuie sur Melanie Klein et W. Bion pour formuler une pensée similaire (*cf.* Th. G. OGDEN, « The dialectically constituted/decentered subject of Psychoanalysis II », *op. cit.*, p. 618 *sq.*) On trouve aussi certaines convergences avec la théorie des pulsions de Jean Laplanche (*cf.* J. LAPLANCHE, « De la théorie de la séduction restreinte à la théorie de la séduction généralisée », *Études freudiennes*, n° 27, mars 1986).

20. *Cf.* par exemple Hans LOEWALD, « On Internalization », in *Papers on Psychoanalysis*, New Haven/Londres, 1986, p. 69-86 ; « Instinct Theory, Object Relations and Psychic Structure Formations » (1978), *ibid.*, p. 207-218 ; « Internalization, Separation, Mourning and the Superego » (1962), *ibid.*, p. 257-276.

dans laquelle l'expérience symbiotique du nourrisson est démantelée et son énergie pulsionnelle rendue ainsi disponible pour constituer les instances psychiques. Tout comme Winnicott, Loewald décrit cette phase de séparation comme un processus qui tend à excéder les capacités d'assimilation de l'enfant : face à la découverte oppressante du fait que la personne de référence s'affranchit de lui, l'enfant voit s'effondrer l'illusion d'une fusion intégrale avec l'objet, de sorte que des parties de l'énergie pulsionnelle doivent désormais être consacrées à organiser les opérations cognitives qui pourront servir à établir un échange intersubjectif. C'est dans cette première division de l'énergie pulsionnelle, entre le domaine non structuré du « ça » et le domaine organisé des fonctions élémentaires du moi, qu'on trouve le modèle à partir duquel Loewald peut ensuite présenter tous les autres processus d'individuation de l'enfant comme des phénomènes de différenciation : des parties de l'énergie psychique sont utilisées pour instaurer des unités capables d'organiser la vie intérieure du sujet, et qui peuvent être comprises comme les résultats de l'intériorisation de schémas d'interaction rencontrés dans le monde extérieur. Dans ce processus de différenciation, qui fait d'abord surgir le « moi » puis le « surmoi » comme des cristallisations de l'énergie pulsionnelle, le « ça » demeure comme un reste archaïque qui, par rapport aux autres instances, n'a été que faiblement intégré et organisé. Je n'ai malheureusement pas la place ici de dégager toutes les conséquences fructueuses que cette conception très particulière du processus d'individuation entraîne pour notre vision de la constitution du sujet. Elle nous permet d'abord de mieux comprendre en quoi précisément la relation individuelle à soi résulte d'un processus de différenciation intrapsychique qui doit s'effectuer par l'intériorisation de schémas d'interaction externes. Mais Loewald me semble aussi ouvrir une voie nouvelle, qui s'accorde du reste avec les vues d'un G. H. Mead ou d'un John Dewey, en établissant que les opérations du moi ou les fonctions du surmoi ne doivent pas être comprises comme des forces opposées aux pulsions, mais comme leur mise en œuvre coordonnée, comme une manière de donner forme à l'énergie pulsionnelle. Plutôt que de poursuivre ces réflexions, je me contenterai d'indiquer brièvement les deux implications qui, dans l'approche psychanalytique de Loewald, me permettent de revenir à mon point de départ :

1. Malgré la présentation extrêmement rapide que j'ai donnée de son œuvre, on devrait mieux voir maintenant en quoi Loewald parvient à développer l'idée d'un espace de communication intrapsychique dans le sens d'une théorie des pulsions : si l'énergie pulsionnelle est ce qui permet au sujet, après la phase de séparation de la prime enfance, de construire des instances intrapsychiques qui elles-mêmes résultent de l'intériorisation de schémas d'interaction externes, alors le psychisme de l'adulte apparaît d'une manière générale comme un réseau communicationnel d'énergies pulsionnelles diversement organisées. Avec un penchant pour la spéculation, on pourrait dire que tout ce qui constitue notre vie intérieure, nos désirs, nos mouvements de conscience, notre appréciation du réel, nos idéaux, tout cela s'assemble en une pluralité de voix qui sont des formes plus ou moins solidifiées d'énergie pulsionnelle et qui, correctement intériorisées, dessinent entre elles une relation quasi dialogique. Aussi Loewald peut-il dire en plusieurs endroits que, dans des circonstances idéales, le psychisme humain doit être compris comme un dispositif d'interaction intériorisé qui complète le monde vécu de la communication intersubjective, où l'individu rencontre l'Autre dans divers rôles d'interaction (c'est-à-dire diverses relations de reconnaissance).

2. Mais une seconde implication de la théorie de Loewald, sur laquelle je n'ai pu m'arrêter dans ma brève présentation, me semble plus déterminante encore pour mon propos. Tout comme Winnicott, Loewald est persuadé que l'individu développe d'autant mieux ou d'autant plus tôt cette aptitude au dialogue intérieur, qu'il accepte de s'abandonner temporairement à des expériences qui effacent les limites du moi et lui permettent de retomber en deçà des différenciations intrapsychiques auxquelles il est parvenu à ce moment-là. Chez Loewald, ce profond aperçu est lié à l'idée que les premiers stades, encore inaboutis, de l'intégration du moi représentent une source d'énergie pour la personnalité mûre, pleinement différenciée, parce qu'ils nous permettent de rester en contact avec ces expériences de fusion dont le dépassement a été le prix de notre individuation. C'est

pourquoi nous puisons dans l'abolition périodique des limites de notre moi la force nécessaire pour tenir la balance entre symbiose et indépendance.

Je terminerai ma présentation de la théorie de Loewald par une citation qui me permettra ensuite d'enchaîner directement sur une brève conclusion : « Freud, dit Loewald, aborde le problème de la perpétuation d'anciens stades de développement du moi dans le psychisme, à côté de stades plus avancés – un problème, souligne-t-il, qui n'avait guère été étudié jusque-là. À plus proche examen, nous nous apercevons cependant qu'il ne s'agit pas seulement de la perpétuation de stades antérieurs d'intégration du moi et de la réalité, mais que d'un jour à l'autre, à différentes périodes de la vie, dans différentes situations et différents états d'humeur, il se produit d'importants déplacements d'un stade à l'autre. Il semble que plus l'individu est vivant (ce qui ne veut pas nécessairement dire plus stable), plus le spectre des différents niveaux du moi et de la réalité est riche. Peut-être ce qu'on appelle le moi mûr et pleinement développé n'est-il pas un moi qui s'est fixé sur le plus haut ou le dernier degré de développement, après avoir laissé derrière lui les autres stades, mais un moi qui intègre sa réalité de telle manière que les précédents degrés d'intégration du moi et de la réalité sont conservés comme les sources dynamiques d'une organisation supérieure [21]. »

Ces phrases montrent de la manière la plus frappante comment les découvertes de la théorie de la relation d'objet ont modifié l'idéal de la personnalité au sein de la psychanalyse : la maturité du sujet ne se mesure plus à sa capacité de contrôler ses besoins et son environnement – en un mot : à la force de son moi –, mais à son aptitude à intégrer les nombreuses facettes de sa propre personnalité, à ce que Loewald désigne comme son caractère pleinement « vivant ». Si le développement de la personnalité est décrit comme la construction progressive d'un espace de communication intrapsychique par l'intériorisation de schémas d'interaction, alors une nouvelle définition de la maturité personnelle se fait jour : sera jugé mûr, pleinement

21. Hans Loewald, « Ich und Realität », in *Psychoanalyse. Aufsätze aus den Jahren 1951-1979*, *op. cit.*, p. 34.

développé, le sujet capable de déployer son aptitude au dialogue intérieur, de fluidifier sa relation à soi en s'ouvrant au plus grand nombre possible de voix, tissant dans sa propre intériorité les relations d'interaction les plus diverses. En un mot : le fait d'être « vivant », la richesse intérieure, a pris la place qu'occupait dans l'ancienne psychanalyse l'idée de la force du moi [22].

À partir de là, il est aisé d'établir le lien avec le point de départ de mes réflexions : j'avais commencé en disant que les diagnostics portés sur l'époque actuelle pouvaient être ramenés, en ce qui concerne les transformations de la structure de la personnalité, à un processus de pluralisation interne des sujets, d'une fluidisation communicationnelle de leur identité. Et la question était de savoir si, face à ces tendances actuelles, la psychanalyse n'est pas frappée d'obsolescence. La réponse, après le résultat auquel nous a menés le développement de la théorie de la relation d'objet, doit évidemment être négative : l'idée d'une libération de l'aptitude au dialogue intérieur constitue le meilleur moyen de prolonger les tendances à une fluidisation de l'identité du moi, en respectant toute la complexité de ce processus. Il ne peut donc en aucun cas être question d'un vieillissement de la psychanalyse.

On ne se cachera pas combien la remarque faite par Loewald entre parenthèses peut paraître irritante, quand il dit que la personne « la plus vivante », au sens que le mot revêt ici, n'est pas « nécessairement la plus stable ». Il se peut que cette remarque glissée en passant signale un infléchissement dans l'opposition entre les idéaux de la personnalité dégagés de part et d'autre : il se peut que la libération de la faculté de dialogue interne prive en définitive la personne de la force nécessaire pour maîtriser la routine des conflits et des défis quotidiens. Mais cela signifierait que, face aux transformations actuelles de la structure de la personnalité, nous ayons à choisir entre deux possibilités de

22. Cette réorientation normative apparaît clairement dans les tentatives qui ont été faites pour tirer l'approche de l'ego-psychologie dans le sens de la théorie de la relation d'objet vers l'idée d'une tension, entretenue tout au long de la vie du sujet, entre unité et complexité. *Cf.* par exemple Stephen SELIGMAN, Rebecca Sh. SHANOK, « Subjectivity, Complexity and the Social World », *Psychoanalytical Dialogues*, *op. cit.*

développement culturel : entre la personnalité forte, « virile », qui parvient à maîtriser la réalité en réprimant d'autres identités possibles, et la personnalité plus riche, plus flexible en quelque sorte, à laquelle manquerait cependant la stabilité nécessaire à la routine quotidienne.

Table

CPI
BUSSIÈRE

Composition Facompo, Lisieux.
Impression réalisée par CPI Bussière
à Saint-Amand-Montrond (Cher)
Dépôt légal du 1er tirage : août 2008.
Suite du 1er tirage (4) : avril 2014.
N° d'impression : 2009581.
Imprimé en France